总主编　李红权　朱　宪
本卷主编　李红权　朱　宪

近代蒙古文献大系

军事卷

◇ 第六册 ◇

中华书局

目　录

抗战下西北的安危与回民

邹起盘　撰

一、导言

自晋南失利，潼关被击之后，中国生命线的西北，大有难免在日人铁骑之下，破碎动摇之势。然而这不过是显明的军事侵略而已，稍微加以注意就知道西北最大的危机，是在敌人的武力威迫、军事侵略之外，暗淡的阴影中，所伸出可怕的魔手。"蒙回国"的煽动，及包括甘、青、宁、新"回回国"的传说，就是一个很严重的例证。虽然西北国民的领袖，曾经表示绝对服从中央，绝对拥护领袖，为中华民族存亡的战争效命；可是我们在相信他们表示的真诚，及相信他们对于抗战的前途，会有很大的供献之背面，不能不注意日本为什么会有这种阴险的动机？为什么要鼓动我们的回民？他们鼓动的手段是怎样？这却是我们很急需要知道的一些问题。

二、敌人侵略西北的动机

广大的西北，虎踞于中国的西北角，处处都足以使日本感觉垂涎与恐惧的矛盾。由其矛盾的结果，产生掠夺西北的动机。大概可分两方面说明之：

1. 经经〔济〕方面：广大的西北，无论宁、青、新任何一省，都有百千万亩肥沃的未垦地。在宁夏有唐徕、美利、七星、汉延、惠农诸大渠的流域。青海有都兰一带，柴达木盆地；玉树一带，长江发源地。新疆有塔里木、准噶尔、吐鲁番三大盆地。这些地方，都是河流纵横，气温土肥，沃野千里。所以总理于建筑西北铁路系统中，主张对西北垦殖，增加生产。

工业方面，西北为甲于全国的矿产区域，除去了著名的金、银、铁，及其他金属矿不算，还有关系极为重要的盐、煤与石油。沿海各省失陷，产盐的海岸，多落敌手，盐的供给，只得依赖后方的出产；西北则握着产量与生产价上，都优于四川井盐的池盐与岩盐。一切的生产与机械的活动，不能不赖煤与油的供给以增加其动力，西北煤产之丰，尽人皆知。就是石油的蕴藏，如陕西的延川、延长，新疆的喀什一带，及塔城一带的石油，都绵延数百里，甚至伏流千里。我们看这样惊人而可贵的矿产，对于重工业的建立，确是十分的急需而重要。

2. 军事方面：沿西兰公路而入新疆，北出塔城，南联安吉延，由苏联的西伯利亚及土西两铁路，与全欧相联络，在现在是很重要的军事运输的国际路线。就国内的形势言之：左可以出宁夏，以控扼蒙绥；右可以通成都，而联接西南，以取得整个抗战阵线的连系，所以西北是华北的大枢纽。只要西北是我们的，无论是东北四省、华北五省，随时都有收回的可能，因为我们没有失掉军事的大据点。

灵敏而险恶的日本，一面受经济富源为诱惑，知道取得西北，更可以稳固他们的工业基础；一面受军事上的威胁，明白假设不夺取西北，那么，他们已竟〔经〕占领的满蒙及华北，就一天一天地加重其危机，所以践踏西北的野心，随着这两方面的锐感，又蓬蓬勃勃地高涨起来。然而再其次，又看到西北的面积是太广大了，地势是太险峻了，仅只用飞机、巨炮、坦克车这种蛮力的压迫，不足以很顺利地掠夺西北，所以又"异想天开"地运用他们一贯地伎俩——"以华制华"之分化政策，来鼓动西北的回民，使得我们自相磨擦，他们可以坐取渔人之利，在经济方面，达到他们夺取富源的欲望，在军事方面，达到切断西北抗战根据地的企图。

三、敌人分化回民的冲动

但是日本为什么要认定我们回教同胞，作为分化的对象？我们从回民在西北的情形观察之，就可以洞悉日本的用心了。

1. 就回民的分布言之：大多数的回民散布在广大的西北上，所以西北是回民的大本营。以陕、甘、青、宁、新五省来看：陕西九百七十五万二千人口中，固然以汉人为主，而回民杂居的很多。甘肃五百六十二万六千人口中除汉人以外，随处都有回民的住户，尤其是临洮、临夏、临潭、固原、化平、隆德等县，住户更多。大约回民的人口，占全省人口的三分之一。青海一百三十一万三千人口中，回民占全省第二位。据内政部二十年的估计，宁夏全省人口为一百四十五万，除去西部的蒙民以外，回民人数与汉人相等。至于新疆二百五十七万七千人口中，回民就占了百分之七十以上。所以西北数省以内，回民的总人口数，将近一千万。在人口稀薄的西北，回民的人口，实在很多了。

2. 就宗教的隔阂言之：回教本着自存的要求，为防范周围的袭击与侵害，在教条上建筑重重的壁垒，他们把最容易与外教人所接触所溶洽的"食色"两方面，很严格的隔绝了，造成一个界限极为显明的团体，一方面防止教内人的外化，另一方面断绝教外人任何同化其教徒的可能性。在他们整个团体中，保持住这种教条所规定的特殊的风俗习惯，并且使所有的信徒，都深深信仰这些特的殊〔殊的〕教条，为团体及个人安危存亡之所系。倘若教内的人，要违反这些教条，势必激起全体的憎恶与反感，向那违反教条的人发作，有时甚至于予以最严刻的处分。同样的教外有侵侮或触犯他们所深信为关系全教存亡教条的时候，无论是有意或者是误会，都必然引起他们全体的憎恶与反对，而发生了无味〔谓〕的争执或牺牲。所以回汉实际上说起来，隔绝着很深的鸿沟。

3. 就过去的历史言之：回汉的接触太早了。秦、汉、两晋时代的匈奴，南北朝时代的高车，隋唐时代的突厥与回纥，五代至宋时的沙陀，元、明、清三代间的回族，直到现在，他们仍然以"回回"为他们的总称呼。这几千年当中，有的时候和亲纳贡，言归于好；有的时候反目为仇，互相残杀。清代末期，由闭关自守变为门户开放，世界变大了，国内一切民族，都受来〔到〕帝国主义的压迫。及至民国以来，在民族主义之下，"国内各民族一律平等"，才有少数的知识分子，渐渐明白过去的回汉斗争，从现在看起来，都是"同室操戈"了。

假如依着这种"一律平等"的原则，加紧努力，应当能将回汉之间，由分离猜忌的状态，变为互相信赖，互相救助，最坚强有力的中华民族。然而因为历史上回汉之间有很深的敌视心理，又兼民国以来，站在领导地位的地方长官，忽略了这一点，渐渐地于不知不觉中，积成了三个有碍于回汉调和、团结的事实：

第一个是教育的疏忽：回汉融洽的程度，完全看人民知识的高低。所以必须使回民受相当的教育，然后他们才能认识自己在整个国家中所处的地位，并且明了汉人不是自己的敌人，而是应当扫除疑忌，互相团结的同胞，自然过去的隔关〔阂〕，不会再继续保留些微的根蒂。可是回民的教育，没有能做到这一点，至少可以说过去是这样。

第二点是政治的不清明：无可讳言的，在西北回汉杂居的场所，凡是回汉有所冲突及争执，汉人官吏，总是不免种族间的偏见，以为凡是汉人都是好的，凡是回人都是坏的，多构成偏袒的判决，结果，汉人总是占优势。甚至于在政治设施的待遇上，都是汉人受优待，而回人吃苦头。例如金树人时代的新疆，竟有将回民的熟田，迫让与甘肃移来的汉人耕种的错置。其次，官吏贪污，纵〔肆〕无忌惮。他们不认为自己的职务是政治，以为自己管理的区域，正是个人独占的市场，所以对于回民百般地敲榨、压迫、蹂躏。如嘉庆二十五年乌什之乱，就是满清的官吏"渎货无厌"、"广渔回女"，使回民忍无可忍，造成变乱之机。这种不良的政治，民国以来，并没有多大的改进。

由这两种趋势的形成，汉人在西北，尤其是新疆，俱〔具〕有一种特殊的势力，特殊的权利，无形中是一个特殊的阶级，与回民比起来，俨然是另一个天地。我们要知道，回人与汉人根本是分别很大的两个种族，所以这种阶级的意识，一变而为加深回汉裂痕的强性剂。

第三点就回汉冲突处理的失当言之：回汉事变的处理，只就近代的史实说，咸丰二十五年乌什之乱，同治时候的陕甘回乱，民国二十年的哈密之变，千篇一律，都是诉诸武力，以屠杀去克服。这也可以说因为大乱已起，"狂澜既倒"，惟有诉诸武力一途来解释之；但是在平乱以后，回汉都是政府的顺民了，也就应当"一视同仁"，没有丝毫的歧视，使回民自动地忏悔过去，不应当采用暴乱的手段，泄一时的气愤，使汉人也顾全大局，对回民以"谦虚自让"老大哥的态度，然后方可以消弭斗争的恶劣印象。事实上整整相反，汉人在胜利之后，以胜利者自居，"扬眉吐气"，情势凌人；而回民在新败之余，只有"忍气吞声"，勉受屈辱。

可是我们要知道，回民自古就是游牧民族，"贵壮健，贱老弱"，性情刚直，好勇善战；又复有回教共同的信仰，他们真正能完全忘掉一次一次的大戕伤和屈辱，而永远驯服吗？他们战死的同族，固然是死了，未死的回民，直到现在还常常"拱拜"祈祷他们战死的"牺巳代一"（与非回教人战死的回族英雄）。由此可知每次的变乱，虽然是平息了，实际上更加深回汉仇恨的伤痕。在"九一八"之后，宁夏孙殿英与马鸿逵的战争，本来是他们个人的事情，然而因为他们个人民族立场的不同，于孙、马激战的时候，甘肃一带的人民，当孙军胜利的消息传来，则汉人就欢欣鼓舞；马军胜利的消息传来，同样的，回民也是精神百倍。在这种一弛一张的局面下，只有使仇恨的心理更深刻，更容易重演种族大流血的覆辙。同时，也可以看到二十多年来，实行种族平等的西北，还是蕴藏着很严重的危机。

在日本人的心目中，一方面看出回民的人口在西北的地位，及宗教上、历史上回汉之间内在的矛盾；另一方面看出回民是可以利用的，值得利用的，回民有健壮的体格，及伟大潜在的团结力量，所以他进攻了，对准我们真正脆弱的要点——种族裂痕——进攻，以施展其分化的毒计。

四、敌人的奸谋

日本既对我们西北的回民，煽动诱惑，尤其当这抗战的时候，加重我们西北的危机。我们为着保卫西北，稳定西北，都必须将敌人的阴谋，加以透视，揭穿其阴谋，再筹算我们保卫、安定西北的方法。就敌人事实上所表现的，其煽惑的阴谋，大概可以分为三点：

1. 回教的推崇：在中国国内因为回教教义的秘密，习惯的特殊，常常引起误会与争执，在回民总归都认为这些误会是无上的耻辱。所以回民在国内于宗教上，只是感觉到社会的压迫，没有享受过社会的推崇。日本乃于近年来大量收集回族中的知识分子，无论是中国、印度或者是苏联的回教徒，都受极端的欢迎。并且在东京建筑辉煌的清真寺，鼓励一部分的国民加入回教。这样足以使中国的回民，以为日本崇奉回教，优待回民，与中国过去的历史对照起来，似乎觉得日本好一点。

2. 广为宣传：中国对回民没有深刻的宣传。到现在回民中十之八九谈不到国家民族的意识，更认不出日本是中国最毒辣的敌人。所以日本在虚伪地推崇回教之外，又积极的对中国回民大吹大擂的宣传，以造成回民倾日的观念。如鞑靼回古班阿利在日本主持的《新日本通信》，及奉天出版的《密尔里贝拉克新报》，都是回文刊物中日人的口舌。

3. 间谍网之密布：回汉既互相水火，连带着政府与回民也不甚和洽，更不易严密详查或驱逐鼓惑回民的人物。自民国初年，就有日人涛秀雄在甘肃组织黑龙会。民国六年又有日人川村乙麻，以入回教为名，做煽动挑拨的工作。现在据说又利用额济纳旗的特务机关，以回教团体的名义，潜入西北活动。所以全部的西北布满着日本的间谍，推动其施惠、买好、煽惑、离间的工作。的确，他们是收了相当的效果，在最近新省几乎发生的大政变，据说就有国际的强盗日本为背景。总之，无论这件事情的实际是否是这样，然而敌人间谍活动的积极，是无可否认的。

五、补救的方法

敌人既然以这样险毒的奸谋，积极进攻，我们不应当再左顾右盼、踟蹰犹豫地拖延下去，以坐视西北的恶化，摇动我们抗战的根据地。必须尽我们最大的力量，以谋回汉隔阂的涤除，团结的增进，促成"一心一德"，为国家民族的光明而奋斗。目前促成的方法，可分为三点述之：

1. 政治的刷新：政府的力量，直接达到回汉双方的人民。所以地方政府处理任何回汉事务，及政治的设施，都得绝对的大公无私，使回教人民，绝对不感觉有任何待遇上的差异，明了政府是公正的，是回汉及其他人民所共有的，政府与汉族人民没有超乎他们以外的特别关系。至于回汉个人的争执，与政府无关，与整个的民族更无关，所以一切的争执，只有服从政府的命令，直接受政府的判决。反之，政治的黑暗，是回汉共同罹害；政治的清明，也是回汉共同沐利，所以回汉的利害是一致的，政府官吏的优劣，当然与汉族人民无关。这样，就可以使民族屠杀的动机，变为个人争执的问题，不致引起回汉两族的仇隙。回民的国家民族意识，也会渐渐地自然增进了。

2. 教育的推进：回民教育的推进，应当一贯地合乎实际的需要，然后才可以达到所期望于回民的成就。在合乎实际需要的条件上，必须把握住的有两点：

第一点是回教教的义〔义的〕阐明：回教的《古兰经》，为回民的最高法典。但是《古兰经》的真义，并不违背时代的潮流。如真主（上帝）对他们的圣人（穆罕默德）说："……一切事情中，与他们商议着，然后由你决定，你托靠于主，因为真主是喜欢托靠者的。"由这段"阿也台"（《古兰经》上的句子）看起来，完全合乎民主独裁的精神。他们个人对团体的责任，是"各人对团体，都有拥护的义务。……团体是要领袖的，团体没有领袖，就如人没有头脑一样，所以伊斯兰是主张尊重领袖的"。至于其起居、饭食的规定，更是与现在的新生活运动不谋而合。所以用新的解释，伸〔申〕明其原有教义，一扫过去的知其然不知其所以然的阿衡，墨守闭关，拘泥小节，对其教义仅重字面，而不重内容；仅重形式，而不重实质的流弊，使所有的教徒，都明了其宗教教义，与现代国家精神上的连系，这样，我们可以相信回汉两族能坚强的团结起来，而回民能变为中华民族有力的部分。

第二点是成人教育的普及：回民中的成人教育，尚可分为两个阶段：首先以回民中头脑腐旧的知识分子，而且尚得一般回民的信仰者，如阿衡、教师等为主体，以新释的教义，及国家民族的观念灌输之，以改造其旧有的观念。他们在走出学校的外面，就可以直接地对于信仰他们的回民，宣扬他们所吸收的新知识。其次，再以扫除文盲为主要的运动，使其成人而无知的回民，一面受清真寺中之阿衡、教师的训导，另一面又有学校教育的薰陶，当然不难启蒙他们大中华民族的认识，尽改其旧观。

3. 移民西北："有人斯有土，有土斯有财，有财斯有用。"现在的西北，人口太缺乏了，人民的知识太低愚了，正可以将战区逃来的难民，向西北垦殖，以充实西北。况且难民的文化水准较高，又兼身受家破人亡的刺激，垦殖的成效，不仅是人口与生产的增加，直接间接也可以坚定西北人民的国家民族的信念，与抗战的忾气。

六、尾声

西北确乎是危急了。从上面各段记述中，就可以知道敌人是怎样的深谋远虑，着着进攻。我们虽然相信西北的回教同胞，不为迷惑，不为煽动，更深知回教同胞已有抗日的坚确的信念。但是敌人的狠毒阴谋，我们却不能不揭穿，不能不提防。我们必须急起直追，以最大的努力，去粉碎敌人的迷梦，团结回民，稳定我们生命线的西北——华北抗战支点的西北，这是我们当前急不容缓的要举。

二十七年五月十五日脱稿于政校

《边声》（月刊）

中央政治学校蒙藏学校边声月刊社

1938 年 1 卷 1 期

（李红权　整理）

外蒙红军论

——日本《朝日周刊》

三岛康夫　撰　　　亦英　译

我们的同血统的弟兄，外蒙，快回到他们的老家来了。他们将与我们肩并肩地从祖国的土地上把日本法西斯驱逐出去。可是，他们的状貌现在是已经怎样陌生了啊！读者们，请在这里看一下我们的疏远了的弟兄的面目吧。

抗日的一翼外蒙

以中日事变为动力而旋转的亚洲战争走马灯里，尤以大陆北郊的边境富于变幻和色彩。蒲留塞（即加伦将军）的东奔西走，鲍罗廷的再次登台，新人物蒋经国的露面，这一切都被放大映出来了。从这些主角活跃的场面上我们感受了种种印象，其中最特殊的却为外蒙红军突然开始驰骋于沙漠北部的高原上的强烈印象。

我们值得极力注意外蒙红军的原因，第一是他已成为抗日战线的一翼的势力。从前在哈尔哈事件、图兰事件当时，外蒙军早已演过与日伪军竞争的角色，此次事变能否令全部外蒙军加入抗日战线呢？苏联远东红军与日强化，同时外蒙军也随之而强化了，外蒙军和抗日的华军互相呼应，窥伺着华北和满洲，不，他是遥遥地注视日本第二期作战的进展，所以前些时候从上海和南京，目前从汉口和香港，而且从欧美的中心地均屡次传出外蒙出兵的消息。

第二，外蒙是一个谜样的国家，内部状况是绝守秘密的。外人完全不能在内地随意观察，虽说是独立的国家，但一切大事均要按照莫斯科的意见执行，故外人能知的"事实"极少，只能根据印象和推测略懂一点而已。

那末，外蒙的红军现时状态到底怎样？

外蒙红军的强化

一九二一年七月蒲留塞将军所统率的赤卫军援助蒙古义勇军在库伦建立蒙古人民革命政府，外蒙红军当时以义勇军为核心，从民众里征募十八岁至四十六岁的人来组织，兵力只有一千五百，而苏联提供的武器仅及全军队的半数，后来跟着苏联红军的逐步整备，外蒙红军也渐见改编，强化。满洲事变后强化工作愈见迅速，在此次事变前，兵员已及一万五千至二万人，有丰富的轻重机关枪，野山炮约有五十尊，且已有坦克和飞机。坦克车全部都是轻坦克，坦克、铁甲车、曳引车合计已达一百五十至二百架，飞机已有几十架了。前年在图兰和日"满"军发生冲突时，飞机、坦克、骑兵已能联络得极佳，向日"满"军进攻。

外蒙红军分成二个军团和机械化部队，第一军团的司令部设在桑贝子，以丹斯克斯姆、甘珠儿庙两地为中心分成集团，主要在护卫"满洲国"境及内蒙的东北部边界。第二军团以库伦为中心，配置于鄂嫩河左岸车臣汗方面及买卖城方面。

受了事变激动的外蒙红军已急速增加势力，其实情大约如下文所述：

第一，增强外蒙红军的全体，兵力增至二万或三万人，装备着苏联红军所用的新式军器。其次是显著的变成机械化。坦克车和铁甲车合共增至三百架，最低限度也比事变前多二倍。飞机数目虽未确知，一定也在百架以上的。

第二，兵力配备，向西伸展，即以联结张家口和库伦的旧库伦街道乌得为中心，新设一个集团。

第三，扩张防备设施及交通设施。直到今天，沿国境一带已有十多个监视所，而据某种情报谓已达三十多个，如果将向西伸展的个数加入，当然更多了。又据另一方面的情报说，外蒙在"满"苏边境已开始构筑炮垒阵地。道路方面，从基甫德、买卖城到库伦，从波斯至桑贝子均已有很好的汽车路，再从库伦至乌得，阿克西亚至桑贝子新筑汽车路，此外从库伦经东〔车〕臣汗到甘珠儿庙也在扩筑道路。

第四，外蒙军已显然苏联化。这可说是外蒙军强化的特征。从外蒙军的配备上考察他和苏联军的关系，大致是外蒙军站在第一线，而苏联红军站在第二线。此次事变后，苏联红军既已增强其固有位置，同时派出一部到前线去。此次派赴外蒙领土内的苏联红军大约是狙击师团（即步兵师团）一至二个，骑兵联队一至二队，及若干机械化兵团和飞机。其兵力约在二万左右，其中一半以上是向桑贝子、丹斯克斯姆、甘珠儿庙、达星〔里〕冈崖、乌得进兵。强力的快速兵团则驻托莱可沙夫斯克作为后方的本队。此外，后贝加尔军管区的兵团则计划从乌兰第、莫索华雅，远东特别红军则计划从赤塔附近经内阿克西亚以增援外蒙，所以这些地方集结了相当大的部队。

外蒙的战略地理

关于外蒙的战略地理，如从防御见地上说，外蒙是侧面防御西伯利亚最重要战略线的西伯利亚铁路的重要地域。远东西伯利亚仍未确立独立自给的可能性，因此最脆弱的部分在贝加尔湖以东的铁路，如受敌人切断，这是远东西伯利亚的致命打击。又从攻击见地上说，外蒙在以马蹄形包围满洲的最右翼，尤其是突出东南的丹斯克斯姆和甘珠儿庙附近，是冲入满洲侧背的最好地位。可见不论从任何方面来看，外蒙都是苏联的一个重要地位了。

不过在外蒙本土的中部到南方一带有一个戈壁大沙漠横贯东西，因此从苏联国界到外蒙国界南北相距千公里以上，其中既没有重要的交通路，亦无足以维持的经济根据。可是，满洲对付外蒙东南突出部的战略线索伦铁路已伸至最近，从张家口到包头的京绥线相距外蒙边境只差三百至四百公里。抗日红军及绥远军倘能驻守沿线一带当然有利于外蒙的，如果日本军强化内蒙军据守此线，则将要摇动外蒙的战略地位了。

从右面包围大兴安岭的最右翼，反面要顾及右方，此种包围就必然崩溃。监视所的向西伸展，乌得的强化到底不及补救。如是，打算从旧库伦街道一气向张家口——北平进兵的企图将完全受挫了。所以外蒙不能不扩大其包围半径。

在目前状况下，外蒙必须防御的国境线长凡二千多公里，但驻守于此的苏、蒙军队渐及五万人，用此以对付从前的"内蒙独立军政府"也许有余，但如加入抗日战线，多了日本军做对手，则这带边境须有更强大的兵力。然而蒙古本为原始游牧民族，蒙古人的故土，只有中国商人二三万，很少工业。库伦虽有若干轻重工业，但工业资源比较贫乏，实未足以维持近代军队的庞大数目。如封锁国境，禁止外蒙和满洲、内蒙及中国通商，则商业就不易发展。农业仅有沙漠北部多少，到底不能养育铁路此种重要交通机关。即，大军既不易自给，自由而迅速的输送至东南国境亦属困难。

据此可见外蒙红军虽已强化，但到底不能向他索求过分。不过，外蒙的疆域除去沙漠，较少障碍，有相当地域可作机械化及像骑兵那种迅速部队的活动舞台，此点足以助他引诱敌人展开活泼的运动战。如能将敌人逐渐诱至苏联国境，则外蒙沙漠地带的不利地位就要沦到敌人享受了。消耗的、退避的战术此时自易奏效，实属显然。苏联的贵重狙击师团是否将要开入此地来，汉〔还〕犹未可豫断。不过二三万至五万的军队到底不够冲入满洲东南部之用的。

外蒙红军的真相

外蒙人和内蒙人同样从幼少时代早已习惯骑马，所以骑术巧妙，可称为天生的骑兵，往昔成吉思汗转战欧亚就是靠这种骑马的大军。但在近代军器和近代战术之前，祖先流传下来的马兵战法已失效用了。

外蒙人虽稍觉钝重，可是栗剽悍勇猛。多数人已能使用新式军器及驾驶坦克车、汽车，且又适宜做通信、架桥等工兵的任务。在库伦受过教育再到莫斯科留学的人已有相当文化程度，然一般民众仍未达到宜于训练成近代军队的水平。所以自一九三一年以来，外蒙虽表面上独立，骨子里则由苏联派指导到各方面以实施苏联式的教育。一般教育侧重攻击国内的喇嘛、王公，国外的日本帝国主义，培植共产主义思想。

对于军队则派军事、军队政治、军需等指导官指导，在中央政治部及陆军中央部则指示方策。在师团司令部的高级指挥为苏联人，各部队内的指导地位也在苏联干部的手上，飞机师以苏联机师为主，机械化部队的干部或坦克车长也是用苏联人的。

此次中日事变，苏联对外蒙军所采的方针，第一，在普通意义强化外蒙军；第二，利用此种强化使外蒙军进一步苏联化。目前仍未到用强化的外蒙军在南北响应抗日华军，向京绥线或大兴安岭的侧背进兵的程度。当前的急务不外为伸长外翼，维持外线作战的立场，苏联远东红军的强化将加倍强化外蒙北部国境，这是——包括汽车路、铁路建设而言——的吧。

据消息所传，外蒙军已有二十万人，这并非不可能的事，因为外蒙人口有九十万，仅外蒙人已及八十万，如征集十八岁至五十五六岁的一切男子，或如欧战时的总员率占百分之十九·七，就可得十六万人以上。但倘若如是，就会发生许多经济上及社会上的困难。所以如谓外蒙军有二十万，一定其中有不少是苏联红军，我们根据上述的地理状况已可了然。从远东红军的全体战略情势看来，外蒙军的过大强化是一种困难，同时利少害多。

外蒙的出兵实要在苏联全体出动之秋。虽则传说已有一部分外蒙兵和保里雅特兵出动，此事确否犹未可知，纵使确实亦不至影响大局。

《世界展望》（半月刊）

汉口世界展望社

1938 年 1 卷 3 期

（李红权　整理）

包头惨劫

作者不详

一月三十日郑州《阵中日报》载："临汾二十九日电：据报，驻包头之寇军扰害地方，不堪言状，向地方强索青年妇女四十名，七日一换，以供其兽行。并于夜间肆行奸淫，青年男女稍涉嫌疑，即施酷刑，或用锅烧红将人煎死，名曰坐火车，或烧一锅开水，将人煮死，名曰坐汽车，实惨绝人寰。"

包头为绥远通宁夏大道，一过五原，即逼近西北门户，门户万一有失，西北难免为包头之继。望我军事当局早自为计，以保西北人士安全。更望西北教胞急起自卫，以免受敌杀辱！

《中国回民救国协会通告》（周刊）

重庆中国回民救国协会

1938 年 1 卷 4 期

（朱岩　整理）

蒙古在抗战中的地位

译自《Labour Monthly》五、六月号

G. D. R. Phillps 著　　　王一之 译

　　蒙古在今日分为三部分，在北的为布利亚特蒙古自治苏维埃共和国，居中的为蒙古人民共和国，在南的为内蒙古。布利亚特蒙古为苏联的一部分，隶属于俄罗斯社会主义联邦苏维埃共和国。蒙古人民共和国在布利亚特之南，在苏联领土之外。内蒙古更在外蒙古之南，属于中国热河、察哈尔、绥远、宁夏诸省。日本的进攻中国，一部是沿内蒙前进的，这部分作战是很重要的，是整个中日战争根本的一环。日本帝国主义者对于这部分的胜利，希望很奢。在日本进攻这个方向中，遭受中国旧日的红军，就是现在的第八路军英勇的抗战，他们使用正确的战略，博得全世界的赞美。这种战略，现在被整个中国采用，这样一来，无论日本军力怎样的雄厚，终究要被中国击破。日本帝国主义者的进攻内蒙，希望在这里树立一个根据地，北进，可攻苏联，南进，可攻中国其余各部。

　　日本为进攻苏联和中国，倘若不从内蒙进兵，而采取别的路线，便是几乎不可能的冒险行动。日本军阀深知沿满洲伪国一带苏联兵力的雄厚，在多少次各处试验之后，他们知道沿这一带边境去进攻苏联，几乎无异以头击墙。所以，为截断苏联的沿海滨省，日本企图从后方进攻，就是进兵到蒙古共和国，由外蒙边境

而至贝加尔湖一带。这样以〔一〕来，可以切断西伯利亚铁路，借昂哥拉河，沿伊尔库次克大路，以达利那河，以便将西伯利亚切为两部。不过若达到贝加尔湖，必须先据有蒙古人民共和国。远在一九一九年以前，外蒙古还不是共和国时代，日本就处心积虑想取得外蒙古了。这等以后再检讨。

蒙古在中国之内也是同样的重要。倘若日本由海岸沿江进攻中国，必致将来被逼到狭窄的河流内，两岸都是高山，这很容易被中国游击队袭击。这样，日本占领的交通线的全长中，都时时刻刻的危险。同时，中国军队在其余的区域内，例如四川平原一带，都占有很好的军事根据地，不是日本兵力所能达到的。在中日战争的一星期内，一个很有知识的中国人告诉我说，中国政府的策略，是尽可能的保持沿海区域，以便多延时日，作物质上的准备，然后再不得已时，退入四川。如此，日军倘若再行进迫，必致朔长江走八百五十多英里的道路以至宜昌，中间高山峻岭极不容易通行，再溯江行三百五十英里，便到了险要已极的三峡地带。所以，日军若追击中国军队到重庆，须维持一千英里的交通线，中间几乎毫没有广大平原的根据地，这种情形，是日军所极不能承受的。

然而，倘若日本先取得内蒙古为根据地，便可以由北面进至四川。事实上，这便是日军所计划的行动，不过困难的是时间太短促，使他们不得把内蒙古组织成根据地，以防止八路军切断后路，倘若日军前进，须防备后方武装农民的威胁，和现在占据河北、山西边境的八路军游击队的袭击，以致日军往往不得不停止南下的出击，再回北方来"安靖"人民。因此，日军进攻内蒙之后，历数月之久，才敢进兵至太原以南一带。正因为如此，所以日本才极力要成立一个多少可靠的根据地，极力要在归化成立一个"蒙古国"，以遂其宿愿。因此，日本才占有山西同蒲路的南段，然而，这条铁路也和日军占领的其他铁路一样的不可靠。

从内蒙经外蒙以达布利亚特蒙古和贝加尔湖一带，有两条要道可走。这两条过路都是西北行经戈壁沙漠，由外蒙首都乌兰布托（旧称库伦）而达，起点是张家口，现在被日本占据。两条路离外蒙边境都差不多有二百五十英哩。东面的道路，不过是一条电报线，全部埋着电线杆，因为有这条〔些〕电线杆，所以被认为比西面的道路容易辨认。西方这条道，在夏季常被沙漠堵塞，冬季更多冰雪。在西面过路的中间，又有一条向西行的道路，是从赛尔乌苏到乌里雅苏台、科布多，而至克扎科斯坦。在张家口之西，沿现在日军占领的平绥路，而至归化，由归化更有一条往北去的道路。这条道在戈壁沙漠的中间，经过从库伦到西藏的道路。这条道路，是极不固定的。这些道路不过是骆驼队所走的道路，在平时［道］勉强可通。至其他道路，也不好多少。

然而，从乌兰布托（库伦）到布利亚的首都乌兰乌得，有三百哩第一等的汽车路，并且有一个电报线。在这两个城市之间，有一个定期的航空线，但是这并没有什么战略上的重要性。更有好几条道路、电报线等，由乌兰布托西行到乌里雅苏台。由乌兰布托东行的路线，只有沿克鲁伦河到呼伦湖一条，最为稳妥。这条道路，很便于防守的，更因为可达苏联边境的满洲里，所以任何军队，若沿这条道路西犯，必致后路有被截断的危险。从乌兰布托到乌兰乌德，是从蒙古人民共和国到布利亚特蒙古最稳妥的道路。这条路中间通过两国交界的恰克图和色楞格河，这条河更可西行二十哩以利航运。

在一九三八年二月的初旬，有一个重要的发展宣布了。从乌兰布托到恰克图，在外蒙边境上开始建造了一条铁路。该路全长约二百哩，可于今年竣工。

倘若日本能攻下布利亚特蒙古，确是对于日本有很大的利益。

这里有日本所急需的铁、煤、锰、钨、锡、铜，和其他非铁质金属。各处均散布有多量的煤（以西部所产者最佳）以及无烟煤，铁矿尤多分散各处。更有许多产量的锰、钨、锡、铜、铋等稀贵金属，以及石铅、云母石、龙骨泥和许多其他贵重的矿产。在爱钦斯克区内，储藏有各种宝石。除此之外，有四个最重要的产金区域，在许多地方都有小量的开采，更有皮产和森林的富源。

外蒙古的矿产富源，几乎全未开，然而很可知有大量矿产的蕴藏。有许多地方富有煤矿，有好几个城市都用土法开采。在过去几年中，在那赖哈（去乌兰布托二十二哩）的煤矿，改用了机器开发，所生产的煤是用作乌兰布托工业上用的，以及城市中人民的家庭需用。金矿在许多地方都是用土法开采的，据说，蕴藏量极其丰富。

在日本侵略当前之际，这三部分蒙古人民的态度是如何呢？对于这个问题的回答，以及研究他们抵抗日本势力的能力，是靠历史说明的，尤其是过去三十年来的历史。而这些历史更可表明日本在蒙古的诡计的方法和程度。

外蒙古

在成吉斯汗帝国灭亡之后，蒙古成为不断斗争的角逐场。元朝后，中国领有蒙古之地，将全部分为内外蒙古南北两部，内蒙古对中国关系尤深。在本世纪的初年，内蒙古的大部分成为农业区，有许多汉人移入。外蒙古仍然是游牧区域，社会制度，仍旧和成吉斯汗时代差不多。在外蒙古的组织之中，是以王公和大喇嘛为首脑的，其下便是许多僧侣，最下层供给上两层生活的是游牧民和佃农。八十年前，资本主义由外侵入，更使普通游牧民的生活痛苦，以致全部陷于饥荒的状态。一九一一年，因中国革命的结果，使外蒙古独立，但陷于旧俄帝国主义的操纵，这些游牧民最好也是和旧日的生活一样。日本承认了帝俄的"特殊权益"，允许不加干涉。

当俄国内乱和受外国干涉的时候，日本运用白党塞门诺夫，开始策动统制蒙古。日本帝国主义者主持塞门诺夫成立"大蒙古政府"，包括内蒙、外蒙和布利亚特。一九一九年，在赤塔召开内蒙王公会议，有日本统帅和塞门诺夫参加，计划着成立这样的政府，但因为红军在远东击破白党军队之故，全盘计划毫没实现。日本以后又使当时握北京政权的安福系首领徐树铮引兵到蒙古去。徐氏把外蒙古的自治取消，然而保护着蒙古统治阶级的特权。但因为他的统治的压迫，全国人民，甚至封建的王公在内，都起来要驱出他。在趋〔驱〕徐运动中，领导工作的大部是苏锡布托、赵巴尔山和罗守拉（均系译音），后者以后成为蒙古人民革命党。该党的目的，是要驱出日本的走狗，和苏俄建立关系，推倒王公的统治，而代之以人民自治。在徐树铮因安福系失败而失去援助之后，徐氏便逃出蒙古了。

此后，日本又主持"疯王"乌儿史特本的入蒙，予以军火和军官的援助。在一九二一年二月，史特本占据了库伦，成立了"蒙古政府"，利用最反动的王公、喇嘛，以蒙古僧头目布哥都金及为首领。金及的恐怖主义，是蒙古历来最强暴的统治。人民革命党在一九二一年三月召开大会，谋将乌、金铲除。该党更宣布为反帝国主义与反封建的，目的在成立一个革命的民治主义的国家。接着成立了一个临时人民政府，要求各党合作，共同对白党斗争。四月中，临时政府要求苏俄政府的军事援助，苏俄政府同意了。彼时史特本业已出兵至苏俄边境的托勒斯口色夫斯基，以便在贝加尔湖一带切断西伯利亚铁路，借合于日本军事计划。六月中，红军在托勒斯夫将色斯基口〔口色夫斯基将〕史特本完全击败，进逐至蒙古，以取得蒙古党人和新成立的蒙古人民军的援助。七月，蒙古政府要求红军继续居留蒙古，以至白色势力消灭之日，事实上直到一九二五年红军才退出，而这次退出也不是蒙古政府所要求的。蒙古政府发表告文，对红军援助的盛意〈表示〉感谢，并盛称对其农民的纪律严明。

从此以后，蒙古政府逐渐毁灭了旧日的封建机构，消灭了王公和僧侣的优待和权力。这种情形，尤其是在金及死后共和国成立之后，行得最为彻底。王公、僧侣等的政治权利和名衔，全部被废止了，他们的势力大加削除了，他们的大量财产课以重税了——以所得分与贫穷游牧人——他们的特殊游牧权利取消了。自力生活者的普遍选举制成立了，而同时行于地方政府和中央政府中。政权是赋与国务会议和小乌拉尔（小议会）的主席团。这些人员，是对每年一次开会的小乌拉尔负责的，更对每三年开会一次的大乌拉尔负责的，大小乌拉尔的议员都是民选的。蒙古人民革命党确定以逐渐树立非资本主义形式的社会为其目的。该政府和苏联成立紧密的政治、经济、文化的关系。

反动派对于这种革命过程，并不是没经过一番激烈斗争，而自甘退让的。反动派的人们先谋取得日本和中国军阀的援助。蒙古政府一再发现这类阴谋，甚至连政府的要人也曾参与。在金及活着的时候，审判中每常牵涉到他，但是因为他在佃农中威权太高，不能动摇他。有许多官吏，和外国资本主义的公司勾结，这些公司在蒙古境内是很有地位的。党内有一个著名领袖但泽（译音），便是因这种方法提高地位的。这种行为，是受政府禁止的。但泽的对外国人勾结是可以说到卖国的，因此被处死刑。在一九二六年，贝因土门和万苦伦的喇嘛，曾谋发生暴动，他们的失败，使政府消灭喇嘛的政治势力比从前更严厉。在一九二八年，反动派更受了打击，当时贫穷的佃农代表在党内第七次大会中取得多数，把右翼的领导权都消灭了。

蒙古的领袖们，也作过许多"左倾"错误。主要的错误是用集体的办法，收取农民的产业太急。这种错误，是在一九三二年改正过来的，当时小乌拉尔规定，在蒙古的现况下，仅能实行简单的集体农产制。结果，境内牲畜的出产，大见增加了。

在一九二四年，农工中青年的普遍军事训练开始了。在蒙古，道路很少，铁路完全没有，骆驼队成为战斗的主力了。蒙古人民是世界著名甚或是最好的骑师，虽然全境人口很少（尚不及百万），但是军队是很有力量的。

内蒙古

内蒙古人民并未像外蒙古那样，利用一九一一年中国大革命的高潮，来反抗中国，内蒙王公因为内部意见纷歧，未能脱离中国而取得自主权。因此，内蒙大众仍然对蒙古王公和中国商人欠债，他们的肥沃土地，仍然被中国内地富商侵蚀中。加以由于中国的内部、外部资本主义的发展，内蒙劳苦大众的地位，越发低落了。近几年以来，越使他们急欲取得自主的权利。日本帝国主义因此乘机而入，极力宣传成立"大元帝国"，以便在日本的主宰下，使内蒙行使虚伪的自主权。

在日本劫持东北之后，伪国成立个"兴安省"，号称蒙古"自治省"。这以〔一〕来，很提高内蒙人民自主的热忱。然而他们很快的发现了，这种自治完全是一种虚伪的欺骗。在政权上，蒙古人不过取得一点低微的位置，仍然是日本统治者居于显要的地位。在蒙古"政府"领袖被日人屠杀之后，引起了兴安的暴动，这使内蒙人民更加速的认识了日帝的真面目。因此，就在这次中国抗战以前，日本在内蒙古的势力已经大形减弱了。在抗战未起，缓

〔绥〕远战争的时候，便表现出来日本未取得内蒙人民的信念，而陷入完全失败了。当蒙古人民联合起来，热狂的驱逐侵入者出境。抗战以后，在去岁日本进□平绥路侵入内蒙的时候，日本傀儡德王，却又上了日本的圈套，因为日本答应在归化成立内蒙"自治"政府。可是，在一九三七年十二月的时候，抗日运动就已经风行于内蒙古了。那时英国《曼却斯特导报》的访员称："内蒙人民怕的是这套把戏，不过使日本浪人来作一下长衫的工作罢了，这不是〈内〉蒙人民所愿望的。事实上，真的有一部分内蒙人民宁愿加入外蒙古而共赌兴亡，也不愿受日本的剥削。"其后不久，据报"外蒙古军队"曾进占白灵庙，由日本手夺取绥远北部。这种情报，当然是不正确的，以后也没听着有什么下文，显然这是日本有意造谣。以后判明这是内蒙军队反正，驱走日军，夺取白灵庙。

本年一月，据可靠方面不可否认的消息说，在太原以南，有两团内蒙军队反正，杀死了许多日本军官，投入中国第八路军。这些内蒙军队很迅速的改编为游击部队，向他们前此引以为友的日本军队进攻。这一类的事情，现在越来越多了。

布利亚特蒙古

布利亚特蒙古的过去历史，并不像外蒙古那样明确。这一部分蒙古人，在东南部、南部和西南部，都被高山所阻，以致和历史隔绝了，似乎他们并没怎样参加成吉斯汗的远征。在十七世纪初业〔叶〕，在俄罗斯人进至西伯利亚的时候，和他们接触了。这些布利亚特人因为没有军火，没有堡垒，更没有能干的领袖，所以在对俄战场上失败了。以后他们几次想脱离俄国而独立，都屡经帝俄政府视为"地方叛乱"，被严厉的处罚了。俄国的文化和新经济方式，都深深侵入布利亚特人的生活上，他们也逐渐产生些商人、官吏和自由职业者，内部阶层越发划清了。上层的布利亚特人，作了俄国的代理人，逐渐和落后人民落落难合了。俄国官吏便借着这些人统治广大的民众，而这些人也享有特权而有差异的徽记。但在帝俄政府最后几年，也曾严格限制布利亚特民族的"自治权"。

由于帝俄的压迫，在布利亚特民族中，也发生了深刻的民族意识，就中产生出许多出露头地的领袖（像 Banzarov、Gomboev、Dodjiev、Bogdanov 诸人）。在求文化上、政治上自决的明确目标之下，这一运动开始了。布利亚特改善生活的请求，都遭受帝俄政府残暴的回答，完全不得达到目的。终于内战开始了，一方面是移民至喀罗哈（Khalkha）和巴古（Bargu）的布利亚特人，在那里组织完全行政机关，他方面便是反动派势力（西门诺夫（Semenov）和安金（Ungern）的白军，以及布利亚特中的宗教以及贵族等上层阶级）想设立宗教式的君主国，甚或"大蒙古帝国"。

一九二〇年，红军把这地方解放了。次年在苏联共和国中成立了布利亚特蒙古自治区。在一九二二年，远东共和国实行净化，结果在一九二三年七月，布利亚特区成为自治苏维埃社会主义共和国，从远东共和国中而提出一自治区加入。在一九三六年，在布利亚特农村经济中有百分之八十二集体化了，设立了二十八个机器和曳引机站，约有曳引机千余，在社会主义化农业上，耕种区中约有百分之九十三，畜牧业中约有百分之九十二，当时已经有训练成熟的曳引机车手了。经济繁荣逐渐增加，有些集体农场的农民，可有七十头牛羊为私人产业（除去集体农场以外）。

现在，布利亚特学校二百八十三所。在革命以前，一个这样〈的〉学校也没有，布利亚特人是不得有民族学校的，禁止他们学习自己的语言，在主要城市区内，仅有些俄国教会学校和修道院。现在有布利亚特教师和医生了。在布利亚特境内和在俄国，共有十六种地方报纸，而在首都乌兰乌得出有一种报纸，名为《玉南》（Unen）。

　　布利亚特的经济发展，正在加速进行中。现在有一个马力很大的粉灰厂、机械化的玻璃工厂、一个面包制造厂，和一个肉食冷藏场。奶油与干奶酪工厂，正在建筑中。在重工业方面，最大的企业有一个机车与客车修理场，设在乌兰乌得，现在才完成，已经修理了三百辆机车和数千客车了。此外，在巴古金（Barguzin）金矿场方面，已经作了许多工作，更有一个苏联最大的钨矿场，开设于都金达（Djida）。有数千布利亚特人进入苏联大城市的学校，在莫斯科和列宁格勒的尤多。作者不久以前，在列宁格勒的北部人民学院中，曾遇见好几个布利亚特学生，对于他们的高尚文化，有很深的印像。在革命以前，没有一个布利亚特工程师或专家，只有两个医生和几个教员。现在已经有二十几个工程师，几百个专家了。一般文化水准，正在增长中，在乡村和在城市同时并进。例如在一九三七年，在他保革台区（Tarbagatai）大谷纳雷（Kunalei）地方，曾由集体农场的农民自动出工，建筑一个两层楼的文化院，内中有座谈室、无线电播音室、戏台、教室和会议室。类似这样〈的〉建筑还很多。

　　布利亚特［特］人并没有什么军事光荣传统，和曾征服全部亚洲和半部欧洲的外蒙古人不同，他们是一个和平而喜于家居的民族。在俄罗斯人到来的时候，布利亚特人并没有军事领袖和战事经验，所以他们失败了。但是他们是能从事战事的，许多布利亚特武士的英雄气概，是贝加尔湖一带所常传说的故事。他们宁愿从高大的崖石上跳入贝加尔湖里去，也不愿向重围外的俄国人屈服。现在布利亚特人有他们自己的军队。这支军队在苏联以长于骑射著名，共有一师之众，在一九二九年中国防俄之役，他们在中东路一带坚强的战斗。由于他们战斗的优良，得到了红旗的浆〔奖〕励，有些军官和士兵得着了勋章。这支军队，以后编成一团，最近改编为一旅。作者曾亲看见过这些军队，在乌兰乌得的街上，他们表现出很雄壮而记〔纪〕律严明的气象。

日本老早就想在布利亚特一带伸张势力了，有许多日本间谍在这里活动着。有一次，在去年十一月的时候，有一个集体农场的农妇，在国境边上遇见一个人要向他买些衣服，这农妇自然很起疑心，便把这人让到家里来。一面给他找些衣服，一面便暗中教她丈夫去找警察去。警察到来之后，发现他确实是间谍，身边并带有秘密文件。每月里都有些这一类的事情，自然也有许多竟混过去的。

一直在几个月以前，布利亚特蒙古是分为三部的。主要的区分点是靠贝加尔湖一带，更有一个区分点（在爱钦斯克高原一带），位于东部，在西伯利亚路通至东北的路线上，此外更有一个小的区分点，靠在穴赖母克侯夫（Cheremkhovo）煤矿区一带。几个月以前，这个共和国的边境稍微有一点变迁，把这两个小的区分点取消了，在各行政领域内重新分出"民族区"。

日本的野心

日本帝国主义的目的在取得布利亚特，以便深入西伯利亚和沿海滨省。但在取得布利亚特之先，必得侵占蒙古共和国。若果日帝夺取了蒙古人民共和国，便可西侵而入新疆，或更进而进至中亚细亚。日寇的阴谋，在向外蒙古挑战，以便直接由其东部自布尔湖（Buirnor）侵入。然而结果：第一，他们发现蒙古军队出乎意料以外的好；第二，蒙古人民不为其挑战所动；第三，苏联明白宣布，若果日本侵入外蒙，苏联必进而援助蒙古人（所以如果日本从布尔湖一带进攻，后路将为苏联在满洲里一带截断）。因此种种，日本才采取谨慎的态度，只进至内蒙地方，沿外蒙间边境活动。这里日本确也占了不少土地，虽然占领时间的久暂是在不可知之例〔列〕。他们的目的，是想拿内蒙古作一个坚固的根据地，以便由此据点，以北取外蒙作大规模的进攻，或南下以深入四川一带中国内地。在对付外蒙上，日本占有较优的地位，因为这地方是苏联兵力不容易顾及到的。即便如此，在苏联未在欧洲受攻击以前，他们似乎也不敢冒然进攻外蒙古的。然而现在日本帝国主义者似乎采取了更好的战略。因为他们深知内蒙古的据点，是很容易受包围的。在内蒙古地方，日军坚苦作战，以减去中国军队在南面的压迫；而同时内蒙古人民以及日本统领的蒙古军队，也在开始反抗日本。八路军正是截隔日本的点线式的交通线，所以日军虽声称掠有西北路线，事实上他们能否得大量运输军需品，倒颇成为问题。他们的地位，越来越困难了。这样，若再和由北面而来的武装整齐的军队作战，可说是完全无胜利希望的。

《时与潮》（半月刊）

上海时与潮社

1938 年 1 卷 5、6 期

（訾茹　整理）

在蒙古开始苏日战争①

［日］伊佐秀雄　撰　　胡侗　译

中国事变的心理原因

当余于平绥线上旅行之中，屡屡地听到这样的话："中国事变的真实原因，是绥远事件啦。"

所谓"绥远事件"，就是指蒙古"独立"运动的主持者锡林郭勒盟长德王所率领的内蒙军与傅作义指挥的中国军冲突那回事，终于德王方面，形势不利，遂由百灵庙退到多伦去了。

这之后，中国方面即宣称："德王的内蒙军的幕后，实有日本的影子。内蒙军既败于中国军，由是可知日本军要较中国军为弱。"这点，实是对日本挑战的态度之日趋露骨的表现。

中国方面既然傲慢地采取挑战的态度，"皇军"当然不能默视，于是而生起了冲突的因素来，这实是显而易见的理由。因之卢沟桥事件勃发了，而它又终于转变为将中日两国的命运作孤注一掷那样广范围的长期战争。

故此，中国事变固可说直接是起于北平郊外，但其实亦可以说

---

① 本篇是站在侵略者的立场叙事的，为保持资料原貌，照录译文。——整理者注

发生于塞外荒凉的蒙古。总之，最少绥远事件之为中国事变的心理原因，却是不能否认的。

中国事变后的形势，于此实无再加述说的必要。在多伦待机而动的德王军，随着事变的勃发，势力俄然大增。如今，不用说已成为勇猛果敢的"皇军"底后盾，从事活跃了。

敏捷的内蒙经济工作

目前，内蒙是有十分之九处于内蒙军的支配之下，于是建设工作就着着进行。

包含察南十县的"察南自治政府"，首先在张家口诞生，其次，包含晋北十三县的"晋北自治政府"，也告出世。此外，"蒙古联盟自治政府"，更于察北及绥远举行成立典礼。而于这些政府间，再组成"蒙疆联合自治委员会"，以金融、产业、交通等各委员会为中心，经济的建设运动，正在突飞猛进。作为它底基础的蒙疆银行，也告成立了。

当余入到内蒙时，日本与"满洲国"的纸币，已与中国纸币同值地通用了。于张家口，也设有铺上草席的日本旅馆，而美好程度足可与东京市内的并驾齐驱的面食店，亦告开业。此外，如果你通过大同到绥远，当更可看到日本风味的咖啡馆，正在勃兴，留声机片的歌声洋洋盈耳，高唱出："哎哎哟，忘了吗？"

北"满"作战与贝加尔作战

内蒙古的"建设"，竟然跨上以北平、天津为中心的华北的先头，而以极为优越的技术进行了。

成为华北外廓的内蒙古之着着进行"建设"，就华北全体的巩固说来，当然是必要的。从而日本之"贡献"种种的努力，却又是当然的工作。但目前有一个国家，正对这种工作的成败下以最大的关怀呢。这个国家就是苏联。

苏联的对日军事工作，就是在海参威〔崴〕设立空、陆的根据地，同时除于这里准备了数十艘潜水艇外，更于苏"满"国境驻屯三十万大军，建筑着蜿蜒数百里的托齐卡阵。当然，假如内蒙古靠了日本军的力量"建设"好，则那长长的坚固的防御阵线之战略的价值，是定会低下了某一百分率的。

吾人只要一瞥东洋地图，便可充分理解这点。从张家口或绥远划到贝加尔的直线，较之从海参威〔崴〕划到贝加尔的直线，要短得多。海参威〔崴〕与莫斯科的距离，比之绥远与莫斯科的距离，真要长了无数，而且若苏日战争一旦爆发，日本除了直捣海参威〔崴〕的苏联空军与海军根据地外，同时更可由内蒙古狙击贝加尔湖区。

于这种场合，苏联固将从海参威〔崴〕向日本的心脏施行空袭，似它若于贝加尔湖附近败于日本军，则三十万的远东红军及绵旦〔亘〕数百里的托齐卡，将毫无用处。与莫斯科的连络被截断了的远东红军，不过是一部分没有脑袋的肢体而已。因之，其攻击力与防御力，当然要显著地低落。

沿海州与东部西伯利亚地方的红军之败北，虽然是一件具有苏联退却意义的事，然而，这并不足使苏联受到致命的打击，而且这样战斗的结果，无论如何也不会使两交战国的基础关系发生根本的变化。

可是反之，贝加尔湖附近的战斗之胜败，最低限度，也是一个苏联失去广大的西伯利亚全部，或日本放弃其孜孜经营出来的"满洲"及华北一带的权益的分歧点。

外蒙的共产主义化

一九三一年，"满洲"事变爆发，其结果，一方面是产生了"满洲国"，而同时也使苏蒙关系进入了一个新阶段中。

外蒙在苏联的协助之下，不单从事大规模的军事设施，此外更着手于内部的种种改革，其最著者，为封建制度的改革。蒙古特有的盟、部、旗的弃除，采用在营二年在乡二年的义务兵役四年制，实现男女同学的义务教育，及消灭迷信的喇嘛教等。

不仅如是，其次，复派遣多数青年，到苏联去从事各种技术的学习，以养成外蒙政治上及军事上的干部。

外蒙的兵队，其编成、教练、兵器、被服等，一切都苏维埃式化了。至其兵种，约可分的〔为〕国境联队、骑兵、机关枪队、炮兵、航空队、工兵等五〔六〕种。其兵力，共约七万五千人。

军队干部养成机关，设于库伦，有四年制的士官学校，有七年制的陆军幼年学校，都聘有苏联的教官。

此外，苏联更于这方面驻屯了强大的红军，其总兵力达五个师团。以库伦为中心，分别置配于自沙伯尔方面至波意尔洛尔的南岸，及哈尔哈河以至苏伦一带。

远东"赤化"政策的根据地

苏联之所以如是地急急于外蒙古的强化，其主要目的，当然为了建筑成自国防卫阵这点，但同时，它也在图以这而实现其对中国大陆的"赤化"政策。

苏联为了"赤化"远东而采取的路线，或称第三国际路线，或称赤色路线。这赤色路线是有下列数条：

1. 从北方各地通过中东铁路向南直下线；
2. 从外蒙库伦地过察哈尔省出张家口线；
3. 从外蒙库伦通过绥远以达山西线；
4. 从外蒙库伦出宁夏、陕西线；
5. 从外蒙库伦横过宁夏向甘肃前进线；
6. 从新疆出甘肃线。

但于这一"赤化"政策中，其最重要的路线，都是通过外蒙的各线。

日本是经常强调反对共产主义的。在事变（指此次中日之战——译者）之后，即到张家口去，在山西、绥远一带从事"宣抚"工作的主持者本池政敏氏，目前正不息地张布种种口号的传单。当吾人步过街头，便可见除了反对共产主义的标语外，他如写着"建设王道乐土"以及"实现民族协和"的标语，也触目皆是。

赤色路线的截断政策

自"满洲国"的成立以至中国事件勃发这几年间，苏联的赤色路线，发生了相当的变更。由于中东铁路的被收买，于是通过它的第一线就全被闭锁了。其后不久，通过察哈尔而出张家口的第二线，也被饷以闭门羹，此何故？原来随着"满洲国"的发展，察哈尔与蒙古都逐渐采取了亲日"满"的态度。

不仅如此，还有此次的中国事变，更使那条出绥远通山西的第三线，无法使用。盖绥远省只余五原以西一部，而山西省的全部，已入"皇军"的手中。

这么一来，从外蒙出发的赤色路线，已渐次为日本截断了。在华北的外廓，已张起防共的壁垒来。现在，朱德的第八路军，正在山西省与"皇军"对峙中。日本的占领区域，正与西北一带的赤色势力，正面相对呢。

日本的国策，就是实现东亚的防共政策。日本既负东亚"盟主"的任务，因此，乃站在彻底粉碎共产主义的立场，从事出兵。

日本现在正对截断从库伦出宁夏、陕西的第四线，自库伦向甘肃的第五线及自新疆向甘肃的最后一线，大加努力。不过，欲图将是等赤色路线截断，其所用的方法，固不仅限于武力，此外，更须采用种种手段。例如利用飞机的撒布传单及"宣抚班"决死的活动，实可使防共战线扩大强化。目前利用宗教的防共斗争，正在大大盛行，主要地是利用回回教、基督教及红十字会等。即如在内蒙古，利用回回教与基督教的防共政策，竟收到预期以上的效果。

反共战与内蒙的要人们

蒙古联盟自治政府的领袖，担负着内蒙古建设大任的德王，在成吉思汗的扁额之下，彬彬有礼地坐着，眼光是那么的温和而带有希望的光彩，望住我们发表如下的谈话：

> 日本与蒙古原是兄弟，日本是兄长，蒙古是弟弟。日本为了领导它的蒙古弟弟，不惜尽绝大的力量，而且今后亦必然会为了蒙古的发展而努力。各位都知道，蒙古曾出过一位叫成吉思汗的果断的天子，率领民众，威震世界。待其殁后，蒙古乃渐次衰弱，陷入濒于灭亡的状态中。

> 当此之时，日本高揭确立东洋和平的大理想，指示我蒙古民族的归趋。对我们的独立运动，大加协力，这诚是不胜欣快的。我蒙古联盟自治政府，包容太祖成吉思汗所保有的诸民族，以一致合作的大精神为范则，不息地勇往迈进。

　　但不幸我们的兄弟分散各地，尤其是居住在外蒙古的百万同胞，正呻吟于与我们理想全然不同的苏联支配之下。我们当前的最大使命，就是将这些兄弟们，引导到我们同一的理想之下，来完成大蒙古的建设。

　　李守信麾下的参谋长乌古廷氏，肥胖的身躯，穿着黄褐色的军服，一面咕咯咕咯地狂饮威士忌，一边认认真真地说："喂，我们下次要在中央亚细亚再会啦。"

　　军政方面的要人，都是那么样一致地表示建设大蒙古的热意与打倒共产主义的决心。

内蒙古粉墨登场

　　日本的进入内蒙，是为了实行日本于东亚方面的防共阵线的强化政策，也可说是其大陆政策的归结。然而吾人若说日本的强化防共阵线及大陆政策是不可避免的事物，则不能不说日本与苏联的冲突亦是必不可避免的。

　　这一宿命的苏日战争，将在何处开始？则可预料它将开始于对立关系最尖锐而又最接近决胜点的内蒙古地方中。于内外蒙古地方展开的苏日战争，起始必非苏日两军的正面冲突，反之，它的开始将是内蒙军与外蒙军的战斗，而苏日两国跟在后头。诚然，一向憧憬于蒙古民族的统一的内外蒙古，却首先展开了同胞的自相残杀的战斗，这是极端不幸而又滑稽的事。然而西班牙的内乱，也是以自相残杀的形式开始，而一方面则有苏、法，一方面则有德、意在后面支持，继续了一年以上。同样地，一方而有采取共产主义的苏联，他方面有以反共产主义盟主自任的日本，为了各自实行其使命而互不相让一步，则蒙古民族的这种不幸，却是无可避免的东西。内外蒙古的战斗，一告开始，则邻接外蒙古的贝雅图蒙古与及邻接内蒙古的满洲、蒙古，必然会参加到这一战斗内，即是说，它那时已成为苏联体制与日"满"体制的冲突了。现在正与日本继续交战的中国，也定会加入这一战争中。德、意、英、法等的参战，亦极有可能。

编者按：本文作者伊佐秀雄是同盟社的记者，也就是所谓"蒙古亲善宣抚班"的随班记者。他对于此次中日战争的原因和说苏联"赤化"路线，虽是随口的，但是，我们如果回味地读着本文，毕竟还是值得注意的。

胡侗译自东京《雄辩》，转载《大时代》。

《文集旬刊》

上海文集社

1938 年 1 卷 5 期

（朱宪　整理）

在中国蒙古和苏联的日本间谍

——苏联《真理报》

作者不详

一 日本间谍在中国活动

间谍是日本帝国主义军事机关之最重要的组成部分。她在日本帝国主义准备侵略所注意的地方，表现得特别积极。

在中国的日本间谍，具有非常发展之组织，并建立有非常巨大和坚强的体系，日人已在中国各省和各社会阶层中，散布有广大的间谍网。如果认为日本在华的间谍都是派的日人，这就错了。大多数在华的日本间谍，都是日人从中国社会的废物、腐化分子和封建军阀、叛买〔卖〕民族利益的买办商人、托派和白党分子中选拔出来的人员。这些间谍的领导者，为散布在中国领土上的日本武官及领事等。日本间谍在中国所干的最毒狠与丑恶的工作，即是积极地挑起反对中国民众的斗争。

中国的封建残余和叛卖民族的军阀，在许多年以来的所行所为，都是在勾结日本间谍，利用他们的帮助，来蹂躏并危害中国的民众，结果遂使日本间谍在华的挑衅工作，获得极大的成功。

日本间谍在中国所干的瓦解敌人的工作，除收买个别的民族叛卖者——军阀之外，还招募了为日人效力的大批走狗——汉奸。日本间谍正努力妨〔防〕止中国民族主义的教育和民族的觉醒，日本间谍即抱着这个目的，在中国进行一切政治的和军事的进攻，她们以为这样就能应时地扫清民族主义的力量。其实，这种危害工作的价值，仅能抓着中国的腐化分子和叛卖民族的集团。这种毒害的进攻，或者是直接为日本的代理人所主持，或者是由此等代理人所作成的、所发动的组织和走卒来进行。

对于中国的中央政府，日人则企图以一切的阴谋办法，使各省的政府与中央分裂，并嗾使中央与地方间发生武装斗争。这类阴谋之未获成功，实由于日本的代理人还打算从外面来破坏中国中央政府的力量和威信。日本间谍企图利用中国内部的意见分歧，或中央政府中个人的影响来投机，并很巧妙地嗾使一个将军去对付别一将军，煽动野心的企图，捏造谣言以引起敌方内部的冲突。

日本间谍经常是在努力造成中国的分裂与破碎。

为要实现有系统的挑衅，日本间谍所需要的代理人不是临时的，而是最熟练的，甚至有些巨头要人都被日本间谍收买，在日本将校领导之下，有系统地来破坏和阻扰中国国家的统一。

就数量来说，这种专门的代理人虽已随着中国人民的觉醒而逐渐减少，但这种人却仍旧占着极大的数目。日本的招募人还"储蓄"有适当的代理人，甚至到了最近的紧迫时期，还未利用他们。

当"九一八"满洲事变之前，日人在满洲活动的间谍，已收买好了最高官位的中国军阀，日人的意思，以为这些人在将来还是能对日表示"有利"的。很明显的，这些打算都已获得了极大的证明。

日本在中国还有不少重要的人物——秘密的日本代理人。这些人之为日本效劳，尚未被人揭发出来。这些人每天每时都在等待着主子命令他们来发动暴乱，在各地组织放火与屠杀。

日本在华的间谍，因鉴于近来中国反日运动有了广大的发展，除旧有活动的形式之外，更采取了骑墙派（两面派）的伪装，装着他们也是"反日的分子"，最明显的即是制造中国的内战，以利于日本的掠夺。日本在华的间谍，还装着"爱国者"、"人民之友"的面目，来削弱中央政府，使其无力抵抗日本的侵略。这种可耻的卓〔拙〕劣行为——骑墙的两面派，已很广泛地被日、德在华的托洛斯基和布哈林派诸间谍所采用。日本间谍还利用他们，在苏联领土内破坏反抗侵略的工具——兵工厂。因为环境的改变，日本间谍为要适应环境，已考虑到要在中国作公开有利于日本的行动，现在已不可能了，故日本间谍不得不教导其侦探应采取各种掩饰的面目，才能在中国尽量地进行作恶与危害。

二　日本间谍在内蒙古的活动

日本军阀最眼红的，是从外国帝国主义枷锁和本地封建势力之下解放出来的，已树立了新的和自由的生活之外蒙古人民共和国。

日本军阀反对外蒙人民共和国之阴谋，早在日本武装干涉西伯利亚时已开始了。当时的日本代理人已经企图侵入，并抓住外蒙以便将蒙古变为日本帝国主义的殖民地。

这个企图终于被蒙古人民所打断了，日本雇佣的白党匪徒也被粉碎并枪决了。

但日本在外蒙的间谍，却没有一天停止过破坏的工作。日本间谍在外蒙散布种族的宣传——日蒙同种，并动员反革命的喇嘛，在蒙古组织了他的间谍和匪徒。日本曾广泛地利用过有时候占蒙古人口百分之四十的喇嘛。日本间谍除利用喇嘛进行间谍工作之外，并在外蒙古人民中进行反革命的宣传。同时，有些日本间谍还乔装蒙人，打入外蒙古革命党中，进行瓦解党的工作。许多崩溃了的外蒙资产阶级的国家主义者，都和日本间谍有密切的联系，一切行动都听从日本间谍的命令。

日本间谍在内蒙活动所遭遇的困难，显然是要比在外蒙人民共和国方面少些，在热河和察哈尔方面之日本武人，实有着完全的可能，来招募巨大的武装土匪，作反对外蒙和中国人民之力量的斗争。不错，日人在内蒙乃至华北一部分中所造成之土匪和车〔军〕队，都在蒙古的封建势力和宗教的帮助之下，但日人所造成的这些土匪和军队，并未完全为日人所利用。日本间谍在当地居民对日仇视的环境中去活动，时常都会感到反正的危险。甚至这种反正的行动，还是从日人所雇佣的奸细方面发生出来的。因此，日本间谍为了要免除危险，特建立有与此平行的间谍组织。由于这些顾虑，日本间谍为了便于在内蒙进行作战，曾建议将这些土匪头子联合起来，并使封建王公之间彼此猜忌，还利用间谍之互相监视，使他们不得不承认日人占有重要的地位。

三　日本间谍在苏联的危害工作

日本帝国主义反苏联——世界上第一个普罗国家——之积极的危害工作，开始于"十月革命"战后的第一个月。

当帝国主义大战的时候，日本在形式上是把帝俄当作反德的同盟者。但这时候的"盟友"，已具有确定的形态——利用帝俄的弱点，占据了大块"未被开发的肥肉"——俄国远东的土地。日本军部已"预见到了"俄国在帝国主义大战下的出路，不管俄国的出路如何，她认为都是要离开日本的，因为俄国是一个衰弱的帝国主义，绝对不能保卫其远东的土地不受日本的打击。日人根据这点出发，遂积极地供给帝俄政府——照"帮助"盟友的定例——以无用的武器，不能发射的大炮和不爆炸的炮弹。

日本在帝俄政府之下的奸细，还利用了优越的特权——对盟友的"帮助"，在俄国为自己保持了一切活动的优势。

追随俄军的日本军官——荒木（著名的最暴狂的反苏宣传者），便是很明显的间谍，甚至帝俄的宪兵也不能不于一九一六年时，在伊尔库次克逮捕他。由于荒木为日本正式的官员，以及帝俄政府不愿意破坏日俄同盟的友谊，才把他释放了。

但是，荒木在这时候的间谍活动并未终止。当俄国"十月革命"胜利之后，日本帝国主义认为时机已经成熟，立即决定实现她占领沿海州的原定计划。一九一八年便开始了日本的武装干涉——这是帝国主义企图瓜分和占领苏联领土之最恶毒的阴谋之一。

这时的荒木已擢升为俄国通的"专家"，他的间谍天才，已为他运用到干涉者的军队中去了。他被任为海参崴驻军中的指挥官，特别从事于日本间谍的指挥与招募。

日本在远东的武装干涉，苏维埃远东被日军的占领，这都说明了日本反苏联的间谍工作，已有了极大的范围——间谍、军事破坏以及包括谢米诺夫徒众的白党土匪等。

干涉者都被赶走了，干涉苏联远东的日军及白党匪徒等，在远东劳动群众、人民游击队和红军英勇的战斗之下，不得不退出苏联的领土。但日本帝国主义并未将其势力完全撤退出去。日本的间谍机关，仍隐藏在远东方面，经常准备其间谍和担任军事破坏的干部，使他们潜伏在苏联领土内，等待较好的时机，以便再来干涉。

白党、各种溃败了的反革命军队的残余，各种各样的"旧人"，帝俄时代的官吏、警察、宪兵，从前的资本家、地主和牧师等——这些分子都在武装干涉时，被日本间谍利用来作过军事的破坏者、间谍和奸细。很明显的，在西伯利亚和远东方面，被赶走了的白军，曾抛下了成群的"旧人"都隐藏起来，逃避第五路红军对他们的剿灭。在哥萨克崩溃之前，正当消灭日人建立的远东傀儡"政府"时，这些"旧人"中曾有许多人和白党、土匪的一些积极分子，都迅速地改变了自己的面目，并转变成了"劳动"者。他们的改变面目，原在期望可以"幸免"于布尔什维克对他们的打击。因此，这些敌人都伪装着从事体力劳动的"工人"、"铁路员工"、"机械工人"等。

日本间谍曾在各方面，竭力鼓励自己间谍的伪装，但日本间谍虽有极大可能在这时努力招募许多奸细，却难免没有一部分全被淘汰（为苏维埃所破坏），而另一部〈分〉要长久支持在苏联的破坏责任，亦极少可能。

不久以前，在苏联远东破坏了日本间谍和军事破坏者的秘密巢穴，曾暴露出日本间谍固有方法的一个特点。一九三六至一九三七年中，因接受日人任务，进行军事破坏而被控诉为反苏联的许多人们，都被揭发出来原是老的日本间谍，他们被募去参加间谍工作。早在武装干涉的年代（一九一八——一九二二年），在这十年至十五年中，他们都潜伏在自己的老巢里，接受其主子的命令。当日苏外交的正常关系恢复之后，苏联领土上已出现了日本的领馆、租让企业和其他的机关，因此，日本间谍和这些奸细们的法定关系都被恢复了。并且这时候的日本间谍还时常聚集有大批的奸细。

最明显的事实，即在干涉时所招募的间谍，在伪装着铁路工人的掩护之下，曾发生过三次事件（一九二七、一九二九和一九三二年的事件），日方负责人之一曾向这些奸细建议利用"可能"，以组织铁道的破坏。他们于一九二七年时回答这位负责人说："必须等待。"一九二九年时的回答也是一样，一九三二年时，他们则回答说："还早，但已快了，并且需要赶快准备。"到了一九三三年时，日本奸细已不等负责人来，就跑到间谍的住宅去催促，并给他们以组织破坏铁路、机厂的具体指令。

许多的间谍事件，说明了日本间谍在群众中的招募，是有其选择对象的一定标准。尤其是日本间谍的忠实走狗，在许多的时期中，他们都和哨兵线的间谍中心作有系统的联系。日本间谍向这些走狗或"居留民"所获得的，不仅是搜集间谍情报，关于军事被〔破〕坏的建立，并且还有关于新间谍分子的招募。

在一九三一年"满洲事变"之后，日本间谍的反苏活动，已成了几何级数的发展。从内战时起就留在苏联领土的老间谍已经不够用了，日本在满洲的军事顾问和宪兵组织，都很快地组织了"新的干部"。

日本间谍补充反苏干部的来源有三：（一）白党侨民，包括所谓"哈尔滨人"，即住在哈尔滨城和住在满洲其他地方的俄国居民。当日人占领满洲之后，日本间谍就在他们中间进行广大的招募工作。（二）高丽民族中的富农和奸商，这些人在苏联远东占有极大的数量，此外，还有从边境上偷越过来的日本间谍。（三）苏联国内的反苏维埃的反革命分子，首先即是托派分子和布哈林派的徒众，后者正是日本帝国主义认为最主要的和最有价值的走狗，因为他们都怀有党证作掩护，侵入到党和政府中最负责任的部分。

反苏联的日本间谍在招募干部时，非常审慎人物的选择。在国外（满洲和高丽）和在苏联国的日本间谍，正继续在选择人物，注意选择那些绝对仇视社会主义制度，与资本主义有阶级联系的分子，以及那些腐败的，沉溺于犯罪的人们。苏维埃反间谍对日本间谍所举发的许多案件，正说明了这事的真实。

例如，一九三五年的案子，日本间谍的招募人，曾在苏联领土内胜利地招募了七个人的一个军事破坏支部，这七个人中，有三个是以党证作掩护的托派分子，一个系曾任反革命将军邓尼金部下的军官，一个是沙皇的军官，另一个是反对派的巨头。

一九三六年时的另一个案子，在十一个被捕的日本间谍中，有九个是贵族（地主、厂主和军官）出身的分子。

在最近所破获的"平行中心"案中，苏联境内活动的日本间谍，和军事破坏的组织，都以托派、布哈林派等匪徒为主要的分子，此等匪徒都和从前的寇兵、大地主等有着极好的联系。

所以，日本的间谍和苏联的叛徒——苏联人民之敌——都是日本间谍招募人，从那些凶顽的，看不见社会主义胜利事业，对资本主义奴役制度还梦想恢复的人们中选择而来的。（第二章完，全篇待续）①

《中苏文化》（月刊）
南京中苏文化协会
1938 年 1 卷 8 期
（朱宪　整理）

---

① 未见此刊继续登载。——整理者注

外蒙古出兵问题

陈廉贞　撰

由于敌人军队的进入察哈尔、绥远，西北疆场上外蒙古的动态，确实引起了国人相当的注意。一般不了解外蒙古过去与中国本部的历史情形，又以为外蒙古的自治已经脱离了中国，所以一方面肯定的带有恶意的说外蒙古目前还没有出兵，是受了《苏蒙军事互动协定》的规定，苏联在那里限制着，一方面又急切的要求外蒙古立即出兵，似乎因此而可以挽回整个的战局，战胜日本帝国主义，这种对外蒙古出兵的焦急和不安的态度，需要我们对这问题作一个正确的回答。

首先，我们要知道，总理的民族主义是应许国内各民族的绝对自主和自决的，所以中国国内许多少数民族中的任何一个，他只要不是受敌人挑拨离间，利用少数上层分子来进行他的"民族自治"，如"满洲国"和内蒙的"大元帝国"，实际被帝国主义的侵略政策所俘虏，而确实是由民族中的劳苦大众用自己的力量来决定自己的命运的，我们今日在全中国民族团结起来，一致对外抗日的立场上，便不能完全用封建的藩属观念，来对他作要求，而是站在平等的关系上，联合起来，一致驱逐侵略者，从中华民族的彻底解放的立场上来求其共同作战的。

我们姑且抛弃那些不明白外蒙古直到现在为止，还是一□地表示与中国联合而成为中国一部的意思，不明白《苏蒙军事互助协定》与《法苏捷协定》是同样的性质的东西，而责怪外蒙古不立即出兵是因为别人在作主者的论调，我们先把那些纯正一些的要求外蒙古立即出兵的人的意见来检讨一下。

提出要求外蒙古立即出兵的人的意见，以为我国的抗战是为了世界的和平与正义，故世界上一切爱好和平的国家都给予我们同情，就是旅居在海外的华侨也在各方面对他们祖国纷起援助，外蒙古现在尚认中国为宗主国，所以也应该出兵。这一种意见是似是而非的。当然中国的抗战曾引起了世界各国的同情；祖国的对敌强硬，曾鼓舞了海外同胞的几多兴奋，但这不能就说，应该叫外蒙古就比同情援助更进一步，不顾忌各种实际上的问题，而立即实行出兵。

另一种说法，以为外蒙古和中国本部边境相接，有唇齿辅车的利害关系，日本的军队已进入到察、绥两省，那末外蒙古本唇亡齿寒的教训，似乎应该早日出兵，以抚〔拊〕敌军之背，甚致〔至〕进攻热河和东三省，以争取中国本部和外蒙古的共同胜利。这一种说法，是比较地站在外蒙古利益的立场上了，然而一考其实，也有一些问题的。因为敌军到目前为止，尚没有进入和企画进入外蒙的边境是事实。当然依照敌人原来的大陆政策讲，敌军在占领华北五省后，有进攻外蒙，切断恰克图与库伦的联络，甚致〔至〕进攻苏联的贝加尔湖区域的野心的。但惟其因为有这一种野心，外蒙古就应该格外的慎重，不然一个失着，远东的大火药库说不定会因此而爆发起来，而外蒙古自己的安全就都要成为问题。

总之，我们是坚持抗战中中国各民众的团结一致共同对敌的，但是这种团结一致应该建立在合理的基础上，这就是须经对保证民族的自决和自主权。我们在对日抗战中希望外蒙古的同情与一致，然而这种同情与一致的实际的表示，要看客观条件和时机的成熟与否来决定的。我们试把几十年我们对外蒙古的不负责任的态度，以及外蒙人民在坚苦奋斗的环境中创造自己的命运，和最近他的军备的实力看一看，那末我们对外蒙古要求他在目前出兵的事，是无论如何有讨论余地的。

外蒙在满清时代，就被视作一种附属民族而受着欺凌压迫。满清一方面用高官厚爵收买蒙古的上层分子，划地封王，使他们各不相顾，而实行其分离和羁縻政策，一方面更用极恶毒的手段，来消灭蒙古的人种，叫他们极力尊崇黄教，强迫人民当喇嘛；依照蒙古的规矩，一当了喇嘛他绝对不准蓄妻，结果蒙古的人口便渐渐的减少。而当时满清所派到蒙古去的官吏，除了拼命剥削收〔搜〕括以外，丝毫不替蒙古人民谋利益。最后，满清的官吏延福、三多，借着举办新政的题目，更在蒙古人民身上搜索，所以当时一般蒙古人民对中国的印象，可称痛恨切骨。不久满清政府又因一点小事要革拿达赖喇嘛，结果便逼起哲布尊丹巴的反抗。旧俄逞〔乘〕着这个时机，企图贯彻他势力南下的政策，便鼓动蒙古民族中杭达多尔济亲王，借会盟为名，密谋独立，当时满清政府因忙于镇压国内革命党，所以对这件事全不顾问。武昌起义后，革命政府成立，虽声明五族平等，而于蒙古的实际情形，依旧是不加闻问的消极主张。一九一一年十一月三十日，外蒙古喀尔喀四部在沙皇怂恿之下，宣布独立，驱逐中国官吏，建设蒙古帝国，改元共戴，以哲布尊丹巴呼图克图为皇帝。民年元年八月，科布多也宣告独立，加入蒙古帝国。这是外蒙古的第一次的脱离中国。

到民国二年十一月五日，我国因旧俄公使廓索维慈曾在库伦与蒙古帝国订有《俄蒙协约》及《商务专约》，使外蒙事实上成了苏俄的保护国，便竭力争执，□会同旧俄发表《中俄声明文件》，俄国承认中国在蒙古有宗主权，而中国承认外蒙有自治权。民国四年中、俄、蒙再在恰克图开三方会议，于六月七日成立恰克图《中蒙俄条约》，其中要点为：（一）外蒙古为完全自治区域，有自治权，但仍为中华民国领土之一部，中国有宗主权；（二）改皇帝称号，对哲布尊丹巴博多汗中国有册封权；（三）外蒙文书，中国年历与蒙古干支纪年并用；（四）中国得派都护驻扎外蒙；（五）俄国在外蒙有领事裁判权，凡外蒙政治问题，中国须与俄国商酌办理。当时我国曾颁布外蒙官制，派陈箓为库伦办事大臣，在乌理雅苏台、科布多各设佐理员。——然而我国当时在外蒙仍无若何积极的扶助政策。

欧战发生后，日俄订立攻守同盟，实行共同支配蒙古，而当时中俄军又在科布多发生冲突，中国与蒙古关系险行引起巨大风潮，幸当时俄国革命发生，作为工农政府的苏维埃政权，便把一切沙皇时□的野心政策放弃，外蒙便完全脱离俄国的支配。这时我国政府只要有一些积极的民族政策，外蒙古和中国的关系便能在一个合理的基础上建立起来，但是政府漠不置问，遂使外蒙古跌入俄国白党的手中。白党谢米诺夫在海拉尔勾结蒙匪，设立蒙古政府，蒙古活佛觉得自己前途危险，遂向我国政府求援，这真是一个最好的帮助外蒙古的机会，但当时政府所派去的西北筹边使——徐树铮，除了取消外蒙古的自治以外，更加紧对蒙古人民压迫。直皖战争后，徐树铮因政治失势，逃出蒙古，继任的陈毅，久不赴任，都表示我国政府对外蒙古的完全不负责任。白党谢诺夫米〔米诺夫〕才得乘机再起，又怂恿活佛二次独立。当时一部分青年蒙古志士与布里雅特人在达乌里组织蒙古民族中央政府，谢米诺夫因为不能利用他们，遂拼命的加以摧残，青年蒙古志士与布里雅特人合并在恰克图组织蒙古国民党，为将来外蒙古的复兴立下了基础。

民国九年，白党败将巴龙恩琴受日本接济，率军侵犯库伦，民国十年二月占领了库伦，三月二十一日再宣布外蒙独立。巴龙恩琴骄横跋扈，外蒙古人民不堪压迫，便纷纷向我国中央政府请援，然而我政府依旧置之不理。巴龙恩琴更形骄横，将企图以外蒙为根据地，进攻革命的苏俄，苏俄政府在这种情形下，要求我国出兵，不然为保卫苏联起见，不得不出兵代驱白党，北京政府又不答覆。于是蒙古国民党在苏联的帮助之下，于民国十年夏克服库伦，灭除巴龙恩琴，组织国民党政府，至民国十三年成立蒙古人民共和国。

从这一段外蒙古人民共和国建立的历史来看，几十年中以宗主国自居的我国，对外蒙负通何种责任，我们对外蒙古的击败日本帝国主义和白党有过什么帮助，我们目前要他出兵来援助我们，我们如不和他首先建立一个平等的关系，来共同作战来求取民族的自由，我们有何可能？

况且一切要求，都得作一个客观的可能性的估计。我们要求外蒙古出兵，先得要知道外蒙古到底有多少实力，他是不是能在目前保卫自己的辽阔的边境以外，就〔还〕可分出一部分兵力来进攻热河察绥。

外蒙革命赤卫军是在一九二一年在亚尔垣普乌梭附近，以五百个骁勇开始组织的。他经过了多次的血战，战胜了白党的军队，和汉东巴特尔及阿巴尔散率领的巴图栖札队会合，当时共计约只二千余人。一九二二年改编联队，同年四月，外蒙古政府主席林特诺夫得苏俄的帮助，遂着手组织正式军队。十一月编成定员预算兵额，军队的人数始渐渐的增加。到最近为止，外蒙古革命赤卫军的总数，也不过七万五千余名。他们的编制是：

一、全体共分五个师团，每师团分四兵团，每兵团为二千五百人。

二、每兵团分四支队。

三、每支队分四小队。

总计外蒙古革命赤卫军的实力约如下：

独立骑兵团

独立骑兵联队

国境守备骑步联队及中队（未知）

炮兵大队

溜弹炮中队

"瑙尼呀"加农中队

装甲大队

飞行中队

汽车输送队

以这些兵力守卫整个外蒙的边境以外，我国殊无理由要求他不注意自己的国防，而就目前□阴的出兵援助我们。

所以一方面，我们□团结国内各民族共同参加抗战起见，我们应该采用总理的积极的民族政策，首先和外蒙古建立平等的合理的关系，一方面我们也应该在适当的时机下，然后来请他参加战局。

况且外蒙古人民共和国，虽则是〈自〉治的，然而目前他还自认是中国的一部分，以中国为宗主国。在他民族自己［自］的立场上，他也早就有抵抗日本侵略的决心，自满洲界至包头数千英里之间，外蒙古的骑兵，吸引着强大的日本军队，在这□□配置的日军，数目将占全日本陆军的三分之一，所以他已间接帮助我们分散了日本的兵力了。而随着时机到来，也势必加入战局。因此一切对外蒙古是否出兵焦急和不安的意见，实际都是多余的。

《战斗旬刊》

武昌战斗旬刊社

1938 年 2 卷 7 期

（李红权　整理）

请外蒙古出兵保卫武汉

张涤非　撰

一　怎样才能保卫住武汉

自徐州失守以后，敌人继续进攻的目标，便是武汉。它是我们全国的交通枢纽，为一个重要的中心城市；尤其在上海和南京失陷后，已成了抗战期中经济上、政治上、军事上和文化上的要地。许多人把它看作我们的"马德里"，不是全无理由。有了它，我们华北和东部几省虽已沦陷，而西南和西北各省却可以连系起来，发动其无限的资源及广大的人力，形成一个抗战的坚强壁垒，与敌人作持久之战，渐次消耗其国力而加以最终的击败。所以，武汉是我们控制抗战全局的重心。

在历代的内战中，它的得失，常关系于国运的兴亡。太平天国的失败与辛亥革命的成功，便是显明的例证。所以，我们必须守住武汉才好。否则，如蒋委员长所言："离此一步，即无死所。"然而，敌人对我的战争，又是以速战速决为目的，要达此目的，自不能不夺取武汉，以期摧毁我持久的能力，瓦解我作战的意志，迫着和它订城下之盟。所以，敌人之要进攻武汉和我们之必须保卫武汉，已成了一个必然的事实。

虽然我们抗战的根本策略是持久战和消耗战，要用长久的时间和敌人争最后的胜负，纵使武汉不守，只要战斗力没有完全丧失，亦不能结束战争；但这毕竟只是我们的要求，而非我们的目的。如果战争能够胜利地迅速结束，使我们收复失地，达到领土主权完整的目的，我们又何尝愿意战争尽量延长、人民尽量受苦，而民族久不得到独立自由呢？目前武汉的存亡，便是今后战局变化上一个重要的关键，直接影响中日两国整个的命运。因为抗战将来之能够获得胜利，固有其必然的条件；但条件之为我们利用，却以守住武汉为佳。假如在武汉的周围能把敌人击溃，使它得到巩固，一切好的条件都可尽量发挥，胜利便能迅速到来；否则，便要经过一段相当长久的艰苦过程，才有复兴民族的希望。所以，目前保卫武汉，是争取将来抗战胜利的前提。

现在，敌人已经集中其主要的力量向武汉进攻了。它企图由长江两岸溯江而上，并配合其在大别山脉北部的部队，占领潢川、商城、信阳等地，东、北两面夹击武汉，为要达到速战速决的企图，不惜用残酷毒辣的武器——毒瓦斯来作战，以图孤注一掷地夺取我这重要的城市。因此，保卫武汉已经不是纸头上美妙的宣传意见，而是战场上坚苦的斗争行动了。

虽则远在一月以前，有些好出风头的人发表过"我们对于保卫武汉与第三期抗战问题底意见"，提出了许多似乎非常具体的办法来作行动的方针，究其实要不过将政府已经准备好了的一些事情，加上若干条军事上的普通常识，拿来做自己的意见以大吹大擂而已。除此以外，便只有党派的阴谋，毫无任何实际的价值；反之，真正足以保卫武汉的特殊办法，他们却丝毫没有提出。在我看来，目前只有一个最简单而最有力的办法，足以保卫武汉，并使抗战获得彻底的胜利。这是什么？就是请外蒙古出兵。

本来，这个问题，去年曾经有过热烈的讨论。凡是真正站在民族主义立场上来抗日的人，无不一致主张"督促外蒙古出兵"。

但，可惜当时只限于纸头上的讨论，没有成为社会上的运动，把它与眼前的战局联系起来，使之变作群众的要求，故毫无结果。现在，抗战已经走上了严重的阶段，我主张旧话重提地"督促外蒙古出兵"，并把它作为保卫武汉一个切实有效的办法，从实际上促其成功。

为什么呢？如何肇基先生所说："因为外蒙古出兵，对于我们的抗战有十分的重要性；这就是说：当着我们苦斗死战而且很多军队疲劳了和许多力量消耗了之际，外蒙古的出兵，显然是给我们增加一支生力军，为助很大。加之它的出兵，不论是攻打热河直趋山海关，或是攻打黑龙江拊伪满洲国之背，在战略上都有极大的作用。那时日本无疑地是缩短战线，把驻在江苏和浙江的军队调到华北，由津浦和平汉南下的企图必然停止。我们收回了江苏、浙江，又不虞日军南下，反之要开大军到华北去与外蒙军会师，这不是很明白的一条胜利捷径吗？站在这个见地上，我们十分盼望外蒙古出兵。"（见《我们的外蒙古》四三—四四页）这些话，虽是去年说的，至今并未丧失其真理性，很可重视！

今日，我们一般爱国的同胞不是都在迫切地企求外援吗？不是都希望苏联出兵或国联引用盟约第十七条来制裁日本吗？然而，事实的回答是：张鼓峰事件很快地就结束了，苏联正同日本和伪满的代表在划分中国东三省的边界；国联对于中国英勇的抗战，虽用满口的仁义称赞不已，却无任何具体的办法来作实际的援助，予暴日以有力的制裁，像倡言援助弱小民族革命和维护世界和平的苏联与国联，尚且如是，其它的国家还可靠吗？

但，外蒙古是中国民族之一，和我们有几百年的兄弟之谊，至今名义上并未和我们断绝宗主关系，与其它国家不同。而据苏联国际情报的记载：它有常备兵十五万，战时可出动三十万，全是机械化的部队，力量非常雄厚，当此民族危急存亡的时候，外国的援助既不可靠，我们自然应该要求它以民族的同情出兵助战。俗话说"兔死狐悲，物伤其类"，外蒙古难道能够坐视其兄弟的种族被日本灭亡，连狐狸的感情都不如吗？今日武汉的存亡既关系于未来的战局，我们自有请它出兵共同保卫的必要。

我以为无论就哪方面说，外蒙古都应该出兵。现在，请就民族关系、抗战意义、本身利益三个主要点上，来说明我的理由。

二　在民族关系上应该出兵

历史告诉我们：蒙古就是从前的鞑靼族，自唐朝起，便与中国发生了关系，至今已有七百多年。在南宋时代，它骤然强盛起来，不仅征服了许多很小的民族，而且灭亡了金人和汉人的国家。其武功远及欧洲大陆，使俄罗斯人都不能不为之屈服，亚洲的全部更成了它的势力范围。在成吉思汗和忽必烈皇帝统率之下，建立了有名的大元帝国，它统治中国八十九年，给我们尽了一个开拓疆土的作用。直到满清末年，大体的疆界还没有改变。待明朝将它倾覆以后，便日渐衰弱，慢慢地为汉族所同化，变成中华民族的一部分，所以，蒙古是我们几百年结合起来的兄弟之族。

从清朝以来，它与中国的关系更加密切，和西藏、新疆一样，在地域上，成为中国版图的一部分；种族上，同为黄种的一支系；政治上，更是中央政府管辖下的一行政区域。一言以蔽之：它是中国领土主权中一个构成的单位，与安南、缅甸、朝鲜之于中国不同。那些是素来自成一国，有其皇帝和政府的民族，只属中国的藩邦，仍保存了政治的独立，没有完全为我们所同化。因此，它们与中国可以结合，也可以分离，在民族自决的立场上，我们不能勉强。但外蒙古却不然。它早已同化于中国，与我们构成了有机的关系；而且这种关系，完全是几百年来顺应自然进化的趋势所构成，如孙中山先生所谓"用王道造成的团体"，并不全是人力强迫的结果，我们怎能让他受外国的策动而分离呢？

事实上，外蒙古问题之发生，完全是俄国侵略的结果。远在日俄战争之后，它知道日本的力量很强大，朝鲜和满洲不容易插足，便开始向外蒙古进攻。那时，由于满清政府政治腐败，采取民族宰制政策，致蒙人发生反感，倾心向外，更予俄国以可乘之机，怂恿活佛与中国断绝臣属关系。一九一一年六月，便公然宣布独立，推哲布尊丹巴呼图克图做皇帝，十二月行即位典礼，称"蒙古帝国"。

当时正值辛亥革命成功，中华民国业已建立，俄国便向我外交部提出四项无理的要求，企图使它和朝鲜一样沦为一个殖民地，经过几十次交涉，才议定《声明文件》五款和《附件》四款，使我国保有一个宗主权的虚名，丧失驻兵、派官、殖民的权利。后来，中、俄、蒙三方代表在恰克图举行会议，又订立《中俄蒙协约》，其主要内容亦是：中国承认外蒙古有自治权，俄国承认中国在外蒙古有宗主权，外蒙古亦承认中国有宗主权。到一九一七年俄国革命之后，它为帝俄领袖谢米诺夫所盘据，变成他恢复皇室的根据地，蒙人不堪其扰，才觉悟到傀儡自治的痛苦，又取消自治的名义，回到中国来。这便是它第一次独立的经过，可见帝俄虽策动了外蒙古独立，仍不能不承认中国对它有宗主权。

不料第一次独立取消之后一年多，谢米诺夫又与日本相勾结，利用一般智识浅陋的活佛实行第二次独立，成立蒙古的临时中央政府，号称"大蒙古国"。把俄国贝加尔湖和中国的满洲、新疆等地，都划作版图。但，因临时政府里面一部分青年不完全接受他的指挥，遂被改组，那些青年受了他的排斥，便跑去西北利亚与苏维埃远东共和政府联络，由它供给大批军械、粮饷，向恰克图和库伦进攻，将白军驱逐，组织一正式的蒙古国民政府——即所谓

"外蒙古人民共和国"。于是，由谢米诺夫发动而为共产党继承之第二次独立，便告成功。

在它成立以后，苏联政府除与之订立了一个公开的修好条约，彼此承认为"唯一的合法政府"外，于一九二三年又缔结了两种密约和一个开采金矿的私约，取得了许多特殊的优越权利。但由于中国与它有密切的历史关系，不易擅自被人分开，而苏联又是标榜反对帝国主义的国家，自不得不顾及到我们的态度。经我国政府一再交涉，一九二四年便订立了《中俄协定》十五条，其第五条曾明白规定：

> 苏联政府承认外蒙古为完全中华民国之一部分，及尊重该领土内中国之主权。苏联政府声明：一俟有关撤退苏联政府驻外蒙古军队之问题，即撤兵期限及彼此边界安宁办法，在本协定第二条所定会议中商定，即将苏联政府一切军队由外蒙古尽数撤退。

在这以前，孙中山先生与苏联大使越飞联合发表的宣言中，亦说：

> 越飞君正式向孙博士宣称（此点孙自以为满意）：俄国现政府决无亦从无意思与目的，在外蒙古实施帝国主义之政策，或使其与中国分立。……

这些白纸黑字写成的条约和宣言，苏联政府至今不仅没有公开否认，且于去年签订的《互不侵犯条约》第三条中，尚明白表示双方尊重《中俄协定》的精神。如此，"外蒙古为完全中华民国之一部分及尊重该领土内中国之主权"，难道还有丝毫疑问吗？苏联政府既"决无亦从无意思与目的，在外蒙古实施帝国主义之政策，或使其与中国分立"，而其它国家在国际法理上又没有正式承认它是一个独立的国家，我们怎么不应该要它取消独立出兵抗日呢？陈绍禹先生为什么丧心病狂竟说："外蒙古出兵问题实际上就是苏联出兵问题"呢？

今天，中国对日本抗战，是一个全民族的革命战争，凡属法理上为中央政府所管辖的领土以内的人民，不论其种族、阶级、职业、宗教如不何〔何不〕同，都应一致团结，共起抗战。外蒙古虽自命立独〔独立〕，但法理上并未得到中央政府和各国政府的公认，仍有担负战争的义务。现在，西藏的番人、甘、宁、青的回人，滇、黔边境的苗人和猺人，都已尽可能地出动了一部分兵力，到前线参战，满洲的人民更组织了广大的义勇军在敌人的后方苦斗，就是朝鲜和台湾的民众亦奋起参加，外蒙古既有十五万以上的机械化部队，力量比它们都要雄厚，怎能"袖手旁观"地看着自己的祖国被日本灭亡呢？所以，在民族关系上，它实有出兵参战的义务。

然而，有些甘心媚外的文人、政客，却偏偏提出异议，反对要外蒙古出兵参战。窥其用心，无非欲使它去"保护苏联"而不保护中国，其表面上的理由，第一是说：它是一个独立的国家，不能视为中国的藩属，对它作任何勉强的要求；第二是说：要它出兵替我们解围，是一种可嗤的依赖心理；第三是说：它之独立，是满清和北京政府压迫的结果，中国过去没有以平等待它，现在没有脸希望它来援助；第四是说：要它出兵，应该估计到它本身的力量是否可能，它只有七八万军队，没有余力来帮助中国。这些意见，我相信只要是一个稍有爱国天良的人，无不能够明白其荒谬。怎么样呢？

（一）外蒙古不能算是一个独立的国家，有《中俄协定》和历史事实可作明证。其非藩属，更不待言。连苏联政府都承认它是"完全中华民国之一部分及尊重该领土内中国之主权"，还有什么独立呢？如果要说它独立，那就是"满洲国第二"。

（二）它既不是独立的，为"中华民国之一部分"，中央政府便有权要它出兵尽保卫祖国的责任，不能视为对它的依赖。退一步，就说是依赖它，亦无不可，难道我们不当依赖本国领土主权以内的人民去抗战吗？

（三）满清和北京政府过去压迫了它，就应该用"以怨报怨"的精神来拒绝参战吗？那末，在元朝时代，它也灭亡过中国，压迫过汉人，又怎么说呢？并且满清和北京政府不好，国民党业已将它们推倒了，在第一次全国代表大会上宣言："承认中国以内各民族之自决权，于反对帝国主义及军阀之革命获得胜利以后，当组自由统一的（各民族自由联合的）中华民国。"今天正是反对帝国主义的时候，还未到实行民族自决权的期间，我们怎么没有脸要它来从事抗战建国呢？

（四）苏联的国际情报说它有常备兵十五万，战时可出动三十万，你们为什么硬要替它隐瞒说只有七八万人呢？就说它只有七八万人，也应该出兵，番人、回人、苗人、猺人几乎没有兵都出来受训参战，它有兵为什么不可以出？

由此可见那些反对要外蒙古出兵的意见，除了尽分裂民族团结抗战的汉奸作用外，并无半点理由，别的国家与我们没有特殊的历史关系，不出兵参战，我们不能怪它，外蒙古是中国民族之一，怎能"按兵不动"呢？

所以，在与中国民族的历史关系上，外蒙古应该出兵，已成了不可变易的定理，我们必须加紧促其实现。

三　在抗战意义上应该出兵

现在，我们就退一万步来说吧！把前面的意见抛开不理，再从中国抗战的意义上来讨论外蒙古应否出兵和我们同作抗日斗争的问题。

这里，我们姑且承认外蒙古已经对曾经压迫过它的中国革了一次命，脱离了旧有的民族关系，建立了自己独立的国家，要同苏联一道去实行社会主义。如其国民党领袖林梯所言："我们要飞过私人资本的发达期，从游牧状态直冲入共产主义的社会里去。"

果真如此，在社会主义的立场上，就必须明白中国此次对日抗战的历史意义是否违背外蒙古单独建国的目的。如果违背了，依民族自决的原则，它自可与中国分离，建设自己的国家；不然，它就应该取消独立回到中国来，"组织自由统一的（各民族自由联合的）中华民国"，因为民族间的分离与结合，应该以立国的基本政策为准绳，民族自决的原则并不一味主张分离而反对结合。若不然，苏联去年为什么要镇压其乔治亚民族酝酿的独立运动呢？所以，列宁说："在一个国家的范围内，隔离各民族是有害的，我们应力图使它们接近而日趋于融合。"

中国此次抗战的意义怎样呢？将来要建设一个什么性质的国家呢？我的答覆：这次抗战是世界上最进步的民族革命，因为它的结果，要建设一个三民主义的新国家，不仅造福于中国，而且有益于世界。具体说来，则有三点：第一，中国是为民族独立自由而战；第二，中国是为弱小民族解放而战；第三，中国是为促进社会主义而战。这些，与外蒙古所宣布的一样："最终的目的是实现共产主义。"

什么理由？

就第一点说：中国对日本的战争是防卫而不是侵略。我们要求和平地建设一个三民主义的新国家，首先必须求得国内的统一与民族的独立，不仅把一切封建的割据势力彻底消灭，而且要根本废除任何不平等条约的束缚。但日本帝国主义阻止我们，要使我们受它的宰割，永远得不着民族的独立自由，以便利于其大陆政策的进行。因此，在中国统一快要完成之日，它便实行武装的进攻，毅然发动"八·一三"的战争，企图完全征服中国，变作它的殖民地。我们为了整个民族的生存和发展，虽在国力尚未充实的时侯〔候〕，自然也只有坚决地和它应战，保卫自己的领土主权。它和我们作战的目的，是侵略，是压迫，是维持帝国主义的生存，我们之于它，则是防卫，是革命，是求得三民主义的实现。故我们的战争是争取全民族独立自由的革命战争。

这个战争的胜负，在中国领域以内，不仅关系于汉族的存亡，也关系于满、蒙、回、藏、苗、猺各民族的存亡。假如战争胜利了，大家都可以得到自由平等，"组织自由统一的（各民族自由联合的）中华民国"；反之，战争如果失败了，也只有大家去做日本的奴隶牛马，走到国亡种灭的境地，在日本帝国主义的飞机、大炮之下，国内各民族除了团结抗战外，还有什么民族自决可言呢？目前的战争，是解放全民族的战争，是为将来真正的民族自决开辟道路，所以，国内各民族目前都应该在中央政府领导下一致出兵作战。

外蒙既以实现共产主义为目的，而共产主义又是赞助民族独立运动反对帝国主义的，中国目前的战争，正合乎这个原则，为什么不该出兵相助呢？

就第二点说：中国打败了日本，可以帮助东方弱小民族谋得解放。因为中国是亚洲一个最大的半殖民地的国家，日本则是远东唯一强大的帝国主义，它的生命线完全在中国，如果中国独立了，它就必然崩溃，走社会主义的道路，那时，直接受它宰制的朝鲜、台湾诸民族，便可立即独立起来，组织自己的国家。这不是首先把日本统治下的弱小民族解放出来了吗？

同时，中国独立以后，其它的帝国主义也要随着中国经济建设之日益进步而逐渐丧失此巨大的市场。因为它们的生命线也是在亚洲中心的中国，如果丧失了这个市场，其经济体系便要失却发展的基础，陷于紊乱，同样不得不走向崩溃的过程，发生社会主义的革命。如此，东方许多殖民地国家都可乘机起来革命，求得中国的援助，共同驱逐帝国主义的势力，建设独立自由的国家。在中国没有独立以前，它们虽有几十年的艰苦奋斗，毕竟毫无成就。其原因：就是一方面帝国主义有巨大的市场作存在基础，统治的势力太大；另方面它们自身缺乏强有力的外援，没有物质的接济和思想的指导作武器。中国独立了，这两个条件都可具备，尤其是思想上有三民主义及国民革命的经验可给它们作指导原理，更容易完成其民族革命了。所以，中国抗日成功，有解放东方一切弱小民族的作用。

外蒙古在建国的宪法中说："蒙古人民共和国之对外政策，特别注重全世界的被压迫劳动阶级之利益，并且期望和他们作根本的合作。"今天，中国对日抗战，正是替东方弱小民族和全世界的被压迫劳动阶级谋利益，为他们开辟解放的道路，外蒙古自然应该"和他们作根本的合作"，出兵援助中国！

就第三点说：中国民族独立，可以促进社会主义迅速到来。因为它之能够影响弱小民族革命，替帝国主义掘坟墓，就是直接促进社会主义实现于欧美。这是很明白的道理，不用多说。

要说的，还是中国自己将来建国的方针，它在经济建设上，是实行民生主义，其结果必然使中国直接走向共产主义的道路，不需再经过一次社会革命。孙中山先生不仅说："民生主义就是共产主义"，而且说："两种主义没有什么分别，要分别的还是在方法。"

为什么呢？因为中国现在已经统一了，只要民族一旦独立，便可进行大规模的经济建设。在建设中间，为要能够迅速地赶上欧美各国，决不能够让私人自由经营，必须由政府依照孙先生的《实业计划》有计划地来兴办，即实行国营实业。如此，一方面国家资本发达起来，可以节制私人资本及平均地主地权，逐渐消灭私人资本主义，废除私有财产制度；另方面，国家资本一发达，大的生产机关，如交通、银行、矿山、大工业等便归到国家的手中，成为公共产业，走到财产国有的地步。依照马克思的意见："共产党的理论可以用一句话来综合，就是废止私有财产。"这就是说：社会主义的中心是变财产私有为国有。民生主义可以做到这步，不是社会主义是什么呢？所以，它们之间的分别，不在原则而在方法。

但，这与外蒙古建国的目的便没有什么不同，两者都不需经过流血的革命，都是"要飞过私人资本的发达期……直接冲入共产主义的社会里去"，不是一样的吗？所不同的，只是出发时的社会程度有高低而已。拿外蒙古的宪法和中国国民党的政纲来比较，更可明白。这样，建国的目的既然相同，民族的关系又甚密切，在中国危亡的现在，怎么不可出兵参战，打败日本，将来共同组织自由平等的联邦国家呢？

以上三点，充分证明中国此次对日抗战是世界上最进步的民族革命战争，其历史意义远超越于美国独立，意国抗奥和普法战争之上。外蒙古果真是独立的国家，以社会主义为立国政策，在中国这样一种革命战争中，也不应取旁观的态度，我们很有理由地要请它出兵参战。

四　在本身利益上应该出兵

让我们再退一万步来说吧！外蒙古已经是一个苏联化了的国家，抱的也是"一国社会主义"的政策，要以自私自利的立场埋头于本国的和平建设，不暇去管中国和其它民族革命的闲事。中国此次抗战的意义纵然重大，也与它自己无干，主要还是本身的利益值得顾及。如果这样，我就从外蒙古本身利益上来谈谈它是否应该出兵和中国一道去打日本的问题。

大家都知道，日本之进攻中国，为的是实现它的大陆政策。这个政策的内容，据田中义一说是："欲征服世界，必先征服中国，欲征服中国，必先征服满蒙。"可见它发展的目的是世界，而着手处则在满洲和蒙古。

从"九·一八"开始，它便实行了征服满蒙的计划，在东三省制造了一个傀儡国家，作为进攻外蒙古的根据，不料中国近几年来的统一运动发展很快，开始走上了现代化的道路，如果一旦成功，将来就无法征服，中国不能征服，整个大陆政策便会成为泡影。那时，东三省既不能保留，蒙古的侵略也无从下手。情势的转变，使它要实行大陆政策，就必须先来征服中国，于是，爆发了一年来的中日战争。

这说明什么呢？就是说：满洲、蒙古和中国，是日本必须征服的三个对象，它原来是要依次进行，只以情势变迁，才使征服中国成了它现实的课题，将来如果中国被它征服了，屠刀便要轮到蒙古的头上，满洲的情形，就是其未来的肖像。因此，它之征服蒙古，完全是一个国策的必然，其可能性和时间性，则要由此次中日战争的结果来决定。如果中国被它征服了，进攻蒙古的日子就一天天地逼近；否则，便全然是一个幻想。所以，在日本的侵略政策面前，蒙古与中国有密切的利害关系。

所谓蒙古，自然是指内外蒙古两部分。从华北沦陷后，内蒙古已落到了日本的掌中，只有外蒙古是待取的肥肉了。日本之企图占领它，并不自最近始。在俄国革命时代，便派人到那里去活动，援助谢米诺夫支持它的独立，其目的就是要制造一个傀儡国家，作为进攻苏联的工具。直到今天，它进攻苏联的野心并未消灭，于外蒙古的夺取，自也不会放弃。事实上，自"满洲国"成立后，

"满"蒙间的边境便时起冲突，致外蒙古不能不求援于苏联，和它缔结军事同盟，订立《互助条约》。这就是外蒙古自己也知道日本必然要向它进攻的表示。

因为日本的大陆政策，在亚洲进行的范围，不只包括中国的全部，并且包括苏联东部的西伯利亚，一直到贝加尔湖为止。它要夺取苏联的领土，自然要诉之于战争。其进攻的路线，只有两条：一是由"满洲国"打海参威〔崴〕和赤塔等地，一是由外蒙古直捣贝加尔湖沿岸各地。但，在《苏蒙互助条约》成立以后，如果单由前一条路线进攻，则"满洲国"便在包围之中，处于被动的地位；反之，若兼由后一条路线进攻，它便可以截断西伯利亚铁道，包围苏联东部，取得主动的形势。这样，它要进攻苏联，在战略上就不能不先打外蒙古了。

日本是不是会进攻苏联呢？我的答覆：现在是不会的，将来是必然的。因为目前它单打一个中国尚且感到困难，怎能同时进攻苏联？但由黑龙江事件及张鼓峰事件看来，它决不会忘记苏联对它的威胁，虽在战争中还要分兵试探苏联的态度。如此，假如它征服了中国，势力益加膨胀，怎么不向苏联进攻？它一进攻苏联，外蒙古便是必取的要地。所以，日本与外蒙古终不免于一战。

这个战争，要能够避免，只有中国彻底战胜日本，收复一切失地，才有可能。然而，就目前的形势观察，中国要战胜日本，必须有得力的国外援助，方易于成功，而其未来的战局，又以此次武汉的存亡为关键。为了全民族的命运，在保卫武汉的今天，怎么不希望外蒙古提早和日本作战来帮助我们呢？

现在，日本和我们已经过了一年多的战争，牺牲了巨大的力量，战线延长达几千里，更使它感到首尾难顾，疲惫异常，外蒙古如果乘机出兵，进击东三省，与中国联合夹攻，必易得到彻底的胜利。孙子说："夫钝兵挫锐，屈力殚〔殚〕货，则诸侯乘其敝而起，虽有智者，莫〔不〕能善其后矣。"日本今天的情形，不就是这样的吗？只要外蒙古"乘其敝而起"，它就没有办法了。而外蒙古与它既终非一战不可，何不乘势提早出兵解除自己将来的国难呢？今天和日本作战，很明显地可以获得主动的利益，在战略上实有必要。

假如等日本把中国打败了，或者让它得到了武汉，能够相当地巩固沦陷区域内的统治，可以休息一个时期，从事资源的开发，以恢复其疲敝的国力，给它准备好继续作战的条件，将来向外蒙古进攻时再行应战，就未免太蠢了吧？那时，外蒙古变成了被动的地位，而日本的力量又强大了一些，在战略上非常失利，其牺牲亦必然要大，何如今日出兵之可以获得事半功倍的利益？

不仅如此，今天日本进攻中国，损害了第三国在华的权利，破坏了远东的和平，已使欧美好些国家同声反对，只以顾虑复杂的国际情势，一时不敢动作。国联虽没有实力可以制裁，在道义上和法理上却是赞成制裁日本的。如果外蒙古能以保卫祖国的名义毅然出兵对日抗战，必能得到国际舆论的称赞，替它将"和平天使"的美名写在光荣的世界历史上面。听说去年《九国公约》会议时，台维斯和艾登曾为我们向李维诺夫交涉过外蒙古出兵的事，没有得到他的允许。可见英美也很希望外蒙古能够出兵，关键只在苏联一国了。

但，苏联既"承认外蒙古为完全中华民国之一部分，及尊重该领土内中国之主权"，"决无亦从无意思与目的，在外蒙古实施帝国主义之政策，或使其与中国分立"，怎能阻止它出兵参战呢？就说它曾与苏联订立了《互助条约》，如果它一旦出兵抗日，会要连累到苏联也必须出兵，则须知此《苏蒙互助条约》的作用原为对付日本，于今它在战略上和国际上既有单独出兵参战的利益，而苏联又不愿意出兵，为何不可将此项条约修改或废止？在苏联方面，无论出兵不出兵，只要能够打倒日本帝国主义，替它解除远东的威胁，又何必固执到一纸条约阻止外蒙古出兵？而且外蒙古既为"完全中华民国之一部分"，便根本没有同苏联订《互助条约》的权柄，条约的订立已不合法，取消自很正当。退一步，即算能够成立，它又怎么不可同中国也订一个互助条约呢？难道我们领土内的人民反不能保卫自己的国家，而只能作别人的屏障吗！

这样，外蒙古在本身利益上设想，也必须及时参战，不能长此坐视日本实行各个击破的战略，危及到自己的生存，是自明的道理了。所以，我们要坚决地请它迅速出兵。

五　如何促成外蒙古出兵

从以上的论述看来，外蒙古之应该出兵参战，已是天经地义了。

当着日本帝国主义拼命向武汉进攻的时候，我们必须认定外蒙古出兵是一个切实有效的保卫方法，应该竭力促成它的实现。如果说武汉是我们要以全国民众的力量来保卫的都市，不可轻易放弃，则外蒙古出兵也应成为全国民众力争的问题，不宜随便停止。我们决不能再像去年那样空口谈谈便算了，一定要求得一个适当的结果才行。

同时，须知我们这次抗战，是要与建国并行：即一面抗战，一面建国。建国就是要造成一个"自由统一的（各民族自由联合的）中华民国"。外蒙古既是我们国内的一个民族，必须使它和我们联合起来，共同发展，不能任其分立。如果在战争中可以做到，便不仅有利于抗战，也就是完成了一部分建国的事业。所以，我们要求外蒙古出兵，于保卫武汉之外，还有共同建国的作用。

怎样才能使它出兵呢？

第一，要用舆论的力量来促成——从现在起，全国的报纸和杂志应该在民族主义的原则下，一致地来讨论外蒙古出兵的问题，批判一切以国际主义为立场反对出兵和分离中国民族团结的汉奸言论，我们必须确认在民族关系、抗战意义及其本身利益上，外蒙古无一不应该出兵参战，和我们共同进行抗战建国的大业。除了普遍讨论这一问题，提出许多具体的办法贡献给政府作交涉的方针外，各报纸、杂志应该联合发表一个宣言，唤起全国民众的注意，并通电外蒙古和苏联的政府，请它考虑实行。

第二，要用民众的力量来促成——外蒙古出兵既与整个民族的利害有关，全国民众便应起来力求实现，去年讨论这个问题没有结果，也就是只把它限于文化界的纸头上面没有深入到群众的行动中去的缘故。现在，必须要用舆论来影响一般群众，使他们自觉地起来要求，用开会、游行、通电的方式表达他们的意志，唤起外蒙古和世界人民的同情。如此，一方面可以增加政府提出交涉的力量，另方面可促成外蒙古当局的重视，不能不付诸考虑或实施；而国内一切反对它出兵的汉奸言论，也自然地得到遏止，不敢任意流行。

为要使群众运动具体化起见，必须成立一个经常领导的机关，如外蒙古出兵促成会或中蒙联合抗日促进会之类的名义。它的任务，不仅是使一切为促成外蒙古出兵的群众运动得到经常的指导，而且可作为中国民众对国际宣传或交涉的机关。这样，外蒙古出兵才能成为一个普遍的民众运动，获得相当的结果。

第三，要用政府的力量来促成——一切舆论和群众的力量，都只是辅助政府向外蒙古和苏联当局提出交涉的工具，根本的解决还是要靠政府来进行。不过，我以为政府必须认定：我们根据过去的条约来进行合法的交涉，要求外蒙古出兵，是一件非常合理的事。我相信苏联决不是帝国主义国家，没有什么异议，而且我们为了自身的利益，也不能顾忌太多了，就使交涉的结果，仍然不能办到，我们也可借此测验国际上所谓正义和公理的水平，使一般民众更加深刻地认识自己民族的处境和国际主义的道义，坚决地来为民族幸福而斗争。

上述三点，我以为是促成外蒙古出兵之基本的步骤和原则，具体的办法，自有待于讨论。总之，外蒙古出兵是一个与民族利益有关的重大问题，希望国人加以深切的注意，力求实现。同志之士，其以为然？

一九三八年九月二十五日于重庆

《抗战与文化》（半月刊）

西安抗战与文化社

1938 年 2 卷 10 期

（李红权　整理）

绥西一年抗战实录

崧如　芒甫　撰

本文著者崧如、芒甫两先生，自去岁绥、包陷落后，即在绥西加入军队，参与实际工作。本文为最近由前方寄来者，其中所记，皆一年来绥西抗战经过之实录。文长一万数千言，多南北报纸杂志不见之宝贵材料，由本期起，在本刊分期发表。下期并有克难先生之一篇《记盘踞绥远之伪军》，同希读者注意！

编者记

一　引言

自芦变发生、平津突变之后，绥东、察北及沿平绥路一带，因有伪蒙、德逆和汉奸等叛徒潜伏，故甚早即引起察、绥的抗战。起初国军进展甚为顺利，我汤恩伯部死守南口，敌集中精锐，数度总攻未下，且遭重大打击，而造成伟大的战绩。察北数县亦由绥军如期克复，已追至德逆的巢穴嘉卜寺。但因部队复杂，且有少数旧军人，仍怀保存实力之龌龊思想，高级指挥官之命令不能贯通，乃造成全线失利的战局，致我军陷于不利，绥远、包头亦终于去岁十月中旬相继不守矣！

当事变发生时，作者等均服务绥省教育界，当时省内各中等学校全形停顿，乃应省府之召，协同省内化学界数友人，参加防毒指导训练工作。及后，张垣、大同相继失陷，绥东亦告吃紧。省内各机关，早已陷停顿状态，有关军事性质之机关，亦准备移动。是时本省士绅，为集合全省各县保安队、民团等地方民众武力，从事抗战计，有绥远民众抗日自卫军之组织，作者等亦被邀参加，图略尽知识分子之责。先于九月间奉命南来东胜，作军事联络。到达县城后，即商同各区保安队长，将全县团队（保安队及民团）逐渐集中，编成自卫军，加以组织训练。共集齐骑兵三百余名，惟枪械不甚齐全。

绥、包陷落时，一部分自卫军为战时环境所演变，请准中央改编成陆军第×××军，共四个团，于十月十七日，全部集中东胜。东胜自卫军亦改编加入，共编二个团。在东停驻十余日，奉令开榆林整理训练。除东胜团队仍暂驻原防听候调动外，余均全部开移。是时作者等亦随军南下至榆林，后复奉命北上，担任某项工作，驻东胜及郡旗一带，迄今仍未移动。

东胜交通不便，地瘠民贫，一向不为国人所知，即军事当局，亦未早注意及之，故概未屯驻重兵以防守。自绥、包不守，更已成为绥西黄河南岸之国防最前线。其地处于伊盟七旗之中心，为绥远、陕北交通之要道，在政治上、军事上之重要性，顿形增高。×××军及蒙古保安队均经此向陕北及晋西撤退。挺进军由河套南渡，经本县东进而入准格尔旗、哈拉寨，向绥、萨、托各县推进。达拉特旗附敌之部队，于去冬曾南来侵占县城，数日后经马占山将军来，始逐去。本年三月初，伪军七八百人，附带轻重机枪、大炮，大举进犯羊场壕（东胜县城所在地），我××师步、骑及绥远骑兵游击各支队，均以此为根据地，向河畔及包头推进，大获胜利。现已将包头县第四区及达拉旗之敌，完全驱逐于大树湾一隅，歼灭之期，当在不远。然此处以交通阻塞，虽纵横七八百里、面积五六十万方里以上之土地，与伪敌相持半年以来，概未见有新闻记者来此工作。在全国各路战况激烈之时，偌大战场，竟未经国人之明了与注意，实不胜遗憾！官方虽有敌情及战况之报告，对此间各种情形，恐亦难得详悉。作者等自去秋绥垣失陷之前，即参加军队工作，迄今八有阅月，对此间蒙汉民情、抗战实况，以及敌伪内部情形，知之较详，乃不揣谫陋，将所见所闻材料，略加整理，献诸本刊，以使国人对此偏僻的国防一隅，亦稍有所知也。

二　东胜概况

东胜为绥远行政县之一，位居绥西黄河之南，适处蒙古伊盟七旗之中心，东为准格尔旗，北为达拉旗，南为郡王、扎萨二旗，西为杭锦、鄂托二旗，乌审旗在其西南，形成包围形势。而郡、扎二旗之土地，更与本县犬牙相交，错综不齐。出蒙旗范围之外，则北可直达包头，南至神木（东南）、榆林（西南），西通沃野、宁夏，东达萨拉齐、托克托（东北）、河曲、府谷（东南）等县。就本县及各蒙旗合并言之，均交通不便，土地瘠薄，地方辽阔，人口稀少，南北六百余里（由包头至榆林），东西约七八百里（由清水河至宁夏境），面积约四五十万方里。然地方虽广，大部均为沙丘、山地，与未垦之草地，尤多沙漠，寸草不生。故境内山川相间，沙丘阻隔，车辆难行，运输多依牛车（载重量不过三四百斤）及驴、骡等驮脚，异常困难（由东胜南区至榆林约二百余里一段路程全为沙漠，不能行车）。其垦种之土地，生产力甚薄，丰收之年，每亩不过三数斗，普通则仅一二斗，甚或数升。作物以粟、稷、荞麦、大麻、马铃薯为主。人民散居各处，无集中之村落，每村多者十余户，少者一二户，全县人口共约四万余。数年以前，土匪遍地，出没无常，县长常年驻包头办公，自民国十九年，于羊场壕建筑围城，始设署办公。至今县城中，仅有农商居民三四十户。县府经费每月五百余元，全县田赋及一切税收（印花、烟酒、屠宰、税契、牙帖等税均无，以鸦片烟款为大宗，交省库），不敷开支，每月尚由省库补助三百元。商业制度尚未发达，仍为以物易物。三四年前，全境概用银元，曾不知纸票为何物。自绥、包废止现洋，实行法币以来，此地人民始初见法币纸票，然而迄今仍以"白洋"为主，法币仅折合六七角，农民犹不愿使用（陕北神木、府谷、榆林一带均如此）。文化低落，全县及各蒙旗均无学校，去岁始成立义教小学数处。生活异常简单，食品单调，以糜米、山药（马铃薯）为主，饲养牲畜较多者，可以食肉。房屋简陋，全系茅屋土舍。燃料以沙蒿为主。人情淳厚，风俗极近蒙古。交通之难、文化之低、生活之苦，实非吾人意想所能及。然其在目今地理上之位置，则握蒙旗之枢纽，扼绥、陕之要道，实西北国防上之要地也。

三 伊蒙七旗及附敌情形

绥境蒙古，在绥东者有四旗，原属察哈尔省管辖；在绥中及绥西者，有乌兰察布及伊克昭二个盟，共辖十三个旗；另有土默特一旗，系独立性质。乌盟辖六旗，在黄河以北阴山之后，沿武川、固阳、安北各县一带。伊克昭盟在黄河南岸，环绕东胜，北临萨（拉齐）、包（头）、五（原）、临（河），南接陕北，东通晋西，西至宁夏。所辖七旗，即准格尔、达拉特、郡王、扎萨克、杭锦、乌审、鄂托克是也。

蒙古人民，仍多以牧畜为生，马、牛、羊等牲畜，每户多者有数十百只，少者亦有数只。蒙旗土地，已多开垦，由汉人耕种，有的将田地售于汉人，每年仅收地租若干，有的则用汉人为佃户，为其耕作，收获食粮，按比例分得（所定比例不一定），近年来蒙人亦渐有自行耕种者。各蒙旗所居住之汉人甚多，感情尚称融洽，唯军政、司法各种，全操于蒙人，故汉人有时不免受其压迫。自去岁事变以来，各旗时有异动之图，达旗已公然附敌，杭旗亦曾勾结伪军，盘据数月，其他数旗，敌方亦常派人前往煽惑活动，故汉蒙人民均感恐慌。汉人所恐者，为蒙旗附敌后，或被驱逐出境，或为敌伪所惨杀，蒙人则甚畏一旦时局有变，国军进剿时，蒙人全遭杀戮也。至近月以来，我前防战况，节节胜利；后防秩序，亦较前安谧。我步、骑大军北上，已驱黄河南岸之敌于一隅，敌伪及各旗之联络，亦被截断矣。

蒙古官制，一旗之最高领袖为王爷，主管全旗一切事务。全旗土地分为东、西两部，设东、西协理（协理亦称官府），掌管各部军政。协理之下有东、西兔利，再下为甲浪，再下为掌爱。掌爱相当于汉制村长，协理与县长相当，唯各级间之职权，及所管事务，亦颇含混，并无十分明确之界限。王爷办公之署，称为王府，亦称大营盘。协理之驻署，称东、西官府，亦称东、西营盘。王府中尚有加格尔气（官名）一，主管全旗事务。又有白通达一名，王爷如有违法犯罪行为时，由伊代为受罚。但白通达之主权亦不小，全旗如有何种重大事件发生，均须由白通达参与解决。

伊克昭盟七旗设盟长一，现任者为前扎萨克旗之老王爷沙克都尔扎布，即绥境蒙政会之委员长是也。

盟长由各旗王爷轮流担任，王爷为世袭，协理、兔利非世袭，但须王爷之同姓始可充任。白通达、加格尔气，则由王爷于蒙民中选择委任，其他甲浪、掌爱等下级官员等由王爷委任，均为一生职，如无违法行为或意外事故发生，即永不更换。伊盟七旗王爷均姓齐，凡与王爷同族之人，称"台吉"人。

各旗兵力多寡不一，平时常备兵，多者约三四百，少者一二百，但实力不在常备兵数，而在枪枝弹药之数量。蒙古人民及喇嘛骑术素精，又多猎手，放〔故〕射击甚为准确。有事之时，有一枪即可有一卒，又以其民族（蒙古）观念甚深，团结亦甚坚固。就目前各旗实力概略言之，以杭、鄂二旗为最大，均约在一千左右。准旗原有千名，至去岁该旗西官府叛变附敌，为马将军解决一部，损失不少，近尚有六七百人。达旗原有七八百，去冬经马部追剿，康王被俘，又经近数月来之剿击，除反正、哗变及被我解决者外，所余不过二百余，现仍在大树湾一带盘踞。扎萨克旗约有五百，郡王及乌审二旗约二三百名。七旗合计总共不过四千，全系骑兵。扎旗兵数甚少，但因该旗老王爷任伊盟盟长及绥境蒙政会委员长，向中央及省府领得枪弹不少。各旗枪械均系各种杂牌旧枪，如套筒、径口、三八式、毛瑟、连珠均有，唯扎萨、杭锦二旗有新枪较多，手枪亦不少。但敌常诱惑蒙古官民，给以武器，唆使叛变，故我如无雄厚力量以镇压，敌即可有乘机煽动举事之可能。

近十余年来，蒙汉情感，尚不甚恶。蒙地文化渐开，陕北神木、府谷一带居住之汉民逐渐北移，入蒙地耕种。尤其在剿匪上，蒙汉官民，更能协力合作，维护地方之治安。自百灵庙蒙政会成立，德逆受日寇之煽惑，树立异帜，背叛中央后，伊盟各旗有一部分无知官兵，亦被利诱从事反动工作，如达旗之森盖，即其著者也。

森盖，名麟庆，为达旗游击队之团长，自百灵庙蒙政会成立之后，即与德逆发生密切关系，庙蒙会在达旗西境昭君坟南，包宁大道之柴磴地方（即森盖之住处）设立税局，即委森盖为局长，月给薪洋八十元。二十五年，绥境蒙政会虽成立，森与包头日本特务机关仍有密切来往，并领取津贴，在包设立商号，从事收买汉奸之活动，所有柴磴税局收入，亦全归森盖作为扩充军备之用。

达旗王爷康达多尔济，嗜好甚多，身体颓废，统御无能，全旗实力尽操之森盖手中。绥、包事变以前，森对康王渐露跋扈挟持态度，为康所识知，即派出亲近马锡（字子禧）在森部下任连长，名为辅助，实负监视之责。迨绥、包失陷，国军退却后，达旗即首先易帜投伪，并扩充军队。在河套该旗境地原驻有之部队数百名，早已调至黄河南岸，连同收买土默特旗满纳生部数百名，共约千人，编成四团，森任司令。计第一团长马锡，第二团长乃莫代，第三团长黄乐山，第四团长满纳生，分驻大树湾、康王府、东西官府、柴磴、昭君坟等河南各处，司令部设于大树湾城内。于去岁十一月间并派马锡率兵六七十名南来侵犯东胜。是时该县以国军未至，保安队百余人尚分驻四处，正在召集各区保安队时，县城已为敌侵占。迨十四日后挺进军数千人由五原开来，伪军闻讯遂即潜逃，东胜全县遂为我马军克复，是时××师高团及邬、段等部骑兵亦开到。十二月中旬，马将军派前绥东反正之井得泉部化装伪军袭入达拉旗王府，当将康王俘获，并收得枪枝、马匹若干件。以后挺进军奉令向东移动，东胜一带，即由××师及骑兵驻防。

　　本年春，敌方派伪四师及伪八师六七百人驻守黄河南岸，并于三月间大举进犯东胜县城，激战一昼夜，终被我忠勇将士奋力击溃。随后我步兵及各游击支队，向北出动，已将黄河南岸各要地，相继克复。达旗伪军之反正哗变及被解决者已有大半，伪军已被围困于大树湾一隅，至今仍据工事顽抗，当亦不难歼灭（详情另叙）。此达旗附敌后之情形也。

　　去岁十一月下旬，伪八师派队百余名向西窜入杭锦旗王府，敌方并将杭旗王爷阿勒坦鄂齐尔连眷属全行掳至绥垣，同时派汉奸分向郡、鄂、扎各旗联络煽动。各旗境内居民之粮食，悉为敌所征发糟塌〔蹋〕，蒙兵复四出欺辱蹂躏，因之汉民逃往鄂境及东胜者甚多。幸郡、鄂各旗均有国军驻守，沙盟长及鄂、扎二旗王爷、官吏均深明大义，未为所动，境内仍安谧如恒。以之伪军虽盘据数月，仍毫无所得，在四月间，被我军派队进剿，遂全部向大树湾逃窜。

四　伪军南犯东胜县

东胜县城之羊场壕，距包头二百四十里。壕在县城北二三十里处，为山丘、沙漠横阻而成，长凡百二三十里。东、西有二川可通，东为哈什拉川，出川为新民堡；西为罕太川，出川至瓦窑村，距县城均约百四十余里，中间村落稀少，敌我均无驻守部队。渡河之伪军，及附敌之达拉旗军，则均盘据于黄河南岸之大树湾、大淖、小淖、王府、东西官府一带，距东胜城均在二百里左右，数月以来相对无事。

本年三月十一日，伪军骑兵第八师之第廿四、廿九两团之一部，骑四师第十一团全部，及森盖部骑兵一连、炮兵二连（五十余人），共六百余人，配七·五口径野炮四门（六马拉）、迫击炮四门、装甲车四辆、重机枪四挺、轻机枪八挺，与优等步枪（韩霖春造）及手枪，由伪八师长扎书扎布任总指挥，日人潘兴新藤、铃木井田等，分任炮兵及各部指挥、顾问，并附有载重汽车四辆、骆驼四十余只，满载弹药、给养，由新民堡出动，经哈什拉川，直冲东胜。我军以警戒疏忽，初时附近农民报告，犹不相信，及至发觉，敌已将西北高地及碉堡占据，并直冲县城。幸北门已堵塞多日，敌未得逞。当时我守城部队仅一营共三连，城内二连，城外一连。城外的守军，与敌接触，在急速布置之城东北及东南之战壕中奋勇抗拒，并驰入城内报告营长。是时，县城东、北、西三面已被敌包围，敌设炮兵阵地于城东北三里许之碾盘梁，以迫击炮及轻重机枪向城内及战壕中猛烈射击。我军派兵两排出城增援。敌集中炮火轰击，城墙数处及城内房屋，均被破毁。李营长于是亦率队六十余名出城，以一部增援东北阵地，一部亲防守东南角之碉堡。经敌不断炮击，士卒牺牲过半，炮弹连中碉堡附近，李自带士兵仅余十数名，最后不得已，遂自退入城内，以防城中有失。时团部运送弹药骡驮，甫入城，城南亦被敌占领，后随将南门亦行堵塞。是时已下午八时许，敌军占据城周围高地，以优越武器集中火力，不断轰击，企图压迫我军后退，入据县城。我则仅数连之众，以步枪、手掷弹拼命抵抗。援军一连赶到，绕过敌军后背，向碾盘梁猛攻，冲锋数次，终因敌高我低，地势不利，致未得力，且受损失甚大，然亦与敌以极大之打击。是日，由下午一时许接触，迄未停息，激战终夜。作者等居距县城四十五里处，密集枪炮声，清晰可闻。直至十二日下午二时许，仍继续攻击。后经我游击邬支队部杨连及张支队部绕敌侧方剿击，敌始不支，狼狈溃退。敌当被我俘虏数人，夺获步枪二十余支、弹药十余箱，与满载给养（面粉）之骆驼二十余只。四时许，高团长率步兵一连及机枪一连来援时，敌已远逃矣！

　　是役，我击毙敌排长三人、士兵四十余人，击伤敌排长三、士兵五六十。我亦牺牲壮烈，计阵亡营附连长各一员、排长五员、兵四十余名，伤连长一、排长六、士兵七十余名。

　　伪军犯东胜时，森盖派马子禧团之李文山连协助作向导。后我游击队北上时，马即率部反正。据李文山谈，伪军出发南犯时，日方潘顾问曾聚众讲演，谓日军一旅团已由大同南下，过府谷，取榆林。李逆守信总指挥派大军消灭我马部，与伪扎师长直取东胜（并谓我军已退出东胜），然后将伊盟各旗加以组织，及充实"蒙古自治政府"等语。敌先由大树湾各处集中新民堡，经哈什拉川，直抵东胜。及至与我守军接触，经我痛击，军心大为摇动，敌方欺骗士兵之伎俩，遂不攻自破。伪方某团已有反正之心，于敌寇监视下，始发枪射击，溃退之际，尤为狼狈。敌指挥及顾问等均已乘汽车早逃，沿途三五成群，部队零乱，争先逃命，畏我追击，当时我如派骑兵乘胜尾追，斩获定必更多。

是役，我方牺牲虽重，然实与敌以极严重之打击，就俘虏及人民所称，伪军官兵咸谓东胜之战，为半年来所遭遇我军抵抗最力、损失最大之一役。盖以去秋绥东作战以来，敌所经各处，我军多不肯抵抗者。此次南犯，亦想不劳而获，唾手占领东胜，把握伊盟，控制陕北。不意接战后，竟遇我英勇抵抗，遭受重大之打击，实非意料之所及，故当败溃之后，极为混乱，军心尤为恐慌。此役所得之经验与教训，有数点可供参考者：

（一）去岁绥东各役，我军以数万之众，仍不免时向后退，今仅以二百余人，抗敌骑、炮七八百众，将敌狼狈击退。可证明胜败之因，不尽在人数之多寡、武器之良窳，而抗战之精神及民族之意识，实为重要之因子。

（二）敌人武器虽优，伪军射击力亦强，但军心不振，战斗意志极弱。每至一处，辄先集中优势火力，猛力压迫，决不敢拼命冲锋，企图我向后撤退，即可不劳而获，故此次经我少数部队之抵抗，即不支而退。

（三）伪蒙军中，有不少官兵，良心尚未丧尽，国家观念犹存，当被迫作战之时，亦仅随从应付，非至不得已时，不轻发枪射击，且投诚之心甚切，奈无良机可乘，不敢轻意动作。我对此项工作实太不够，如能用政治方法努力工作，则反正部队，当不在少，费力小而收效宏，实为最上策。至此役，我军受重大牺牲，而未能将敌一鼓歼灭者，则由于：

（一）部队警戒疏忽，消息不灵，间牒〔谍〕哨兵，未充分配备。敌由百余里处，长驱直入，尚无所知，致仓卒应战，高地已为敌所占，而援军未能早为调集。

（二）调动迟缓，增援失时。距县城三四十里处，驻有步兵及机枪连各一连，不调直援县城，乃先至相距二三十里之团部所在地，停留十余小时，至翌日始由团长率领，更行五六十里，方到达县城，致良机失去，至时敌已向北溃退矣。

（三）当敌败溃之后，我骑兵若乘胜跟踪尾追，必更行混乱，俘获尤当不少，一鼓而逐敌伪于大河之北，亦非难事，乃未此之图，任敌逍遥远逃，实属良机一误再误也。

五　伪蒙军内部情况

自去年十月间，日寇占据包头，德王与李守信合组之伪蒙古军，即盘据绥、包及沿平绥路各县，更受敌寇指使，组织"蒙古联盟自治政府"，由云王任主席，德逆副之，实则大权均操之德逆手中。李守信任蒙古军总司令，共有九个师，一、二、三、四各师直属李守信，五、六、七、八、九各师则为德逆基本。达旗森盖部曾受德逆面谕，编为第十师，后以屡遭挫败，未果。自去冬以来，二、三、七各师分驻归绥、武川、百灵庙、固阳等县，一、四、六、八、九各师驻守包头及萨县。以新附伪之李根车部骑兵五百余人，向西进攻西山嘴，为我门部击败。李部内汉人居多，德逆部下则几全为蒙人。德王素以复兴大元为志，以成吉思汗〔汗〕继承人自居，以蒙古大元雄业，与天赋勇敢耐劳以相炫耀。更受日寇之煽惑，灌输蒙民以极端狭隘之民族仇恨思想，告蒙民谓不脱汉人羁绊，不创造强大军队，则无由获得解放，与重建强大帝国之一日，故求助友邦，以达此种目的，待成功之后，自可独力自主。自二十五年白灵庙之役，气焰为之大挫，去年嘉卜寺败北，退走张垣，复借日寇武力，犯嘉卜寺，占白灵庙，更入据绥、包，"联蒙〔盟〕自治政府"，于以出现，但伊盟各旗，未为所用。正当敌伪进行伪组织之际，为国军所阻，今春西北受门军攻击，已迫近包头，已达到距包头四五十里之麻池、土黑麻淖、黑柳子一带。东部归绥、萨县一带，时受挺进军部之袭击，一部曾穿过阴山而向武川敌后路进攻。××师及绥远民众抗日自卫军与各游击支队，由黄河南岸向北出击，河南要地多为我克复，驱敌伪于大树湾，距包头仅十余里。加之我晋南、津浦各路迭获胜利，蒙伪内无精兵，外无应援，合九师之众，不及二万。李守信部官兵因汉人居多，既受日寇钳制，处处曲从敌意。德逆部蒙军气焰甚高，对李部时加无理，处处压迫。李部所受待遇，既不若蒙军，德王亦以由蒙民所筹措之款项，当多给蒙官兵，谓李部乃投降军队，甚者即以奴役视之。故军心摇动，意见甚深，各部反正心理，因甚为深切，即德逆之基本军八、九师内，亦有数团长愿脱彼羁绊，归顺中央。

敌伪军入据包头后，毫无纪律，任所欲为，敌特务机关尤不加管束。自李部第一师负城防责任后，秩序稍安，对人民亦稍知爱护，乃留反正之余地也。

敌伪据包头后，将归绥省库平市官钞局，改为边疆银行，强迫使用伪满州〔洲〕纸币。所有旧平市票，限期兑换满票，过期作废，现已不能使用。中、交法币亦禁止流通，惟人民暗中仍多以法币交易。所有包市各皮毛店所存之皮张、绒毛、粮食，及其他有关军需之原料物品，悉被征取殆尽，并规定价格，给以满州〔洲〕票，如有隐藏不卖，或高抬市价者，即行充公。商民处于淫威之下，亦无可如何。城内常时驻敌军一百余人，甚为恐慌。每日白天入城，晚间即赴车站，城上架设大炮，周围筑有工事，并设电网。

本年春，敌改归绥为巴彦县，改土默特旗及绥东四旗为巴彦塔拉盟，任德逆之叔补音达赖为盟长。改锡林郭勒盟及察省旗群为祝什太褚哈拉盟，与热河蒙旗合组"蒙疆自治政府"。绥省蒙旗组"蒙古自治政府"，并在包设立伊蒙〔盟〕伪昭盟公署，任杭旗阿王为盟长，办理煽动伊盟各旗叛变事务。包头改为市，前伪第一师长刘逆继光任市长，并使汉奸组织伪治安维持会，以张逆绍棠任主席。

六　国军出动后之黄河南岸近况

绥自卫军一部开赴陕北榆林、神木一带，停驻数月，后由中央派员调查点验，编为游击支队，令暂驻绥境，协助友军从事抗战。于三月下旬点编完毕后，即下令步、骑各部向北出动，进剿河南之敌。

当时黄河南岸之敌，计有伪四师第十一团，伪八师二十九、二十四两团，共约三百余人，伪森盖部第一、二、三、四共四团，连同该旗喇嘛，共八九百人，总共合计一千二三百人，全系骑兵，分驻包头第四区及达拉旗境之大树湾（有围堡，为第四区区公所所在地，在包头西南约二十余里）、召〔昭〕君坟、西碾房、柴磴（在大树湾之西南三四十里处）、史家营子、白柜、官牛坝（在包头东南一二十里处）、大淖、小淖、二里半、五福社（在包头东南四五十里之处）、树林召、达拉王府、东西官府、改盖召、展旦召（在包头东南四五十里）、东大社、西大社、王爱召、新民堡（在包头东南百余里），及各地附近大小村落一带。主力及根据地设于大树湾，配有野炮二门，重机关枪二挺，轻机关枪三十余挺，并在团堡外周，筑有战壕。且因河岸地多黏土，春暖冰消解冻，泥泞难行，攻击不易，敌更借此地利以防守。尚有伪八师一部百余人，于去冬入驻杭王府，现仍盘据该地。

国军方面，计有××师步兵一团，绥游击支队有骑兵邬××（师编制）、王××部（旅编制）、陈××部（团）、张××部（团）、段××部（团）等五个支队二千余人，步兵驻东胜县城及中部，骑兵均驻东胜北部，王部已进驻包头县第四区儿子壕、虎石梁一带，距大树湾西南百余里，段部则驻入杭旗边境，防击入该旗之伪军。

奉令之后，陈支队于三月三十日，首先向北挺进，直冲入新民堡及王爱召，三四日内更将东西大社、大小淖等处，相继攻克，并收得零星枪械四五十支。四月五日，军团部尹参议××率部数十人协同邬攻康王府，六日进攻树林召、白柜、官牛坝等处，战况激烈，敌机三架由包头飞起，不断轰炸，竟日未停，至下午五时始止。是役我邬部损失最大，计阵亡及被炸〈死〉官兵六十余名，受伤二十余名，伤马五六十匹。七日晨，敌机三架，复竟日轰炸扫射，我骑兵各部为避免重大损失计，均撤至距王府南二十余里之脑黑赖沙漠中，以求隐蔽。于是白柜、官牛坝、达拉王府、树林召一带，复为达拉旗伪军所占据，并向我小淖陈部防地进犯，终未得逞而退。是时达旗连长龚甲浪、贺文明等率数十人反正。九日邬等出沙漠进至王爱召及新民堡以北之杨家圪堵一带。十一日，再将王府克复，邬部入驻其中。十三日陈部攻克白柜、官牛坝，是日步兵曹营由东胜北上，驻入新民堡。十四日，步骑配合进攻营盘召，敌于深夜仓皇退出。十五日下午，再克东官府。十九日伪军四师及八师数百人向我王府西北袁六窑子及靴铺窑子之邬部进攻，同时森盖率达旗残部百余人，亦在树林召与邬部接触。是役，邬头部受伤，并阵亡护兵二名。袁六窑子之敌，至晚仍退回大树湾。此时因黄河北岸东部绥、萨一带之敌伪军，受我挺进军及门军一部进攻，乃于二十日伪四师被调渡河东开。树林召，亦于下午被我克复，残敌退至大树湾周围之村庄，不敢外出。二十三日，高团长北上至前防指挥。同日驻杭旗之伪军，因受我门军压迫，向北退窜至改盖召。二十七日，王部及曹营协同进攻展旦召、改盖召。翌日拂晓，敌伪及喇嘛数百人，均向大树湾窜退，该二召，遂为我王部进占。

当邬、陈各部由东部出动之时，王××部亦向西挺进，于三月三十一日即将西碾房、召〔昭〕君坟克复，伪八师一部向大树湾逃窜，森部第一团团长马子禧率部二百余人反正，王部更乘胜向东进占求队新村、土城子，已逼进大树湾一二十里。是时黄河南岸各要地，均为我军收复。伪蒙军除第四师第十一团被调渡河，森部第一团马部反正，第四团满纳生部因接洽反正，被敌发觉调往河北缴械，并哗变一部，连同其他零星哗变反正，及被我解决者外，所余仅伪八师与森部及武装喇嘛等，一共不过六百余人，均退集大树湾及附近十余里处一带，为我包围，不敢外出。敌将外围各村落均行焚毁，仅依机枪、重炮，凭借工事顽抗。入五月内，敌我相持，敌机亦每日来扰。至二十三日，我曹营进攻驻史家营子之敌，二十四日，将敌击退，并毙伪团长一名，曹营长亦受微伤。同时段部乘胜向大树湾进攻，伪八师损失甚重，残部退往河北。敌更调伪一师百余人携带迫击炮、轻重机枪等增防大树湾。二十八日，伪四师二百余人，带有野炮数门，复渡河增援，迄今仍在与我相持中。此数月来黄河南岸达拉特旗抗战之实情也。

此次我军北进剿敌，甚为顺利，因伪军三月南犯东胜之际，遭受重大之打击，故对我甚怀畏惧，极为恐慌，加之各游击支队均多绥省民团及土著，地理熟习，士气极旺，收复家乡心切，故每与敌接触，无不获胜。然而因我器械不良，指挥上亦有失当，数月以来，大树湾仍为敌盘据，河南不能肃清，乃为憾事。兹就管见所及，对此次河南抗战之经验与教训，加以检讨：

（一）当我攻克东、西官府及营盘召三处时（俗称二爷上，为旧之西官府，为康王弟之住处），储存杂粮甚多，约在二三千石以上，我方以立脚未稳，恐复为敌所占，某营长乃下令焚毁，计三处房屋、粮食、毡毯、家具什物，连同内陈各种古玩、玉器等甚多，损失计二三十万以上。粮食足供我北上部队数月之用，今经焚毁，非仅我军给养感受甚大之困难，且因此更引起蒙汉感情之恶化，仇视之深刻，尤中敌人分化离间之毒计。加之游击骑兵不免有少数不良分子，对蒙人财物、牲畜任意抓拉，尤使蒙人不安，故蒙民及喇嘛多逃往包头。敌特务机关，设立救济所三处，专收容达旗官民及喇嘛，供给白面、小米、菜金等，并准备给以武装训练，再令渡河，使之与我作战。而河南之达旗军，对汉民亦更加苛待。大树湾南三四十里处之袁六窑子、李快圪卜数村，当敌退出之际，亦均纵火焚毁，损失极重，人民逃之一空。此皆我军缺乏政治训练，而引起之严重错误也。

（二）此次我北上部队部分比较复杂，又无高级长官之指挥，步伐不甚整齐，曾屡次约定步、骑各部协击伪军，届时各部未能一致出动，致首尾不能相应，非仅未能一鼓而歼灭敌军，反遭无谓之损失。

（三）北上国军，士卒除步兵及陈、段二支队纪律较严外，其余各支队，素无训练，加之经费困难，征用人马、给养，概不发偿，故对人民不论蒙、汉，骚扰甚烈，因之人民对军队往往存畏惧怀恨心理。在游击抗战过程中，此军民不能合作，影响实属非浅。

（四）器械方面，敌以飞机、重炮、轻重机枪，进犯防守，我则仅以步枪攻击。步兵方面，只配有迫击炮及机关枪少数，而各支队尚有连步枪亦不足者，弹药供给则时感缺乏。张、王全部，及陈、邬等部新部〔补〕充之部分，数月来经费困难，士兵衣服不整，无法更换，给养多无价征之民间，因之不得人民爱戴，最低之生活亦难维持。最近各支队，虽蒙月给数千元之补助费，然按人数之比例而比较之，实觉相差太远。如王支队部人马各约在一千以上，而每月经费六千元，平均每人六元，即马干仅勉强敷用，如此仍不免骚扰民众，而难得鼓励士气，抗战效力实大为低减也。

（五）就上所述，我方物质力量，远较敌人为逊，其所以能长驱直上，逐敌伪于河南一隅者，则在乎将士英勇善战。如邬、段、陈各支队，此次北上抗敌，均异常出力，而部下士兵，亦全有杀敌爱国之意识，更以多系绥省民众武力，杀敌归家之观念甚强，地理上亦熟习，故士气极盛。咸谓只给以充分子弹，即决与敌人拼命，其他一切均非所愿。在民众方面，对消息之传达，给养之供给，尤能得极大之助力。各处人民，无不恨敌伪蹂躏，盼国军早至，虽有纪律不严者，稍加骚扰者，亦多忍耐不怨，以待全国最后之胜利也。

根据数月来之经验与教训，有下列之数重要问题，亟应加以注意与解决者也：

（一）应派有〈丰富〉军事经验［丰富］，与有政治知识，并深孚众望之高级将官，担任指挥，使指挥得以统一，良机不致再失。

（二）我方器械与敌相差甚巨，应调遣一部分机械优良之部队，加入作战。最低亦应配以少数之飞机及重炮，其对实际战斗力量之增加及增进我军士气与沮丧敌伪军心之效力，实非数字可以计算，而弹药之补助，尤应充足。

（三）骑兵各支队，辅助正规军从事游击运动战，其效甚宏，若以之为主力而作战斗，实有未足。故精锐之正规军，亟应参加以作主力也。

（四）骑兵各支队，品质复杂，组织训练太差，亟应由中央派员参加指导作战，并从事适当之军事及政治训练，否则终难成为抗战最优良之部队。

（五）各支队，经济太感困难，虽不能优裕供给，然最低之生活，应当给以维持，否则对抗战效力，实为之大减。

（六）在战区内应派专员负政治工作，对民众之组织，及收抚各失地之善后问题，应妥为处理，尤以对蒙旗关系更为重要。

（七）各部队中，时有反正部队之增加，经济尤应速行解决，此对伪军之反正上亦有关系。似此西北最高军事当局，亟应派要员工作，一方协同指挥将领，商讨作战计划，再则对各部军风纪律之维持、经费之开支，同时也可以加以监督。

（八）伪军各部多有愿反正而苦不得其门而入者，又反正之实况，常随时机而得成功，如当我军直驱与伪军相近时，或当我军大胜、敌人残〔惨〕败时，反正工作最易成功。数月来，此方所反正之部队，均系自行归来，我方对此并未用若何功夫。此后亟应收罗与伪军各部有关系之人员，从事特种工作活动，并须与以多量之费用，是对抗战前途上，定能收事半功倍之宏效。

《西北论衡》（月刊）

西安西北论衡社

1938 年 6 卷 13—15 期

（李红权　整理）

记盘踞绥境之伪军

克难　撰

一　引言

　　廿六年十月十四日，包头继归绥沦陷后，德王与李守信合组之伪蒙古军便盘踞绥、包及沿平绥路各县，其他在军略上较重要之县份亦驻伪军，如托县、清水〈河〉、固阳、武川、安北等。德王于国军退出黄河南岸及西山咀后，嗾使附伪未久之李根车部六七百骑兵倾全力犯西山咀（包头、五原接界之处），为门炳岳军长击溃，后再不敢妄作西犯图谋。当时绥北仅千余地方民众抗日自卫军，由邱炳如、李柏林、王泽民、郭怀翰等领导，深藏于大青山内，对武川、固阳之敌，不时出击，迭有斩获，军器、给养因之得以补充。绥东南有丰镇县长陈应道，率民团及壮丁七八百骑士，辗转与敌周旋，时而夺占县城，时而潜藏僻乡，其军实补充亦悉取于敌。绥南为伊盟所在，乃日寇必图之地。日特务机关及德王远于廿四年之前，已培养达拉旗领兵官森盖团长为潜在力，先之给予大量金钱，继之以百灵庙蒙政会所属各税收关卡拨给，嗾使暗中扩充军队。德王与日特务机关于盗窃绥、包后，积极进行伊盟工作，乃有廿六年十一月下旬，日特务机关要员内田勇四郎偕伊盟各王赴绥之行，及森盖部进占东胜县城之举。当此时适马占山将军率大军假道东胜，内田遂闻风远扬，各王遄返王府，森盖部抱头鼠窜。自国军进驻东胜后，黄河南岸虽有伪军盘踞，但我军所在地及其附近之各蒙旗，已无敌踪。

二　伪军内部情况

德王以成吉思汗继承者自居，对蒙民及部下灌输狭隘之民族思想，谓蒙民之积弱不振，乃由于汉族之极端抑压所致。汉族一面以昏愦之辈使任政府要职，一面嗾使边省政府大肆开垦蒙地，剥削蒙民岁租利益及牧场面积，是必将致蒙民于死地而后已。又收买堕落王公，诱以利，开发各蒙旗之矿产，遂致蒙民日贫，维生艰难。若此蒙人如再不脱离汉人羁绊，不创造强大军队，由汉人手掌中夺回政治权力，实无以获得解放，而建立蒙人之大蒙帝国。蒙民有天赋之勇敢、耐劳与刚毅诸特性，远较汉人为优。彼（德王）以不忍永受抑压，故今求助友军（指日军），期达上述目的也。不期廿五年百灵庙一役，德王气焰顿挫，以后又有嘉卜寺之不守，与张北之败走。今则借日寇之力，又优〔侵〕占嘉卜寺与百灵庙，据有绥远，而伪蒙古联盟自治政府遂迅速出现矣。德王及李守信统率伪蒙军共九师：一、二、三、四师几尽汉人组成，为李守信所部；五、六、七、八、九各师，蒙人占十分之八，为德王先后扩充而成者。进占绥远后，以一、六、八、九师驻守绥西，余则驻守绥东。号称九师之众，合计仅万余人，每师最多一千五百名，最少八九百，尽为骑兵。其服装皆上黄色布衣，着黄布短靴。论武器配备，每师有迫击炮四门、轻机枪十六挺，余为沈阳兵工厂造韩霖春式步枪。编制每师四团，每团四连。附炮兵二大队，每队四连，每队有七·五野炮四门、山炮四门、平射炮四门，及迫击炮四门，皆沈阳兵工厂造。每师有日顾问一名，每团有教练一名，至炮兵队亦各有日顾问一人。虽设有伪蒙军总、副指挥，由德王与李守信充任，实则大权同操诸日特务机关长之手。凡军需品与饷项，或由特务机关发给指挥部，或直接发于各师，甚至特别单独发给某师中之某团，以示好意，特务机关于有意无意中对德王部较李守信为优。各师长常被召往作个别谈话，从不通知伪指挥部。师长或团长甚至连长有受特务机关长之优厚待遇者，使之负监视其他官佐之责，以之伪指挥部每致不能行施职权，而犹对特务机关长不敢稍拂其意。

三　极端阻隔中对祖国之怀念

日特务机关严禁伪军士兵谈论或传告国军战况，间有犯者，即处以极刑。除由各师日顾问及教练严密调查注意外，并密遣多人分往各部队密查。凡日特务机关所到地，必尽收民有收音机，虽各机关，亦须经过特许，方得听用，但甚少得准许者。对私藏者查究綦严，犯者必受严重处置。伪军之官兵每向人民探询国军情况，人民恐受累，弗敢实告，必现不愉之色。其与人民相处久者，偶由人民得悉国军胜利情况，必快愉异常，立誓必一日杀灭仇寇。当台儿庄空前大胜利之消息传至，李部士兵莫不兴奋异常，咸祈祷国军早日驱逐倭寇，还我河山。处日寇铁蹄下之人民及李部士兵，每睹倭报无前防战况消息，即推断敌军必受大挫，故由倭报中，亦多少可获得若干祖国战争胜利之消息。

四　伪蒙军之相互关系及其所受待遇之悬殊

日寇对德王所部自信摇动不易，故示好意，予以较优待遇，借此既可买好于德王，更期鼓励其他伪军效忠日寇。支配伪军之特务机关，常集德王及李守信部讲演，反复申述"效忠日寇，必予以优厚待遇"之意，举德王部为例以鼓励之。因之虽种种不平事实相继发生，日特务机关皆熟视无睹，任其推演。兹择要述之如左：

（一）相互压迫　以蒙伪军历史及其受日寇信任之程度分析而言，伪军有一等至四等之分，如德王部为第一等，李守信部为第二等，森盖部（达拉旗之前领兵官）为第三等，至地方团队之附伪者，则属最下一等矣。德王部获得日寇信任，遂枉〔妄〕自尊大，以彼等为大蒙优秀分子，对汉人之投伪者多蔑视。如在包头境黄河南岸驻扎之德王部，每占较好住所，使李部居落选之住所，而戒备责任，则使李部负之。遇作战，必驱李部任前锋，逢后退，复迫任后卫。尝指该部以外之伪军用蒙语骂之曰："骡子（蒙人骂汉人语）无主，跑来乞食，不效死，将有屠杀之一日。"以致李部血气之伦，几不能忍。对森盖部，亦压迫备至，如前驻大树湾时，森部马子积①团，先被德王部逐至板汗圪堵后，复逐至西碾房（以上三地皆包头境，位黄河南岸）。若留宿马团所驻地，必强迫让出最好住所，否则不论官兵所居，所有行李必全抛出。但森部则又行压迫地方团队之附伪者，其事亦不胜枚举。

（二）待遇悬殊　德王及李守信部虽受同等待遇，惟日特务机关每月津贴德王部每兵由五元至二三元，无月无之，对李部仅偶为之。森部自附敌后，从未按月享受与德王及李守信部同等待遇，至派往作战时，则仅发弹药，不予补充枪械，森部所用枪支皆旧有者。至地方团队之附伪者，又只于初次每兵发五六元，嗣后仅发少数补助费。

（三）敌与蒙军之残暴行为，使伪军动摇保家观念　伪军多迫

① 似应为"马子禧"。——整理者注

不得已为欲保全家室而降敌者，处处顾及家庭，不敢抗倭，因彼等家庭皆居沦陷土地，如东四省。但全国抗战以来，敌以极残暴手段对待我同胞，伪蒙军亦复仿效倭寇，如在包头境内，奸淫、杀害、抢掠，无所不为。四月廿六日在大树湾之蒙军第八师掠夺逃难妇女三人，轮奸数日，弃尸黄河中。伪蒙军不特侮辱汉人，即达拉旗之蒙民被奸淫、抢掠、苦打者，为数亦众，甚至康王之弟，曾有数次被扰，几以无礼相加。凡此种种，使伪军咸自觉悟，以彼等家庭终难免于倭寇与蒙军之蹂躏，欲以附敌保家，恐家不得保，而倭刀已先临其颈矣。

《西北论衡》（月刊）

西安西北论衡社

1938 年 6 卷 14 期

（李红权　整理）

巩固绥蒙与收复绥远

榆马　撰

第三期抗战的火炬正在热烈的燃烧着，保卫武汉与保卫大西北的口号已放在每个大中华儿女们的肩头了！

当然武汉的得失并不是民族战争最后胜负的决定；但，无疑的，中国现文化、政治、经济中心的武汉的得失是抗战进程展开中的一出重要的初步决战，同时，我们坚守大武汉的意义，不只是要将武汉坚守的时间扩展到无限长，而且要在敌人凶强底、冒险底进攻武汉的过程中予以要命的打击。也就是说，我们要利用武汉周围有利的天然地势，及最有威力的御寇武器——有组织有训练的人民大众，予敌主力以过量的消耗，使其战斗力日益低减下去，以至一溃而全局整个趋于消灭！

同时，敌人为了割断中国与友邦陆路上的联络线，已以很活跃的姿态显出进攻西北的野心。自然，所谓进攻西北，在目前敌人的力量是马上难以兑现的，最多也不过是牵制我们在西北的国军不能他动而已。但这绝不能说敌人进窥西北的行动是遥远无期，并且不久便会实现，只要敌军认为在武汉进攻的行动中已奠定相当胜利的基础时，立刻便要拉开进攻西北的冒险战争！因为在敌人的企图是：进攻武汉与进攻西北的战争一并推进的。

现代的战争，因运输便利，变化无穷，各线的战局，都是互相牵连，相为利害的，现当日寇大胆深入，兵力不敷分配，并以主力集中包围武汉，其他各线皆感空虚之际，我们需要下一个全国南北战线的总攻击令，使敌前后不相顾，四面受围困，这样一来，不止减轻了敌人对武汉的严重威胁，而且，可以整个打击敌人，消灭敌人！

为了要策应长江战事，为了要分散敌人进攻西北的力量，更为截断敌人在晋、绥的联络，好转山西战局——粉碎敌人对华北的统制，及阻挠敌人西渡出陕的企图，北路军现时实应该在有利的条件下，英勇的积极向敌进攻，收复绥远！

北路军所包括的部分，有×××军，马××将军所率的挺进军，骑×军，门××军，×××师（最近奉命改编为××军）所属游击支队，及绥民自卫队等等。北路军前曾一度进逼包头、归绥之城垣，后因与友军相互失掉联络，不能一鼓而下，实很可惜。凡指挥的不能彻底的统一灵活，战争的少有机动性，以及一二蒙旗王公的受敌诱惑，亦皆其失利直接或间接的原因。

要收复绥远，必先巩固绥蒙。因绥远是蒙汉人民同居之地，如果绥蒙同胞整个受敌威胁利诱，不但收复绥远的战事无法进行，即整个的西北亦要受摇动！巩固内蒙与保卫西北有很深的关系，与整个的抗战前途有莫大的影响！

邓宝珊先生请求中央在榆林成立蒙旗宣慰使署，就是安定蒙旗、巩固蒙旗的初步工作。但是，敌人对分化蒙旗的工作也处处表示着一点不肯放松！敌寇派遣汉奸，潜伏在蒙旗，肆意于伪宣传，利诱与威胁双管齐下，因此我们除政府对蒙旗有识之士及各王公有所宣慰、有所勉励外，对多数的蒙旗同胞亦要有妥善办法。要不，内蒙的前途依然伏有可怕的危机！

因为巩固蒙旗的关系重大，"义之所在，忘其才短"，笔者现在提出巩固蒙旗的几点意见，以供政府及国人的参考。

（一）蒙汉同胞要一视同仁，彼此绝对铲除相互歧视的心理。同属中华民族的汉蒙同胞，既同处于绝续存亡的最后关头，还分什么彼此，论什么上下，只有相亲相爱，互谅互助于共同救亡的大前提下，始能克服空前灭种的大祸！

（二）建立严密的政治机构。蒙旗政治组织至今尚采王公制度，代表着浓厚的封界〔建〕色彩，不能适应今日抗战建国需要的，非彻底的改革，代以新的严密的政治组织，是不足担负起指导与执行蒙民抗战的职务。新的政治机构的建立，要注意下面两点：（一）旧日的王公仍为新政治组织中的领导者，但对目前抗战建国无确定信仰的当然要淘汰；（二）蒙民中对抗战建国有正确认识、坚强信念者，尽量容纳进新的政治组织中来。

（三）唤起蒙旗同胞与下层抗敌组织的广泛成立。为了正确蒙旗同胞的认识，免为敌诱，并扩大蒙旗同胞的敌忾心起见，需要派大批政治工作人员到蒙旗宣传，使蒙旗同胞有自动发挥守土抗战能力的机会。

（四）编制蒙旗国防军。蒙旗同胞赋性强悍，习惯于塞北漠野的战斗，只要予以编制训练，决可成为国防劲旅，但应采取的方式，以（一）纯粹蒙籍同胞编制而成为好呢，或（二）以汉蒙籍同胞混合编制为好呢？实在二者各有利弊，混合编制可以沟通两族的隔阂，提高两族的文化，使其日益融洽；至于纯为蒙籍同胞的编制，虽无混合编制之利，但可表示对蒙族同胞的特别信任。总之，两种编制并无定则可循，因人制宜，因地制宜，求其适宜，不必拘泥。

最后，笔者将个人对国军收复绥远，所应注意的几点意见写出，以结束此文。

（一）统一指挥　要进攻有成效，势必要指挥统一。北路军的正副司令是傅、邓二先生，所辖受指挥的部队大都能听其指挥，今后欲求指挥更为灵活起见，最好可由北路军所辖各单位部队中选拔有能力、有威望的代表，共同组成一个直辖于总指挥部的指挥团（或参谋团），灵活的指挥战事，在最前线指挥任何一战事上应有特定权能。像这种指挥团的组织，既能收集思广益之效，又可绝对灵活的统一指挥，不只北路军需要，任何一部分复杂的战线都需要！

（二）对伪蒙军的反正要有确实办法　伪蒙军中真正甘心卖国、认贼作父的分子占绝少数，其绝大多数都有反正的希望！而至今伪蒙军所以尚不能踊跃反正者，完全因为我们对这种工作没有很正确很有力的执行！当他们加入伪蒙军，我们不能以强有力的政治号召，潜伏宣传，及情同手足的感化等方法去唤醒他们；即便有些自动觉醒的分子自动的反正过来，我们也不对那些曾经犯过错误行动的自觉分子，想有确实妥善办法，不能借他们已经反正的机会加紧宣传工作，彻底矫正其思想。由于我们对反正的伪蒙军太不注意宣传与优待的结果，往往发生更坏的现象，就是：反正了的伪蒙军零星的、陆续的仍跑向敌营去了！我们不要只说伪蒙军无民族意识，须要原谅他们，同情他们，用确实妥善的办法拯救他们！

（三）军民合作　大凡军民不合作，在普通的情形下，多是军队不愿与民众合作，并非民众不愿与军队合作，可以说是军队忽视了与民众合作的功效，以不合理的行动拒绝了与民众合作的机会！在收复绥远的军队往往发生与民众不合作的现象，实是北路军进攻顺利的严重障碍！要想进攻顺利，必须"军民联合成一气"！同时，军民联合的基础是建筑在军队本身政治功能的提高——使各部分军队都变成有良好纪律的国防劲旅！

以上三点，只不过其荦荦大者而已。还有琐细的问题，以后有机〈会〉再为讨论。

《西北论衡》（月刊）

西安西北论衡社

1938 年 6 卷 17 期

（赵红霞　整理）

诺蒙亨事件与外蒙军

巴伦　撰

剑拔弩张的"满"蒙关系

我人的脑海中，想必都会浮起这样一段紧张的事迹吧：就是去年夏季，在伪满、日、鲜、苏联互相接壤地带张鼓峰地方，一度发生激烈的战斗，后来虽仍循外交途径解决，但这是日方让步，表示不欲扩大事态而得解决的。这是当然的事，日军现方用兵于中国，正感到再竭而衰的苦闷的时候，自然没有余力和别国挑衅了。

但伪满的国境，向来是多事的。据七月三日日文报纸《大陆新报》所载："苏'满'国境冲突事件，四年（一九三五——三九年）以来，共计六百件之多。一九三五年，东部国境八十八件，北部二十二件，西部八件，'满'蒙十八件，合计一百三十六件。一九三六年，东部一百二十件，北部四十九件，西部十四件，'满'蒙二十件，合计二百〇三件。一九三七年，各方面合计约九十件。一九三八年七月发生张鼓峰事件，东部六十五件，松花江方面四十五件，北部四十四件，西部十二件，合计六十六件。加入目前诺蒙亨事件及骆驼山事件，共计六百余件。一九三八年由'满洲国政府'向苏联政府提抗议者一百五十八件，但苏联方面有覆文的只五十一件，尚不足三分之一，其余诸件，均未回答，即有回答，也不能循外交途径来解决的……"

我人读了上文就知道近年来"满"蒙国境的冲突事件，层出不穷。其中，我们可以注意的一点，就是从前年干岔子岛事件发生以来，去年七月发生张鼓峰事件，今年五月发生诺蒙亨事件，几乎每年同期有大规模的战斗行为。这里有一不同之点，就是这回冲突事件的主要角色，是伪满与蒙军。据日方称，这回冲突的开始，是有少数蒙古步哨，携带武器，闯入海拉尔西南一百八十哩哈尔哈河东岸的一个小镇诺蒙亨地方，就被当地日本驻军击退。后来就有蒙古空军不断在伪满国境上空侦察，日空军起飞应战，结果被击落多架。到了最近，双方调动陆空军，辅以机械化部队，在哈尔哈河东西两岸，展开激烈战事。据快讯社哈尔滨四日电："据今晨此间所接消息，满洲西北部边界之日'满'、苏蒙陆空战事，刻仍在猛烈进行中，双方均以坦克车、大炮、骑兵、飞机应战，规模之大，为前所未有，其战线亦自七十五公里扩展至一百二十公里。闻苏联、外蒙援军，业已开抵哈尔哈河前线，并已开始反攻，决心将侵入境内之日、'满'军，驱逐出境。"

又据六日海通社电："……昨日苏蒙军反攻结果，哈尔哈河西岸已无日军踪迹，三日以来，日本阵亡八百余人，损失坦克车五十辆，被击落飞机四十五架，至苏、蒙方面仅阵亡一百人，负伤二百人，损失飞机九架，坦克车二十五辆。"

从上面的事实看来，日、"满"军在此一役损失惨重。又平沼首相在"七七纪念日"所表发的谈话，殷殷犹以蒙边事件为虑，可知日本朝野对于这方面的不安。

所谓"满"、蒙国境地带

　　游牧民族的疆界观念，本来是很淡薄的。在成吉思汗以前的民族时代，氏族或部落的势力圈，它本身就构成一种游牧圈，游牧民族的生存方法，是依靠丰美的牧草地带的，因此游牧圈的利害关系，渐渐变成错综复杂起来。迨成吉思汗的民族于统一成功后，此种观念，渐为贵族所领有，于是旗制出现，一旗人民，不得侵入他旗游牧。从清朝统治之后，旗地的观念，又变成游牧地的限制或境界，遂使蒙古民族，发生深刻的印象。尤其在彼等民族周围的经济并一般文化长成，中国的农民、商人"侵入"蒙地，除了境界的观念以外，更含有安住的意味。但在蒙古人的生活形态上，依旧不脱自由游牧。所以内外蒙的国境地带，外蒙与"满洲"国的国境地带，在蒙古民族，本来没有什么境界的观念的。一九二一年革命外蒙独立后，以及东北事变之顷，满洲蒙古的牧人，常越境去追逐外蒙的羊群，外蒙的牧人，也到满洲蒙古境内牧草，本来是看作平淡的一回事，没有什么希罕的。到了东北事变后，外蒙境内，时常发生牧人被捕等事件，于是国境地带，就发生严重的问题了。目前"满"、蒙国境地带，是呈着封锁状态，每十启罗乃至三十启罗，设有监视兵站，严密警戒。

　　苏联方面，从外蒙国境十启罗以内（最近三十哩）住民，强制的移住他方，当春夏之交野草茂盛之时，就把牧草付之一炬，以便监视。这样国境地带的住民，就不能互相连络了。

外蒙军及其配置

　　外蒙军在事变前约十万左右，事变后增至十五万，现有增至二十万人的计划。各种以传统的骑兵占大部分，计三军团十师团余。士兵有吃羊肉与米食的，给养方面，远较贫苦的牧民为舒适。军衣也颇近代化，不过武装粗劣些。马粮仰给于驻屯地放牧的。兵营是用木材或砖瓦造起来的，但大部分还是住着固有的"蒙古包"。赤军政治部，常召开士兵会议，士兵可以自由发表意见，大部都是申诉着燃料不足的痛苦。装备由苏联供给，武器性能，非常优秀，这在诺蒙亨的战斗中，已经充［份］分地表现了出来。外蒙兵的质素，就是堪耐苦，性剽悍，善射击，所以战斗能力极强。兵役采义务征兵制，已年满二十一岁的青年，都有加入兵役的义务。外蒙军现在苏联军官指导之人，大部驻屯库伦、巴音圈门、圣西阿达等处。

外蒙军的编制，采取骑兵第一主义，外附步、炮、工、航空等兵种，其编制如左：

正规军，三军团（"满"、蒙国境一、库伦一、南方国境一）。

步兵旅团，二（附设炮、骑）。

特别国民兵五千人。

飞机二百架（飞机师一部为苏联人）。

大炮（不明），高射炮（十门），轻、重机关枪五百挺，坦克车三十辆，装甲汽车一百辆。

军用卡车三百辆。

这次随着中日事变的进展，苏、蒙从军备强化第一主义，缔结共同防卫协定。尤其一九三六年十月二十八日，外蒙人民共和国首相兼外相阿摩尔，突然［如］前赴莫斯科，逗留莫斯科多时，亲与史丹林、伏洛希洛夫、李维诺夫等巨头会谈，商量外蒙的苏联化的基本方策，并缔结军事协定如左：

一、赤塔与蒙古人民共和国首都库伦间，建设军用公路。

二、赤塔创设蒙古军将校养成所。

三、苏联空军将校，大量送往库伦，以图扩充外蒙空军。

四、蒙古人民共和国增设机械化部队。

五、赤塔与库伦，设空间作战根据地，以便取得紧密的连络。

六、蒙古军将校，随时派赴苏联留学，以便灌输近代科学的战术的知识。

七、从极东地方至苏、"满"、蒙国境地带，增设堡垒、要塞、驻兵所。

至于苏联远东军驻屯于外蒙的东部的有六师团，哈恩地方并筑有苏联大兵营、大飞机库，可容飞机三百架，此外在库伦驻有苏联常备军四师团，并亦有大飞机库的设置，足容飞机三百架。

回到诺蒙亨事件

诺蒙亨是"满"、蒙交界处哈尔哈河东岸的一个不甚著名的地方，外蒙虽已宣布独立，但中、俄从前订有协定，承认中国在外蒙的宗主权，所以外蒙仍旧是中国领土的一部分。这次外蒙发动军事行动，我们应看做中日战争的一部分。

战事到七月十三日，已六十二天了，外蒙古尚能保持住"三面都能被日军环攻的车臣汗东部"，这是不易得到的战果。日军欲一战而占领外蒙克鲁伦东部，这种孟浪的企图，在时间上日军显已失败了。外蒙古之所以有这种成功，固然要归功于苏联对外蒙无条件的援助，但主要的，要归功于外蒙古九十万人民十五年来自己的努力。

《现实》（月刊）

上海现实出版社

1939 年 1 期

（赵红霞　整理）

对伪蒙军及朝鲜、台湾士兵的争取工作

梦回　撰

一　一般的原则

怎样争取、瓦解伪蒙军，及被日阀汉奸利用之民间武力，与被日阀汉奸强迫征调的我国壮丁，也是对敌工作者的一件紧要的，更应重视的工作。自绥远抗战时金宪章反正以来，此次抗战，更不断的有大量的伪蒙军，回到自己怀抱里来。通州保安队首揭义旗，慕新亚的反正，东方佛郎哥的被诛，岳鹏部占领石家庄，多年随李守信部的张诚德师，以及河北遍地的反正行动等，都是值得我们提出的。而他们心向祖国的热忱，与争取他们反正的经验，都是我们应该切实的把握着应用着，展开更有力更广泛的争取伪蒙军反正工作。

争取伪蒙军工作，原则上与争取敌军的工作，颇多相同之处。不过，这里我们所要争取的，将是换士兵而着重于官长，因为我们知道敌军官长，尤其是高级的，实谈不到争取，所以我们必须从士兵入手。而伪蒙军中，则长官知识较高，甚或过去受过国家的栽培，因为一时蒙蔽，或迫不得已而身列伪籍，是可以用民族意识去打动他，使之率领所部，尽数来归的。

宣传工作，须以伪蒙军中，敌军对伪蒙军的压迫、监视等具体事实为资料，针对着制定宣传品、标语、传单等，派遣干部，混入伪蒙军中散发，或转托训练过的民众去散发。切慎不可流传到日军手里，致发生想不到的意外事件，那将轻则会把某部伪蒙军调开，重则会严惩该部队。在战场上，通常使用的标语口号，有以下几种：

1. 中国人不打中国人，蒙军不打中国人，中蒙联合打日本。
2. 不做汉奸，不当亡国奴。
3. 调转枪口，杀死压迫你们的日本军官。
4. 民族自决，蒙汉平等，蒙人的事蒙人自己管。
5. "防共"是日寇灭亡中华民族的毒辣政策。
6. 打倒共同敌人——日本帝国主义。
7. 不打倒日本军阀，东北（蒙古）同胞，只有走向死亡之路。
8. 反正来归的官长当重用，拿枪来归的士兵有重赏。
9. 我们到处胜利，日本鬼子快要倒台。
10. 打跑日本鬼子，打回老家去。

主要的是发动伪蒙军的民族意识，及针对其被压迫，被驱使的痛苦，而制定简明扼要的标语。

怎样更具体的去进行争取伪蒙军工作，须要高级长官及干部，在总括的原则下，相机进行。更要善于测知伪蒙军的动态，不放松的展开工作，经常派遣技术良好、经验宏富的优秀干部，混入伪蒙军中，利用乡土、拜把子、教门等封建关系，及其他各种社会关系，去和伪蒙军官长、士兵接近。利用每一适合的宣传鼓动机会，机警的精密的发动工作争取伙伴，更应派遣便探，混入老百姓中，装扮行商客旅，到住有伪蒙军的附近一带活动，与之发生诸种良好关系，侦察情况，俟机举事。这些，起始都好像是细微的星星之火，却每每能得到燎原的惊天动地的收获。

最后，征引朱德将军的话"怎样争取伪军"，这是很宝贵的经验，足供我们参照：

> 争取伪军更容易了，他们一般都不安心，尽量拿民族意识去打动他们，很容易得了门路，便可派人去接洽。开始要答应他们许多条件，严格的遵守这些条件。后来关系便更好了。

二 个别的争取工作

因为各种情况、性质的不同，我们更需要分别处理，展开对伪蒙军的争取工作。先说伪军，他们多半是东北同胞，他们身受敌人的蹂躏最久，他们也身受敌人的压迫最深。他们还忘不了白山黑水间惨痛的记忆，他们又被驱使来到战场杀害自己的同胞。所以，当我们争取他们反正时，应针对着这些事实，更深刻的打动他们的心坎。更因为他们受敌人的压制较久、欺骗较甚，且有身家的连累（某伪军反正，其全家即遭暴敌残杀），所以争取他们，有时是需要较长的时间，较繁难的方法。

蒙军，主要的则因思想落后，被敌人利用民族问题为引饵，挑拨离间，且相当保存有顽强性能。但，正因为他们是这样的憨直，所以，便可以针对此而以民族自决、蒙汉平等等口号，号召他们反正。敌人利用蒙古同胞的比较落后，封建意识还极浓厚，他们便以极简单，但却极有力的方式，实行挑拨离间。比如，当蒙军进入晋西吉县时，他们并不胡乱杀人，而以手势比做圆圈，并指嘴做吃东西的样子，问当地老百姓，这是什么，若答懂的，或表示知道，是指吃月饼而言，便会将答者杀害，这样不知杀了多少无知无辜的老百姓，因为他们还记得那句古老的俗语："八月十五杀鞑子"，认为到了吃月饼的时候，便要杀他们。自然，这是日本人的挑拨，同时也是我们多年忽略了边疆问题，蒙族的教育、文化问题，才有现在的结果，我们应该赶快将类似的材料收集起来，针对着编出各种蒙文的宣传品，使蒙军知道我们欢迎自己的同胞还嫌不暇，哪里有弟兄相互仇杀的道理，这样切实的展开工作，争取他们是不困难了。

被日阀汉奸利用的民间武力，于此次抗战中亦有不少出现。这由于我们军政当局，起始忽略了这些封建社团、教门的存在；或由于征发壮丁、摊派款项等，未经动员宣传工作，引起他们的不满，致为敌乘机所用。他们是有着不及可忽视的民众基础，且大多英勇善斗，我们不应该对这些雄厚实力，不去领导、发动，而拱手让给敌人。争取他们的时候，因为已在他们附敌以后，已经相当的是他们由事实上知道了敌人的诡计与阴谋，正在彷徨无路，苦痛异常，他们起初附敌，不外受敌鼓动，认为附敌便可保全身家财产、乡土田园。但是，敌人却欺骗了他们，驱使他们走上战场。这时，需要我们挑选封建关系，如亲属、同乡，或同一社团、教门中的先觉分子，混入其中，展开工作，并配合以适当的宣传材料，使其来归。

还有一部分伪军，完全是敌人汉奸很快的从占区领〔领区〕域中就地征发来的老百姓。这便是敌人"以华制华"的政策的施行。在西北战场，这种例子很多，进攻吉县时，便有一部分河津人，进攻晋南，便有不少的洪洞、赵城人，都是距河津、洪赵的陷落，顶多有半个月。久困中阳、代敌守城的完全是本中阳城内的老百姓。更像盘据忻县之敌是定襄〈人〉，盘据定襄之敌是忻县人，两县相隔，不过四十里。还有敌人更用欺骗的方策，对雁北及代县、五台一带逃难到晋南的同胞，告诉说回去可以安居乐业，豁免钱粮，并免费乘车，还送北归，于是陆续回去的颇不在少数，但，当车开到太原的时候，便将壮丁一齐编为伪军，驱上战场，挡了炮火。同时各地的敌驻军，都在积极强征壮丁，严施训练。

不过以上所提到的这些，及类似的许多的伪军，他们都是亲受了敌人的惨害，内心充满了痛恨，今又被迫从征，反抗的火焰的苗舌，于是燃烧遍了每个人的胸心。他们在外表上、纪律上，表现的极不健全，无精打采，事实上得到机会，他们便会举起反正的大旗。这时，需要我们贤明的军政当局，特加重视，予以适当的宣传，予以各种方便的机会。自然，也有不少的流氓、地痞，甘心为匪作伥，但他们也并不是不可能争取，因为他们一样的也是中国同胞，况且，即使不可能争取，那也原是少数的少数。

加紧争取、瓦解伪蒙军工作，为被压迫，被欺骗，被驱使，被奴役的同胞解除痛苦与锁枷，并为了增强我们反战的实力。抗战一年来，我们已经得到很多值得爱戴的反正英雄与来归兄弟，我们更要积极的展开这一重要工作，使中国人绝对不打中国人，所有的伪蒙军全部反正，击破敌人以华制华的迷梦。

三　对朝鲜、台湾士兵的争取工作

为了敌国内的壮丁缺乏，兵力的不符〔敷〕分配，强征他们殖民地的奴隶们——朝鲜、台湾的民众，服兵役，驱上火线，以挡炮火，这是必然的事实。但是，他们——朝鲜、台湾的人民身受着敌国多年的压迫，亲尝着亡国的苦痛，故冀求打断禁锢的锁链与希图革命的热情，是十分迫切，十分高涨的。在我国英勇抗战，持续一年有余的斗争过程中，他们本已在时时刻刻追求着时机，酝酿着力量，图取得他们自己的解放，革命的成功。台湾的人民，本来都是我们的同胞，自然希求回到祖国的怀抱里，朝鲜民众，也是我们争取解放，打倒日阀阵线上的好兄弟。但是，无情的命运，却把他们驱使到战场上来。这时他们必定受着严格的监视与难堪的压制，身心感到十分的苦闷与忿恨，挣扎、反抗的火焰凶〔汹〕涌的燃烧起来，于此，我们若能积极的配合以适当的宣传与争取工作，散发"民族自决"、"中韩亲善"、"被压迫的民族联合起来"、"回到祖国的怀抱里"（对台湾士兵）等宣传标语及传单，则必会得到很大的同情，消极的使他们——朝鲜、台湾士兵，懈怠了战斗、应付战斗，积极的必会揭起争自由、争解放的大旗，而走到我们的阵营里来。

这里我们更要联合、号召朝鲜、台湾的革命志士、热血青年，参加我们的工作，制定各种文字的宣传煽动文件，以各地情况筹划具体的争取工作，切实的携起手，唤醒东亚一切被压榨、被欺骗的弱小民族、落后民族，共同英勇的站立起来，打倒扰害东亚和平的戎首，法西斯蒂的阴谋者、侵略者——日本帝国主义！

《西线》（半月刊）

山西宜川第二战区文化抗敌协会西线社

1939 年 2 期

（李红权　整理）

陈司令玉甲率大队人马去到乌盟

唤起蒙旗老百姓抗日 指导长官公署工作深入

作者不详

陈司令玉甲，办理蒙旗事情已经五六年了。"七七"事变以前，任绥远省政府蒙务组长，事变以后，任指导长官公署参事。他为国家、为蒙旗做了许多的工作。

第二战区阎长官为唤起蒙古老百姓抗日，划伊克昭盟为第一游击区，乌兰察布盟为第二游击区，土默特旗和绥东四旗为第三游击区。第一区司令是奇协理文英，第三区司令是荣总管祥，第二区代理司令就是陈玉甲。奇司令早在春天就在准格尔旗设立司令部，努力练兵，准备打日本了。荣司令在前十天也派参谋长陈镇波率队去包头滩上了。本月十四日陈司令又率领大兵×百余名，打着大旗向伊盟出发，预定在七月底深入××旗。

陈司令对于蒙旗情形非常熟悉，蒙旗朋友也非常之多，许多王公、事官都是他换谱的弟兄，就是被日本小鬼骗到绥远去的王公也都和他很好，他一到乌兰察布，那些王公一听说，必都能反正。

指导长官公署的唤起蒙古同胞参加抗战建国的工作，一年来总算尽力作过了，虽然不多，每一件倒也踏实深刻。这三位司令虽然是阎长官派的，也是指导署石参赞和陈参事大家荐的，不能不归功指署。而陈司令又亲自入蒙，办这最难办的第二区，真是辛苦努力的很。

《边疆通讯报》（周刊）

榆林边疆通讯报社

1939 年 3 期

（李红权　整理）

达拉特旗康王整理旗政训练部队

成立小学　发展教育
勉军民信仰三民主义

作者不详

伊盟达拉特旗扎萨克康济敏，自去岁由西安回来后，就痛感日寇侵略我国、压迫蒙胞，抗战建国的决心，与日俱增，当即恢复了伊盟七旗联军总指挥部，准备抗战步骤。五月中，由榆林动身返归旗下。当走的时候，对记者说：我这次回旗，是决心抗战。第一是整理旗政，因为自我离旗后，旗下的政务多有废弛；第二是训练旗下的军队，使旗下队伍成为抗战的劲旅；第三是发展旗下教育，使失学儿童有书可读云云。尤其是对于整理旗政，他是十分注意。现据人谈：一、康王自回旗后，以旧旗政府被敌机炸毁，无法居住，已迁地办公，旗下士官，已有所更动。前年敌寇扰达旗时，东西协理及管旗章京多已死逃，迄未递补。康乃以东梅林补林巴雅尔为管旗章京，遗缺以前达旗五原办事处长明盖递升。保甲的组织、民众的训练也在进行中。二、开始训练部队，同时成立军事干部训练队，由马司令子禧任队长，已正式开课，学兵八十余人，课程是军事、政治并重。三、达拉特旗小学筹备妥当，已上课，学生四十余名，特别注重战时教育的实施。于七月五日干训队和小学同时举行开学典礼，参加者二百多人。滩上各军政长官，差不多都来了。康王主席很恳切的勉学兵和学生信仰三民主义，拥护领袖，保卫伊盟，收复失地，好完成抗战建国的大任。接着是各长官演说。会开完了，康王特预备酒席，大家聚餐，热烈的盛况，为达旗空前所未有。抗战以来达旗是进步了，康王这次的回旗，是有重大的意义的。

《边疆通信报》（周刊）

榆林边疆通信报社

1939 年 4 期

（刘哲　整理）

日寇侵略蒙古阴谋的失败

谢再善　撰

一

近代蒙古历史一开端，随着中华民族的不幸，一道立时落在帝国主义的侵略中，起先是帝俄，接着便是日本帝国主义了。我们偶一打开近代蒙古史一看，那是一幅惨不忍睹的图画。而日寇侵略的加紧，更造成蒙古民族日趋悲惨的境域。日寇侵略蒙古阴谋计划在"田中奏章"中已具体地提出来了。

当日俄战后，日寇攫取了帝俄在南满的权益，逼迫我国政府承认，这时，日寇因为对于蒙古的虚实尚茫然无所知，所以不得不注重调查工作。先从调查各方情势入手，这是帝国主义侵略殖民地时所用的惯技，日寇在侵蒙时也是采用了这个步骤。

侵略者的准备工作开始了。日寇政府首先在东京外国语学校添设蒙古语文班，造就通蒙古语文的人材，以作侵略蒙古的工具。同时日本间谍也不断出入蒙古地区。他们的精密详细的调查，确实可惊。当民元时鸟居和飞藏①所发表的热河调查报告，立时惹起日寇国内人们的注意，他们并未意想到蒙古是有着丰富的矿产和

---

①　应为"鸟居龙藏"。——整理者注

可耕的枚〔牧〕地，在他们的意象中或许永远认为蒙古是"大戈壁"，是一片不毛之地。但这一来，却使他们眼花撩〔缭〕乱，一变从前的观念。向蒙古侵略的野心首先在资本家群中炽热起来，向蒙古投资，作经济开发的日本资产阶级的势力便如流水似的侵入蒙古，但这只是经济侵略的开始。经济侵略是多少带有缓慢性的，一方面带有积极性的政治和军事的侵略也跃跃欲试。然而这种政治和军事侵略的发动，日寇在经济上还没有获得强固的基础之先，却也不敢冒然执行。他们这时在蒙古的侵略工作是产业的开发和铁道的建设，但是政治和军事的阴谋并未停止进行。政治上的阴谋是挑拨蒙汉的感情，离间蒙旗和地方政府的联系，收买土匪，扰乱蒙旗治安，拉拢一般无识的腐化王公，使之甘作傀儡，私与日寇订立出卖矿产或土地的条约。在军事上的阴谋尤为可惊。所谓"郑家屯事件"，便是日寇想要以武力攫取东蒙的一表现，可是由于我国应付得宜，日寇遂计不得逞。其后郭道甫在呼伦贝尔揭起独立旗帜之时，驻在南满铁道的日本守备队也曾有响应的阴谋。

以上是限于内蒙，在外蒙古日寇是有着更大的阴谋。当欧战正酣，帝俄国内革命势力蔓延到东方西伯利亚，残余帝俄白党领袖谢米诺夫便在日寇资助策动之下占领了外蒙。这一次事件是日本帝国主义热中于外蒙权益的夺取，极为明显。其后谢米诺夫被外蒙新兴革命势力驱逐以去，外蒙全境的反动分子渐归灭迹，但日寇在外蒙的阴谋仍未稍衰。一九三〇年到一九三二年在乌科兰和其西部频频发生的叛乱，一九三二年末，直到一九三四年春，库伦、桑贝子、达木斯科庙东部地带所发生的暴动，莫不有日寇在背后策动。反动分子大抵是旧日的王公和喇嘛，他们因不理解革命的意义和由于失掉特权与身份的悲哀，常对外蒙政府不满，日寇便利用之以逞其侵占外蒙的阴谋。外蒙古几年来的封锁边境，主要的原因是在防止日本帝国主义的侵略爪牙伸入。外蒙政府是为了保卫新政权的巩固，不得不采取边境封锁政策。

二

九一八事变，是日本帝国主义侵略蒙古的一大转捩。在这以前，日寇对蒙侵略虽然也甚积极，可是仍然采取阴谋的方式在暗中进行，并未敢明目张胆，肆无忌惮地放手做去。

日寇既以武力占领了我们的东北，便完成了"田中奏章"大陆政策第二步"征服满蒙"的第一阶段。于是接着而来的是直接进入蒙古，所谓"征服满蒙"的第二阶段——侵占内蒙，也就是在日寇武力进行之下逐渐实现。

一九三三年热河失陷后，称作东蒙的哲里木盟、昭乌达盟、卓索图盟，便入日军的掌握。这时日寇侵略的面具完全揭开，狰狞的面孔在蒙古草原上显露出来。而日寇之宰割蒙古同胞也就在武力压制之下猛力施展。

日寇宰割东蒙的毒计，首先是在政治上着手。东蒙失陷后，日寇便以"给蒙古人以地方自治权"和在蒙古许王公恢复"蒙古人结合"与"民族统一"运动的欺骗口号，以兴安岭为中心，划分为四个"兴安分省"，在卓索图盟则设一垦务局。四省一局统归"兴安总署"管辖。这四个"省"的省长和伪国其他地方一样，省长是蒙古人，不过是傀儡，次长便是日本人，都是操实权的。

起先，蒙古人也许认为日寇之来是多少能带有些善意的，最低限度也不会将他们的土地、牧场夺取了罢？而且当日寇把各蒙旗划成省区后，马上严禁汉人农民迁入旗境，各旗原有的汉人农民也以极苛刻的税收法压迫，使不能安于农耕，相率逃亡为止。这是日寇侵略诡计最毒辣的一着，因为日寇深知蒙人和汉人农民多年来曾由于土地的耕作、垦殖常起纠纷，这是使蒙古人最感苦恼的一件事。现在首先奋勇以保护蒙古人的牧地为名，把汉人农民逐出旗境，这很可能的得着浅见的蒙人之欢心，而欢心之后，便可予取予求，事事顺心，实现其侵略的"最大理想"了。

然而东蒙的王公不明白这一点，正在兴高彩烈欢迎日寇来作他们的保护人，梦想着实现"蒙古人统治蒙古"的当儿，侵略者的无情铁棒猛然迎头击来！好像一个晴天霹雳，日寇突然宣布废除王公制，将各旗的世袭扎萨克职位削除，易为"旗长"制。这个改制的推行，是那些昏庸的王公们做梦也未有想到，这真给他们的打击太大了。

现在再看看日寇如何在经济上压榨蒙古同胞。日寇虽然把各旗中汉人农民驱出，可是日本农民却大量的移殖而来。日本农民或商人到各旗经商、农耕，可以任意来往、居住，他们非法获得了土地商租权、居住自由权。因是逃亡了的汉人农民所遗留下的已耕土地，未等归还蒙人之手，立时便转入侵来的日本人的掌握。于是在蒙古的大野上，牧人们也感到日寇之来是"心怀不良"，按〔安〕心欺骗他们了。

由于日寇移民大批涌入蒙旗，一般牧人是痛感日本帝国主义压迫之苦。可是这仅仅是经济的压榨，在侵略者还嫌不足。另外日寇又借口代替蒙旗政府训练新式军队，实行强征蒙古人当兵，准备作他们侵略者的工具。蒙古兵制本系征兵，但喇嘛也被强迫着当兵，这在蒙古牧人看起来却是有意破坏他们的所有制度了，不禁燃烧起愤怒之火。然而日寇并未去顾虑这些，以强大的压制政策来统治蒙古，在日寇看来认为再适当也没有了。虽然他有时也施以小惠，极尽欺骗诱惑的能事，但这仅是辅佐暴力统制之不足。

三

日寇之侵略蒙古的贪欲是没有止境的，愈趋愈急，按着它的预定的计划，非将蒙古完全吞到口里决不停止。

热河失陷，多伦也沦亡了，日本帝国主义侵略西蒙便开始了。侵略西蒙的阴谋与开始侵略东蒙相同，仍然施其旧技，即先由欺骗蛊惑，以至于威胁利诱开头。当日寇进占多伦时，曾召集西蒙王公会议，参加的王公们曾受了日寇甘言蜜语的蛊惑，颇有甘心供其驱使的趋势。日寇侵略西蒙的计划如下：一、使西蒙各旗王公宣布独立脱离中国政府，成立"大元帝国"；二、上项不能成立时，可要求自治，名义上不脱离中国，事实上独立；三、如完成以上第一项，则伪满与日本政府以友邦的资格加以援助，立即承认伪组织。不然则日政府也以金钱和军火资助，促成所谓"自治运动"。

日寇这个新的阴谋的提出——"大元帝国"的建立，确使头脑简单的王公们憧憬起蒙古民族全盛期的元代大帝国。然而他们都忽略了时代的不同与自告奋勇的保护者之毒狠的心怀。要想从虎口中去拾取果实，那岂是梦想可以办到的吗？昏庸腐化的王公们已经出卖了祖国和祖先，竟然同仇敌日寇携手与祖国为难，这真是成吉思汗的大罪人，中华民族的败类了。然而他们没有觉醒，他们毫不踌躇，内蒙高度自治的口号，马上由蒙古的原野上传播出来。百灵庙蒙政会成立了。

百灵庙蒙政会的成立，固然不能说是由于日寇造成，但客观上的的确确给与日寇以侵略上的方便之门。日寇曾利用之以挑拨虽〔离〕间地方与蒙旗的感情，而且收获了极大的效果。这是不可掩蔽的事实。

　　日寇在西蒙的阴谋逐步实施。察北六县在日寇的威胁方略之下，拱手退出。一九三六年的五月二日便有所谓"蒙古军政府"成立。以德王为总参军，下设四部，由李守信、卓世海、包悦卿、陶克陶等分任之。这个蒙古伪组织，是地道的日寇傀儡，不用说了。当时日藉〔籍〕顾问有二十余人参加其中，操掌各项实际大权。

　　在日寇阴谋，本想将西蒙一下子完全收入自己支配之下。所以"蒙古军政府"成立不久，日寇驻绥远特务机关长羽山喜郎曾直接向绥远省提出要求，将察哈尔右翼四旗——属绥远省，归还"蒙古军政府"，但为绥远当局毅然拒绝。日寇见威胁手段在绥远已无可施的余地，遂掉转头去，策动察北伪匪军武装侵入绥东。然而我方以迅电不及掩耳的军事防御，不但将伪匪完全驱逐以去，且收复了百灵庙，开始九一八后收复失地的第一声。日本帝国主义吃着如是的当头一棒，在侵略西蒙的过程中的确是受了一大挫折。同时日寇对于蒙汉团结也有个新的认识了。因为当绥东抗战时，蒙古同胞曾英勇的参加战争，杀敌无数，开始了蒙胞抗日的先河。

　　之后，卢沟桥事变突起，华北战局急转，我军退出平绥线。在日寇羽翼下孕育出来的察北伪蒙政权，便被推到绥远去了。伪蒙疆联盟自治政府的成立，是日寇侵略蒙古更进一步的表现。

四

　　以上，我已经将日寇侵略蒙古的发生、成长作一简单的叙述。在这里，我们应当指出：日寇之侵略蒙古，至芦沟桥事变后，已达顶点，超过这个顶点，便是死灭期了。伪蒙疆联盟自治政府成立，是日寇侵略内蒙的大愿得尝，同时也是他的失败开始。我们敢断言，日寇疯狂地侵略蒙古的阴谋，在我全面抗战伟大的威力之下粉碎无余！他已经被中华民族的坚固团结所击败。且看下面的事实。

第一，日寇一进入蒙古地带，首先便惹起王公们的反对、痛恨。这在日寇枪杀了呼伦贝尔都统贵福及其子凌陞，已充分表现出在日寇统治下的蒙古王公是在酝酿着反抗，而且要实行了。日寇在东蒙的设施不但招致来王公们的反对，而由于压榨蒙古牧人的加紧，益使蒙古社会中另一阶级的反抗怒火增大。这虽然没有具体的表现，但是优秀纯良的蒙古同胞，决不甘于受敌人的压迫。

日寇在东蒙虽招致了我蒙古同胞的愤怒，然而他并未觉悟到失败。进入西蒙仍然用着老法子来割宰西蒙同胞。日寇占领绥远后便促使伪蒙疆联盟自治政府成立，以威胁利诱使一些利令智昏的蒙旗王公去参加，以壮大声势，欺骗蒙古民众。但不久连伪蒙首领德王也感到懊恼。因为他属下的地盘仅仅是锡盟和乌盟以及察哈尔各旗、土默特旗。这样的伪政权虽然脆弱，日寇也不放心让他自己去支配，事无巨细，均出于日籍顾问之手。德王不过是傀儡而已。

当日寇占领绥、包时，大有直下伊克昭盟之势，伊盟有些王公们因不明敌伪情况，有的被骗而去绥远。可是不久，便纷纷逃回，他们说："日本鬼子完全是骗人，我们是不能投降他们的。我们还是回到祖国来抗战！"这是多么坚决的表示啊！这是给予日寇一个明快的答覆，就是说，蒙古人终究是中国人，日寇虽然用尽千方百计，威胁利诱，也不能动摇我蒙古同胞团结抗敌的决心。

第二是日寇侵占西蒙的军事无法进展。这一点极重要，也就是日寇侵略蒙古失败的致命打击。

我中华民族这次对日寇抗战，是一个伟大的历史任务。日寇大陆政策与蒙古民族的生存有着根本的对立。日寇如不放弃他的大陆政策，则蒙古民族休想免去日寇的侵略，而我中华民族终于要出于武装抗战的一途，是历史的注定，我们抗战必获最后胜利。日寇之由中国败北，退伏三岛，就在不久的将来了。抗战已经入第三年了，日寇在各战场上的军事，不但没有进展，而且败征毕露。北战场上的日寇自侵入绥、包后，根本未越出平绥路沿线，始终胶着在那里。一方面我游击队却始终在绥垣附近活跃。敌人之数次"扫荡"大青山我游击队根据地，以及进犯五原、窜扰伊盟的企图，都在我英勇战士面前惨败。因此，伪蒙政权更陷于不能开展的境地，而日寇对蒙的阴谋均无法实施。

第三，日寇于侵略内蒙的进行尚未停止，忽而又向外蒙古作武力进攻的企图。敌人这一动作更是自取败亡的愚妄之举。我们已经看到侵外蒙的日寇部队之惨败。外蒙同胞奋然而起杀退侵略者兽军，足以表明蒙古同胞是一致拥护祖国，参加抗战，以打倒中华民族的敌人。日寇侵蒙的阴谋在内蒙行不通的时候，忽而转头趋向外蒙，这正像莫洛托夫所说："日本侵略蒙古，实极可笑而愚蠢。"疯狂的日本帝国主义在蒙古已经走头〔投〕无路了。

五

蒙古同胞宜认清：要想粉碎敌人侵略蒙古的阴谋，惟有蒙汉同胞团结一致，坚决抗战，努力建国，才能够实现，而这个胜利的争取已由事实证明了。日寇自开始侵略蒙古以来，一直到我们全面抗战，才受到无情的打击，同时我蒙古同胞的国家民族意识也在敌人的炮火下，被警觉起来，成长增强起来，这是日寇没有想到的事。所以日侵略蒙古是失败了，结果一无所得！

六月二十一日

《塞风》（半月刊）

陕西榆林塞风社

1939 年 4、5 期合刊（蒙古专号）

（朱宪　整理）

加紧伪蒙军队中的政治工作

止戈　撰

由于德王对于汪逆精卫的不满而被日寇软禁之后，接着绥境伪蒙军队的普遍缩编与改［缩］编被实现了。这次伪蒙军队的整编情形固然我们不能深知，但李逆守信的伪一、二、三师缩编成为两个靖安守备队，和德逆的直辖部队也正在陆续改编之中，这却是事实。

这显然是敌伪之在绥远的一种暗潮，这个暗潮恰是便利我们对于伪蒙军队政治工作的开展。

必须指出：绥远战场存在着［有］一个与众不同的特点，这个特点是什么？那便是同我们作战的对象，恰是中国人而较多于日本人。尤必须指出：这些中国人不是别人，却正是今天被怀疑于日寇而给日寇改编了的伪蒙军队。

在国外和国内的革命战争已经有很多的例子，怎样争取敌人士兵，瓦解敌人的军队，这已成为达到战争之目的的必要手段。我们的抗战是正义的，是革命的，何况伪蒙军队又同为中国人，有利的条件基本存在着。

所以现在要特别加强在伪蒙军队中的我们的政治工作，不要放松机会，抓紧敌人的弱点，直向敌人的致命伤痕进攻。

《塞风》（半月刊）

陕西榆林塞风社

1939 年 4、5 期合刊（蒙古专号）

（李红权　整理）

有所望于伊盟驻军执法队者

作者不详

最近×××边区总司令部，秉承军政部的意旨在伊盟成立了一个联合性质的执法队，是的，这诚是蒙民之福！

三年来，由于伊盟在政略和战略地位上的重要，那里的驻军诚然不少。但纪律不佳，扰蒙害蒙者，却又时有所闻。

我们知道，抗战必须结合民众，尤其是蒙古民众。理由很简单，因为我们的敌人今天正在那里做分化汉蒙团结的工作。也正因为如此，所以我们必须爱蒙助蒙，乃至使敌无隙可筑〔乘〕。

《塞风》（半月刊）

陕西榆林塞风社

1939 年 4、5 期合刊（蒙古专号）

（丁冉　整理）

绥远敌区的抗战工作

——介绍绥蒙工作团

谈锋　乔力　撰

绥远自前年十月间沦于敌手，到现在已经将及一年半了，由于过去民运工作的落后，及汉蒙关系的复杂，所以在这广袤的土地上，任着敌骑的纵横、践踏，任着敌人的势力慢慢的滋长。虽然我们的政权并没有放弃，我们的游击队在不断的与敌人搏斗着，但是，这都还不够，我们要更广泛的发动民众，参加到抗日战线里来。于是，绥蒙工作团便适应着当地的艰苦环境，以一种崭新的姿态出现了。

我们知道，敌人占领绥远之后，即利用少数汉奸，组织所谓"蒙古联盟自治政府"，以统治和镇压民众，同时更实行联保制度以封锁和钳制民众。在敌人这种严重的压迫下，民众爱国情绪的高涨，需要组织、训练青年的民族意识，加强抗战胜利信心，以鼓励大批逃亡的青年参加抗战并争取伪军和汉奸的动摇。

在这种客观条件下，绥蒙工作团更〔便〕迅速的产生，顺利的开展了。

说到绥蒙工作团之前，我们不能不先说一下青年工作团，因为它是绥蒙工作团的前身：按青年工作团的成立，是在去年十二月初，组成的分子，都是绥蒙政治学校第一期毕业的学生，它的任务就是到绥远敌区内去吸收大批青年。由于它工作任务的单纯，所以组织很简单。团部设于××，在靠近工作区的地方，更设两个支部，工作员共××人。于去年十二月三日分批出发，共分成×组，视工作的需要而定多寡，每组多则×人，少则单独活动。他们分布的地区，东至××、××，西至××这一辽阔的地带。经过一个多月的工作，其动员了××个知识青年，才安然返回。这是给绥蒙工作团争取到大批的干部，奠定了后来工作的基础。

绥蒙工作团的产生，是在本年二月初，×主席召集绥蒙政治学校及工作团诸负责同志开会讨论，结果决定将青年工作团改组为绥蒙工作团，直隶于绥远省政府，于二月十一日正式成立。

绥蒙工作团，比较青年工作团更为进步了。它的组织比前更缜密，任务更重大，并且它已有明确的工作纲领公布，我们把它的工作纲领介绍在下面：

甲、工作原则：

一、本团应深切服膺三民主义，民族至上，国家第一之真义，艰苦奋斗，以期抗战必胜，建国必成。

二、本团为适应全面抗战，执行抗战建国纲领，在政府统一领导下进行工作。

三、本团工作为绥远省党政抗战工作之一部门，直接在绥远省政府领导之下进行工作。

四、本团应本扶助地方政权之原则，在同一行政系统下进行各县工作。

乙、工作内容：

一、民运方面：

A、组织民众：

1. 进行广泛的政治宣传，使绥远民众皆具抗战必胜、建国必成之坚定信念。

2. 唤醒民众使了解民众与抗战之关系，促成民众与日寇之斗争。

3. 组织农民抗日会及其他各种不同之民众抗日组织，发挥民众抗战力量，配合全民抗战，破坏敌伪统制。

4. 组织民众服务队，协助正规军、游击军以及地方行政机关担负运输给养、抬送伤兵、领路、连络、刺探敌情等工作。

5. 扶植各地方行政机关，执行各种抗日政策。

6. 发动民众与敌不合作运动，破坏敌伪经济政策、行政系统。

7. 建立各种民众自卫组织，封锁消息，铲除汉奸，协助我军作战。

B、吸取青年。（小节目〈从〉略）

C、建立联络通讯网。（小节目从略）

D、协助政府改善民生，减租减息，执行合理负担。

二、宣传方面：

A、运用各种公开的、秘密的方式，进行各种有利于我方，有害于敌方之政治宣传。

B、宣传内容。（小节目从略）

丙、工作方略：

一、建立工作网——此乃进行绥蒙工作之基础，一切工作皆由此联络发动，在工作中起组织作用，在民众中起核心作用。（小节目从略）

二、各县工作人员负责协助县政府积极发展各县人民武装自卫团。（下略）

三、运用严密的联络方法。（小节目从略）

丁、工作联系。（小节目从略）

从青年工作团，经过绥蒙工作团，一直到现在，已有四个月的历史了。在这四个月当中，他们做到了些甚么？

第一、从绥远的××、××、××等县吸收了许多青年。这一批青年都是受过相当教育的，其中以高、初中学生为最多。

第二、唤醒了一般民众的迷梦，打消了他们甘做顺民的念头，同时也坚定了他们对抗战必胜、建国必成的信念，曾有许多地方游勇领袖到××来晋谒×主席，要求加以领导。

第三、使一部分汉奸和伪军感到不安和动摇，曾有一部分伪军向我工作同志接洽投诚。

第四、经过工作同志暗中宣传后，许多壮丁要求参加我们的部队。

以上四点，我们仅能说是工作影响所及的一点反响。最可宝贵的是他们在敌人占领城市内，四个月中所得到的工作经验和教训，这是值得介绍出来，以供做敌区工作同志们的参考的：

第一、利用敌区内的同志，来作敌区工作，最为合宜。因为在地理、言语、人情上都熟习，不致被敌人查觉，其困难之点，是当地汉奸都认识。但是，假若和汉奸弄好，反可得到他们的帮助。

第二、敌人利用种种方法来封锁、牵掣敌区民众，例如实行联乡法、联保法，使我们接近民众，极不容易，只有极秘密的活动，才能不被敌人所发觉。

第三、化装去做敌区工作，是必需的。

最后我们必需指出绥蒙工作团，还是一个弱小的生命，我们目前不能向它苛求，它是一天天在进步的。我们要好好的培养它、训练它，使它的工作更广泛地开展，动员起全绥远的民众，把敌人赶出去。

《西线》（半月刊）

山西宜川第二战区文化抗敌协会西线社

1939 年 5 期

（朱宪　整理）

迎朱长官

作者不详

指导副长官朱绶光先生周内就要到榆林就职来了。本报有几点意见，诚恳地奉献给朱长官和绥蒙负责的诸位，一方表示欢迎，一方表示希望。

第一，地方自治需要指导，这是《建国大纲》上关于训政部分的重要内容之一。蒙旗地方自治，虽然具有民族问题的性质，可是往大处想，往远处想，往整个中华民族形成的前途上想，我们却是希望蒙旗地方自治成为一个暂时略带特性的内政问题，而不是永久成为一个民族问题。所以我们希望之一，是指导长官公署要以训政的精神，把蒙旗地方自治当作内政性的地方自治来看，加以指导。同时希望蒙政会方面也把指导看作训政的形式，不要认作这是民族形式的统治。这个认识是亟重要的，有关抗战，也有关建国，对于中华民族史——几十百千万年子孙都是有关系的。

第二，蒙旗地方自治，单就绥蒙这方面说，三年以来达到了什么程度？地方自治的要政之一是调查户口，究竟绥蒙有多少人口？我们是没有正确统计可看的。精神总动员是抗建第一要事，按规定全国都要在五月中完成国民月会，蒙旗又完成了没有？地方自治、新生活运动、国民经济建设到精神总动员，这一切要政都要党部、指署指导蒙旗来作，事情真是够多的了，我们希望赶快办起来，蒙旗要试着办，党部、指署要督着办。

第三，宣传为行政之母。能知然后能行。指署的宣传工作，过去在石参赞领导之下办得很好，希望要重整旗鼓接上去。

此外，指署颁布的工作大纲相当周到，我们希望能加紧实现。

《边疆通信报》（周刊）

榆林边疆通信报社

1939 年 7 期

（刘哲 整理）

反攻大树湾

作者不详

内蒙的盟旗，没有沦入敌手的，宁夏、青海不算在内，仅剩伊克昭这一盟了。

据我们知道，在所谓"蒙疆驻屯军"莲沼蕃的计划之内，对于这内蒙残存的一角，也正准备着，进行着种种的阴谋以至公开布置，如伪伊盟公署的成立，托准公路、萨准公路的完工，包大公路更是畅通无阻……而坚守大树湾实是这些计划里的战略□点。他什么日子准备完成，大树湾便成我们的胃瘤了。——自然，我们防守伊盟的实力是十分充足的，他不必乐观，我们也不必悲观；但大树湾如在敌人手中，就使不会发生多大的危险，总算是星星的野火吧？

军事当局早就认识大树湾的重要性、必争性，这从今春以来我军不断的出击，包围得它水泄不通，尤其是六日的猛攻，可以证明。我们对于这一方面的军略也是可以放心的。

但有些军事家的看法，以为不能反攻包头，便不能反攻大树湾；反攻大树湾不如守×××。我们则认为不能攻便不易守；也不要等待反攻包头，收复一块是一块。

此外我们希望指挥上不必这样客气；立功也不必客气；需要中央或西安想办法的事，大家要负责任去说，说到，十天半月便能办到的。

《边疆通信报》（周刊）

榆林边疆通信报社

1939 年 8 期

（李红权　整理）

白师长入都

大批飞机炸张家口　绥、包小鬼恐慌万分

作者不详

新×师师长白海风上月三十一日由防地来榆，该师政治部主任纪贞甫偕行，白氏日内南下入都，纪氏则仍返前方。

白师长谈

白师长对记者说："本人自去年春离开汉口，即来前方练兵参战，后奉命开驻伊盟，一年多时光均在战区。此次入都，除向总裁致敬外，并谒党政军各方述职。防地伊盟情况安定，王公、青年对于抗战建国无不积极努力，敌伪在绥、包毫无实力，断不敢向西进犯。乌审旗特王正与其弟奇司令玉山加强队伍，准备出兵抗日。特王与本人时有函□来往，交谊日为亲近。本人在榆稍事勾留，即赴西安，南下入都。"

纪主任谈

据纪主任谈："（一）上月十一日有灰白色飞机二十多架，由北而飞到包头，向西飞到五原以东，转向东飞到绥远，沿平绥路飞到张家口，投弹数十枚，损失情形不明。各城小鬼大起恐慌，

纷纷逃避，高射炮齐鸣，但未打落一架。此项飞机，如非我国者，即系苏蒙者。（二）绥远敌伪眷属均集中新城，不敢外出，因恐我游击队冲入。包头西门外一二里即为我游击队势力。（三）平绥路东段被我炸毁中断，被水冲坏，一二月内不能通车。包头物价飞涨，人心皇皇，敌伪似有逃跑模样。"

《边疆通信报》（周刊）
榆林边疆通信报社
1939 年 10 期
（丁冉　整理）

倭蒙边境冲突的剖视

孟锦华　撰

去秋张鼓峰的冲突，东夷黄狼暴跳的姿态，经北地白熊的铁爪起而猛扑，结果变成丧家之犬，完全屈服。距现在不过一年，而类似的第二次张鼓峰冲突——〔诺〕贝尔湖东南诺蒙坎事件——又发生了。此事发生于四月初，直至最近尚未终止。当初仅有小部队的冲突，后来继为剧烈的空战，最近乃继之坦克车、重炮及大队步兵的攻击。据传双方争夺者，为蒙"满"边境的呼伦西南一百六十英里之山头，现尚未经何方占领。蒙军冒猛烈之炮火严守山头西面之山脊，同时另有蒙军分为若干小队，渡越哈尔哈河前往增援坚守诺蒙坎附近之蒙军。战争之形势已转为阵地战，双方均掘壕对峙。矮〔倭〕方以蒙军现正尽力反攻，其作战计划，迄未完成，且蒙军已有苏联部队增援，并取坚决之立场，因此战事有延长势。据"关东军"当局称，苏联军队六万人，已由贝加尔湖区域（在西伯利亚东南部）开至边境之后方驻扎。当战时发生之初，倭方故意张大其词，虚伪宣传。其理由为苏蒙军越境侵犯，故不得不起而击退之，其战绩谓苏机已被击落若干，蒙军死伤若干，揆其用意，无非在制造空气，夸张自己战功，企图耸动国际听闻而已！但事实上是否蒙军之越境挑衅，实一疑问。此点关系责任问题，空言无据，不足置信。兹据《东南日报》七月十六日塔斯社十四日莫斯科电，谓苏报十四日刊载〔诺〕贝尔湖一带形势图，并附加说明，略称日"满"当局为掩饰其对于蒙古所作具有挑衅性之侵略行动起见，在其官报中武断哈勒欣河系蒙古与"满洲"在贝尔湖东部及东南部一带之界河。事实上根据正式地图，蒙古与"满洲"在该区接壤处，一向并不以哈勒欣河为界，而以哈勒欣河东库拉特乌林（译音）至诺蒙欣（译音）一线为界，中国邮政中央管理局一九一九年在北平所出版之中国地图不下四十种，其中任何一种地图，均可作为此点之明证也。蒙古之边防前哨，一向驻扎于该分界线，在此次事变开始发生以前，从未有人对于哈勒欣河以东蒙"满"界线发生争论，即日"满"方面亦从未有人提出异议。现日"满"方面武忽〔忽武〕断蒙"满"应以哈勒欣河为界，并无任何文书足资证明，可见日本军阀为掩饰其具有挑衅性之侵略行动计，故乃不得不异想天开，一味杜撰胡说，用以欺世云云。由是而观，那末倭寇之借故越境挑衅，制造新纠纷、新问题，而反诬对方越境挑衅，其非神经昏乱，亦非情报不明，盖为一种有计划的阴谋暴露。其鬼蜮伎俩实与去年张鼓峰事件同出一辙，乃是毫无疑义。

夫此次边境冲突事件之发生，适于英苏谈判正在进行及倭国是否加入德义军事同盟尚在讨论之际，故其作用不外有四：其一、当倭寇强占海南岛时，已引起英、法、美三国极大之威胁，故法国乃有积极加强越南之军事准备，菲力滨的独立问题亦有主张延缓之说，英国对星加坡及香港的军事设备，更被促于短期内的完成；到了倭寇又非法在鼓浪屿登陆后，英、美、法三国海军合作反抗的行动，益表现得具体而坚决，英法具〔俱〕有远东军事会议的召开，以防万一局势突变时的应付。因为南进政策的前途碰到暗礁，所以来一套攻苏的姿势，冀转移世界人士的视听，以缓和英美反日的空气。同时顺便的再来一套天津事件的把戏，更予英国在远东以直接的威胁，借博得极权国家的两面喝彩，所谓一举两得，不用说宣传的意义，是远在军事的意义之上！其二、因为英苏谈判正在谈得火般热的时候，这是倭国最感受威胁而最嫉忌的，万一英、苏、法三国和平阵线的建立，便使倭寇完全陷于孤立的地位，对华的侵略战争尚且掉入泥淖，无力自拔，更将如何应付北地的白熊，如果中国的怒狮又从背后跃起反扑，那只东岛黄狼势将在两面夹攻中，一命呜呼！所以为破坏英苏的联合阵线，在"满"蒙边境再制造些新纠纷，随时有酿成战争的可能性，使英国对苏远东边境的安全保证有所踌躇，甚至把远东问题划出谈判的范围之外。若更进而使英苏谈判宣告流产，自然益是东京强盗的最大愿望。其三、德义军事同盟之后，日本是否加入，其国内共分两派，一派对于增强日、义、德三国的联系是表示赞成，但受军事互助的约束，则认为可以不必。否则，一旦第二次世界大战发生，日本势将卷入漩涡，为他人的利益而牺牲一国的命运，似乎是一种危机的尝试，故踌躇而不敢决。此派中心人物为元老重臣及现内阁当局与坂垣一系的军人。另一派则以为世界既分法西斯与民主两大阵线，那末日本和德、义正是志同道合，应该毅然决定加入法西集团，缔结军事同盟，而成三位一体的侵略堡垒，以免处于孤立的地位。此派人物为极右派军人。两派各持其是，斗争甚烈，遂使平沼内阁陷于进退维谷，左右两难。所以故意造成第二次的张鼓峰事件，欲借此以统一国内纷歧的意见，而缓和极右派军人的要求胁迫，俾在不冒犯英、美、法三强之范围的与德、义成立有限制的军事同盟（所谓有限制的军事同盟，即目标用在对苏）。同时尚有一点可以值得注意的，即日本此次之挑起边境纠纷，事前与德国似有默契。因英苏的谈判，不但日本意欲破坏之，即德、义亦欲阻挠之。故一方由日本在蒙"满"边境向苏寻衅，并制造空战胜利的消息，即宣传苏联空军的无力，使英国有所过虑，而另一方面德国又有派实业使节团赴莫斯科考察之说，并欲贷苏以巨款，且先时与苏签订物物交换协定。凡此皆为阻挠英苏谈判的进行，此蛛丝马迹不无可寻者。其四、日本自对华侵略以来，速战速决既不可能，速和速结又告失败，军队死伤百万，战费消耗二百万万，经济已陷于难以支持之势，国内人民及在华士兵反战厌战的思潮更日趋于白热化；因此乃来一套对苏的"玩火"魔术，大吹大擂，以尽其造谣欺骗的能事，欲借以鼓励颓丧的民气、士气，而减低反战、厌战的气压，故其挑衅的动机在此，而其宣传的作用亦在此。吾人敢以断言，日本何尝真有挑衅的企图与能力，不果借此烟幕以投机取巧而已耳！

苏联对于倭寇挑衅的阴谋，必然是洞若观火的，但是他们的态度是那么地镇静，同时也那么地严肃。当冲突发生的时候，莫斯科当局曾举行一次重要会议，由斯太林躬任主席，各人民委员长，共产党政治会议各委员，海陆军将领以及共产党各领袖均出席参加，闻就外蒙古边境发生严重纠纷所造成之远东局势，加以研究，当即决定，由政府当局采取一必要措置，政治会议各委员并主张以坚决态度对付日本，增强外蒙驻军实力，并加紧援助中国，而苏联人民委员会主席兼外长莫洛托夫在国会且发表对日之警告曰："苏联必不容忍日军感〔或〕'满'军在苏联边界之任何挑衅行为。而蒙古人民共和国边界亦不许有挑衅行为，依据《苏蒙互助公约》，认为责任所在。"又曰："苏联根据此约，定将以同样决心保护此共和国之边界，如保护自己边界然。"观此，苏联对倭态度的坚决，日本军阀如果再不识相，还敢尝试"玩火"的把戏，那末弄巧成拙，造成比张鼓峰更严重的局势亦甚可能。同时我们更翻阅到四月中的报纸上有两则惊人的消息，其一、四月三日据上海《大晚报》载："今日香港电：外讯，外蒙军还〔连〕日调动频繁，自三月中旬以来，大批军队、辎重、驼马等，络续经库伦开往察、绥、热边境，几无日不有。据一般军事观察，外蒙军精锐部队现配置于第一线者约有二十余万，并附新式航空队、战车队及化学大队等，集中伪满边境，随时可进击日伪军，现关外战云密布，大战有一触即发之可能。"又："快讯社二日天津电：今晨此间华人方面盛传在'满洲'黑龙江与外蒙古交界之贝尔湖附近，已发生激战，满洲里形势，现甚紧张。"其二、四日《大英夜报》载："本报香港五日专电：外讯，外蒙陆军现屯集蒙边境者已逾十万，有战车四十辆，飞机百架，实力殊为强大，日伪对此甚为恐慌。"依此观察，此次诺蒙坎的冲突，当非偶然。而外蒙武装同胞予日伪以严重的打击，实为协助祖国抗战的第一声！盖外蒙自伦伤〔库伦〕至苏联亚〔西〕比利亚之乌兰吴德的一条铁路，计长六百公里，于本年三月初完成通车后，其于苏联接济祖国军火的运输上，益称便捷。这也是中国抗战前途光明的现象。但我们当愿我外蒙同胞，更进一步对日伪予以较诺蒙坎更大的打击！

《大路周刊》

浙江大路周刊社

1939 年 35、36 期合刊

（李红权　整理）

内蒙抗日运动之今昔

作者不详

　　二十五年绥远省境内蒙古各盟旗地方自治政务委员会（简称绥境蒙政会）成立，这是和德王领导的蒙政会对立的。本来德王领导的蒙政会，想整个的统治内蒙各旗，这样一划分，德王孤立了。而在幕后指使德王的牵线者——日本关东军，也感到大大的失望。后来，绥东红格尔图之役、绥北百灵庙、大庙之役，日本人不得不动，便肇因于此。绥境蒙政会委员长系伊克昭盟盟长沙克都尔扎布——沙王。这绥境蒙政会领导者，老成持重，在伊盟为盟长，当然是有地位的人，不过论其实力，也不见得怎样。绥境蒙政会之产生，是由乌、伊两盟十三旗、绥东四旗、土默特旗各旗王公总管联名电向中央请求的。乌盟盟长云王，那时已辞却盟长职而膺选为国府委员了。盟长由中公旗巴王充任，巴王年迈多病，所以绥境蒙政会委员长一职，便落到沙王肩上。去年绥远沦陷之前，绥境蒙政会各王公都回各旗躲避。平时各王公在绥垣，汽车进出，也形成一时的热闹，如今都回各旗，绥垣只留土默特总管荣祥一人，保管绥境蒙政会一颗印信而已。后来，绥、包失陷，荣祥携印信至伊盟札萨克旗交给沙王。德王到绥远后，伪组织蒙古联盟自治政府成立，乌兰察布盟六旗、绥东四旗、土默特旗皆沦陷。除土默特旗总管荣祥出走外，其余乌盟六旗、绥东四旗，完全附逆。虽然乌盟东、西公旗额王夫人巴英云、石王夫人奇俊峰，也都先后出走，可是东、西公旗附逆的还有的是。中公旗巴王、林王听说逃到龙头山，表示不与德王合作。此种消极的行为，确否尚不可知。乌盟达尔罕旗，本来〈是〉云王主持一切的，云王死后，便由他的侄子沙拉布多尔济全权操持。沙拉布多尔济爵位为贝子，所以通称为沙贝子。沙贝子因百灵庙早成为德王根据地，受德王影响最深，现在，在伪组织里出力最大，武川以北，百灵庙一带，他担任什么守备司令。云王老成深算，本来是内向心极切的，几年来受德王利用，致抑郁而终。如今沙贝子的行为，是使云王死不瞑目的。乌盟六旗是东、中、西三公旗、茂明安旗、四子部落旗、达尔罕旗。茂明安旗幅员最小，人口最少，札萨克奇王年幼，力量亦最弱。去年绥远沦陷后，他想出走，但后来未能成功。四子部落旗潘王，蠢如鹿豕，本来是一个胡涂虫，附逆在他是无所谓的。前传在绥被杀，其实不确，日人是不会杀这种无用的蠢材的。最近绥北绥远民众抗日自卫军克复乌兰花，又克复了四子部落旗王府，那是潘王住的地方，不过有些召庙、蒙古包和几所零零落落的院子，守当然不好守，游击部队如果一旦退出，放一把火烧了倒好。乌盟虽然沦陷，可是三公旗在绥西，有的地方还在游击部队手中。伊盟七旗完整，沙王近任为国府委员，现已南下就职。沙王、云王过去都是绥远省政府委员，如今先后升任国府委员，蒙古王公之膺国府委员者，云王为第一人。云王死后，又只有沙王一人而已。当绥、包沦陷后，伊克昭盟本来也是岌岌可危，不可终日，后来因为有邓宝珊将军之坐镇榆林，马占山将军之驻节伊盟，在政治上、军事上都有大的运用，才得转危为安。达拉特旗康王，因所部森盖林沁之种种罪恶，受其拖累，被拘送于西安。杭锦旗阿王，被日人挟持以去，现由其弟充任札萨克，旗政未受影响。准格尔旗东西协理奇文英、奇凤鸣二人，协助马占山、傅作义两部，抗战不遗余力。乌审旗、鄂托克旗，安靖无事。郡王旗与札萨克旗接壤之东胜，已为前方的后方，高双成部驻防警卫，近更无事。伊盟七旗情形，大致如此。伊盟安定，晋省西北及陕西均得所屏障。荣祥主持之蒙旗宣慰使署，年来在伊盟各旗，切实工作，而其所领导之蒙古民众动员委员会，在伊盟亦成为抗日中心组织。最近蒙古独立旅白海风部调防开入伊盟，这是蒙古唯一的武装抗战集团，在伊盟驻扎，对一般蒙民抗战必有良好的影响。

《中华》（月刊周报）

上海东方图书出版社

1939 年 75 期

（李红权　整理）

倭寇向我蒙古进犯

王觉源　撰

　　远在一个多月以前，若干的外国报纸，根据日本方面的宣传，遍传日本与我蒙古在满蒙边境发生冲突的消息。吾人虽信蒙倭冲突或蒙古抗日之终不可免，其时犹以为敌之宣传系另有作用，而未敢相信果有如此的遽促。直至本月二十六日塔斯社公布暴日侵略蒙古的真象，哈瓦斯、路透两社亦有莫斯科关于蒙倭冲突专电的记载，再证以二十七日以上各社之消息，不仅说明日本侵略蒙古发生空战冲突之确实，且已述及双方冲突的结果，日伪的空军已遭受严重的打击。就形势上来观察，现在双方犹在严重的状态中，国际的视线，也都集中于苏倭问题之如何发展。冲突发生的动机，是很明显的，在敌人方面是要贯彻他的侵略主张，以完成大陆政策；在我们方面是要实现全民抗战的决心，以求整个民族之生存独立；因之这种冲突发生，既不是偶然的，也毫不足为怪。事实上今后的蒙古同胞，在暴日侵略之下，也恐无安枕之日了！除非坚决的对日抗战，除非配合中原同胞来全面抗战，是不能彻底打破暴日满蒙政策的迷梦。

　　日本传统的世界政策，近年之所急欲实现者，则有下列三途：第一、日本在亚细亚大陆培植势力，欲掌握东亚之霸权，自北至南，以驱逐英、俄二国之势力；第二、日本占领满洲，将蒙古、西藏之民族、土地混为一体，而掌握其主权，此恰与君士坦丁之加里富，成为回教徒之精神的中心点，罗马法王为全加德利克教徒之主相同；第三、日本将自加姆的克至新嘉坡间东亚之海上，变为日本海，收太平洋之主权，以实际支配东洋。在这三途之中，尤以田中奏折"征服中国必先征服满蒙"的政策，成为日本世界政策的重心。日本为谋此政策的实现，先决问题，便非收得西进大陆的实际权利不可，否则将不能与俄、美争执，与英、法、荷抗衡。

"九一八"事变的发生，便是日本推行这种政策的开端，一举而占领满洲，再进而华北，以侵略华中、华南。目前满洲虽已在日本统制之下，但他对海洋的发展，已过了英、法、美列强的阻挠，而华中、华南的抗战，更给他以严重打击，使日本陷于狼狈不堪的境地，不仅再无施展侵略伎俩之可能，本身且日趋于崩溃。日寇侵略政策既不得逞于华中、华南，复受列强海上的限制，转过目标于中国之西北，专心致志于"满蒙政策"，自是必然之事。这理由也很简单：第一、侵略蒙古原是他世界政策的中心途径；第二、蒙古与伪满地域相连，军事行动比较方便；第三、蒙古地大物博，足以供给日本侵略之富源；第四、蒙古可以作为俄倭战争的缓冲，日本攻苏的军事根据地，具备以上几种理由，故日本认为侵略蒙古是绝对有利的。蒙古同胞果能认清日本的世界政策，认清日本在海洋和对我战争之失利，转变政府满蒙的阴谋，那蒙古之要被日本压迫，是决无幸免的，而蒙古之奋起抗日，自然是必要而且是非"抗"不可的。

进而言之，日本与蒙古的冲突是有历史性的，不必追求久远，自"九一八"事变发生以后，即有这种的事实存在，所以蒙倭的冲突，也不止从今日才开始。日本过去企图侵略蒙古的方策：一为利用伪组织的"兴安省"在日本关东军指挥之下，积极向外蒙袭击，不断地发生境界冲突；二则在满蒙边境树立反苏集团，企图由张北直达库伦而与伪兴安省之势力□合，而成为取得蒙古之夹攻形势，由这种进攻的方策，以企图完成一元化统制满蒙的政策，因之过去蒙伪边境的纠纷，层出不穷。但现在的情形，便不如前者之简单了。以前蒙倭的冲突，不过只在划界不明的地点，哨兵或局部的冲突而已，此次日本则深入蒙古的境内，发生多量飞机的空战；以前不过在一地偶然而发生，此次则在一地冲突达一月余之久。这完全证明此次的冲突，决不是偶然的，而是日本特为布置的局阵，姑勿论其演变如何，此次即令不致扩大，将来，日本必然是更大张旗鼓的来进攻。蒙古为将来计，目前也只有"战"，只有坚决的"抗战"，才能获得再生之路，

　　中国对日抗战，不惟是求当前民族的生存独立，亦中日旧帐总结算之时，所有中日的世仇国耻，都要在这次抗战中来洗清。现在之谈中日交涉构成中国之国耻者，类多始于甲午中日之战，而不咎其既往，其实中日之仇怨，已发端于七百余年以前，而构成于蒙古同胞的直系祖先，此固中国历史之污迹，尤为我蒙古同胞莫大的耻辱。远在西历一二七六〔四〕年（元至元十一年）之时，元世祖屡欲通日本而不得，始有屡次用兵征讨之举，至一二八一年，更发兵十余万征日本，结果不仅被日本打得大败，且将蒙古同胞所组成的军队，奴杀殆尽。据《元史·日本传》所载："……七日，日本人来战，尽死，余二三万为其虏去。九日，至八角岛，尽杀蒙古、高丽、汉人，谓新附军为唐人，不杀而奴之，阊辈是也。盖行省官议事不相下，故皆弃军归，久之，莫青与吴万五〈者〉亦逃还，十万之众，得还者三人。"元世祖蒙此奇耻大辱，随后议再出师，适因用兵于安南，亦未能竟其雪耻之愿。这种血债，染渍于中华光荣的历史，乃流传而至于今日。一个光荣伟大的民族，历史上是不容许有污点存在的，勾践不忘会稽之耻，曹沫不忘三败之辱，近之德意志更惓惓不忘欧战失败之仇，蒙古同

胞其能忘乃父乃祖之仇乎？今者，已往之世仇未雪，日本复踏入蒙古同胞发祥、祖宗坟墓之地，是可忍，孰不可忍。四十余年来——甲午战以后——之国耻当雪，七百余年之世仇当报，如此才能恢复中华民族之光荣，也才不愧为成吉思可汗之子孙。

全面抗战的意义，即人无分男女，地无分南北，凡为中国民族的国民，即有负担对日抗战的责任。蒙古同胞，系构成中华民族之一部分，参加抗战救国，自尔责不可卸。自"七七"全面抗战发动以来，关于"外蒙取消独立，出兵参加抗战"之说，时有所闻，其实并没有事实表现以慰全国同胞的热烈希望；甚至被一般人所诟病，谓"全国抗战，凡中华民族之国民，岂容有徘徊观望者"，但我们始终相信，蒙古之参加抗战，原则上是决无问题，只是时间上的关系。现在日本侵入蒙古，正是蒙古同胞答覆诟病者之时，也正是蒙古"雪耻"、"复仇"的机会到了。蒙古之存亡与整个民族之存亡，是有整个连系的绝对性；即退一万步而言，至少亦有唇亡齿寒的关切。要突破这种大时代的狂澜，也只有"民族团结"、"全民抗战"这种至高无上的武器才行。

据现在一部分人的观察，有谓：蒙倭的冲突，不过是日苏关系，张高峰事件的再演，有的说：这是日本另有作用，日本想配合轴心国家的行动，占领蒙古以威胁西伯利亚铁路，作苏倭战争的准备。两者的说法，其实都是片面的，不敢认为正确。张高峰事件，是发生于日苏边境，地理上、动机上与中国抗战都无很大关系；现在蒙倭的冲突，是发生于我国土蒙古境内的贝尔湖，与中国整个抗战的形势息息相关，是"侵略中国必先征服满蒙"政策的实现；其动机、性质与意义和张高峰事件都绝不相同。照后者说法，把蒙倭冲突完全视作俄倭的问题，日本替轴心国家作呼应，而忽略日本侵华是实、防共是虚的外交策略，乃至视蒙倭冲突，苏联是主动、蒙古是被动的一样。我们承认：自抗战以来，国际各友邦对我都有不少的物质和精神上的帮助，蒙倭冲突，苏联对于蒙古之援助是绝对有的，但如认为苏之援蒙，即为苏倭问题，那便错误了。苏倭之争，只能发生于苏倭两国之境内，倘发生于中国领土与中华民族无论某一部分的冲突，自然是中国抗战的行动。故蒙倭冲突其不能与张高峰事件同一观察，及非苏倭的直接问题，已很显明。无论现在与将来的情势如何，蒙倭冲突，将来是绝不可免的，蒙古与其将来受威胁，究不如目前图一个彻底解决，而解决的方法，便是"全面抗战"，解决的日期，便是"全民抗战胜利之日"。这是我们所不应忽视，蒙古同胞尤应有彻底地了解的。

综而言之，目前日本已展开了侵蒙的序幕，蒙古同胞为着本身利害，为着祖先的世仇国耻，为着整个民族之生存独立，只有在中央统一指挥之下来实行"全面抗战"，为目前与将来，都无有善于此者。

《民意》（周刊）

汉口民意周刊社

1939 年 81 期

（李红权　整理）

敌侵我蒙古与苏联

童蒙圣　撰

"征服中国，必先征服满蒙"，这是日寇灭亡中国的一个传统政策。自民国二十年日寇侵占我东四省以后，可以说随时都有侵犯我蒙古及西北边陲各省的可能。二十六年因芦沟桥事变而引起的中日战争，就敌寇的侵略我国的政策方面来说，这实在是一个被动的转变。因为狂妄无知的日本军阀，他根本不认识新兴中国的力量，以为中国不会有反抗的决心，满想以恫吓威逼的手段来迫使我国屈服。由于我国发动英勇的抗战，遂使日寇不及实施其既定的"征服中国，必先征服满蒙"的传统政策。然而敌人侵犯我蒙古的野心并未遏止，在日寇尚未崩溃之前，向我蒙古作孤注一掷的挑衅，并借以威胁苏联，以达到他在外交上的阴谋作用，这原是我们意料中的事。

最近两月以来，日寇对我蒙古边境的侵犯，声势颇为凶狠，并在国内外大肆宣传，借以煽动世界人士的动听，其别有用心，至为明显。就最近十天的情势来看，依据蒙苏军司令部所披露之官报，自七月六日至十二日发生之战斗中，日"满"侵略军损失极大，死二千名，伤三千五百余名，被俘二五四名。空战的结果，自五月二十八日至七月十二日止，日机被击落者达一九九架之多，足证战事是相当激烈的。虽然我们尚没有知道战事的详情，但是局势的严重，战斗形势的日渐扩展，是很可以爆发为更大的战争的。

日寇此次向我蒙古挑衅，而蒙古的地位，北部与苏维埃联邦所属西伯利亚之布里亚蒙古自治共和国、阿伊拉德自治州及外贝加尔、伊尔库次克、叶尼克三省接壤，所以日寇向我蒙边的侵犯，受其危害者不仅是蒙古，同时也□无异向苏联进攻。

为什么日寇侵犯我蒙古，就无异向苏联进攻呢？在留心日本大陆政策与日苏关系的人中，都会知道日本要征服中国，必须征服满蒙的理由，一方面是日寇征服中国的目标，除中国外尚包括苏联的东部西伯利亚——贝加尔湖以东苏联的领土；一方面要稳吞中国，必须要击败与中国西北毗邻的强劲的敌人苏联。几十年来，日本的政治野心，是要灭亡中国，而日本的军事准备，其假想之敌人则为苏联。

在日本军阀的头脑中间，可说没有人不想到与苏联作战的一天。而与苏联作战，其进攻的路线，除由伪满进攻海参威〔崴〕及赤塔等地以外，惟一的捷径与要道，便是由蒙古直捣贝加尔湖沿岸各地。因为伪满的形势，吉、黑两省北部都在苏联的包围之中，进攻不易；若由蒙古进攻，可一举而截断苏联西伯利亚的联络。日寇此次犯我蒙古边境，无论其目的是要占据蒙古的重要据点，抑准备对苏联直取攻势；在战事已经发动的今天，我蒙古固然受其危害，而苏联也未尝能被〔避〕免日寇的攻击。所以我们在报上看到有蒙苏联军的应战，其原因与真相即在于此。

日寇侵犯蒙古，苏联是一定要应战的，其在地理与军略上的理由，已如上述。同时就政治方面说，苏联的领袖斯达林曾经公开说过："如日本竟敢攻击蒙古，企图侵犯彼之独立，则余等不得不援助蒙古，一如一九二一年所为。"苏联行政首领兼外交人民委员长莫洛托夫六月一日的演说也曾提到这一点。日寇明知进犯蒙古就无异与苏联开战，难道日本军阀果有与中苏两国同时作战的力量吗？我想谁都相信日寇决无此能力。

那末日寇此次进犯蒙古的主要作用是什么呢？我以为第一个主要作用是试探苏联的态度与实力；第二个主要作用是为德意轴心作桴鼓之应。我们认为要击破日寇的阴谋毒计，其最有效的方法，第一是鼓励我们蒙古同胞积极抗战，并从速采取主动的攻势；第二，竭诚盼望苏联为保护其本身的利益与实践其诺言，应迎头痛击日寇嚣张的气势。对于日寇的狂妄宣传，我们希望苏联友邦予以实际行动的答覆。

《民意》（周刊）
汉口民意周刊社
1939 年 83 期
（刘哲　整理）

正在巩固中的大青山游击根据地

受三 撰

大青山像一条巨蟒似的横亘在绥远省的腹部，登山北望，广漠无垠，凡是水草丰美之处，都是牧畜事业的摇蓝〔篮〕。山南则原野莽莽，多是沃腴广大的田畴，这一片大好的广袤山河，在卢沟桥事变不久，就沦陷敌手了！

"我们要深入敌人的后方呀！"去年六七月间，第二战区战动总会便提出这么一个迫切需要的口号。七月二十六日，战动总会晋绥边区工作委员会，在武新宇同志的领导下从岢岚出发北征了，他们配备的武装有英勇的游击第四支队（即成中师生游击队发展起来的）。这一群祖国的战士们抱了满腔的热血，突过了敌人的封锁线，胜利的足迹终于踏上了大青山。

那时，我国正在全面的保卫大武汉，而××军××队也正在大踏步的向冀东进展，这给予我们的战士们以莫大的鼓励与兴奋！就整个战局说，他们更牵住敌人的后腿，使之不能顺利前进。就冀东说，他们一方面要起着配合作用，使冀东抗日根据地顺利的早日建立；另一方面还要来一个游击战争的比赛。——当然这里的游击战争为了主观、客观条件上的限制，进展上是不如冀东的。他们以英勇无比的姿态，足迹踏遍了卓资山、陶林、乌兰花、武川、归绥、固阳、萨拉齐等地，牵制和消灭了大量的敌人，缴到了敌人多数的枪枝、马匹，兴奋了当地民众的抗日情绪，创造了民众抗日武装。动员委员会、农救会、自卫队各样救亡团体，在乡村里都组织起来了，把凶恶的敌人限制在死的城圈内，不敢向广大的乡村施行他灭亡中华民族的屠杀掠夺政策。

十一月间，曾在乌兰花召开了附近各地的动委会代表大会，参加的有汉、蒙两方面的代表，集汉、蒙优秀儿女于一堂，济济跄跄，讨论抗日的方针，历来民族间的隔阂早已消除无余了。

在五个多月的时光中，大青山抗日游击根据地建立起来了，并且相当的巩固了。可是这一根据地的建立与巩固，并不是轻而易举的事，是用战士们的头颅热血，在不断的搏斗中发展起来的成果。他们在艰苦困难的环境中和其他游击队相配合，机动的攻克过陶林城，收复了乌兰花，夜袭过三道营……因此遭到了敌人的忌恨，于中秋节后一日，派机轰炸我游击队驻扎地大滩，轰炸时并有汉奸二人指示目标。于是他们在民众中又展开了除奸运动，于双十节纪念会上，把抓获到而且证据确凿的两个汉奸举行公审，执行枪决，激动了当地民众除奸运动的热潮。

这是十月初间的事情，敌人四路包围我绥东游击队，企图一网打尽，可是深得民众拥护的军队，是永远不会受到敌人暗算的。我游击队得信即分途绕出敌人的包围线，我动委会工作同志，也在民众中得到安全的掩护。敌人除空扑一鼻子灰扫兴而返外，又在大滩一带发生误会，自相攻击达数小时之久，死伤至百余人之多。

我军自动的放弃大武汉后，敌人的新企图是要进攻我大西北，切断我国际路线的，所以虽然经过一度的进攻失利，而对于这块心腹之患的抗日游击根据地，更要进行残酷的进攻了。十二月九日，敌人分由武川、固阳、归绥、包头、萨拉齐等地，向我绥西游击队进攻，所用兵力步、炮、骑联合有一联队之众。敌人此次进攻颇称诡密，原想以迅雷不及掩耳之手段，击溃我军主力，但我军发觉后即分别隐蔽于适当地点，等待敌人到来，即迎头痛击，前后十天中，大小战斗不下十数次。同时为配合作战互相呼应计，我绥东游击队分袭陶林、武川，绥西我军也派队分袭包头、萨拉齐等地。敌人感到后方空虚，顾此失彼，终于在二十日，恐慌万状，遗尸累累而退。

自从这次粉碎敌人的围攻后，我军已积极的打过两次胜仗。一次是在后脑包附近击溃敌兵一连，获步枪十数枝、骆驼四十余匹。一次是袭击归绥城，杀敌三十余人，捕获大汉奸二名。民运方面，除原有各地工作同志外，并增派若干工作团分向丰镇、大海滩一带开展。

我们的工作同志和武装同志在荒凉的漠北，经过五个多月的苦斗，证明了用少数具有高度政治觉悟的武装部队，深入敌人后方创立游击根据地，是完全可能的。大青山游击根据地的创立，无疑的具有他伟大的作用。在军事方面，可以控制平绥线的交通，牵制敌人进攻我大西北的兵力，扰乱敌人进攻我大西北的后方。在民族方面，则绥远境内，汉、蒙杂处，敌人正在利用历史上的民族仇恨，挑拨汉、蒙关系，实行其分离中华民族团结的毒辣政策，只要看蒙伪军的怎样叫敌人利用，便知这个问题严重到万分。我们运用正确的民族政策，在这里展开了强有力的救亡工作，是完全必要而迫切的。

英勇的祖国战士们正为了担负这个伟大的任务，在漠北寒天中，展开有力的斗争！

一月十二日，自岢岚

《西线》（半月刊）

山西宜川第二战区文化抗敌协会西线社

1939 年 1 卷 1 期

（李红权　整理）

蒙边冲突的真相与苏日关系的将来

一　蒙边冲突的真相

蒙苏和敌伪在蒙边的冲突，自五月十一日发生以来，已整整三个月了，而事实的真相，迄还是迷离恍惚，模糊不清。这都是由于敌伪的严密封锁消息，使他人不易直接探悉，所以报章披露的，尽是敌国同盟社或敌国关东军司令部夸张虚妄的宣传。而冲突另一造的蒙苏，起初却又完全采取了沉默的态度，关于冲突的消息，一点也不发表。加以地处荒徼，又属边界，那里的情形，大家原不熟习，况兼近年苏"满"的边境冲突，层见叠出，久已司空见惯，这种漠视心理，对于事件真相的认识上，也是一种障碍。但是外蒙是我们中华民国的领土，苏联是我们的友邦，抗战以来，给我们很多鼓励和帮助，至敌伪则是我们的死敌和败类。他们中间的关系如何，其关系于我们抗战前途者甚大。我们决不可含含糊糊看过去，而必须把冲突的真相弄个水落石出才好。

按冲突发生的日子，是本年五月十一日，地点在黑龙江与外蒙交界的哈尔哈河东岸诺蒙坎地方。据敌方的声明，冲突的发生，系由蒙苏军越界侵入"满"境，敌伪的行动，完全是"必需的自卫"。"自卫"原是一个美名，但近年来世界黩武国家却没有一个不是假自卫的美名以实行侵略之实，若意之吞灭阿比西尼亚和阿尔巴尼亚，德之合并捷克，以及敌之侵略我国，皆其著例。现在敌又使用老法子来对付苏联了。实则按照民国八年我国邮政地图，哈尔哈河有一部分（即诺蒙坎一带）系在外蒙境内，日方谓蒙"满"以哈尔哈河为界，显与事实不符，冲突地点既在外蒙境内，可见是敌伪先启衅，敌伪说他们的进攻，系为消灭蒙苏军的侵犯，全系一种借口。而且据路透社驻蒙"满"边境特派员六月九日电云："蒙军已有苏联部队增援，并取坚决之立场，因此战事似有延长之势……苏军在战事初起时，所以极少进展之原因，系由于交通困难，及缺乏机械化部队所至。"此一消息告诉我们二事：一为初期抵抗敌伪者仅为蒙军，苏军系后来增援；一为苏联事前并无准备，事后始调兵增援，而因交通困难及缺乏机械化部队，以致初时极少进展。果衅自苏开，则早应有所准备，何至于临时仓皇调兵增援。再次，苏联近年埋首国内建设，对外采和平政策，如非国土被侵，不至轻于启衅。九一八事变以还，苏联远东边境直接感受威胁，仍不惜委曲求全，若出卖中东铁路，若提议签订苏日不侵犯条约，原因胥由如此。及卢沟桥事变发生，日本势力向大陆深进，苏联愈感切肤之痛，然而出兵传说，虽宣传一时，终未实现。近来苏联对外关系，诚已大为改善，然而纵使英、法、苏成立协定，苏联亦不至于向日挑衅，因协定的目的是维持世界和平，自不至随便掀起战争，况在协定未成之际，自更不愿与日发生冲突，而妨碍谈判的进行。所以，这次蒙边冲突，显然是由于敌伪的挑衅。

至于这次冲突两方的损失，就空战说，估计自五月二十八日首次发生空战至八月四日，日机损失约达三百五十四架，苏蒙损失七十五架，即是日方的损失，五倍于蒙苏。虽然日关东军司令部谓自五月二十八日至七月二十八日，先后共击毁苏蒙飞机七百一十五架，那当然十九是向壁虚造的。苏联空军在国际上素负声誉，远较敌国强大，近年进步尤速。据伏罗希洛夫在苏联共产党第十八届大会的报告，苏联驱逐机每小时速度已远在五百公里以上，并有高度达一万四五千尺的轰炸机，携带炸弹的能力，已较一九三四年的二千磅［吨］，增加百分之二零八，机关枪每秒射击量较同年增加三倍。虽日本也不能不承认苏联空军的精良，其陆军省情报部所作《列强空军的现状》一文上说："由于两次的五年计划，苏联的航空机工业非常进步，驾驶员养成机关也很完备。"现有飞机数目，据说有五千至六千架（其实是八千架之谱），在远东的足有两千架。敌国伊藤少将也不能不说："苏联之极东特别军内，整备有多数最新最强之重轰炸机。"敌机无论质与量，均不足与苏联相提并论。无论飞［机］行速度、高度、机枪射击量，以至飞行员技术，都极低劣，数量亦甚有限，估计亦不过二千架，敌以质量这样贫弱的空军和基础雄厚、力量强大的苏联空军抗衡，无异以卵击石，螳臂挡车，怎不一败涂地，而倭军竟伪造胜利，伪造手段又不高明，极多离奇，不可置信。例如说六月二十七日，四十秒钟的空战，击落蒙苏飞机九十八架，即不到一秒钟，平均要击落飞机二架，又如说倭机三架与蒙苏飞机六十架作战，结果取得胜利，打落蒙苏机很多架，又如说倭机一队与蒙苏机一百六十架激战，结果击落蒙苏飞机二十六架，而倭方则损失极微。类此的消息很多，令人不可想像。所以有传"关东军新闻班长川原，已因伪造和夸大日本空军的想像的胜利报告被撤职"，不为无因。

　　诚然这次蒙边空战的规模很大，战情很烈，但陆战方面也复不弱。两方都使用大量兵力，利用最新式的武器，从事作战。据蒙苏军司令部的报告，倭方参加作战的兵力，有日本步兵二十三师团及第七师团，配有机械化第一旅，坦克车一百辆，机械化步兵联队、重野战炮第一独立联队，尚有六七个日"满"骑兵联队。

合众社消息亦谓在边境日军有三师团。苏联在前线的兵力，据日本指挥官所说，有西比利亚好机手的苏维埃第三十六师，机械化部队及蒙古骑兵四旅。两方损失，据敌关东军司令部所发表的公报，谓自冲突发生至七月二十八日，敌毁蒙苏坦克车、装甲车，及卡车五百二十辆，消灭苏炮兵七连，又有十二连遭重大打击。蒙苏军死者达三千人，俘九十人。蒙苏方面虽尚未有整个数字公布，然就其所发表的零星数字计之，则蒙苏军死者三百余人，伤者七百余人，日方死者为二千七百余人，伤者三千五百余人，被俘二百余人，即是说，敌伪死伤较蒙苏为大。我们从各方面情形加以考察，也觉敌伪损失当较蒙苏为大，并且认为哈勒欣河东岸一带地区，现在仍在蒙苏军之手，敌伪不能达到驱其渡河而西的目的。试举几个例以见一斑。据路透社驻蒙"满"边特派员七月九日电云："蒙军虽受日军之猛烈轰炸，犹能使用哈尔哈之大桥，于黑夜中由该大桥渡过增援部队四千人。记者今见卡车数辆，满载日伪伤兵由前线退下。"七月十二日路透社电云："日炮兵虽力图击毁蒙军之炮兵阵地，然迄未收效，蒙军与苏军现仍以机、步枪向哈尔哈河东岸猛击，故令前进之日军，难于立足。今日下午，苏炮兵又极趋活跃，猛轰击日军之前后方阵地，射击极为正确。"日军官野原上尉，对合众社记者谈两方实地作战情形云："苏联火力极为猛烈，大炮亦极精良，而坦克车为数尤众，步兵冲锋之时，其势甚猛，大多有坦克车五六十辆掩护作战，一阵冲锋，恍如暴风雨中之一阵巨浪。"七月二十八日合众社云："据日方可靠方面讯，日军在蒙'满'边境伤亡惨重，现在边境之日军共有三师团，最近有日军某联队，企图施用其在华之迂回战略，包围苏联军队，结果苏联以重炮猛击，致日军死伤者达三千人，苏联重炮之射击，较优于日军。"八月五日塔斯社电云："蒙苏军司令部最近发表之公报称，自七月二十六日以迄于今，蒙苏军始终坚守哈勒欣河东岸一带阵地。"合众社远东经理莫里斯（Gohn Rmarris）七月十三日海拉尔电云："当昨天我要离开海拉尔的时候，有一带十二个有上下睡铺的车厢的红十字列车，正准备离开此地，虽然日本的死伤数字，不能正式得到，我由可靠方面探知，有成千装着日军尸灰的罐子尚在海拉尔和别的地方等车运到日本去。"由这些举例看来，蒙苏军器械的精良，射击技术的准确，作战的勇敢，都远非敌伪所能比拟，无怪敌伪虽做有了重大的牺牲，仍然不能越过哈勒欣河了。

二　蒙边冲突的意义和作用

为什么倭国在对华侵略的泥足愈陷愈深，到了无术自拔的时候，反而敢于大胆向强大的苏联挑衅呢？它的原因何在？作用又是什么？我们试在这里加以分析：

一、破坏英、苏谈判　英苏谈判如果成功，无论是否包括远东在内，对于日本在远东的行动，都要发生重大影响。因为英国所最关切的问题，首先是欧洲，其次才是远东。而年来欧洲局面既极动荡不宁，开年以来，战争的危机尤为迫切，大有山雨欲来风满楼之势。虽然英、法已成立了同盟，英、波也缔结了互助协定，但是时至今日，欧洲轴心国家势力的膨胀，单靠英、法、波三个国家的力量，还是不能安定欧洲大局。必须有像苏联这么一个强大的国家加入合作，才能使欧洲集权集团与民主集团的力量比重上发生变化。而英、苏两国因为立国主义、政治制度，与夫其他种种利害关系的不同，始终未能做到密切合作的地步，从而英国也就没有充分力量去应付远东的局势。苏联也因欧洲边境未得到保障，不无西顾之忧，所以对远东，也不能有积极的行动。如果英、苏两国真能订立互助协定，无论是否包括远东在内，其所加于倭国的压力必很重大，纵然不能立刻结束了中日战争，也可使我们更迅速地取得最后胜利。倭日所以一闻英、苏举行谈判，尤其听到两国合作范围要扩大到远东的时候，就忧惶不可终日，此次蒙边挑衅，显然含有破坏英、苏谈判的作用在内。即是欲借以恫吓英国，如果把合作范围扩大到远东来，英国就有立刻参加远东战争的危险，就是合作范围只限于欧洲，而日、苏战争一起，英国在欧洲不但不能得到苏联的帮忙，反而有促使德国早日在欧洲发动战争，以与倭日东西遥相呼应的危险。然而这都是英国所恐惧而想极力避免的。英、苏谈判是开始于四月十五日，而据东京《国民新闻》的报告，倭日驻英大使重光葵曾于同月二十七日，对于英、苏合作扩大至远东的报告，提出警告。不过半月，便有蒙边冲突的发生，其间的关系，不是值得深长思吗？

二、试探苏联的军备实力　这里包含两个意思：一、最近传说德国为试探苏联的战斗力，所以促使日本发动边境冲突；二、日本对苏战争的战略上的试行，就前者说，传闻德、苏已做商务谈判，并有关于两国微妙关系的种种传说，显然地德、苏间的根本对立，未必实有其事。德国纵使为继续为国社党所统治，德、苏的冲突未必一定要发生的。英、法、苏的谈判，现尚继续进行，无论黩武国家是怎样地加以破坏离间，订有协定，想是时间的事，为期能操胜算的左券，则试探苏联的战斗力，便为一件重要的事。但德国边境不与苏联相接，最好自莫过于请日本代办。日本目前尚未加入德意军事同盟，但这没有什么关系，因为日本军阀原是主张日本加入的。其所以迟迟不加盟，一方固由于政府内部意见不一致，同时在国际上也具有一种"居奇"作用，因为倭阀看察英国外交富于妥协性，打算借暂不加盟给英国留下幻想的余地，俾由英国获得对华问题的种种让步，便利对我国作更近一步的进攻，同时并可破坏英、苏谈判。现在事实所示，已不能如日本的期待。那么，日本的加入德意军事同盟，恐怕就要实现了。如此一说，我们对于日本不惜挑起蒙边冲突，以讨好于德国的怀疑，也就可消释了。苏联武器的精良，士兵作战的能力，去年张高〔鼓〕峰事件，日阀当已有相当认识，现在再来领略一年来的进步成绩，今年特别着重空战，尤值得注意。大概是去年对于苏联空军力量的认识太浅的缘故罢？其次就日本将来对苏作战的战略试行上来说。据军事专家的观察，日本进攻苏联的途径，不外三方面：一、东方的海参崴、双城子方面；二、北方的海兰泡方面；三、西方的满洲里、赤塔方面。去年张高〔鼓〕峰事件，可说是第一方面的试探，这次的蒙边冲突，却是第三方面的试探了。并且这第三方面，可说是最重要的一方面。第一，东方和北方都系山岳地带，不能运用大兵团作战，比较以在西方大兴安岭、呼伦、满洲里一带为适当。第二，苏联境土广漠辽阔，从东方或北方进攻，比较纡缓，奏功不易。如从西方进兵，直趋贝加尔湖，可将苏联国境截为东西两半，而使西比利亚东部陷于孤立无援状态。日本大陆政策应包括攫取贝加尔以东的西比利亚地区。如从西面进兵，不是比较最便捷吗？八月六日哈瓦斯莫斯科电云：“据各观察家观察，日本之目标何在，说者不一，日本方面或欲占据哈尔哈河南岸，以为掩护海拉尔根据地之计。”似也可为我们这种观察的一种说明，所以，这次蒙边冲突，也无妨看做日倭对于西面实际情形的踏勘罢。

三、对内的作用　这次日阀在蒙边挑衅的对内作用有二：一为转移国民的视听；一为借以胁制政府的温和派，俾达到加入德意同盟的愿望。我们抗战两年，已使日阀陷于极大的烦恼，由于消耗的巨大，战区的辽阔，不能作有效的进攻，又不能实现“速和速决”，已引起日本国民的不满和怨望，纷纷指责政府。日阀为巩固其统治地位起见，不惜在蒙边挑衅，借以挟制其国民，使感于国家处境严重，为顾念大局，只好仍然忍气吞声，听受日阀的鞭策。其次，日倭内部对于加入德意同盟一事，意见原不统一：元老重臣及资本家，主张维持现状，军部则主张加入。这次日阀在蒙边挑衅，可看做日倭急进派挟制温和派之一策略，使后者觉得，以蕞尔的日本，要对抗中、苏两个大国，自非加入德意同盟不可。日来报纸已有倭国内阁里面两派冲突愈烈，并传首相平沼将辞职之讯，尤其下列消息："日本外务省因欲加强反共产国际公约所拟定之计划，仅主张就对苏联一层，与德、意成立军事同盟条约。"更足以认明我们对于日阀发动蒙边冲突的对内作用的观察的正确性，并且显已渐渐达到他们的目的了。

底下我们转个方向，从苏联这方面来说。这些年来，苏联对于日本，可谓委曲求全、隐忍退让之至。惟自去秋以来，随着时间的演进，已渐渐采取严正坚强的态度了。这次苏联对蒙边冲突，态度显然很坚定强硬，如兼外长莫洛托夫，在该国最高联席会议所发表演说，说："谈起边疆问题，目前有关系各国，似应认清，苏联政府决不能容忍日本及'满洲'军队在其边境作任何挑衅。关于蒙古边疆，吾人现在亦必须使彼等牢记此点，遵照苏联与蒙古互助公约，吾人□□给予蒙古必要之援助，以保护其边境，乃吾人之义务。对于苏联政府签订互助公约一类大事，吾人极为重视，余必须警告在加强吾人所缔结之互助公约中，吾人将保卫蒙古之边疆，一如保卫吾人本国边疆同样坚决。认清告发日本侵略蒙古，实极可笑而愚蠢，此其时矣。亦须认清一切容忍，均有限度，此其时矣。故彼等如不及时停止其军队经常再视之挑衅暴行，吾人已将此意向日本驻莫斯科大使提出警告矣。"这些话如说于冲突发生以前，世人或以为系一种外交姿态，欲以警告日阀，使毋轻于挑衅，未必予以怎样重视。今则发表于冲突发生多日之后，其分量自必加倍重大。我们应认为这是苏联坚决抵抗日本挑衅的强硬表示。

苏联的重视远东，自帝俄便已如此，列宁更说："我人的运命，乃在东方决定。"这些年的忍让政策，并非苏联对于远东的忽视，乃是因为顾虑太多。现在因国内第二个五年计划建设已告完成，军备充实强大，经济力量雄厚，外交上又不孤立，与英、法的谈判，即将成功，对美关系，也已益趋良好，据说《美苏商约》已决延长一年，美国驻苏大使，虚应了年半，最近新大使已抵任。这些国内外的良好形势，都告诉苏联无再事退让的必要。况且黩武主义者欲壑难填，惯于欺软怕硬，你越退让，它越进迫。例如希特勒合并奥地利之不足，继之以吞捷克，但捷克灭亡之后，希特勒也还得陇望蜀，于是米米〔？〕就又被他的魔手攫去了，最近但泽也在岌岌可危了。年来这些事例很多，我们也不必一一列举。苏联和中国都是身受日阀步步进迫的经验的。这是说，在策略上苏联对日本有改采强硬态度的必要。更就中苏关系言之，中国对倭抗战，固然是为了自身的生存独立，但间接却屏障了苏联。苏联是日本的死敌，敌人迟早必然要向苏联进攻。现在我抗战逾二年，消耗了敌人巨大的力量，使敌人对苏联的国力比重上大为减轻，这是中国帮助苏联的地方。据哈瓦斯七月二十九日莫斯科电云："各权威观察家均谓中国英勇抗战，成绩出人意表，日本因是未能于一九三七年秋季袭击苏联与远东边界。"可是现在敌人势力已经深入晋、绥，苏联东部成受包围的威胁，一面敌又加紧其对中国沿海的封锁，冀断绝海外交通，使我坐困。中国抗战固然不依赖外援，但苏联如不乘此倭日疲惫之际，改变过去态度，非但不智，在道义上也是说不过去的。所以，苏联于此时改采对日的强硬政策，不失为贤明的举动。

此外最近尚有苏倭关系的另一纠纷问题，这里略加申述，以为我们认识苏联对这次蒙边冲突的态度的一助。这便是关于北库页岛（北萨哈林）日商违法一案。此案起因，据倭方谓库页岛北部苏地方法院经当地苏联政府及工会的授意，判决库页岛北部煤炭公司谓一九三七、三八两年度内发给工人之各种必需物品未见发下，应分缴赔偿金三十万及四十万。又说苏联并采取无理及不人道的压迫办法，如封锁粮食、限制劳工供给等。因此倭国政府调令该国驻苏大使向苏联提出备忘录，嗣复于七月十一日提出抗议，要求苏政府停止压迫日侨。苏联当于七月二十五日覆文坚决拒绝日方所提抗议，列举种种事实，根据正式文书，以证实租户公然破坏租约与苏联法律。其末段云："外交人民委员会，拒绝日方分明毫无理由之抗议，严重警告日本政府与日租户，苏政府履行其诺言，将坚决要求日方真正遵守已缔结之条约，并在苏联领土内，忠实服从苏联法律。"据日海军部发言人称，苏联系欲趁日本对华作战及对英谈判之际，公然企图废弃关于倭国于北库页岛油权、煤权所由规定的苏倭条约。并谓："日海军极愿在北库页岛保障本国合法及合理之条约权利。"

我们欲明了苏倭两方对于日商违法案，所以特加重视，应先晓得北库页岛的实际情形。南库页岛已于日俄战争割让于日，北库页岛仍为苏有。其地盛产石油，据美国考察家的调查，谓产量尚较巴库区域为多。巴库原有苏联油库的徽号，北库页岛油产之多，概可想见。煤产亦富，硬煤及软煤的层积，达二千五百万万普得，此外又产铁和森林，这些都是日本所最感缺乏的，所以日本多年来就垂涎这个地方。及一九一八年出兵西比利亚，便实行占据，一直到一九二五年才撤退。是年签订的《苏日协定》，允与日本缔订租借合同，许以煤油及煤矿的开采权，租借期限，定为四十年至五十年。所产油、煤，不得输出或出售，只许供作该企业之设备及人员应用。北库页岛既具了这样的重要性，当苏日关系已进至现阶段，在理苏联不应因顾虑租借合同的关系，坐视该岛利源资为敌用，何况现在日商已有种种违法的事实，苏联除坚决拒绝日本的抗议外，似宜收回该岛油、煤矿的租借权。我们鉴于数月前苏联对于《苏日渔业协定》所持的坚强态度，觉得此事颇有可能。

综观苏联所以坚决抵抗日阀的挑衅，基因固本于自卫国策，也因国内外情势良好，冲突地点又系军事要地，不容忽视。此举牵住了日本大量军力于蒙"满"及苏"满"边界，并消耗了日本的强大实力，对于我国抗战自然很有帮助。

三　苏日关系的将来

总而言之，照我们的观察，日本关东军虽已作事态更大于目前事件很多倍的充分准备，然两国冲突范围似不至于扩大，这看两国的表示，也可知道。例如苏联负责人士对于苏驻日代办期美丹宁奉召返国一事，声称仅普通公务上之理由，并无特殊意义。苏联又对于所传该国飞机轰炸齐齐哈尔附近富拉尔基车站，斥为无耻的造谣。倭首相平沼于芦沟桥事〈变〉两周年纪念日，亦竭力冲淡蒙边冲突事件的重要性，这当然是有其原因的。日本军阀的首脑部，在一九三一年至一九三三年的上半年，对于进攻苏联的目标，原确定以迅雷不及掩耳的袭击，将贝加尔与东海滨省间的红军消灭，迫使苏联放弃远东区域，就如同袭占我国的东三省一样。但是现在情势已与当日不同。据德报估计，苏联在远东已配备大军六十万人，其防御设备亦极坚固，西比利亚铁道敷设双轨又早已完成，复在伯利北部的康素摩儿斯克至塔什脱敷设一北方大铁道，俾战时可以辅助或代替西比利亚铁道。关于发展远东区经济，使能自足自给，近年亦极努力。并以康素摩儿斯克为制造军用品及储藏粮食的中心，使军队给养能就地取给。因此，突然袭击歼灭红军围困远东区域的企图，就不易贯彻，日阀亦已了解及此，觉得欲攫取苏联的远东，必须进行整个颠覆苏联战争不可。这在倭日国力已因对华战争作了巨大消耗的今日，当然是做不到的。至苏联对倭政策，仍未脱自卫的阶段，自也不愿扩大冲突。但是苏联虽不愿扩大冲突，如非倭军退出蒙境，停止军事行动，似不至放弃其抵抗政策，所以，目前冲突规模似有继续下去的趋势。

上面只是从两国本身去观察，如牵连到各该国的国际关系，情形便更复杂了。我们可以说，苏倭战争决于他们各自的国际关系，而在目前的情形下，大概不至发生全面的战争。

目前英、法、苏谈判已达最后阶段，倭日军阀正在压迫国内温和派与德、意进行加盟的谈判。我们知道，倭国政治、外交早已受军阀的操纵支配，内阁阁员有不服从军阀的意见者，莫不是被排斥以去，看来这次两派的冲突，恐仍是军阀胜利，也就是说，倭国迟早恐怕要加入德意同盟。如果英、法、苏真已成立互〈助〉协定，倭亦加入德意同盟，那时的苏倭关系便要进入一个新阶段，即苏日战争是否爆发，就要看世界极权集团与民主集团间势力消长的如何而定了。

《时代精神》（月刊）

重庆时代精神月刊社

1939 年 1 卷 2 期

（朱宪　整理）

绥西前线的回回军

袁尘影　撰

不管敌人如何阴谋分化我民族的团结，铁一般的事实却证明了中华民族是不可分的。在抵抗暴敌的战线上，他们的血——不论回汉——都是流在一起，绥西前线的回回军，便是最大的明证。

二十六年十月，绥、包相继沦陷，西北门户洞开，绥西变成了岌岌可危的局面。×××军长于奉到命令后，毫不迟疑的把队伍开了上去，两年来，为了保卫大西北，保卫绥西，他们——这些回教兄弟们——尽了捍卫祖国最大的责任，不但在军事上给了敌人最大的打击，即在政治上，也给了敌人阴谋分化我民族的诡计以彻底的粉碎。

说×××军的部下完全是回回兄弟，也许有点不大周延，他们中也有汉人的，但大部分却都是回回兄弟。因了这汉人的弟兄们，生活习惯也都不知不觉相同了。这些回回弟兄们，分布在绥西前线的各个防线上，××背后、××平原，一直到×××××以东，都可见到他们驰骋的雄姿和足迹。

在西绥，老百姓管回回兄弟们叫"咱们的西军"，"西军"每到一处，修路、自己盖房子、帮助人民割麦子，他们不论驻扎到什么地方，马上会使那个地方活跃起来，由死气沉沉的城市或村庄变成朝气蓬勃的地方。"操""练"之勤，绥西前线的回回军可居首位。而长官与士卒共甘苦，更可谓"毫无二致"。××师师长，今年已经是六十多岁的人了，在全国的将领中，可以算得"长者"中的一个。他是为了抗战才出来带兵的。在他这样的年纪，本可以休息了，但他却说："为了抵抗残暴的敌人，我要拼我的老命来打击敌人。"不但如此，他住的地方就在随时有与敌人接触的××前线，自己亲手盖的一间土房住着。每天要跑几十里路，视察防线，精神矍铄，真是"老当益壮"。在××背后、×××下，他们都筑有坚固的工事。"这里虽不是铜墙铁壁，敌人要想过来，也必须付出最大的代价。"×师长常捋着胡子这样对人说。

事实上这并不是×老将军的豪语。今年四月，敌人乘攻下安北县城的余威，挟汽车百余辆，大炮数门，直冲距离××不过五六十里的××××，希图直下××，但敌人的梦想失败了，他不知道这儿有我们强硬的回回兄弟，他们沉着地抵抗敌人，最后，他们上起刺刀，冲锋了，杀声撼动了天地，敌人在强硬的打击下，终于溃退了。这都是回回兄弟们的功劳。

随着季候的变化，敌人也许要在寒冷的冬天，蠢动一下。但它的猪鼻子首先要碰到的便是我们回回弟兄们的铁棍，敌人的猪鼻子一定被打破，假如它真的妄想进犯绥西的话。

（转载十一月二十六日《新蜀报》）

《中国回教救国协会会刊》（半月刊）

重庆中国回教救国协会会刊社

1939 年 1 卷 4 期

（朱宪　整理）

绥西的游击战争

高鲁　撰

（一）绥西在保卫西北国防上的重要性

大青山像一支雄壮的大蟒横穿绥省东西，形成支持长期抗战的天然游击根据地。

绥西游击战的发展，虽然没有大青山那样有利的地形，然而在保卫大西北，坚持华北抗战的神圣任务下，又不得不成为国防上一个重要的地区。盖占有绥西，西可以屏障宁夏的受敌威胁，南可捍卫陕北，东可控制绥东及平绥路的敌人蠢动，且在坚持全绥游击战争的战略方面，大青山可以掣住敌人的后腿，若无绥西游击队，则无以棒打鬼子伸出的头。

且绥西与内蒙之伊克昭盟相毗连，敌伪扰绥以来，时刻以政治上之民族分化、利诱等阴谋施之伊盟，因而坚持与发展绥西游击战，更有着他军事和政治上的重大意义。

由于以上所述客观条件，决定了绥西在保卫西北国防上特殊之重要性。

（二）在战斗中奠定游击战的基础

自一九三七年芦沟桥烽火燃起，绥远民众在地方士绅的领导下，经过阎司令长官的合法扶植，成立了绥远民众抗日自卫军。该部第二路即驻扎绥西，因而在十月敌爪西伸时，即配合国军马占山、门炳岳战于麻池、大树湾一带，因之该部刚开始与敌接触，便带着充分的游击性，开绥西游击战之端。

客岁三月初，敌进犯东胜，伪八师长札书札布任总指挥，及日顾问翻兴新藤、铃木井田所部约六百余人，由新民堡出发，直趋东胜，当时守兵只×部一营，苦战一昼（十一日）夜，我邬支队张连及张支队部与自卫军高团，增往敌后方抄击，又苦战一昼夜，敌寇于伤亡惨重之余，仓皇败退。自绥西抗战以来，是役为最激烈之一役，不特给敌以打击，而且真正建立游击队坚强的信念。

自卫军二路乘胜便进迫达拉特旗，经过军事的压迫和政治的运用，不特达拉特旗被克复，驱敌伪于黄河北岸，而且争取许多伪军反正。达拉特旗之东西梅令，虽顽固异常，终亦觉醒，站在为祖国的阵线上，轰动一时的马子禧团长，就是这个时候反正的。这些工作自三月起直延至八月底。

自从克复达拉特旗，击溃伪军，马团反正后（其间还有王永清支部克复昭君坟之役），黄河南岸除大树湾被敌固守而为我时加围攻外，伊克昭盟遂得成为一块干净土，东自昭君坟，西至吉星潭，三百余里，均为我军防地。同时，因为我军占有达拉特旗，遂隔断包头敌伪侵袭伊盟西部各旗之路线，因而敌伪一年来对伊盟之政治分化，阴谋伎俩，毫无施展之余地。在巩固内蒙抗战壁垒上，是特别值得记述的一件事。

此外，邬青云支队四月初克复康王府，驱敌于大树湾；王永清支队之肃清包西伪军，迫近大树湾（因十一月间，敌诱惑王支队，王只是应付，敌不敢致信，遂派兵来攻，结果给敌很大打击），及二月袭击包头敌飞机场；陈秉义支队四月初袭击磴口车站；段宝珊支队五月之单打大树湾，与五倍之敌苦撑七昼夜，这是去年绥西游击战争中，比较重要的几次战斗。

到了今年，敌人因为一年来苦无进展，于一月十二日前后，攻打新城，岩田中队与伪军约五百余人，猛烈攻击我陈秉义支队，苦支四昼夜，配合八十六师×团，终将敌击溃。

由于一年来不断战斗，第一、锻炼了自己，在战斗中获得了很多的宝贵经验与教训，来发展自己与消耗、打击敌人。第二、游击队之与人民的关系，如鱼与水的关系。当初期抗战时，敌人之败我军，诚如秋风之扫枯叶，因而人民失掉信心，多事附逆！后来经过血的事实的证明，日本兵并无胜利把握，如此次新城战役后，老百姓都说："陈秉义的'土匪'（因过去以此出身，故人民现在还这样称呼）队伍，还支持四昼夜，把敌人打败，日本的败是一定的！"因而老百姓对游击队特别信任。

在战斗中获得了丰富的经验；在战斗中获得了老百姓的帮助与信任；在战斗中奠定游击战争开展的基础。

（三）绥西游击战的近况

敌人的力量，在整个绥境来说，只不过一两万人，而且多是从事休息的疲劳之军，绥西包头有敌二千余名，分驻：（1）东门外兵营及附近村庄约七百余名。（2）南海子及二里半东站约五百余〈名〉。（3）城内六百余名。托县有敌百余名，因恐我们袭击，戒备极严。

我军在绥西各部队，在量上我与敌是七：二之比，然而因为训练与武器，都还不够充足，所以一时尚不能成为绝对优势，可是小的接触小的胜利，每天都有，给敌以最大之威胁。

我们更应该注意的，是在政治上，我们因为游击战的艰苦支持，已获得胜利的基础。

事实明白的告诉我们：（1）因为敌对伪军的待遇分甲、乙、丙三等，德王军队是甲等，除饷外时有赏洋。李守信军队是乙等，仅得到饷洋。森盖等部是丙等，饷洋也不能按月得到。（2）自今年伪军之下级干部均以日、蒙人充任后，对伪一师至四师，每连派日人三名，监视极严，士兵不堪压迫。（3）年来在绥西，敌伪毫无进展，且时受我游击队袭击，对日人不敢信任，所以自旧历年到现在，伪军士兵三五成群，自动向我各游击队投诚，他们是不会忘记祖国而甘心做亡国奴的。计各部队收罗者已达四百余名之多（以自卫军×路算，即有百余名），并据最近某游击队负责者谈，驻大树湾伪军×营长，于前数日杀死日兵，率部哗变，退入后山（即乌拉山），现我方正与接洽中。

同时最近托、包敌人扬言，我军于春节前后进攻包、托等平绥沿线之据点，故特增兵各县，警戒甚严。

这些事实，不特告诉我们敌伪军内部反正情绪甚高，敌寇严加监视、分化，并充分证明我游击队在绥西坚持抗战之政治影响。

最后，要介绍的，现在正值春耕时期，自卫军等各游击支队，因均系绥西各乡壮丁，故除打击敌人外，并忙着春耕，以解决他们在更艰苦的战斗中的粮食问题。

结论是：绥西游击战到目前，虽然似平静，但已打下深入的坚固基础。

（四）绥西游击战的特殊性

（1）绥西游击队的组成分子，大都是当地的农民，在保卫家乡保卫祖国的任务下面，是特别获得当地老百姓的信任，因而不特地理熟悉，而且容易获得当地民众的掩护——在战斗最紧张时。

（2）因为自己保卫自己的家乡，所以自己买着枪支、马匹去加入游击队。

（3）正因为自己拿着枪保卫自己的家乡，所以不能和华北其他敌人后方的游击队有那样大的活动性，保守的观念相当浓厚。

（4）他处游击队多系步兵，可以自由到任何地方去完成他们所担负的使命。但绥西游击队均系骑兵，而且粮秣时常成问题，常遇沙漠，如果在人马的食粮找不到适当着落前，是不敢冒昧出击，因而增了游击队活动的特殊困难。

（5）绥西游击队素日习于骑马，且内中一部分为过去之"绿林豪杰"，故精骑善射。

（6）绥西毗连伊〈克〉昭盟，因而推动内蒙抗战的进展，成为游击队工作中一桩艰巨的工作。

（7）绥西游击队接触着的多是伪军，而且很多是互相认识——往往官长与官长之间，士兵与士兵之间，都有着密切关系，因而争取伪军反正、瓦解敌军，在目前进行的最热烈、最深刻，简直是日常的工作。

（五）应该克复〔服〕的几个弱点

（1）政治工作是革命军中的生命线。提高士兵的政治认识，坚定军队最后胜利的信念，是抗战军队必不可少的工作。然而现在绥西各游击队里建立起初步政治工作基础的，还是很少，即使有，也还做得十分不够。

（2）游击队和民众的关系，是如鱼同水，绥西军民间的关系，应该特别从政治方面着手，如政治宣传、政治动员、建立铁的纪律等……

（3）应该争取最大的主动，争取更大的胜利。

（4）在抗战利益高于一切的原则下，我们需要用政治上的方法，去消灭蒙汉两民族间存在着的某些隔阂，争取抗战最后胜利。

我们要不怕暴露自己的弱点，革命队伍是能够很勇敢的去克服自己的弱点的。记者以最大的热诚提供出来，借供参考。

《西线》（半月刊）

山西宜川第二战区文化抗敌协会西线社

1939 年 1 卷 5 期

（朱宪　整理）

诺蒙汉战地视察记

知了　撰

关于所谓诺蒙汉事件，自始至终我们只见日本方面的宣传，不但外蒙方面未得到消息，即苏联方面，除莫托洛〔洛托〕夫曾作警告日本勿再继续挑衅外，此后各方全无任何报告。而本月五日路透社自海拉尔发来一电，称"诺蒙汉一切宁静……不见任何外蒙军之影踪"，则日方宣传的所谓诺蒙汉事件，直似海市蜃楼，昙花一现。此篇《诺蒙汉〈战地〉视察记》系知君寄自哈尔滨，知君服务哈埠某报外勤记者，所谓诺蒙汉事初起后，曾随军观战，就其所记所载，亦可推断所谓诺蒙汉事件的一斑矣。

编者

一　诺蒙汉在哪里？

五月初旬，此间（哈尔滨）即传在兴安北省"满"、蒙边境，有不祥事件发生，待十一日拂晓，突传有外蒙军六百余越境，"满"、蒙战事扩大之消息，本报以机不可失，乃派记者束装就道，而记者本人亦以战地记者使命自负矣。

诺蒙汉在哪？不但读者所不知，即记者原亦摸不着头脑，原来所谓诺蒙汉系该地土语译音，有写作"诺蒙亨"与"钦门汗"者。该地系在"兴安北省"（东三省，已为日伪重划分许多省份，"兴

安北省"即属黑龙江省兴安岭北部一带——编者）海拉尔南偏西
约百八十公里，贝加尔湖东约七十公里，"满"、蒙边境哈尔哈河
东约六公里之地点，乃在戈壁砂漠的大草原地带中之蒙古人之一
小部落。

二　走向诺蒙汉

自新巴尔虎左翼旗公署，乘汽车向东南行，经凸凹砂漠，需二
小时，即可达诺蒙汉。途中有将军庙，以曾经指导蒙古独立的郭
道甫占据而有名。沿此庙地再南行六十里，即至和外蒙古地方毗
连的哈尔哈河边境一带，所谓诺蒙汉，即在此地带中。在诺蒙汉
南，又有勃尔西泰河西流入哈尔哈河，两河两岸为一丰饶之大草
原，野草繁茂，碧绿千里，为一仅有之牧畜场所。

哈尔哈河，宽三十六丈，流域的大湿地带，蜿蜒相连，有没膝
之泥泞，及随处丛生之小草，颇不易通行，人畜均难接近。据当
地驻军言，外蒙密探等，常伪装喇嘛自诺蒙汉入"满"境。

两边牧地牛马，亦常有渡河入对岸之情事，该处既成军略上重
地，严禁人民居住往来，所以牧畜事业也不允许，偶有失去的牛
马，只有任其饱食牧草后，经过数日，仍复回归。

如此在每一年中，仅一二次为游牧民足踏之部落——诺蒙汉，
注视哈尔哈河两岸，则可见两方视哨蠕蠕在动。而昔日之和平牧
畜者，今已被驱逐不见只影矣。

三　哈尔哈河观战

所属权不清之诺蒙汉，事实上已为蒙军占据年余，今次日、
"满"宣传外蒙军越境，即系用以夺回诺蒙汉的烟幕。绘声绘色的

宣传，至五月廿八日已至沸点，乃在该日拂晓，日、"满"军连合作战，计划对外蒙军作袭击姿态。记者随山县部队卧于触及砂地之际，突有炮弹炸裂于目前，此地即近于哈尔哈河与郝尔司夫河交叉之三角地带。

日、"满"部队，以第一线散开于外蒙军阵地前积线之倾斜坡丘陵，记者立于丘陵麓，颇望见对面应战之外蒙军将士，具有顽强之意气，斯时像抄〔炒〕豆的捷克机枪声音震动苍穹，子弹直掠飞于记者之头上。

当感觉此为"野炮弹"的时候，则二弹、三弹轰然一声，突如炸裂。此际积线之上，薄云迷合，澄清之风，仍习习吹拂足下之杂草，在哈尔哈河的外蒙军阵内，施以猛烈之炮火，立予回击，硝烟弹雨，地震如开烈〔裂〕，记者殊有狂乱之心情。

秫〔积〕线下有装甲车共约八辆向外蒙军前进，对方炮口立时吐火，初弹虽未命中，但其外一弹则立中先头之一辆，天盖揭开，遂喷火而颠覆。其余几辆乃转换方像〔向〕，以避免炮火，随向□□□。十时后，于战场上空千米，展开空战，虽间有一机二机，失事喷烟回旋降下，但殊难确定属于任何方面。至午后二时，日、"满"军进至哈尔哈河、霍尔斯天河合流点，而外蒙军似为避免重大牺牲，乃由诺洛高地附近渡河点退去，所谓诺蒙汉战况也就告一段落。

此时记者汗流口渴，只见五月如炽之太阳，高悬毫无树木之战场，双方战士之死尸混杂于秫〔积〕线之顶，而足下断崖之下，即为哈尔哈河黑水横流。集中世界视听之哈尔哈河，仍不停的呜咽流〔吉〕去。

诺蒙汉虽重落日、"满"军手，但日、"满"军也决未有再前进的模样，而日夜放心不下的是外蒙军会否取报复手段，再演张鼓峰的故事。

四　回到哈尔滨——看量〔景〕不如听景

　　记者在战事告一段落后，即照原路回哈尔滨。此时市内各报章、影院，大肆宣扬关于哈尔哈河战事："外蒙军遗尸两千，毁机六十二架……"绘声绘色，使记者目为之玄〔眩〕。"看景不如听景"，记者深悔此行之无谓矣！

《新时代》（半月刊）
上海新时代半月刊社
1939 年 1 卷 6 期
（朱宪　整理）

包头滩上的英雄

令德　撰

一　绥远健儿为保卫家乡而流血

榆林通讯：包头滩上，伊盟东部，和包头县城仅有一河之隔。这里，除大树湾一带少数几个村庄为敌伪据点外，其余都系我游击支队活跃的地方。伊东游击司令张××，是高××将军部下的一个老成练达极有作战经验的团长，他指挥着几个游击支队。在这里还有绥远民众抗日同盟军。所有在包头滩上的我们的战士，不论绥民抗日同盟军或游击支队，都是绥远健儿，他们两年来为保卫家乡而流血，洗净了包头滩上敌人给我们的污迹。

黄河天险，隔不断也阻碍不了我们战士们渡河的袭击。包头城内，磴口，毕德齐，察素齐几处绥包路车站，萨拉齐县城，不断的有我游击队的冲入，敌人对包头滩上的我军，恨得不得了，但却奈何不得。

二　袭击包头敌机场

是夏历年关前数日，王××游击支队先派一个弟兄在包头城南飞机场侦察了三夜，他认清了机场周围铁丝网的路线，知道敌人每夜只有一个哨兵，最后听到睡觉的号声。他在机场住了三夜，一切都明白了，第四天夜里便同五十多人袭击机场。走到哨兵身旁，在他发怔的一刹那，手枪已迫在他脑际结果了他，枪声也没有。打开飞机库，空的，没有一架飞机。烧汽油也未成功，因为钢筒作了保护。守护的敌兵在屋子里酣睡，窗户都用钢板保护着。在电灯光下，看见敌人熟睡的模样，打开门窗很易。急坏了我们的战士，好容易打开一间屋子，打死四个小敌。这时候乱了，所有的小敌都醒来，我们的弟兄抢了二十多支枪，还获得了机关枪，一个弟兄抢到五支大枪，又拿了一挺轻机关枪。敌人冲出来了，机关枪射击得那么稠密。他也从侧面放射机关枪，一下子不知打死多少小敌，但小敌不敢出来了。我们五十多个英勇的战士，一个也未受损害，安安全全退出来。附近驻的敌人，都不敢出来，我们战士拿上夺获的枪械过河，又回到包头滩上。

像这样袭击敌机场的事，包头滩上我们的战士，几乎当做家常便饭，开玩笑似的就这么干了。他们目的在杀小敌开心，夺获小敌的枪，再打小敌。

三　新城东大社之役

这样闹得敌人受不住了。老百姓都说小敌怕包头滩上的游击队。为保持"皇军"的荣誉，小敌便有新城的侵袭。新城在绥包路磴口之南，和铁路隔一道黄河。那里是萨拉齐县的村庄，又叫东大社。

二百多小敌，一团伪军，整整把新城攻了三天，我们的骑步兵分别在战壕扼守着。新城是一个小的围堡，城墙上我们有几个好射手。距城外半里，是我们的战壕，骑兵里也有几位好射手。三天功夫，敌人发炮一千余发，战壕毫未受损，城墙上的射手，也还有掩护的地方。敌人走到近距离内，我们的好射手才放枪，一放枪便打死敌人的，所以三天功夫，敌人冲不上来。后来敌人的炮火更加猛烈，新城的城差不多都摧毁了，我们的步兵阵地也被敌人突破。英勇的我们的士兵，他们不放枪了，等到敌兵走近战壕，便投掷手溜弹，最后敌人迫近战壕，只有白刃战了，结果为避免牺牲，只得且战且退，从交通沟里安全退出，但是损失很小。

四　陈队长一怒反攻

这样敌人便占据了新城。新城有一个天主教堂，比国神甫，一个二十多岁的人，来中国不到半年多。他会讲日本语，自信日本人是不会为难他的。所以日兵一进城，他便走到教堂门口，准备迎接，可惜他的日本话还没有施展，便被敌兵一枪打死了。后来教堂和包头的日人交涉，日人说："皇军根本未进新城。"教堂又把日兵的一顶钢盔拿去作证，日人说是遗弃了的帽子，随便拾来作证，不足为凭。教堂对这种无赖的态度，也没有办法。

陈××队长由新城退下来以后，气得不得了。于是更进行反攻。陈××队长手提自来得，带上他的部下，从侧面一气冲上去。这几乎是突兀的举动，竟夺获了四门炮和几挺机关枪，另一部冲向敌步兵后面的敌骑兵。那里有二十多个敌骑兵和一辆装甲车，一下子都向黄河奔去，踏冰企图渡河，不想竟悉数踏破冰掉到河里去了。

包头滩上游击支队，他们对于械弹，大多实行前方补充。去年王××支队，第一次夺获敌人几万发子弹。最近他们仍不断地做这种工作。

——载自香港《大公报》

《福建导报》（半月刊）

泉州福建导报社

1939 年 1 卷 18 期

（李红权　整理）

诺蒙汉越境冲突事件

作者不详

"满"蒙和"满"苏国境的纠纷和冲突，由来很久，去年八月间的张鼓峰事件，而今的诺蒙汗事件，是比较大规模的，而且也含有微妙的作用。然而这两次事件，苏俄无论在军事上和政治上，都暴露出不可掩蔽的弱点，自然在冲突的当时所受生命和物质的损失，也是极为重大的。

吾人于讨论此次事件之前，先一论诺蒙汗的地位、形势。诺蒙汗位于海拉尔西南约百八十公里，贝加尔湖东方约七十公里，"满"蒙国境哈尔哈阿〔河〕东约十六公里的地带。该地为一接连大戈壁沙漠的广大草原地带，是荒凉沙漠里面的一片湿土，有贺尔斯泰河流注其间，所以牧草极为繁茂，早成为蒙古人最垂涎的所在。这对于此次事件的爆发原因的说明，是有很大的启示的。

因为外蒙古是苏俄的变相领土，所以诺蒙汗不法越境事件，首先可以说是赤色帝国主义侵略东亚大陆的侵略行为。从战斗中判明有苏联的飞机，有苏联的驾驶员和指挥将校，这愈益证明了，在外蒙军的背后，苏联实扮演着主使操纵作用。至于苏联为什么要发动这种冒险的侵略行动，特别是在去岁张鼓峰事件遭受失败以后，又来二次发动这种冒险的行动呢？第一，苏联欲借此种举动，以镇压外蒙的喇嘛；第二，借此次转向国民的视线，而隐蔽国内的肃清运动；第三，在英、法、苏三国同盟交涉声中企图作一种远东国境感受威胁的表示；第四，为基于中苏密约，作防〔妨〕碍日军作战的牵制行动，以协助党府的长期抗战。然无论其阴谋的真意所在若何，但其弱点，在失败中又暴露无遗了。同时，日"满"军的铁壁防卫阵，却显示全世界了。至于这一事件的演变前途，日"满"当局正在严密监视中，我们相信，日"满"基于共同防卫的立场是不难使苏满〔蒙〕的野心敛迹的。

《青年》（月刊）

北平新民会首都指导部

1939 年 1 卷 24 期

（李红权　整理）

日苏签订诺蒙亨停战协定

秋涛　撰

正当欧洲帝国主义的掠夺战争剧烈地进行，许多人都把苏联看作欧战中一个巨谜的时候，突然苏联与日本十六日在莫斯科签订了《日"满"苏蒙边界军队停止敌对行动协定》，并公布了正文四条：一、日、"满"军及苏、蒙军，于九月十六日莫斯科时间二时，停止一切敌对行动；二、日、"满"军及苏、蒙军，各自留驻于九月十五日莫斯科时间十二时原占领阵线；三、当地双方军队代表立即将本协定第一、第二两条付诸实施；四、双方战事俘虏及死尸，应进行交换，关于此事，当地双方代表应立即商同执行。此外东乡与莫洛托夫会谈之结果，双方并同意苏蒙、日"满"两方各派代表二人，于可能最早时间成立一委员会，以便在最近发生冲突地带，勘定蒙古人民共和国与"满洲国"之确切边界，委员会成立后立即开始工作。

这个蒙边停战协定的签订，照上列条文看来，原不是一件骇人听闻的怪事，然而有许多神经过敏的人，却自相惊扰起来，说苏联所以愿将拖延五阅月之蒙边敌对状况予以结束者，是为了积极过问欧洲事件者有之；说苏联与日妥协将不利于中国者有之；说苏联变成了侵略者的盟友者亦有之。因此众说纷纭，莫衷一是，使一般人都目迷神惘起来。

其实吾人对于这一停战协定的签订，首先应该认清这是日本继去年张鼓峰事件之后对苏联的第二次屈服。

日军自从倾其全力侵略中国以来，虽然中国失去几个重镇，但是抗战的决心和力量，反更加加强，粉碎了她"速战速决"的迷梦，使她深陷于泥淖之中，不得不感到苦闷了。日军要解决对华战略政策失败的苦闷，只有来一次更大的冒险，就是向别的远东国家挑衅。这别的远东国家是谁，她本来早就选定了。她的大陆政策，按照预定的步骤，是首先占领满蒙，其次征服中国，然后进攻苏联。当征服中国的企图，遭到失败时，自然只有扩大范围，向苏联进攻，至少向苏联来几次诈吓。她向来以东方反共的先锋自命，所以只有向苏联挑衅，才能对内缓和人民反战的情绪，对外博得帝国主义国家的好感，并且掩护了在中国作战的失败。

因此，当去年台儿庄战役，坂垣师团遭了重大损失之后，关东军军部为了要掩盖这一次日本历史上空前未有的失败，为了要保持在国内的荣誉和特权，就开始准备来一次更大的冒险，到了当年七月间，便爆发了张鼓峰事件。这所谓张鼓峰事件，显然是对于苏联的公开武力挑衅，目的是想用反苏的姿态，来促使国际共同调停，而结束中日战争，把她从深陷的泥淖中挽救起来。

关东军部预期这一诈吓，一定会得到成功。她估计苏联为了要保持和平，会有相当的让步，即使不让步，她估计关东军攻其不备，一定先得打一个胜仗，再讲条件议和。此外她更估计德、意两国，一定会根据《反共协定》帮助她牵制苏联。可是结果这些估计都变成了幻梦，当关东军开始侵入苏境，苏联边境英勇的红军便给了她一个迎头痛击，非但使她的诈吓完全失败，而且还要向苏联屈服，赔不是下场。

张鼓峰事件给予日军的教训，虽然很大，可是却未能泯除日本法西斯军人脑中"日苏战争不可避免，苏联是日本大陆政策中所必当消灭的对象"的观念。因此在张鼓峰事件解决未久，今年五月初，日军又捏造原因，开始攻夺诺蒙亨，向苏、蒙挑衅了。

日本这次发动攻夺诺蒙亨，在当时国际环境中，大概有几个用意：一、企图借反苏以诱英国，避免英、苏谈判的真正成功，以及把互助范围推及远东；二、鼓励希特勒在欧洲积极前进；三、因其军事、外交都遭顿挫而企图借以刺激国内的民心；四、夸张其战斗力，以迷惑国际诸资本主义国家。但在这事件发生以后，苏联外交人民委员长莫洛托夫，首先便警告日本说："日本此时最好抛弃在苏联和外蒙边界时作挑衅的越界行为，应知苏联必不容忍日伪或伪满军在苏联和外蒙边界的任何挑衅行为。因为苏联和外蒙订有互助公约，认为责任所在，须对外蒙给予任何必要援助，以保护其边界，和保护自己边界一样。"并斥日本对外蒙所发"侵略日本"的责言，认为荒唐可笑。

苏联为了履行其对外蒙互助的义务，自日本发动攻夺诺蒙亨开始之时，便毫不迟疑地和上次张鼓峰事件发生时一样，给予日军以迎头痛击。这次日军在其遭受不断损兵折将的重大打击之下，自己很明白，再这样下去，就要使她仅有的一点实力在此消耗。今年七月间，美联社的东京电讯已透露了日本对苏让步的准备："所谓'满洲国'发言人已宣称准备与苏联谈判边境冲突事件，并接受蒙古方面任何划界之建议。"从这电讯看来，日本第二次向苏联屈服求和，已是早有成竹在胸，这次停战协定的签订，自然不是什么惊人的创举了。

日本既然早已准备向苏联让步，那末为什么这个停战协定延缓到现在才签订呢？而苏联又为什么在今日国际形势下接受日本的要求呢？

首先我们应该注意，日本阿部信行出组内阁以后，她为了打开从德、苏协定签订以后日本外交上的孤立局面，和挽救对华侵略战争的最后失败，所以不得不重新确立她的对外政策。阿部在宣布他施政方针时，在外交方面便是提出了"图谋国际环境之调整"的口号。他本来是企图趁着欧战的爆发，英国在远东的退让，重圆"英日同盟"的旧梦，再经过"英日同盟"来缓和对美的关系，以遂行她迫使中国屈膝的阴谋。可是现在远东的形势，却不容许她这样做了：（一）中国坚持抗战，积极争取外交上的主动性，已使得英国压迫中国屈服，牺牲中国利益的企图不可能实现了。（二）美国在远东为了维持自己的利益，和部分继承英、法的利益，因此不得不采取比较积极的政策，来对抗日本。（三）日本本身政治、经济危机的日益严重，促使她一方面必须迅速结束中日战争，另方面则仍想继续把英、美、法在华的利益全部排挤出去，以形成她独占的地位。

因此在这样一种新的情况之下，日本便转而采取所谓"独立自主的外交政策"，准备用独占殖民地的方式一味蛮干，来打开她目前的困境。对苏停战协定的签订，就表现了她为了达到积极排斥英、美，和独占中国的企图，便不惜再一次对苏屈服，来缓和相互间的冲突，这就是日本所以签订停战协定的真正用意。至于说，她想在政治上支持中国的投降派，散布苏联放弃援华运动的空气，那不过是她整个政策中另一种副作用就是了。

在苏联方面讲，诺蒙亨战事的挑衅者本来是日本，她现在既然承认错了，那末根据苏联的基本对外政策，她当然没有理由对日本这个要求，加以拒绝，何况这个停战协定对苏联、对中国还有更重的意义呢！（一）她已揭破了又一个"反共"的幌子，告诉英、美他们要保护自己的利益，还得用实力来制裁日本，希望留着"反共"的空隙，来缓和对日的矛盾，那是靠不住的。（二）因此，它从加深了英、美对日的矛盾中间，帮助中国阻止了英国把调停中日战争，作为英、日妥协代价的企图。（三）它使得苏联更可以摆脱其他帝国主义国家的牵制，在中国坚持抗战的条件之下，来更积极的援助中国。

根据以上各点看来，这次日苏停战协定的签订，所给予远东的影响必然是日与英、美之间的矛盾加深，日本必将进一步侵犯英、美在远东的利益。这几天来日陆军激烈派机关报的论调，咸一致向美国进攻，甚至提出假使美国不改变他的反日态度，日本便不惜用武力来对付美国的恫吓。而美国呢，从她增强远东实力，增派军队来沪以及派遣战斗机队飞航菲岛，赫脱海军司令再度来沪，概可看出她对远东利益维护的意向。

至于说日苏停战协定之签订，今后必将影响中苏邦交，这种猜疑，从前面的分析，我们也可以认为是过虑。而且从基本上，我们应该了解，苏联帮助中国，是不可能用对日冲突的方式来进行的。最近中苏文化协会欢迎苏联驻华新大使席上，中苏双面所表现的热烈情感，也可以看出今后中苏邦交更趋密切的情形来。

但是有一点，我们不能不注意的，就是今后日本对华战争必定会乘欧战机会，进行她新的阴谋，利用傀儡，加紧政治上的进攻，企图结束战争。所以在这时候，我们必须要加倍的努力反对投降，坚持抗战。蒋总裁最近所明白而坚决声明的，无论国际形势如何变化，中国决抗战到底，和新近闭幕的四届国民参政会，一致坚持抗战的国策，这就是每一个国人应该遵循的努力途径。只有在中国本身坚持不妥协的条件之下，国际的援助才是可靠的。

《职业生活》（周刊）

上海职业生活社

1939 年 1 卷第 23 期

（李红权 整理）

大青山根据地是怎样建立起来的

小林　撰

像一柄犀利的白刃，突然深深投插在那魔爪的腕胫右侧，不但钉住了它向我大西北的伸展，而且击碎了它痛败我汉、满〔蒙〕关系的毒策。这是中华英勇卓绝的青年男儿，穿过重重封锁，远涉塞外，在那寒天荒漠千辛万苦中建立起来的大青山根据地。

大家曾经听到过成城中学的"学生游击队"吧。一九三七的"双十"，百多个热血无畏的孩子，为着祖国的危难，毅然武装了自己——成中义勇队。十一月太原城陷，他们便深夜荷背着沉重的枪弹、行囊，团结着清源东圩村二百多个农民，正式大踏步走上民族革命斗争的战场了。他们曾被一个旧军官赵某"俘虏"过，可是有两团忠勇的弟兄，反而随着他们——随着正义，脱离那个阴谋了。他们在吕梁山脉里，曾不断地锻炼自己和组训大众；曾两次参加保卫晋西北的战争，与敌人英勇地搏斗；曾破获大汉奸，扫清了河偏［?］的阴谋；在一九三八年的七月二十六日，他们（已改编为×区保安司令部的四支队）和武新宇同志领导的山西民族革命战争战地总动员委员会晋绥边区工作委员会七十几位同志，起程北行，深入敌后，开创那伟大艰苦的事业。

同时，××军的×支队已先行抵绥东近晋北的"满汉山"。四支队及战动会继之越过敌人雁北数重封锁线前进，敌寇得讯，出动了五千余人，多方截击压迫，但终于不可阻挠，我们坚毅的孩子们进抵大青山了。那是九月二十一日的事情。

在那辽阔荒疏的寒漠中，日寇早已使用欺骗、威胁的手段，组织起伪蒙古联盟自治政府和无数伪蒙骑军，即是山沟僻野，也有了"协助员"的活动：缩划乡村、收税、鱼肉欺凌，尤其是暗中怂恿盗匪肆虐；人民涂炭，不堪言状，而且到处弥漫着悲观绝望的空气（敌伪宣传，中国抗战的能力只有两架破飞机了）。当他们骤到那儿时，村民以为又是某独立队（匪军）来了，便惶惶如惊弓之鸟，丢下黄黄的莜麦，逃避一空。他们到目的地后第一件工作是宣传解释，说服村民回家，同时用武力扫除敌伪爪牙；并配合着×支队，攻打陶林，袭击三道营，收复乌兰花（后来自动退出）……于是"路×"（民众这样称呼××军的支队）及"运动会"（民众称动委会）之名振闻遐迩。动委会同志在这些胜利影响下，迅速地展开工作，首先建立武川三区的第一区委会，继之武川五区、陶林三区……十一月间在乌兰花某区召开动委会各地代表大会，参加者有驻军十三团、当地汉人各阶层、蒙古喇嘛……融融泄泄，盛极一时。后复西越武绥汽车道，建立固阳、萨拉齐、武西各区动委会。又当经"满汉山"时，曾留下同志，设绥东办事处，在凉城一带工作，后复加派干部协助，乃成立归凉动委会。共计×××个区委会×县委会×办事处，包含归绥三角，东西以武十区为中心，自固阳至陶林，凡六七百里，南北大青山至满汉山百余里。

现在，动委会的威信，在民众中是很高的，当做他们自己的政权（武东的乔主任，被他们称为乔县长），一切的纠纷，都寻到他们的"运动会"处去求解决。当初，他们去绥北途中，在雁北受着敌人的阻挠，将所有物件均遗弃"观音堂"，抵大青山时，每人只一件单衣，遇大雪，于是不得不首先尽力作物质动员，皮帽、皮衣、皮裤、毛袜、毡靴……不到二月，两千余人（四支队动委会×支队……）每人均是一身毛了；动员的款项，将近五万元，存粮可供一万多的驻军食用。因为这种特殊情形，使得组织民众工作迟延一时（当时有人谣谓动委会八大任务是动员钱、粮、皮、毛……最后是拔兵）。现在农救已广泛地展开了，村区各级均已成立；青救也已成立，但是比较薄弱，许多知识青年，大都恋家，不愿上山；武装组织，初曾成立游击队六队，后以干部不够分配，即编归支队；现各区均有特务队，多则××〈人〉，少则××人，共×××人，枪支半之。

这一根据地是具有其特别艰难的条件，及许多复杂的问题：

1. 地域荒阔，而我活动范围狭小，既不利大兵团的使用（以此×支队在去年腊月转移他地），复不能建立固定的根据地。去年十月，敌四路围攻我武东根据地大滩，我支队及动委会工作同志，在民众掩护之下，从从容容的分途绕出（既不能过早，亦不能过迟），敌自相误击，死伤百余。武西我根据地，于十二月初，亦遭归绥、包头、固阳、武川等处敌分进合击，我巧妙应战，复以绥东游击队配合分袭陶林、武川、绥西，进袭包头、萨拉齐，混战十余日，敌终狼狈败退。像这样的围攻，是时时刻刻遭受得到的，虽然每次总是轻悄绕脱，反是敌人吃亏；可是这样激剧的流动性，使得民运工作颇为困难（甚至后来连一架小油印机也没法使用），想召集一次较广的代表大会，常因为敌人进攻的消息而延期，终至流产。又，到如今不能集中干部训练。现在，敌在固阳、武川、陶林之间设三据点，更使我们的工作困难，我们缺乏重武器，很难攻克他们，只能紧紧把他们裹在城堡里，不使出来活动。

2. 这根据地远处边疆，势成孤立，简直得不着接济，尤其是子弹，去年带去的快用罄了，却完全得不着补充，使得他们不敢随便作战，成为非常的苦恼。但这里却也能遥遥与雁北、大同及冀东的×支队起着配合作用；且这里毗邻外蒙，快马越日可达，到将来的某一天，是有着重大意义的。

3. 这里土地辽阔，人口稀疏，生活较易，故群众斗争性低。地主经营，十顷、二十顷田地的地主，在春耕秋收时，便常雇佣百余个雇工，到农闲时便纷然散去，这种流动性使得群众工作异常难做。这儿文化自然是非常落后，以前也没有丝毫工作基础；而且"口外"居民对"口内"来的人，存着一种排挤的心理，但这些困难都渐渐在被克服之中。

4. 土匪问题，是这根据地最麻烦的一件事，多而横暴，常有所谓"独立队"的大股匪，肆扰乡里，无恶不作，"请财神"，使用极残酷的刑罚，特别是奸淫掳掠，常见一牛车一牛车拉走四五十个女人。这不仅破坏社会安宁，直接予民众以不堪的残害，而且大大转移民众对敌伪的仇恨，增长悲观失望的气氛，给敌人以统治的便利，所以敌人对土匪是极力暗中放纵着的（但我们一施剿击时，敌人也佯为攻打，以取悦民众）。

土匪产生的原因，主要的是经济的。此地每一个地主常拥有流动性的雇工一百至三百余人，农忙时，工资虽颇丰富，但地主常用吃喝嫖赌、大烟等方法将其剥削净尽，到散工时，便又穷得一钱没有了，染着嗜好的人于是便挺而走险了。加以政治的统治异常松懈，而且此地自昔为充军之处，流徙来许多恶徒，而外面许多亡命者，也以此作藏身之薮，于是便蔚成这盗贼如毛的世界了。

我们的工作者对于这一问题的处理是十分辣手的。剿打不能过烈，会引起强大的仇恨与对立，增加我们的麻烦，反予敌人可乘之隙，而且这根本上就不能清除他们；但也不能不理，否则不能开展工作，并失掉民众的信仰。收编的方法，也尝施用过，可是土匪的特点是，恶习特别深、警觉性高、团结紧、坏领导强（"拜把"，自首领"大哥"一直到最下层"老么"），既不能一时彻底训练好，又不敢调动其中恶劣分子，予以重新组织；而他们的消费是异常奢大的，特别是每人都有大烟嗜好，一月耗费万元以上的数目，是无论如何担负不起来的。于是他们既不能很好的从事抗战工作，又不能满足欲望，结果，每遇到敌人围攻时，便被几个坏分子唆弄拖跑了。有一次收编一队颇大的股匪，费了数月的功夫去训练，已略有成效，可是他们终于以去平川敌区打游击、扩大武力为辞，而只得任其拖去（但保持联系，不予以名义）。所以目前较妥当的办法，是用各种说服与威压的方式，争取到互不侵犯的形势，并尽量使其深入敌区活动，既保障了本地人民的平静，又多少能予敌人以损害（当他们被逼不得已时，也允许有条件的到山上暂避）。他们大都不为敌人利用，但也不能勇敢袭击敌人，因为他们是害怕牺牲的。

5. 蒙人问题。这一带地方大都属于蒙人，汉人移殖过去，租用其土地垦发，故现在汉、蒙杂处，许多蒙人差不多已经汉化了。但是由于日人的离间挑拨与我过去的政府处理不甚得当，致使这儿的蒙汉关系成为非常纠纷的问题。后来敌人用威力、阴谋及"蒙古人的天下"这些欺骗的口号，组织"蒙古联盟自治政府"，及其十余个伪蒙骑军，供其驱使。现在德王等日益明白自己傀儡的地位，一切都操持在日人顾问的手里，甚至德王欲成立自己小小的卫队亦不可能；最近更缩编伪蒙军二千余人，又将"蒙古自治政府"强令属于北平的伪临时政府，愈使蒙人无论上下层均日趋觉悟。尤以年青的乌蒙〔盟〕四子王、昔曾为民族英雄的达密苏德伦（现为伪七师师长）等，暗中均异常同情中国的抗战，因此在动委会正确的政策与努力工作之下，对这问题获得很好的效果。帮助蒙古王公征收地租、水草钱（很微的数目），以蒙古工作同志及谙蒙语的深入蒙人中宣传教育……与他们取得非常好的联系，甚至蒙人亦派代表参加动委会。日军经常驻绥蒙的在一师团以下，其余均是德王、李守信等的伪蒙骑军，他们受着敌人很厉害的凌压，因此与我们有着颇深的同情及联络，并常常尽着掩护的作用（有一次敌寇驱使着伪蒙军进攻武东区，到达某大山麓，蒙军坚持不愿爬山，相持八个多钟头，终于气得日人自己狼狈地爬上去……又有一次，日人令伪蒙某军进袭我某地，该蒙军向日人提出三个先决条件：1.不许派日人来监视；2.不计胜败；3.……）。

6. 伪政权及伪军问题。被迫作奸伪的中国同胞，常是更加同情和帮助我们的工作，以往的事实很多。陶林城在从前，我们可以武装安然进出，内面的伪市长、警察为我们掩护着，后来竟因此被日人撤换；某警署长（东北人）曾为泅醉寇兵侮辱，威胁他背负着寇兵上车站，于是愤而与我方取得联络，作了许多工作；武东某敌据点的镇长，常以彼名义为我购买电池、真空管等物品……总之，我们许多工作是在伪政权上层的掩护之下进行的。但我方常有年青气盛的工作同志，不能保守秘密，暴露了一些关系，使这种工作受些影响。至于伪军，反正的情绪更强，一年来，哗变过来的已有若干次了。最近一次，在陶林三区我发现了一敌伪侦探，予以说服，仍释放回去，后来他竟率陶林保安队数十人反正，继之追者数十人亦自动附归。但我方对于这一问题是也有种种不得已的困难——给养与训练的困难（伪军的生活比较优越，其中也有许多"兵痞"及"瘾客"。我干部的缺少和流动性，使得每次训练不易顺利完成），故除非在下列情形中：A、士兵、群众受压迫至不能忍耐时；B、关系或工作不慎暴露时；C、需要其在某役中作内应时，是不允许正式实现反正的。

7. 教会问题。这儿的天主教会甚多，而且多是有势力的地主（八国联军之役，凡教友均偿以地产）。在挪威、瑞典教士领导之下，具备有颇强的自卫武力与寨堡，土匪不敢侵犯，日人对之亦颇客气，以此在其周围颇团结了一些居民。最初他们以为中国是无希望了，但我们的工作同志去后，与解释中国抗敌的持久性，最后胜利的终必获得等道理，并予各种事实的证明，于是便渐渐地争取得他们的同情。起初尚有"两面派"的成分，表面敷衍我们，每至被围攻时，则露出很难堪的冷峻面目，后来看到我们坚决不移的斗争，根据地日益崛长起来，他们便发生真的信心了。

这样一个边远、寒荒、孤立的塞外绝域里，我少数而年青但具有高度政治性及热情的中华男儿，在十个多月英勇坚忍斗争之下，终于克服无数艰难复杂的问题，巍然建立起巩固而正在发展的大青山游击根据地。这不仅是偶然的英雄的奇迹，这是表示我持久抗战策略的十足可能性与正确性，保证我们一定可以打到鸭绿江边，获得最后的胜利。

一九三九年五月杪，武新宇同志历时双旬从那边穿过重重封锁，驰回晋西北岢岚，途中经满汉山时，适遇敌人围攻，我动委会支队与第六路抗日自卫军正在迎击中，害他转了数日山头；至雁北左云、右玉区域时，敌人围攻这一根据地刚刚结束，但其企图均成泡影。

他朴实地告诉了我们这些经过，最后他总结建立根据地的经验教训，那些都是经过困难的实践所证实，具有着深刻、确实的意义和价值的。

第一，要有基本的武装，扫除并镇压敌伪的爪牙，并打击敌人，建立群众的信仰；反之，一切工作不能开展。

第二，要有正确的政策。这是建立一根据地最重要的决定条件。把握住这一点，能克服任何物质的、人事的困难；反之，必趋于失败。在这样复杂艰难的环境的大青山根据地，终能底于成功；而另外有一部分同志，自丰镇入平绥线东部去工作，其初受着蒙人的热诚款待，后来因为那些工作同志将蒙人的武力收编，于是从此引起他们的疑忌，虽再经种种解释道歉（偿还枪支）……终难于挽回，终至工作不能开展，这便是政策上略一失误的影响。

第三，要特别注意除奸工作。当动委会初到达该地区时，忽然来了许多闲人，握着新家具的小贩（应当举行小贩登记，这是很重要的事）……我们没有注意，于是一举一动，敌人都了然知觉。当在大滩过中秋时，有两个汉奸去报告，翌日敌机数架飞来，围绕着工作同志的居留处狂炸（那两汉奸背负白布指示目标），几全部殒命。尤其是"两面派"，大抵为有家产的居民，在动委会支队来时，佯为敷衍，却与敌伪暗中勾结，经过几次围攻，那些汉奸的原形便完全暴露出来了，于是予以断然的处置，并召集群众大会，扩大除奸影响，再以各种工作的进展，汉奸乃绝迹。而在敌区的同胞，不得已时，仍两面敷衍，却真心向着我们。

第四，干部最好具有秘密的条件，能化装各种群众，对工作有非常便利；同时对于各种关系要尽量注意，勿使暴露。去大青山的同志，对这两点都未注意，因此产生一些困难。

第五，每个干部要具有军事知识，遇到紧急关头时，能自己独立镇静应付，当他们在绥东初次受着围攻时，所有各个干部皇皇集中总会，结果反而增大了转移的困难。现在每区的工作同志都能独自巧妙寻取掩护了。

与武新宇同志一道回来的一位同志，手脚趾完全断掉了。他是××军的一位同志，被敌人俘去，将他全裸绑在雪地，数次驱使恶獒咬食，可是大概因为不饿，嗅嗅之后便跑了，于是将他丢在土屋里，预备明日再来收拾他。是夜，他竭力挣脱绳绑，越墙狂奔而回，始终赤裸着。对着他，想着该地敌寇之残暴，与我工作同志的艰苦，我感动的说不出话来。

一九三九年，六，在岢岚

《西线》（半月刊）

山西宜川第二战区文化抗敌协会西线社

1939年2卷1期

（李红权　整理）

绥远抗战未来之展望

傅作义　撰

绥远雄峙边塞，屏蔽中原，内控蒙疆，外接苏俄，自抗战军兴，即为西北国际主干路线，形势至关重要。近来日苏邦交险恶，一旦兵戎相见，必以绥、察为互争雄长之地。届时我方有机配合国际作战，亦必以绥、察为西北主要战场。纵或不然，姑就现今中国整个军事计划而论，欲图结束战果，亦必须利用西北向敌反攻，比之西南，成功容易。握此关键，则进规绥、察直捣平、津者为此，继而收复东北四省，亦无不在此。

惟查绥远地势平衍，易攻难守，往时沦陷数区，即受此病，今我用之反攻，则又倒因为果，情势显然。作义自二十二年长城抗战之后，有鉴于此，即在绥积极进行一切军事准备工作，如二十三年之成立自卫队，建设全省公路，完成各县镇电话网。二十四年更进一步普训全省壮丁，计达三十万人，以及更番集训国民兵亦建〔近〕五万人，树立未来抗战之基础，迨后绥东红格尔图并白灵庙各役，克敌致果，盖即运用地方力量，而初著成绩矣。

慨夫七七事变之际，作义于役察境，专负军事，嗣又战略战移，奉令入晋，不能兼顾绥远，以往致力各项工作，至是多未继续发挥效能，所幸者各地潜伏抗战力量，尚称深厚，类似绥远自卫军张钦、于存灏等部，经事变后，即就各县受训壮丁组合而成，得以深入敌区，在归、武之间毕克齐东站以北山中，距城仅数十里，凭依据点，发动广泛游击工作。最近一度袭入绥远市，并占领武川县城及乌兰花等处，比较各省，尚多飞突活跃。至各失地游击县长所组织人民武装抗日团，用以破坏敌人政治、经济、交通，亦复随时表现，则不暇计也。

其次绥境各盟旗，过去省府对其设施，向以扶植平等、团结为一贯标的，一般对于国家认识及抗战意义，精神趋向一致，情感亦颇融洽。虽其中王公受敌威胁暂时依附敌伪者，然内心作用仍属倾向中央，晓畅大义，即或陷入敌区，近已派人时与我方接洽，情殷自拔。吾人亦对此深表同情，无时不在为取援救之中。除伊盟沙王联合集训蒙古游击军，现已组成外，其他各旗，亦多自动训练蒙兵，抗战情绪，极表热烈，均可为我所用，共赴边疆。绥远未来展望，关于抗战日趋有利地位，时机一到，则仰报国家，完成使命，当不以目前区区所见也。

《民族革命》（半月刊）

山西民族革命半月刊社

1939 年 2 卷 2 期

（李红权　整理）

大青山的守护者

穗青·林野　撰

"郭长清"这个名字，在我们听来也许很陌生吧，但是在绥远大青山及其四周的广大的沙漠和草原上，它却伴着胜利的光芒而响亮地流荡在每个人的记忆里。提起了他，差不多谁都知道那是和"抗日英雄"的荣誉的头衔相结合着的。

说到英雄，也许在人们的脑海里浮现出一个三头六臂的超人，然而我们的郭长清却不是什么天生奇特的人物。我们曾经在××同他会晤过。听他底吐谈，看他穿着那似兵又似老百姓并且不合节季的破烂的服装，那只不过是一个大兵——一个不曾受过甚么教养的粗野的大兵而已。是的，现在他已是绥远民众抗日自卫军第×路的指挥官，但是在抗战以前他的确是个大兵。他所以能够创造了今日这种事业上的一点成就的因素，只不过是一颗不愿做亡国奴隶和争取民族解放的赤心，和一腔以必死精神作不屈奋斗的热血而已！

因为家境底赤贫，他不曾受过任何的正式教育。幼年的生活完全是替人佣工。一九三五年始加入了家乡——沙〔萨〕拉齐第二区——保安队当兵。在这里总算多少受到了一点教育——一方面有着普通的军事底常识与技术，一方面也获得一点国家民族的意识。芦沟桥事变不久，侵略者底腥臭的铁蹄便踏进了他底家乡，侵略者灭绝人性的暴行的这血腥的事实，启示了他生命底意义及奋斗的途径，于是毅然脱离了保安队，带着三五人，开始进行抗日游击事业。他底老父的劝阻，不能打消他坚决的意志，因而不多时便忧郁死去。

他抗战游击活动的初期，是隐藏在沙〔萨〕拉齐城北近山的汽车道旁，潜杀零星的敌人——一月便杀死敌数十人。并且在这短短的过程中，更汇合了许多不愿做亡国奴的同伴。这许多同伴之中，有的是因敌人的迫害，就在无法忍受的一刻中杀死了残酷的敌人，拿敌人底枪来参加的，有的则赤手空拳的逃奔出来的，他把获得的枪拿出来，分给大家，于是许多愿意争取生存的人们都闻风加入他这一个集团。更由于他的饶〔骁〕勇，游击区域的广阔，他这个集团，便在战斗中加快地扩大起来了。这时有一个叫纳太刘（这人名叫刘金山，因为是纳太村的人，因此人〈们〉便这样叫他。他原是乡村的一个医生，因受日寇的欺凌，乃杀死了几个敌人，逃出来从事抗日游击的，现在是郭长清这一路的副指挥官）的带着一小群同伴也加入到他这个集团，因为纳太刘是一位乡村相当有声望的老先生，所以纳太刘便成了这一个集团底名誉首领。在这时候，一般人只知道"后山有贺德功，前山有纳太刘"，还不知道郭长清底名字哩。他底名字是在此后更多的战斗中逐渐显露的。

在两年的时光里，他无时不在战斗之中。他底足迹走遍了萨拉齐、固阳、武川、陶林、归绥、凉城、和林、清水河、托克托等县的平原、大山和沙漠。他曾告诉我们："像一回事的战斗，大小约摸百五十余次。"在这过程中他底队伍前后溃散了共九次，有几次因战斗底激烈而牺牲完了，有几次是因迫于粮食、弹药的缺乏。

然而，他毕竟是在艰苦的战斗中磨炼出来了！

敌人对他也莫可如何，几次遣派汉奸以金钱来诱骗他，要他归降敌人。有几次战役中，因有汉奸替敌人引路、侦察，使他遭受意外挫折，因此他最痛恨汉奸，并且对汉奸的防范很严。最后敌人便派他底姐夫来了。

"不管他是谁，只要是汉奸，便不能饶！"

于是，这位出卖了自己，又想出卖别人的汉奸，便完结了他底无耻的生命！

郭长清不但有这样不可能被摇动的坚定意志，同时更有着无比的英勇，就凭了这英勇，才使他通过了许多死亡的危险，创造了他底抗日事业。许多次，他独自一人潜进敌人住宿地，或是当敌人在老百姓家实行横暴与无耻的当儿，他突然跃出，结果了这群疯狂的野兽。去年三四月间，××军来到大青山，他便加入该军当一团长，有一次敌人集中重兵，乘他们不备时把他们包围了（该军刘桂五师长即在此役做了壮烈牺牲），当他发觉的时候，敌人已进了村子，他于是拿了一挺轻机关枪，爬上屋顶，高声指挥他底兄弟们：

"不要堵院门了，打开冲出去吧！让我独留在这里好了！"

终于，在他勇放的机关枪掩护下，他底一团人得以突围，并且意外的冲溃了敌人。此后不久，××军他去，绥远民众抗日自卫军于副总指挥来到了大青山，他这时候便成了自卫军第×路底指挥官，其他比较散漫的游击队也都编为自卫军而得到军事指挥的统一。同时由于×路军及战动会底晋绥边区工作委员会的到来，又展开了政治的力量，于是召致来敌人的五路大举围攻大青山。就在后脑包一役，他显示了无比的骁勇，他底副指挥官张文才阵亡了，他底右手腕被一颗子弹打穿了，可是他并不就停止对敌人的冲击。曾参加过这一次战斗的大青山各部队，没有不钦佩他的。

他受伤并不止这一次。有一次一颗子弹打来，恰好胸前一叠钞票减去子弹底猛力而不曾完全打进肉里去，又有一次一颗流弹碰到他右眼与鼻梁之间，偏一点就会使他一只眼变瞎，许多次流弹落在他身上，他并不知道。因为大青山底低矮，敌人底汽车和大马队常可以在山上行驶，在战斗激烈的时候，他们奔跑得几天不能有一刻的休息。直到战斗告了一个段落之后，解开衣裳一抖，常会跌落一两颗子弹到地上。这些子弹有些便在身上刻了一个小小疤痕的光荣记录。

如今，我们底英雄郭长清，在艰苦的战斗里锻炼得更加健壮了，最近敌人又向大青山作第二次的大举围攻，我们相信他会带领他这一支劲旅，配合其他各抗战部队，以胜利底战斗回答敌人底进攻的。

一九三九，六，一七，于绥远

《西线》（半月刊）

山西宜川第二战区文化抗敌协会西线社

1939 年 2 卷 2 期

（朱宪　整理）

绥蒙抗战的回顾与前瞻

高鲁　撰

一　绥远和包头沦陷前后的绥蒙形势

绥包失守的经过

张家口在芦沟桥事变以前，早充满了日寇的特务机关人员和他们指挥下的浪人，而且还收买了不少的汉奸。事变后张家口的不守，南口相继沦陷，缩短了张垣到大同平绥线上的战斗。九月中旬，天镇、阳高被敌占领后，作为平绥线上一个重要军事据点的大同亦以无死守必要而不得不放弃了。

大同陷落后，敌遂即抽调兵力，转攻平型、雁门，但未久敌即沿平绥路西〈进〉，并疯狂的攻陷了丰镇、集宁等地，又西出凉城，而进迫绥垣。马占山将军指挥刘桂五、李大起、白海风等部队，苦战绥垣郊野，时正值二十六年十月十二、十三两日，我、敌在大黑河、小黑河炮战两昼夜后，绥垣失守。

绥垣失守之后，经过麻池等地的激战，包头也相继沦陷。我军遂即退入五原、临河及黄河南岸，但敌军稍事停顿，即渡河侵占了伊盟达拉等旗。这时候绥远全境，除开五原、临河、东胜及伊盟的一部分外，铁道沿线城市，即全为敌军所泛滥，乌兰察布盟及绥东察哈尔右翼四旗也都先后沦陷。

傀儡戏出场

跟着张家口的不守，于是年九月四日以于逆品仙为首的伪傀儡组织察南自治政府的第一幕戏在张垣演出了！跟着大同的失守，以夏逆恭为首的傀儡组织"晋北自治政府"的第二幕戏，也演出来了，时在十月十五日。

绥垣失守后，出卖祖国的汉奸傀儡戏第一幕演出的主角，原以贺秉温为首，在日寇安齐金治等领导的"政务接收委员会"的帮忙下，成立了伪绥远地方治安维持会，继而又派遣德王于同年十月十八日飞绥，招开所谓第二次伪蒙古大会，以利诱、威胁、绑架各种手段，强各旗王公参加，十月二十七日在日寇关东军参谋长东条英机，暨特务机关长桑原荒一郎的操纵下正式开幕。通过组织伪蒙古联盟自治政府，推云王、德王为正副主席，宣布伪组织各种法令，并为分化汉蒙民族团结，遂其侵略和统治毒计，于乌兰察布、锡林郭勒、察哈尔三盟之外，又添设一巴颜搭那盟，蒙古伪组织的傀儡戏也于此正式开演了。

但是敌企图更进一步的造成他在平绥沿线的汉奸傀儡组织，这里现出两个矛盾：（1）敌人企图独立各伪组织以便分散力量，易于统制，但不得已而又施行集中统治了；（2）本来各伪组织都是直接仰承日寇之鼻息，汉奸头子都各自独立横行，现在统一起来，却增强了"察南"、"晋北"伪自治政府和伪蒙古联盟自治委员会中间的矛盾！这事实充分的表现在同年十一月二十二日日寇招集的三伪政府首脑代表的联席会议上，表现在李守信、于品仙、夏恭与德王的矛盾上。但结果为"蒙疆联合委员会"成立了，德王作了敌人的宠儿。

蒙古民族的好男儿

内蒙在动荡中，许多旗的王公都被绑架到绥远去了，伊克昭盟杭锦旗的札萨克阿王，便是一个例子，他们的身虽在敌人魔手的强制下，但却仍时刻怀念着祖国，直到现在，还有许多在伪组织中的王公，替我们传递着消息。但成为蒙民抗战的中坚的成吉思汗的优秀子孙，仍属不少，像土默特旗总管荣祥，伊克昭盟长沙克都尔札布。荣祥秉承中华民族的精神，跟马占山将军苦守绥远，率领全体属员，支撑绥远蒙政会工作，在极艰苦的环境中，且在包头失守之后，授印沙王，给敌伪德王等以最大的打击！据说当德王飞抵绥远时，见欢迎人中没有荣祥，便问所在，欢迎者回答说："到包头去了！"于是德王顿足的说："念了一肚子书，不替蒙古人办事（?）。"德王已为傀儡，反要说"替蒙古人办事"的话，这不是打谎，却完全是受计于敌人。

当包头沦陷，伊盟形势异常危急，各旗札萨克动摇不定，而沙王严词拒绝了敌人的威胁和利诱！以六十多岁的老迈之身，毅然领导蒙民参加了抗战，当然在他德高望重的影响下，没有一个蒙民不是欣然奋起的。

民众武装的开始和内蒙壁垒的划分

绥蒙初起抗战，因为事前民众毫无组织，加以日寇多年来的阴谋分化，汉奸遍地，所以没有什么成绩表现。

但因为第一绥蒙民众有着他过去抗战的光荣传统，而且亲身受到敌人的残暴，他们自动的在家乡先觉的士绅之领导下迅速地武装起来，绥远抗日民众自卫军便由此而产生；再因为伪蒙古联盟自治政府的成立，激起了内蒙民众的愤怒，他们在沙王的领导下参加抗日阵线了！这更划清了敌我的壁垒。敌人占领了平绥线，隔断了后山武川、固阳武装起来的民众自卫军的集中，但他们却潜伏在山峦起伏的大青山里，迅速的发展起来，替敌人后方埋伏下一个暴烈的炸弹。

在敌军前锋，皆系伪军，同是中华民族的儿女，他们在火线上遇到英勇的抗战着的同胞，激发他们的天良，马子禧、慕兴亚的反正，充分证明这点。

二　戡定伊盟

伊盟在抗战中之地位重要自不待言，但从一九三七年十月到去年五月，而伊盟始终在风雨飘摇中！

去岁，四月中旬，敌人复从伊盟向东南进展，攻我东胜，但在某某军的苦战下，击溃了敌军，乘胜复围攻康王府，收复达拉特旗，截断包头敌人分化我伊盟各旗阴谋的路线！而沙王领导抗战之心益加坚定。

今年一月，敌人又犯东胜境内的新城，自被我击溃后，直到现在，未敢再犯！

伊盟在沙王的领导下，积极编组保甲，训练民众，已有坚强的抗战基础，如果敌人重犯，必予以沉痛的打击。

沙王于今年一月的赴渝就任国府委员，和奉移成吉斯汗陵墓，表示了绥蒙抗战的决心与共同建国的意志。

三　内蒙游击区的划分和建立

敌人威胁利诱着沦陷区域里的王公，伪军配合少数的敌人，对我同胞压迫屠杀，他们虽然想反正，但难趁机会，因此，今年三月，绥境蒙旗已经划分成三个军区。第一军区为伊克昭盟，司令是奇文英，第二军区为乌兰察布盟，司令是陈玉甲，第三军区为土默特旗及绥东四旗，司令为荣祥。最近第二区司令陈玉甲已经带领着人马，在炎热的天气，渡过沙漠，走向阴山北麓之乌盟，他临走时，曾对人说："这次北上，定要深入乌盟，发动民众，鼓动伪军反正。"因此我们觉得军分区的建立，有着它特殊的意义，它是团结沦陷蒙旗同胞的一个先遣队啊！

四　大青山抗日根据地的建立

潜伏时期——民众自卫军的占领

大青山横亘在绥远北部，平绥铁道以北，像一支巨龙，它西接贺兰山之乌拉山，东及兴安岭，而它的中心地带，则是武川、固阳、陶林县境，山峦连绵，道路崎岖，地形异长〔常〕复杂，是一个天然的游击根据地。占有这个地方，南可出察素奇、卓资山、齐下营而袭击平绥路，中可以截断由凉城到达百灵庙的汽车，东可以出商都等地，北可以控制乌兰察布盟之东部；同时，占有此地，西可以制住敌人的腿，使其难于进犯绥西，因此要坚持绥远抗战，须占有大青山！

敌人占领绥、包，正天属严冬，□县气候冷酷，在平绥线抗战之民众自卫军，于四面无援军的情况之下，潘秀仁先生将队伍全部（三路、四路）拉向大青山，潜伏在武川、固阳一带。在阴山之南，黑水之北，相机出击敌人，如后河子之役，及因迎马占山将军北上而与敌在归荫〔绥〕境内庞家营之役，均给敌人以很惨痛的教训。

援军的继续开来

正当武汉的保卫战进行得最热烈的时期，岢岚的第×战区的战动总会提出了"到敌人后方去"的口号，因此有成城中学师生组织起来的游击第四支队和晋绥边区工作委员，于七月中旬向大青山，同时××路的××队××余人，也冲过敌人封锁线，到达大青山，此外，尚有察哈尔游击队、绥东游击队、骑兵××师等也相继深入。这时，他们声势真是浩大极了，在漠口的瀚海之北，他们可以自由活动，足迹遍踏武川、固阳、陶林、集宁、兴和、凉城、萨拉齐、商都等地，团结着袭击敌人的平绥路之卓资山、旗下营等车站，攻克陶林，一度冲入绥远城……动员委员会成立起来了，农民，青年，妇女，也都有了相当的组织……在敌人后方大大地活动起来，围困着威胁着敌人的占领区。

政权的建立

从一九三七年十月到去年七月，绥东及大青山内的各县政权都荒废着，虽然有我武装部队在和敌人拼命搏斗，然而地方抗日政权之缺如，民运工作仍无法开展。因此，傅主席将归、武、和、托、萨、清、绥等大县划为第一行政区，命张遐民前往领导；划丰、集、陶、凉、兴绥东五县为第二行政区，命赴〔赵〕厉和前往领导。他们于七月中旬到达大青山，跟抗日民众自卫军密切的配合在一起，他们艰苦的做了：

甲、以公开或秘密的方式，派员散发宣言、传单，有时领导人直接下乡与村民讲述抗战情势，宣示中央及主席之意旨。

乙、协助抗战部队，筹征给养、服装等物。

丙、组织各种抗战团体，领导民众参加抗战。

丁、在不脱离生产之原则下组训民众。

戊、组织情报、交通网，由各级政府委派青年干探，或利用敌军机关人员侦探敌情。

同时他们参加了粉碎敌人围攻大青山的工作，把政权变成一个能够发动民众参加战斗的政权。到今年三月，各级政权，都算初步建立起来了。

因此，各地民众，时时帮助抗日部队在四五百里以内迅速的传递信件，洗衣，看护伤兵……

粉碎敌人的三次围攻

敌人侵略战争进行了两年，已经没有再向前进展的能力了，同时，因着它先天不足的致命伤，要延长其侵略战争，就不得不采用"以战养战"的政略，在占有区域积极榨取，但到处受我游击部队的围击，一切开发的诡计都行不通。但在绥蒙给敌人最〈大〉威胁的便是大青山，于是敌人从去年七月到现在曾有三次对我根据地残酷的围攻，企图"扫荡"我军。第一次六路围攻，在去年九月二十六日，由武川、固阳出动步、骑、炮二千余人，汽车四十余辆。第二次五路围攻，在十二月二十三日，由包、萨、武、固开出重兵四千余人。第三次则以汽车八十余辆，人马四千余，由武、固、陶、萨，分四路向我围攻，时候是今年四月十七日。但每次都在我军的英勇分击，或避实击虚，严密稳〔隐〕蔽下，粉碎了敌人企图。尤其是第三次的围攻，苦战二昼夜，我军牺牲壮烈，最后困居在陶林东一五〇里，东四区之魁甲山（周围只有三十多里）。自十九日早晨激战至夜十二点，炮火猛烈，为空前所未有，然已弹尽援绝，在夜色朦胧中，由忠勇民众的指引，从最狭窄的山路上退出，藏伏在魁甲山四周百里外之阴公山等山里。此次我大获全胜，毙敌二千余，击毁汽车三十多辆，然我骑×师之马龙标团长，及该团政训员李建中同志，亦于是次战役中，英勇殉国了！

五　现阶段绥蒙敌我情势之分析

七百多天的抗战，敌人在绥蒙是愈打愈弱，我则愈打愈坚强，无论在政治上、军事上，我均能逐渐的占得优势，而敌人终无力量来进犯绥西，姑不论敌人在文化、经济、财政上已付了若何代价，得到怎样坏的结果，只看敌人现在对我所采取的政策，便可充分看出敌人的窘态：

（甲）敌人为企图打破英、法、苏的联盟，在外蒙边境，虚作声势，然而又怕事态扩大，遂在百灵庙以苦力九百余人，积极构筑重要工事。

（乙）大青山我军曾三次粉碎了敌人的围攻，我军足迹踏遍绥东及大青山内的十数县，不特敌人所□"蒙疆防共特区"受着威胁，而重要军事据点之百灵庙，反□游击队曾几度的冲了进去，焚毁他的汽车、飞机和重要仓库，因此，他为巩固其"蒙疆防共特区"及百灵庙的安全，现以吉田联队进行所谓"剿山"工作，企图"扫荡"大青山根据地内之我军。

（丙）敌自七月一日起修筑自归绥、毕克齐经枣儿沟入武川之汽车路，以便进攻大青山之运输。

（丁）敌人对我各游击部队，采取剿抚兼施策略，对国军留绥眷属常施以小惠，企图拉拢与分化我军，对大青山之自卫军几曾派员利诱。

（戊）伪蒙联自治政府所属各旗迫令添设"宣抚科"，对我民众，造谣煽惑，自七月三日起，伪蒙疆区定为"兴亚运动"宣传周，三伪自治政府分别派遣大批大小汉奸，到各蒙旗做无耻的荒谬宣传。

（己）因□伪军大部反正，因将伪师长丁其昌、陈生、王振华等都撤了职，并将汉人士兵之马鞍均全部收起，战时才得使用，伪军士兵跑掉，一概不得追回，且伪军永远不得补充。

由这样，我们充分看到敌人"绥蒙治安第一主义"的末路了！

反之，我军到处展开了广泛的游击战争，西至伊克昭盟，东至察哈尔的商都，民众大部分都动员起来，大青山的天主堂，都是我们的友人，伪军和伪保安队都尽力帮助我们。据近由武川归来之挺进军游击副司令官希孔先生谈，在第三次粉碎敌人围攻后，我们的子弹没有了，棉衣不适用了，于是×××伪军第×师供给了我军一万发子弹，第二保安队供给了我们数百套棉衣。

总括一句话，全绥蒙的军队和民众，今日都在坚强抗战、艰苦奋斗中渐渐走向胜利的领域。

六　绥蒙抗战前途之瞻望

无疑的，反"扫荡"，反"开发"，成为绥蒙当前的唯一重大任务！同时，我们可以肯定的说，敌人一定是失败，胜利终归是我们的，因为：

第一，敌人在对我的策略上，首先发生了破裂。一派主张由武川、安北而西进，抓取五原、临河，一派主张先"肃清"大青山的我军，然后西进，虽然后一派占了胜利，但他们的力量是不集中，中间存在着不可调和的对立。

第二，敌人的兵力不够分配，每外出五个敌人来，有四个是中国的老百姓，来虚张声势，每天是五毛大洋的工钱，只此已足证明敌人的力量了。

第三，伪蒙军终究是中国人，他们受了敌伪欺骗，牺牲性命，现在已经觉悟了过来，他们是不愿作战，而敌人也不敢拿他们作战（除非在没办法的时候）。况且战线上遇见的都是自己的朋友和亲戚呢。

但是，我们应该有更大努力，去争取决定的胜利：

（1）加强我们的抗日政权和民众动员。据说大青山等后方尚有些民众时常来破坏我军，抓住抗日人员，不分青红皂白即送往伪军中，这是如何痛心的现象呵！证明民运工作之需要大大的向前开展。

（2）军政民要有密切的配合，造成军政民的化合力量去打击敌人。

（3）统一游击区和游击根据地的军事指挥，友军中间更要有团结和亲爱，互相督促，互相发展，这才是"保存和发展自己，消灭敌人"和巩固扩大游击根据地，缩小敌区的根本办法。

（4）加强对伪军和敌伪民众的反"和平"反"汉奸"的宣传，从事伪军下级反正工作，打击敌人的分化利诱政策。这一部分有待于军队政工人员的努力，而蒙旗各宣慰人员，更应该深入敌后，担当起这重大的担子。

（5）供给敌后方军队以子弹、枪械等军需品为当今之要务。他们在流血苦斗而没有经费来支持，只得靠着老百姓，反能引起军民间的无谓磨擦。

（6）说到这些，绥蒙各游击队的政治工作的建立，更有着迫切的需要。

（7）制造大批坚强的干部到敌人后方去，加强军、政、民化合的工作。

这是我们今天绥蒙抗战迫切需要努力的地方，也是反"扫荡"反"开发"的决胜条件。

《西线》（半月刊）

山西宜川第二战区文化抗敌协会西线社

1939 年 2 卷 3 期

（李红权　整理）

晋西北战区四十日记

立波　撰

十二月廿八日，晴。

从下冶动身，还是在沙河河床上走。中午越黑虎山，上下十五里。前次过此，满山是雪，这次来，雪都融化了，露出了黄色的土岩和青色的松树。

北方少雨，这地方大约很久没有落雨和降雪了。路上的尘土很厚，也很轻，马蹄过处，总要扬起一大阵尘土。我们走的这条路，平常很少行人，路尘上，有许多花朵一样的鸟迹。

我们一位同路者，是参加了平型关战斗的指挥员，他领导一个团参与了这次有名的山地战。接触后两小时，当他在山上指挥攻击时，左腿带了花，被抬下来了。这是他第六次受伤。在内战时代，他受了五次伤，这第六次，受了××枪弹的青睐。他现在伤还没有全好，便重回前线了。他还在吃药，但前方太需要人，不容他有从容的修养；带着药瓶，也带着第八路军战士常有的乐观的微笑，他正回到晋北去。

他叫田守尧，淳厚，驯良，有温和而又满含潜力的容貌。每次离开宿营地点时，他总要拍着老百姓的肩头，向他们再三致谢，再三地问他们："第八路军住在这里，有什么差错没有？""他们买东西给了钱吗？""损坏了你们的东西没有？"得到老百姓满意的回答后，他才骑上他那匹四脚踏雪的黑驴子，跟部队前进。本来在北方这样寒冷的冰天，行军最好多走路，少骑牲口，免得冻坏脚，田团长却不能不多骑牲口，因为他的腿不便多走路。但他骑不上十里，总要下来走一走，使脚不致于冻掉。看着他那辛苦奔波的背影，想起他的枪伤尚未痊愈，使人不得不感动。

田很年青。对于打×军，他常常吐露着很有把握的言论。

"打××人，比国内战争时的战斗容易得多了。"这句话，他对我说过两次。

山西有无数像田一样年青英勇，而又有丰富的战斗经验的战士，散布在太行山脉的四围，他们不会被×寇的大炮飞机吓走，正好像太行山不会被寒风吹倒一样。

悲观这两个字，只存在于少数没有出息的失败主义者的想像之中。在前方战士中，你没有机会看见它的踪影。

前方统一战线的成绩，是很好的。我碰到过国民党在第八路军防区内的代表，我也看见了许多在中央军和晋军区里的共产党工作人，两个大党派的人士，都表现了真正的政治家的精神，像兄弟一样的欢洽。"一切通过统一战线！"这是第八路军的政治标语，而这标语是实践了的。

×　×　×　×

一月二日，晴。

新年沁州人民武装大检阅。有几千人集合在城外的田野，微风中，旗子在飘动，最古老的刀矛，和最新式的轻机关枪，杂乱地排列着。这是一个出色的检阅，人人脸上表露了欢喜。检阅台的正中，悬挂一面写了"武运长久"的旗子，这是胜利品。

到会的人都在等待近乡的一个游击队的到来，还没有宣布开会。有许多人在轻声谈天。宋任穷是我的同乡，他告诉我，长沙周南女校有两姐妹参加了这里一个游击队，人家警告她们，说游击队中太苦了，她们的体格怕要受不住。她们不在乎，现在已经背起手榴弹和来福枪，到前线去了。

　　已经开始检阅了，部队联成长长的行列，经过检阅台，救护队携着担架和篮子，跟着队伍走。

　　被检阅的人们踏着整齐的步伐，唱着宏壮的军歌走过检阅台，同时，在阅兵场附近有着干枯的野草的田间，羊在温和的鸣叫，风也不大利害的吹拂，白杨树林无声无息地点缀在平野的四处，一切都是温和而平静。但因为远远的有×军残暴的阴影，这阅兵场充满了我中华民族复仇的激越的空气。

　　在一个小办公室里会见了刘师长，他谈起了前线的"政治战"。×人对中国一向的政策，是想使得中国人互相攻打，他们在旁边坐收渔人之利。抗战以来，这种"以华制华"的毒恶手段，遭受了大失败，但他们仍然没有放松这个传统的政策。他们花了巨大数量的金钱来收买土匪与流氓，去编成伪军。对于红枪〈会〉、大刀会群众的组织，他们利用我们的工作和态度上的各种弱点，企图把他们变成反对政府和国共两党的组织。但是，他们在这方面的成绩很少，这基本的原因是，红枪会、大刀会等会门组织的人们，毕竟都是中国人，不甘心被外人利用的原故。同时，我们对于他们的口号，也提到简单有力，就是："中国人不打中国人。"

　　×寇对于我各民族的挑拨与离间，也无微不至。"最近被我军俘虏的伪蒙古兵"，刘师长告诉我，"不能说别的汉族的话，却能伸出拇指和食指，做成'八'字模样，叉在颈子上，连连的说：'八月十五，八月十五！'"

　　关于八月十五这句话的含义和出典，不十分清楚。大约这是明代初期汉族和蒙族冲突的故事，也许是发生于八月十五，蒙族吃了亏。但这是久远以前的事了，是被现代汉蒙两族的同胞们差不多完全遗忘了的历史的幽微。×寇的所谓"支那通"，就专门发掘这些幽微，加以夸张和扩大，来作为挑拨我们不可分离，分离就要被他各个击破而同趋灭亡的中华各民族间的恶感。

关于满、蒙、回、藏各民族的问题的研究和讨论，我们至今还只有最少数的专门家从事，而×人却早已到处安置着特务机关的工作者了。

×　　×　　×　　×

一月五日，晴。

赴辽县途中，翻了四个山。在山岭上，看见许多人用古法挖煤。在一个很深的煤井上面，工人由绳子吊下去，煤篮由绳子吊上来，绳子绕在一个可以转动的圆圆的木架上，由四个人旋转。

这样的挖法，我想一个煤井每一点钟的产煤量，至多不过五十斤。

辽州的煤山很多，煤的市价是一块钱买一千斤。去年冬天在上海烧一个小火炉，一个月要烧十五块钱的煤，用这一个月的钱买山西辽州的煤，可以买到一万五千斤。

有这样多煤和其他物产的山西，人民都穷得简直不能过下去。看这些被黑煤染黑了脸和衣服，染得简直不像人样的矿工吧，他们从黎明工作到天黑，还赚不到五分钱。为了抗战，我们自然不应把那"改善人民生活"的口号提得过于高，但是为了抗战，也不能不多多少少改善人民的生活。要人民饿着肚皮，而且没有蔽体的足够的衣服，去抵抗丰衣足食，火力高强的暴×，这是太难的。山西的政治，在抗战开始以后，清明得多了，他们已经在逐渐的考虑和实施改善工农生活的政策。为了保育国家的税源，同时也为了保障抗战的人力的来源，都应该坚定的执行这种政策。

×　　×　　×　　×

一月七日，晴。

留刘师师部。

中午，在操场上看新兵做游戏。他们还没有制服，服装长短不齐，颜色斑驳，有穿长袍的商人模样的人，有穿短衣的工农。还有一个十岁左右的小孩子，也夹在队伍里，据说，他的父亲来投军，他也跟着来了。华北常有全家大小，一齐参加军队的。

刘师在晚上举行了一个座谈会。许多军事和政治干部围坐在点着十几枝洋烛的长桌边，都带着笔记，把发言人的每一句话都记下来。伊凡斯（Evans Carlsou）君和我参加了这会。他讲了一段××侵略中国的小史。他说，××远在一五九〇年间，就定下灭亡中国、吞并亚洲的国策。在那时候，他们有一位将军叫丰臣秀吉，计划着首先灭亡朝鲜、满洲、华北，把天皇从东京移到北京，再把总司令部移到宁波，指挥侵略全华、安南、印度和暹逻的战争。

××帝国，已经做了几个世纪的梦了。

不幸的是，正如伊凡斯君所说，几世纪来，××还没有遭受大失败。

但是现在是他们受一点教训的时候了。伊凡斯君继续的说。可正遭受着一个从来没有的危机。在这次战争开始的七月和八月初，××兵在满洲有三十万，华北只有二十万，上海只有五万。他们最初的计划，是想用少数的兵力，用阴谋手段，使中国屈膝，但又失败了。八一三以后，上海成了主要战场，×兵由五万增加到二十万。十月中，××军部又改变计划，派遣海军主力到上海，不调动华北陆军。十一月中，×兵在满洲、华北，数目已达一百万，而且还在动员第二、三个一百万。

在日俄战争时，日本首先遣送最年青的兵士上战场，到后来，青年和少年尽死，只剩下中年与老弱，国内壮丁和人口，发生过巨大的危机。这次侵华战争，××记起日俄战争的教训，同时为了防范比中国强大的敌人，派遣来华作战的士兵，都是二三级兵。××兵士分为三级，三十岁以下的青年是第一级兵，是军部所最珍视的优秀军人。第二级兵是三十五岁左右的人，第三级兵是三十五岁到四十五岁的中年。现在，××单用二三级兵已经不能保持阵地，于是他们不得不动员那些留着防范更强大的敌人的第一级兵了。

伊凡斯君的结论是：一、这一次中×战争表现了××不是第一等强国。二、要中国继续抗战到底，世界给与中国的同情与援助会日益加多。三、××国内迟早会发生革命，××帝国会崩溃。

晚，九时半归。

× × × ×

一月八日，晴。

去看了两个××俘房，他们睡在一个村庄的小房子里。年青的一个，比较积极聪明。临别时我问他："寂寞吗？"

"寂寞啊。"年青的回答，眼睛很快潮湿了。我很失悔，不该问他。没有意思的引起了他们的烦恼，而日文又不够和他长谈，除去他的寂寞。

和刘师政治部副主任宋任穷闲谈良久。我们谈起了战区儿童的工作，渐渐的，话题转入了过去红军中的儿童。他告诉我：过去红军渡河入晋的时候，有一个红色小鬼被晋军俘房了，晋军的长官看见这样一个十一二岁的小红军，非常的好奇，特别提出他来问。问过他的年岁和籍贯以后：

"你是红军吗？"

"是的，"是小孩子的简单的回答。

"听说你们红军里有个毛泽东，他好不好？"

"哪一个人要说毛泽东不好，"小孩愤怒了，"我要操他的娘。"

这个小孩样子很可爱，就是在愤怒的时候也是一样。那位晋军的长官，非常愿意使他驯服，至少要使他软化。想着用威力来达到这目的，显然不可能，于是他问：

"你有家吗？"

"有。"

"在什么地方?"

小孩把自己家乡所在的省份告诉了他。

"你家里有些什么人?"

"有爸和妈和弟弟。"

"你想你的妈妈吗?"

晋军的这位长官达到了他的目的。小孩毕竟是小孩,提起了他的远离的母亲,他哭了。但小孩子的眼泪,像夏天的骤雨一样,来得快,也去得容易,他揩干了脸,向山西长官说:

"我要回去。"

山西长官很高兴:

"回家去吗?那好,那好,我们给你路费。"

"不,我是要回陕北去。"小孩子回答。

这位相当贤明的长官与其说是感到失望,不如说只有惊叹。照着中国人的宽容性格,他允许了这个小孩子回陕北,而且发了路费给他。

我还没有到过陕北。听说那里很荒凉,吃的是小米,住的是窑洞,冬天户外冷得不得了。使这个小孩子,使一切小孩子,和一切青年人,宁可离开故乡,离开父亲和母亲的,毕竟是怎样的一种魔力?

除了辉煌的真理和同志爱以外,还有辉煌的领导者的天才;这就是那魔力。

别了宋出来,到师卫生部去找医治冻脚的药。我的脚在这个冬天,因为初到北方,冻裂了几次。有的裂口,深至半寸,常常出血而且发痛,不能走路。卫生部的同志拿了一瓶新近缴获的凡斯林药膏给我。用缴获的××羔皮,供给部又替我做了一双皮袜和皮鞋。谢谢××军部,给我们送来这些东西,我的脚已经不再怕冻了。

　　参观了刘师的战利品展览室。刘师一部，这次在七亘村击毁了×人的一个兵站，所得到的军需品，据他们说，动员了民间两千牲口，几天才搬运完。这小小的展览室里所陈列的，只是每一件物品的样本，已经很多了。

　　在这摆满在桌上，挂满在墙壁上的物品中，有两样引起了我的注目。一样是像两块豆腐重叠起来一样大小的白色小箱子，这是×寇侦探使用的袖珍无线电发报机。"像这样小巧的我还是第一次看到。"徐向前先生说。

　　另外一样引起我的注目的物事，是一张照片。这是一个中年×军全家大小"祝出征"的留影。这人有四个小孩，小的还抱在手里，妻站在他的背后，旁边还站着一个青年，像是他的弟弟。照片上所有的人，连小孩也在内，都有忧愁的面容。

　　他们的忧愁，不是无谓的。被军部强迫送到中国来的这位中年人，终于死在中国了。是从他的衣袋里，我〔找〕到了这张"祝出征"的照片的。

　　想想那些没有父亲的小孩，和那位没有丈夫的中年妻子吧，以后他们要度送多少悲凄的岁月？

　　残杀了无数中国人民的××军部，在他们自己国内，也创造了多少悲剧之家。疯狂××的军部海盗们，不只是中国人民的敌人，也是××人民的敌人。

　　　　　　　×　　×　　×　　×

　　一月九日，晴。

　　晚上徐向前和张浩来谈。

　　徐向前，这位内战时代在四川非常有名的红军将领，是黄浦〔埔〕学生，五台人。他常常上前线，却没有受过一次伤。他的部下告诉我，在火线上，他有一个习惯。当大炮在他的前面狂号，子弹在他的周围喔喔的飞鸣时，他不断的挥动他的手，像是驱赶在他眼前飞着的苍蝇一样，连连的说："讨厌得很，讨厌得很。"

× × × ×

一月十一日，晴。

至龙旺村，见了陈赓。他像一个儒雅的书生。他是湖南一个地主的儿子，马夜〔日〕事变以后，他家人的财产土地，全被没收了。现在该发还了吧，但这和他没有关系，他不关心家里的财产。他的财产，是革命的经验。

他的革命经验很丰富，曾有过这样的故事，是否真确，我不知道，但是讲的人很多。他在上海做军事工作，被捕了，在牢里住了两个月，没有判决。忽然有一天，从那时候的南昌行营有电报来，要调他去见蒋。蒋是他的先生，是在征讨东江的战役中吧，蒋在阵地受了伤，曾被他背着救回。但是作了对垒的敌人，他不怀生望。他只希望不写悔过书，清白的死去。和蒋谈了一次话以后，他表示他的政治主张不能放弃，这在别的场合，是可以得到死刑或至少是无期徒刑的判决的，但是蒋终于无条件的放了他，而他立即就去继续从事他所相信的事业。

这个故事如果是真的，它表现了中华民族两种优美的精神：一种是珍念私情的宽大，一种是保持气节的坚贞。

吃饭的时候，陈拿了一罐××牛肉给我们吃，这也是胜利品。这次在昔阳七亘村战斗中，他们缴获许多食物，里面有几百罐牛肉，一千多包"压榨口粮"。他们正缺粮，用这些缴获物，维持了半个月。

× × × ×

一月十三日，晴，雪。

微雪。山间旧雪未融，新雪又落了，是真正的北方天气。

骑马横过一旷野。听同行的田讲沟〔解〕旷野作战的常识。最后他说：无论在平地或山上作战，在没有开始战斗以前，指挥员一定要把地形看好，特别要把退路查明，因为接触以后，或者因为力量不足以战胜敌人，或者因为转移阵地，在战略上，常有暂时撤退的必要。如果在战前没有查明退路，临时会变得慌张，以至溃乱的。

至和顺县。县长引着我们去看城里被×机轰炸的房屋。每次×机来袭，城里都没有驻军队。显然的，×人不只是要摧毁我们的军队力量，而且要屠杀平民，消灭我民族的生机。

×人残暴的事实，实在是太多了，记不胜记。古代的任何暴君，都没有现代×寇的这种残虐人间的奇想。一月二日，×寇五六百从昔阳进攻和顺，到西寨村时，尽捕居民，叫他们互相捆搏〔缚〕，连成一串，牵到一个屋子里，再叫一个居民纵火烧屋。有自己的父母兄弟妻子和亲戚关在屋里的，这个被迫放火的居民，怎么能够忍心下手呢？你不放吗？立刻就被刺刀戮死。终于也有怯懦者放起火来，于是房子里的人，被烧得哀叫，房子里的小孩子在临死之前，大声的惊哭。没有被赶出的猪、牛和羊，烧得狂奔怒号和哀鸣。在猪、牛和羊的叫声中，夹杂着人声悲泣，而×寇笑了。

残忍的笑！

这次烧杀西寨的×人，很快给我军赶跑，退却时，把村中各家人家一切可以燃烧的器物尽行烧毁。没有一家的门窗和椅凳，没有被烧尽。所遗的食物，撒〔撒〕满大便，炕上也到处撒〔撒〕着大便。

谁曾看到过这么残暴污秽的恶兽？

所有这些东西，构成一种贪馋与荒淫，残虐与污秽的可怕景象。

×　　×　　×　　×

一月十四日，晴。

由牛川到皋落，行经荒山中，路特别难走。路面全是乱石，滑倒好几次。

到皋落时，是晚餐时候，看见了阳明堡烧飞机的两位英雄。一位是陈团长，一位是孔营长。后者因为在正太路附近骚扰×人的区域过于利害，×人指名要找他算账。但是旧账没有算清，新账又来了。这次在柏木井，他们又捣毁了×人六辆汽车，得到许多战利品。

关于战利品，这一带地方的部队里发生了许多有味的事。

上一次在广阳战斗中，林师缴获了好几门大炮，却没有得到炮弹。最近刘师陈旅在广阳再战时，却缴获了许多炮弹，就是林师取〔缴〕获的大炮的炮弹。

陈旅常去破坏铁路，但既没有炸药，也没有破坏铁路的器械。战士们正蹙着眉的时候，却从一列被他们击倒的火车上缴获了一千多件可以用来破坏铁路的铁具。

有好几次，第八路军缴获整千整万的朝鲜银行的钞票，"土包子"把它们都烧了，他们说是低〔抵〕制×货。在平型关烧掉几万，在忻口烧掉一汽车，后来高级指挥员下令不准烧，因此在广阳缴获的六七千元没有被烧掉。

在广阳俘虏的一个名叫松井的管理马夫的×兵，看见这许多钞票，很高的堆积在炕上，他的××小商人的眼睛，贪婪的凝视很久，于是向他旁边的第八路军战士说：

"你们这次赚的钱，真是不少。"

　　　　　×　　×　　×　　×

一月十九日，晴。

仍留皋落。

×人现在也学着我们打埋伏了。昨天东冶头的×人，扬言撤退，却暗中留了一部分埋伏在东冶头以西的山间，想等着我们的追兵去上当，却被我侦察部队发见，很没趣的真正撤退了。

×　　×　　×　　×

一月廿二日，晴。

晨六时半早餐，七时左右从营庄出发，经青杨树至固兰小憩。

下午四时，到了河北井陉之蒋家村，这是我第一次到河北省。

到一山顶用望远镜遥望北面，看正太路和正太路所经过的平原。一个火车头正拖着一辆车箱由东向西疾驰。

×人的势力，不能达到铁路南北十里以外，×人常到铁路沿线，大肆烧劫。把民家的门窗、家俱〔具〕通通搬进榆次，当作柴烧。劫牛羊鸡鸭以充食物，搜掠民间妇女、婴儿及铁器，运往太原，再转大同、张北。

×人焚烧杀掠的结果，使沿铁路农民纷起自动组织自卫队和游击队，要求第八路军领导。

为了要知道神出鬼没的第八路军和游击队消息，×用二十元一天雇用汉奸，刺探消息，但因自卫组织普遍发展，汉奸不能深入。

为了模仿第八路军的优点，×人学着打游击，打埋伏，做政治宣传工作。"你们自己组织自卫团吧，"石家庄乡下一个会说中国话的×兵对老百姓说。"我们不来干涉你们，你们不要怕我们。这只鸡很好，卖吗？一毛钱够不够？""先生，这个票子我们没有使过，鸡拿去了吧，不要钱。""这是大××票子，你不认识？""是的，我们这里没有人要。"

这个老实的乡下农民的最后一句话，使他不但丧失了他的鸡，而且丧失了他的生命。

在昔阳一村，也曾经发生这种同样的事。会说几句中国话的×兵，初到村庄的时候，对老百姓说："×军到这里来买东西，是公买公卖。"他的话还没有说完，他的同伴牵了一只黄牛来，后面跟着老百姓，后里拿着一毛钱。

"老总，实在是太少了一点。一毛钱怎好买一条大牛呢？"老百姓忧愁的说。但是他的牛已经去得远了。

这是×人在正太路沿线做政治工作的情形。

× × × ×

一月廿三日，晴。

午饭之前，在一个农民的家屋前面的柴堆上小睡，半小时后醒来，一个号兵正站在我旁边，我们谈起来了。

"最近袭击过南关，"他说，"那天晚上，南关×人的大炮和机关枪，真打得足。我们达到了战斗的任务以后，退到了第一个山头，×人的炮火还没有停。我们转到了第二个山头，方向都变了，×人还是向原来的方向发炮。那一夜他们的弹药，消耗得真是不少。"

"这就是消耗战。你们牺牲了人没有？"

"没有，一个都没有。"

听了这个号兵的话，我想起了陈告诉我的另外一个战斗的实例。那是×人六路进攻和顺时的事。打到马坊之先，×人先攻马坊附近的一座小山，小山之上，有我们的伪装。×人作战的惯例，是用大炮当先，攻击多时，步兵然后前进。这次也是如此。他们的大炮，向山上打了几点钟，消耗了无数的炮弹。

我们的军队是伏在山脚和山后的，待×人在转移炮位，步兵来抢山头时，我山脚的部队也去抢山头。结果是山头被我们占领，居高临下，用步枪和手榴弹迎击还在山腰的×人，同时我山后部队，又出来抄×人的后路。

这次马坊战斗，既以伪装消耗了×人大量的弹药，又出奇兵使×惨败。战斗的艺术，发挥到了极点。

× × × ×

二月六日，晴。

两次越过了×军的封锁线，又终于平安的到了我军的防区。无论如何，这次可喜的事〔是〕，没有被×人伤害的骸骨，还有报国的机会。同行的伊凡斯君，也庆贺自己这次旅行的圆满。

到旅部，见了代理旅长王震。他和伊凡斯君的问答，有几句很有意味：

"可以告诉我们一些关于美国独立战争的经验吗？"他问。

"美国的独立战争，和中国目前的独立战争有许多相同的地方。"伊凡斯君说。"那时候，美国的敌人很强，和中国现在的敌人一样。美国的武器很坏，也和中国现在的情形一样。华盛顿在困难中和敌人血战了八年，才争取到美国的独立。在最初两年中，华盛顿差不多没有打过胜仗。两年以后，才渐渐的取得一些小小的胜利，以后的结果，是大家所知道的了。

"美国以持久的战争战胜强大的敌人，以得到最后的解放，这一点也和中国目前的情形相同。还有，华盛顿的军队，最初也不过是一些游击队，武器不完全，不长于阵地战。华盛顿的正规军的出现，是在战争中慢慢发生的事。"

"他的正规军，是不是由游击队逐渐形成的？"王问。

"是的。"

后来王又谈到了他的作战习惯。"趁着黑夜，我们常常把×人近边的地形，考察得清清楚楚。我认为作战的指挥员，一定要在战争以前亲自视察阵地的地形，这是取得战斗胜利的一个条件。"

伊凡斯君把他这句话，写进备忘录里。

×　　×　　×　　×

二月八日，晴。

从石庄到宁化，宿宁化区公所。

卢出去买了一些糖和鸡蛋和梨子回来。他在红军时代，是属于红四方面军的。关于国焘路线，他和其他四方面军的战士们，讲了许多故事。

当张国焘在四川红军中负领导责任的时候，有许多不合政治原则的行为。他忽视青年教育问题，因此招致了许多不好的结果。那时四方面有女兵营。有一天，几个女战士来看张，说晚上宿营时，有少数不良的男同志到她们的营房里来胡闹。张不重视这现象，漠不关心的回答她们：男同志整天行军辛苦，到晚上大家玩一玩，不应该计较。

听到这个有点近于开玩笑的话，女兵们当然生气了。回到自己的营房，等到夜晚男兵又来胡闹的时候，她们开枪抗拒了，男的也开枪对抗，造成一个可痛的事件。

我听到这个故事后，觉得张这人是有一点马虎。

另外还有一个关于张的故事。

当红一方面军和红四方面军在川西会合时，前者转战数千里，人马相当困顿，衣服比较破旧，张看不起他们；但又看得起他们的枪。红一方面军的掉队者，常常缴被〔被缴〕去了枪，不是遭遇了土匪和敌人，而是坠入了张的诡计。

我没有看见过张，但从上面这两个故事看来，张是不大按照政治原则的政治家。

（以上关于张国焘先生的一段日记，原是写下来又涂掉了的。但在整理时，张先生已经发表了他的反共的传单，便又把这涂掉的日记拾起。这样做，是想把一个事实，告诉有耐心看我日记的读者：张先生的这种举动，并不是偶然的奇异的事件。）

夜间，区公所的负责人来谈天，是一个精神健旺的半老的人。

截至今天止，我们走了二千零十三里。伊凡斯君带了一个计程表（Pedometer），所以能够把我们走过的路程，计算得相当精确。

《新知十日刊》

上海新知十日刊社

1939 年 2 卷 4-6 期

（李红权　整理）

包头滩上歼敌记

作者不详

（本刊战地通讯）包头滩上，两年来我军不知和敌人接触过多少次，飞机、大炮，简直成了家常便饭。敌人之未能进犯绥西，固然还有其他原因，可是包头滩上我们这许多健儿给予敌人的打击，也是一个主要的大牵掣。

大树湾，是敌人在包头滩上的一个据点，为什么几乎要整两年了我们还不能克复呢？这是全国人所关怀的。其实，这还是时机的关系，我们不向包头总攻，克复大树湾也没有多大益处。反之，敌人在包头滩上建立大树湾这么一个据点，对我们有多大害处呢？其实也没有什么。大树湾在我们包围之内，包头滩上的我军，几乎是无日无夜不向敌伪挑逗，结果是敌人机枪、大炮的消耗，两年来敌人在这方面的消耗太大了，而我们却毫无损失。因为如此，敌人往往由大树湾出来，向我进犯，但结果依然是消耗、碰壁，新城东大社之役，和最近三寡妇营子、大成西之役，都是如此。

八月十一、十二两日，包头滩上的一场血战，其激烈过于新城、东胜之役，这在我们抗战史上是光荣的一页，所以记者现在追述其经过。

本来包头滩上的接触，已成了家常便饭。七月下旬，敌我已有几次接触，到了八月初，又成对峙之局，后来包头敌人，忽然神经过敏地以为×××和×××军长两个人要联合向包头反攻了，便于八月十一日晨，分两路向我包头滩上防地进犯，十二日战事最激烈。

十一日敌到了树林召，那是包头城隔河四十里的地方，南距达拉特旗王府廿里，树林召内本来驻兵一连，因敌机来袭，马均惊散，士兵多四出觅马，不意敌配合战车、汽车秘密入召，我树林召少数士兵，抵抗至最后，均以身殉国。敌由树林召向相距数武之王柜进击，一时飞机轮流在上投弹，战车上之机枪、大炮向我战壕猛烈射击，敌战车冲至战壕边，敌机八架低飞扫射，我崔日峻连长，指挥全连，以炸弹与敌相拼。距王柜二里之大成西地方，我李含芳营长住在那里，他是去年守东胜城三昼夜与敌苦战著名的，去年东胜之役，最后他受伤了，现在伤愈，再上前线杀敌。他从大成西派队援王柜，这时候敌已用装甲车将我包围，并用战车数辆，在西侧以机枪、大炮阻我援军。这时候李含芳这一营，岌乎有全军覆没的危险，幸而王柜东北半里许住有邬青灵支队之赵建璧骑兵连，和李营自己的两连预备队，出而击破敌人。可是，这时候大炮声，炸弹声，[动]战车声，密集机枪、步枪声和飞机声，震动原野，敌又施放毒瓦斯，弥漫天空，真是天地为之变色了。

我杜秉德连附受伤后，自行包扎，不使士兵知悉，仍指挥作战。某士兵左臂受伤，以右臂向敌投掷炸弹。我罗智星连附，以无法击毁敌战车，仍〔乃〕率士兵跳出战壕，奔向敌战车，怀炸弹作人车并毁之壮举，遂饮弹殉国。

十一日晨八时至下午二时，王柜阵地战壕毁平，因此放弃王柜一日。

同时十一日敌进犯我三寡妇营子王永清支队阵地，因为没有飞机轰炸，我王支队官兵，分三路包围敌人，血战一日，卒将敌人击退，事后第×战区副司令长官×××特电令嘉奖。

十二日，又是一日血战，我伊东游击司令张乐，七十多岁的老将，曾守府谷，克保德，予敌人以打击，他亲自到大成西前线指挥，配合游击支队和××军××师的步兵营，分三面包围敌人，张本人和李含芳营长，都在正面最前线。直至下午四时，敌人便开始向大树湾溃退，六时完全退进〔尽〕，我军克服王柜、树林召。十三、十四两日，敌机虽侦察、投弹，但敌伪步、骑兵未出动。

包头敌伪，几次进犯，都是防御性质的攻击，实则包头敌人始终是恐慌着。

十一、十二日包头滩上之役，敌以两倍于我之兵力、优势的火器与我作战，结果我伤亡官兵不足百人，敌伪则三倍于我，遗尸于包头滩上不计，在包头城外尚焚尸二三次，敌大尉一员阵亡，系腰部中弹，未悉其名。

近来敌似仍有南犯企图，有的传说敌人将要"扫荡"伊盟，恐怕也只是"传说"而已。实则绥、包敌人，向北"扫荡"大青山，碰壁了就向绥西，试探结果，在西山嘴三顶房一带，被我××、×××两部，步骑联合，将敌击退，所以敌人才又转而"扫荡"包头滩上。其实，它始终不过转圈子盲动而已。

九月十六日，全总寄自榆林

《军校半月刊》
成都中央陆军军官学校
1939 年 2 卷 5 期
（朱宪　整理）

蒙伪边境冲突事件

森禹　撰

如果说日本在中国的侵略战争的处境是陷入泥淖，那末，蒙、伪边境的冲突事件，也许可以譬做"湿手捏酒糟"。"泥足"和"糟手"，侵发者的手足都给胶住了。这糟手，其实在去年秋季张高峰上就已经出丑过一次，后来好容易断了几颗指头，才算勉强拭干；现在竟敢再来一次，而且越糟越糊。

日本为什么"糟不怕"，胆敢连续的老虎头上"捏糟"呢？这，自然有其无可奈何的苦衷。

第一，在华战争胶着，新的"胜利"不再出来，败相却日益显露，它为了缓和其国内的矛盾，刺激其人民的情绪，以及在国际间掩丑，所以必须挑动一些新的事件，来遮盖它的败相。

第二，它企图迷惑英、美诸国的耳目，用"进攻苏联"的姿态，来取悦英国的妥协分子和美国的孤立派，以拆散民主国家和苏联的合作，破坏英、法、苏谈判；同时，再以宣传苏联军力特别是飞机的"不堪一击"，来告诉英国和苏联合作的"不中用"。

第三，则是响应德、意，德国在欧洲正预备发动但泽事变，侵略主义者必须互相呼应，以助长气焰。企图拆散英、苏谈判，也就是企图英国对侵略者作新的让步。

为了要欺骗国内，欺骗世界，因此日本对于这一冲突事件，需要大吹大擂一下，尽量宣传苏联的"不中用"，以便达到上述企图，特别是第二项。

但不管日方怎样作超常识的宣传和造谣，事实终逃不过事实。"苏联飞机被击坠五百架、六百架"的神话也好，"日机一架击毁苏机四十二架"的神话也好……另一方面所告诉我们的——自打其丑嘴的，却是："苏联军已深入满境"（七月四日沪日方陆军发言人招待新闻记者谈话中语）；"苏联炮兵的炮击性能非常优秀……蒙、苏军的装备和兵器都优秀"（七月十一日《读卖新闻》）；"苏联机师的投弹技术实极高明，异常准确……主动在苏，且地势有利苏军，故日本虽调动大军，亦至感困难"（前线某日本军官对海通社记者言）；"外蒙军骑兵强将哈勒欣河之北贝尔湖附近一带占据，关东军准备反攻"（七月十九日关东军参谋长矶谷廉介飞往东京时谈话）。

一面说"苏联军队不经打"，一面却是"苏军炮击性能、装备、兵器都优秀"；一面说是"苏军节节败退"，一面却还是"关东军准备反攻"；一面说"苏机连续被击坠"，一面却是"苏机投弹异常准确"，而且还不止此，苏联飞机甚至飞到距蒙境二百五十公里的富拉尔基，和一百四十公里以上的哈兰纳珊去投弹，二百公里以上的海拉尔去示威，这真是太奇妙了。

七月十日下午哈拉〔勒〕欣河上空空战，日方宣传击落苏机十六架，但亲去观战的美联社远东经理莫利斯（John R. Morris）说："只见一架飞机起火坠地，一架飞机被迫降落，然而不能辨明为何国飞机。"这从中立者的口中旁证边境战事到底怎么一回事。

塔斯社告诉我们，仅自五月间战事开始以来至七月上旬止，日军伤亡逾五千人，飞机被击落一百九十九架；而日方自己也又承认过：甚至连部队长也战死好几个（如步兵大佐吉丸清武，骑兵大佐大内孜，工兵大佐川村质郎等）。其牺牲之惨重可知。

显然，日军已经大碰其壁，大捏其"糟"，而一切企图都落了空。虽然它现在从英国方面似乎获得若干成就，但却给美国来一个"废止商约"，打得粉碎了。

欲罢不能，再冒险下去只有走死路；除了重来一次再大的张高峰屈膝外，还有什么办法呢？

《战时日本》（月刊）

战时日本研究会

1939 年 2 卷 6 期

（朱宪　整理）

绥西国民抗敌自卫团的组织与训练

洪宾　撰

中华民族对日本帝国主义的抗战，已进行了二年有余。在这二年多的过程中，我们虽失去了不少的大城市、交通要道、海岸线，但在另一方面，却有了伟大的收获与进步，如全国统一团结、坚持抗战，部分民众动员起来，参加了抗战工作，军事、政治、经济、文化、教育各方面的进步等，所有这些都光〔表〕明了，只要我们坚持抗战下去，最后胜利，一定是属于我们的。

我们反抗日本帝国主义侵略的民族革命战争，是求全国人民的生存与解放的，同时要战争胜利，没有全国人民的积极参加，是不可能的。根据这一点，我们检讨一下过去的民众组织与武装工作，虽有部分的成绩，但还是不够得很，不能适应战争的需要，尤其是我们地处边陲，交通不便，文化落后的绥西。

为了粉碎敌人的政治、军事阴谋，渡过目前难关，争取抗战胜利，所以我们现在要积极的训练与武装人民，组织国民抗敌自卫团，即是为达到这一目的。

国民抗敌自卫团，究竟要做些什么具体工作呢？一般的说来，不外二种：一、参加战时工作，帮助我们的正规军，以取得军事上的胜利，例如送信、带路、担架、慰劳、侦察、破坏，以及空舍清野等工作；二、武装自卫，这一方面是保护了个人的生命财产，同时也即是维持了后方治安，例如防奸、除奸、取缔散兵游勇、稽查敌货等。

现在组织国民抗敌自卫团，我们已经有了整个的计划，我们相信如能将这计划全部实现，一定会收到圆满的效果。但是，保证这一计划实现的唯一而且最主要的就是干部。

关于国民抗敌自卫团的中上级干部，由动委会工作同志与指定的军事干部充任之。至于下级干部，则由地方上选拔之，这因为：（一）地方干部是地方上最有能力、最有信仰的分子；（二）地方干部在地方上的号召力量最大，能够得到群众的拥护；（三）使地方上的人，能竭尽其能力与特长，供献给抗战建国大业。

地方干部的具体任务是什么呢？地方干部就是政府普遍组训民众时的最下层基础的基本干部，充任的职务，是中队副（乡长）以下的军政干部，即正副分队长、正副小队长及政治工作员等。

这样看来，地方干部的任务是重大的，工作是最实际、最艰苦的，所以在工作的过程中，不难变成群众拥护与爱戴的群众领袖，这样一方面尽了国民的天职，同时也即是领导全体民众参加了抗战工作。所以当地方干部是最光荣、最崇高的，每一个有工作能力的同胞，应踊跃的参加这一工作。

最后有一个问题，应当附带的提到，即目前敌人采取了诱降政策。就是说要主要的用政治阴谋，来侵〔使〕中国向它投降屈服，灭亡中国。其具体办法是：一方面加强伪组织，扫荡敌后方我游击根据地，巩固其占领区的统治；一方面是派遣大批敌探、汉奸到我后方，来进行造谣欺骗、挑拨离间的工作。尤其是我们绥西，因为是保卫大西北的堡垒，反攻时的根据地，现在我们又积极的组训民众，与进行其他许多工作，敌人一定要恐惧，要遣派大批敌探、汉奸来阻止与妨碍我们工作的进行。

同志：我们要宣传号召全体同胞，每个人提高他的警觉性，随时随地揭露并打击一切汉奸的言论与行动，完成我们伟大神圣的使命——组织国民抗敌自卫团。

《西线》（半月刊）

山西宜川第二战区文化抗敌协会西线社

1939 年 2 卷 7 期

（李红权　整理）

绥西抗日根据地概况

乔力　撰

绥西抗日根据地——后套，位置在黄河与乌河加〔加河〕绕环之中，包括五原、临河两县及安北设治局的一部分；乌拉山屏障于其东，狼山枕于其北，南有黄河，西与宁夏毗邻。狼山北即已沦于敌手之乌兰察布盟的中、东两公旗的一片广漠的草原，黄河南为伊克昭盟的杭锦、达拉等旗沙漠地。包乌公路由包头经乌拉山之西山咀而横贯后套，为通宁夏之交通要道，也是日寇进犯大西北必经之地。所以后套地形扼要，不但在军事上是保卫西北的前哨，同时是团结蒙汉民族迎击日寇无耻的政治分化阴谋的枢纽。

因此，自绥、包相继沦陷后，敌即伸其魔手，企图攫取后套。不幸当时绥主力军参加晋北战役之后没有转回来，绥省政府于绥、包失陷时间也远退出绥远，致使绥西的军事、政治都失掉了统一的领导；留在绥远之军队，虽大半都云集后套，但除门炳岳之骑×军外，余如国民兵、保安队、民众抗日自卫军、后套原有之屯垦军，以及此时蜂起的游击队，不是甫有组织或建立不久，便是久疏作战或毫无战斗的准备，并且这些部队，大多无饷；随着日寇的加紧进迫，致陷后套人〔入〕异常混乱的状态。幸赖这时门军在西山里击退了追踪之敌，并镇坐后套，地方秩序始渐形恢复。总之，黄河南的伊盟准噶尔、杭锦、达拉各旗相继为我国军克复，后套乃得转危为安。

今年三月，绥远省傅主席，兼任了第×战区副司令长官，并且回到绥远，绥西军事、政治上，不但获得真正统一的领导，同时×××回到绥远后，又增厚了后套的防务，从这时起，始有暇积极整顿后套，使其成为坚强的一个抗日根据地。虽然后套自整顿开始以来，仅仅半年，但是在军事、政治、经济、文化、教育，以及民众救亡运动等方面，都有了飞跃的进步。兹就各方面的现状和整理经过简述如后。

军事的整顿

一、各部队的整理训练　绥西地方部队甚多，名目、编制既不齐一，军纪自也有优劣，因此整理训练地方各部队是整顿绥西工作中最迫切军〔的〕事情。因此，特设一地方部队整理委员会，分别予各地方部队以改编、补充；原无政治工作制度者，均着手进行建立，原有者也予以补充和加强；尤其是解决了地方无饷部队问题，规定各地方部队一定饷额，不再仰仗地方筹备或捐募；同时，更设立散兵游勇收容所收容散兵游勇，于是后套久间不易恢复的秩序，至此始获得完全的恢复。

其次，对各部队政治教育与军事技能的提高，除作战的时候外，无日不在加紧教育与训练中，各级军政干部都曾经分期参加"绥西军政民抗战建国讨论大会"受训，各军队之下级军事干部更参加西北巡迫〔回〕教育团主持的训练班，受短期的军事新技术等的训练。因此，绥西各部队战斗力量增进不少。

二、发展绥西游击战争　后套除狼山、乌拉山及黄河之外，内部是一片广漠的平原，无险可守。而敌可能进犯后套的几条路线，如由包头沿包乌公路至西山咀（这是敌屡以全力进犯的主要路线），公路北即大青山、乌拉山，南面一直到黄河，完全是一片莽莽的红柳（山川柳），是最适宜于游击的地方，故敌每次进犯没有不被痛击败去；其余由后山经安北犯乌石浪口，或经中公旗草地迂回后套的西北侧面，但安北、固阳一常〔带〕——即所谓后山，地形也是很复杂，道路也都很崎岖，我游击队活跃其间，敌即不敢深入无人烟之草地迂回我侧后，所以国民兵之改为游击队，地方部队改为游击支队，便是适应游击战争发展的措施。

三、巩固与扩大大青山抗日游击根据地　敌后大青山两年余的游击战争，不但大大减弱了绥境敌人力量，同时牵制了敌向后套的大规模的进犯。因此与大青山抗日游击根据地取得密切联络，机动配合作战，尤其是帮助它，使它巩固和扩大起来，对于后套的保卫是具有重要的意义。活跃在大青山抗日根据地及其四周的民众自卫军，其总指挥部的后套（该总指挥部原在山西河曲），与供给大青山内各游击队自卫军的一切军需品等，都是这一工作的具体表现。

四、争取伪军反正　这一工作的进行，曾获得不少成绩，如夏军川、李兆兴、高振兴等师的先后反正，其他各伪军也都动摇，以致敌寇不敢让它们参加前线战斗，这自然又削减了敌向后套的进攻力量不少。

政治的新设施

后套的政治，由于后套经济文化的落后、交通的阻隔，故始终未入轨道；平时行政效率已够低微，战时又因省政府的退出绥远，失却统一的领导机构，自然无法适应抗战的需要。绥西专员公署成立后，首先即组织视察团下乡视察，于是乡长、视察员营私舞弊的案件，迭予破获；其次设立临时地方财政监察委员会，整理了各县的财政，澄清了后套过去行政上一切的积弊；各级行政人员也多更换，除乡长原系按期民选不论外，区长、县长则大多以前进的青年充任，并且都曾经予以短期的训练；各级行政人员的待遇也减低了；各级行政组织也少有改革；行政效率较前显然的增强了。省政府为了配合抗战，推进抗战的战时施政纲要，如成立动员委员会、实行人民生活的改善、成立国立绥远中学、查禁敌货、继〔编〕练保安队、规定国民精神总动员实施法、扩大农业生产等数十余项，也都已经分别开始实施，兹举其荦荦大者于下：

一、动员委员会的成立　抗战是长期的，非动员所有一切人力、物力、财力，是不足以支持抗战、争取最后的胜利，所以各省成立动员委员会是中央早就颁布过的法令。因此绥省府回到绥西后，绥远省动员委员会马上便产生了。为了适应地方性以顺利开展绥西的动员工作，故该会的组织略有不同，该会的主任委员系由省主席兼任，委员由党政军民之领导人或代表充任，所以它可以说是绥远党政军打成一片的枢纽，对动员工作的推进便利不少。至该会经常处理实际一切事物〔务〕者，另设有书记长一人，此系由主任委员指定的。省动员委员以下，有县区乡各级动员委员会，其组织大体与省动员委员会相同。现在绥西各县、区、乡，差不多完全建立起来了，只是干部还不够分配。〔糜〕凡组织、训练、武装民众，以及团结蒙汉民族参加抗战等工作任务，均分别按规定计划逐步积极进行中。

二、改善人民生活　后套地处边陲，经济、政治无不特别的落后，人民平时生活已够穷苦，抗战后，大军又云集后套，地方支应浩繁，人民负担更形加重；各部队结欠地方粮秣等款达四十余万，致春耕几无力下种，商号多所倒闭，所以为了培养民力、参加抗战，便不能不改善人民生活。因此，历年来民欠田赋正副各税，五原、临河两县及安北设治局借款、民欠省赈贷物，以及省库所征之屠宰、斗捐、交易等税，共二百七十余万，除抵还各部队积欠地方粮秣价格外，余悉数豁免，现征之各种苛捐杂税也完全豁免，故后套几为一无税之区，人民负担减轻不少。此外，如减租减息、取消高利贷等有关改善人民生活的事项，也都在积极进行中。

三、禁绝大烟的种植与吸食　由于过去后套大烟的种植，故后套吸食大烟的异常多，据五原民教馆出版的《战潮报》今年三月的统计，就五原城内大烟馆多至数十家。省府除严于禁止种植外，对于临近的旗地所种的烟苗，曾派队完全打毁，用以根绝大烟的来源；同时计划由省组织戒烟所，分令各县局设立戒烟分所，并令烟民限期登记，发给戒烟药膏，按年龄大小分期督令，禁绝人民的吸食。

生产贸易概观

由于黄河的灌溉，故后套土地甚肥沃，农产品以小麦、糜、稷、豌豆为大宗，年产共五十余万石，所以后套有"食粮仓库"之称。抗战后各地粮价多有增涨，但后套则一如往昔，小麦每石（合市秤四百余斤）价格仅十元左右，这是给予绥西抗日根据地的建立以优良条件。但是，抗战建国是长期的，食粮是支持抗战建国主要经济的条件，而后套面积约十六万一千七百余顷，除少数碱地，余均适宜于耕种，实际已开垦的尚不及十分之一，所以扩大后套农业生产是具有重大意义，并且是刻不容缓的事。

怎样扩大后套农业生产呢？当然首先是开荒。但是后套最近十余年来的情形，不但荒地无人开垦，反而连已耕种过的田地，不少的一任其废荒起来。这是什么原因哩？是值得我们先来探究的。

最主要的原因是：人力过分稀少。而人力稀少的原因，又是什么呢？当然不是没有人愿意到后套来开垦、来耕地；最大的原因是：后套历年来放垦的办理不善，多数放给大地主，而这些领地的大地主，不是缺乏农业常识，便是懒于经营，他们只不过是见到土地租税特别低廉，因此一时花费百元或千元，即领到了数十顷或数百顷地，而地领到手之后，不是将土地交给别人——即所谓二地主者——去经营，便以土地高价分租于贫穷的农民。他们并不是领地去耕种，却不过以它来营利，这种人即一般所称之"土地商人"，而真正靠种地过活的贫苦农民，又无租领土地的机会。因为当时放垦局为了省事，一次放垦即以十顷、百顷计，当然贫农没有足够的力去领地来开垦，便只有做做佃农，到秋收后离去，第二年春天再来。凡在家乡有地可种，生活稍有办法者，是不轻易涉近千里的沙漠而来这荒凉的后套。到后套来的农民，多是山西河曲、保德及陕西府谷等地人，因此后套人口特别稀少。

后套设治十余年，而农村组织的涣散，政治不能上轨道，富源一任埋藏于地下而不能开发，原因也莫不症结于此。值此抗战建国时期，更是在在需要人力。后套现在即因人稀，劳力更形昂贵，譬如五原城外遍地是可供燃料的枳机草，可以说一文不值，然而却大感燃料的缺乏，每六十斤枳机草，在城内便可以卖到法币一元了。因此，为了解决劳力的缺乏，后套生产的扩大，对后套土地的整顿，不但是必需，并且是有可能的。大凡一说到土地问题，最易引起地主与农民的冲突，但是在后套，情形却有点不同。前面曾经叙述过后套的土地大半所有权是在大地主手里，实际上由于大地主领租地的动机是一时的冲动，事后既不善或无心经营，一般的都把土地交给二地主经营，而二地主者又只晓得从事个人的利润的获得，至于土地的荒废，他是不管的；并且由于近年来税捐的加重，以丈青制度来收税的流弊（详后），耕种田地对于大地主不但得不到丝毫的利益，甚至有赔钱的痛苦。尤其是许多真正土地所有权的大地主，由于许多年后的人事变迁，或远在天涯一方，或已死亡，其土地的实权必将为二地主者夺取。因此省当局决针对着后套土地的这种特殊的情形，在抗战高于一切的原则下，将对后套土地予以适当的整理。至具体的办法，现还在研究之中。至于属政府的未开垦或荒地，最近特辟数千顷，预备拨给外来人耕种，无须花钱便可以租领，只要证实是真正无钱的人，盖借此扩大现在耕地面积。

第二，阻碍后套农业生产的又一个原因是"丈青制度"。所谓"丈青制度"者，就是当每年夏季青苗长成时，丈量所种的青苗面积来征收田赋的一种制度。这种征税制度的实行，原为奖励人民开垦，因为土地初领到手，是否适宜于种植，必须耕种其生长出青苗后，始可断定；倘按领到的土地收税，难免有不适于种植的，这样必将使人裹足不前了。故丈青制度的制定，原意甚善；但由于后套连年的灾祸，税捐的繁重，而这一切临时税捐，又都以丈青的田地作根据，以致人民种地所得的果实，尚不足以抵消应缴纳的税款，所以只有一任土地荒废，丈青制度至此一变为奖励人民少种田地了。并且这种制度流弊很多，下乡丈青人员为了从中贪污、敲诈，常以多报少，或以少报多，使一般穷苦农民痛苦不堪。故丈青制度若不废除或改革，关系后套农业生产的发展甚多。今年的田赋的征收，虽仍按丈青的办法，但下乡丈青人员则由政府、人民等各方面派人共同担任，认真丈青，丈青制度的流弊或不致再发生；又因现在后套一切苛捐杂税又完全豁免，故丈青制度阻碍生产发展的事实也已消泯了。

第三，由面〔于〕后套气候干燥，雨量特别稀少，田地完全依靠开渠道引黄河水灌溉，所以后套水利办理的好坏，密切关系着农业生产的增进。目前后套水利的工作，除各渠道的"岁修"

外，以挖修乌加河大退水渠为最迫切的工作。因该退水渠系五原、临河、安北三县局各大干渠之尾闾，是项工程完竣后，不惟各渠的退水都有归宿，不致再旁冲横决淹没田禾，并且能使调剂湖〔有〕乌梁素海已淹没的四五千顷良田，完全空出来，不但扩大农耕，增进生产，并且还有着对后套保卫上的重大意义。因为该退水渠位置于西山西军事要地，一旦挖通，洪水横贯，为阻止敌军前进的一大障碍；惟该退水渠由五原义和渠稍起，至西山咀而南入黄河，全长一万九千余丈，全部工程，最低限度需款三十一万余元，一时限于经费的缺乏，故暂时只消极的做到各进水渠的修挖、疏通，使不致扩大田地的淹没，和健全水利局的组织，以增进水利的行政效能而已。

粮价的平衡，也是增进生产的一个大条件。后套食粮除供给本地食用外，余均运往包头出粜。抗战后方食粮禁止外运，难免有粮贱伤农的情形，关系民生及生产扩大甚巨，故各地均设购粮所，一面供给军食的不虞缺乏，同时也平衡了粮价的过分低落。

此外，如准备明年春耕运动、发动军队帮助农民耕种、禁牵耕牛、计划种子的改良等，也是扩大后套农业生产的条件，现均在准备与进行中。

关于后套工业生产，不论是为了补救战时日用品和军需的缺乏，或是为了开发后套的经济，都是有积极建设的必要。省府乃于五月间即正式延聘工业技术人才，负责筹划扩大绥西战时工业生产办法及实施步骤，因受人力、物力、财力及军事上之限制，大规模的工业建设，一时还不可能，目前不得不由小手工业方面入手。按后套本为屯垦地区，以食粮、皮毛为主要出产，工业一点基础也没有，故目前工业建设的急务，是建立绥西工业基础、普遍的训练工业技术人才、鼓动商民对于手工业的踊跃投资。兹将这几个月已进行的及正在进行中的具体措施，分述于后：

一、协助临河县陕坝镇制革业组织生产合作社，介绍向平市官钱局低息贷款一千元，并指导社员以新的技术。

二、陕坝镇新兴之卷烟及制纸业予以技术上之指导。

三、设立了第一期毛织手工训练班，普遍训练毛织技术人才。

四、协助商民举办肥皂厂。

此外，如设立工业生产技术指导机关，普遍的组织各种工业生产、同业生产公会或合作社，介绍各社向银行低息贷款等，都已计划并积极进行。

后套贸易的情形，对外贸易在战前甚为频繁，输出以绒毛、食粮、药材等为大宗，由包乌公路及黄河运销包头，战后完全禁止运出，输入以布匹、火柴、鞋袜、肥皂、羊〔洋〕烛等日用品为多。抗战后由于交通的不便，途中常被不良队伍劫去，并且难免汉奸混杂其中，故在后套军宪力量不够坚固之前，完全断绝对外贸易，因此日用品特别昂贵。目前除一面严厉取缔奸商的居奇抬高物价外，一面组织评定物价委员会平衡物价，将来实行统制贸易，开展工业的建设，物价或可减低。至于对内贸易向以食粮等农产品为主要物品，陕坝一带土地较好，出产丰富，故陕坝形成后套贸易的中心，因距战线甚远，至今贸易情形，同往者无多大差异。五原距前线较近，附近军队甚多，故商业日臻兴盛，尤以饭铺、理发所、澡塘等特别发达。

后套的商业在战时所以能支持和发展，后套金融的稳定是主要的原因。五原、临河均有平市官钱局的支局，现两局共有流通市面的平市票二十余万，是后套商业的一大支持。由于平市官钱总局当绥、包失陷时基金遗失一部分，因此现在平市票折合法币仅五角，但从来没有变动过，是法币的一种很好的辅币。

文化教育概况

我们知道后套过去政治、经济既这样落后，当然文化、教育也谈不上什么。

首先说到教育的情形，因为兴办学校只有十一二年的短暂历史，而后套的过分闭塞、村落稀少而零落的客观环境的限制，谈不到丝毫的普及。至今小学共有六七十所，学生不过二千人，而失学儿童竟占学龄儿童全数百分之九十强，并且学生大都集中城镇，乡村小学学生全额尚有少至数人者。抗战以后，各学校多数停课，至今年始陆续复课。由于交通的阻隔与经费的缺乏，大半数学校仍沿用旧课本，只有城市学校才改用了自行编印的适合抗战的课本。过去各学校均感教员的缺乏，初中程度的人即可任教，现在虽然也有教员、人才缺乏之感，究竟较前好得多了，教员间或有大学程度的。临河在去年八月，五原在今年二月间，将各小学教员，都予以甄别考试，并稍加短期的训练，训练后，始分别派至各学校服务。

绥远省政府来后套后，于今年六月间在陕坝成立了国立绥远中学，学生已有二三百人，多系由沦陷区归来的，教员也大多数是才由沦陷区逃出来，不过稍加以短期训练而已。所教课目除旧有的外，更加了抗战常识等战时必修课，课本系油印讲义。

关于后套的社会教育，仅临河、五原城内各有民众教育馆负责推行社会教育，但表现的成绩，只不过是陈列少得可怜的几本图书、报章供人阅览，和出一种新闻报纸而已。绥省动委会成立后，计划在各处办民众学校，现正进行组织中。绥省府也为了加强社会教育的推行，于各县民教馆添派社教推行员一人，以加紧推行社会教育。

说到文化的情形，在过去惟一能使我们可以讲出来的东西，只有五原民教馆出的《战潮三日刊》和临河民教馆所出的《临河日报》。事变后城市墙头上才添加了壁报。自傅主席来后套，这才增加了《动员日报》、《总动员三日刊》、《奋斗日报》等数种，同时还有了一个书报社，这可以说是绥西惟一的精神食粮供给者，据说最近将扩充资本，增加其"精神食粮的供应"。省动员会成立后，开始有了剧团，最近更有文化工作委员会的出现，无疑的，将给予绥西文化以新的开展。

民众救亡运动的热浪

抗战发生后，各地民众救亡运动的热浪普遍的汛〔泛〕滥着，惟独绥西却呈现着异常的沉寂。可是这并不是说绥西人民没有救亡的情绪或落后于人，而是因为绥西政治的"脱节"，即使有极热烈的救亡热情，也无从发挥出来。虽然一般热情的青年，在各县组织起抗敌后援会等组织，实际上和没有它这组织存在一样。因为它的产生的确是凭着这般青年的一时热情，工作既无一定的步骤，又限于绥西客观环境的困难，无法展开其工作。今年傅主席莅绥西，绥西民众纷纷自助的捐粮、捐款，这种突发的民众救亡情绪，不但是绥西人民表示对政府的拥载〔戴〕，同时更说明了绥西人民救亡热情一向是潜伏着的。动员委员会一成立，便积极展开广泛的宣传工作，各种纪念会、军民联合会等的经常举行，剧团的巡回公演，以及国民精神总动员会按月的举行，莫不大大的增高了民众救亡的热情；几次慰劳伤兵、慰劳前方作战将士等等的捐款，以及"七七"的献金，每次都超过了预计的款额；民众抬伤兵、帮助军队运输也不再非强迫了才干的。

绥西救亡运动可以说有了初步的展开了，怎样进一步组织民众、训练民众，以及武装民众，动员一切人力、财力参加抗战，这自然是有待绥西救亡运动的工作同志的努力了。至于目下正在进行着的具体工作，是组织人民抗日团（包括各种救亡团体，如儿童队、乡老队、青年救国会、妇女救国会、商人救国会等），组织除奸网，举办民众夜校，以及加强军民合作等。

目前救亡运动的确开展了，工作中存在着许多困难，因为干部的缺乏，许多地方还没有建立动委会；妇运的工作许多由男同志来做，因为后套地势的辽阔，村落的过分零散，以及人民文化水准的过分低下，这许多客观环境的困难，又是需要每个工作同志的主观努力来克服的。

《西线》（半月刊）
山西宜川第二战区文化抗敌协会西线社
1939 年 2 卷 8 期
（李红权　整理）

绥西前线的伤兵之友运动

五原通讯

刁可成　撰

国军在零下十五度的寒夜，涉过数百里的蒙古草原，向包头敌人出击。后方医院，患者输送队，和伤兵招待所，也有了一个新的部署，连地方民众组织的担架队，也在预定的运输线上调动着。

随着我军切断平绥路，占据包头城及破坏敌人司令部……，这些胜利消息的播送，代表这光荣，创造这胜利记录的负伤战士，也从前方陆续的转下。

他们有的骑着驴子，一条膀臂被绷带缚着，悬挂在颈下，用一只手控制着跨〔胯〕下的鞍桥，驴子得得的蹄声，定会震得创口发痛，但我们的战士咬定了牙根，一声不哼地在向前进。有的两三个人偎依在一辆牛车上，黄牛吞吞的步度，正好帮助他们做射杀敌人的回忆。躺在担架床上的战友，怕是比较重伤了，腿脚用羊皮袄覆盖着，脸上落满了尘土，沉毅坚决的眼睛有时候微微地展开一下，像是寻找一些记路的标志，但不久又合上眼睡了。逗〔回〕想他们在冰天雪地的前线，忍着饥寒，冒着枪林弹雨，和凶顽残暴的敌人十余日的搏斗，用血肉创造出中华民族光荣的历史，他们委实太辛苦，太疲劳，应该有一个较长时间的将息了。

平日驻扎在××公路上的军委会后方勤务部伤兵招待所，现在是一部分移到前方服务了。其最前一所设在黄河西面的××××，其余的仍是按照××十华里一站，设置在××××，以至××的一条捷径上。招待所的前面是野战医院、患者输送队，后面是兵站医院的分院和本院，负伤战友经过一段长距离的战地，到了招待所里面，受着服务员兵的服侍和抚慰，菜根〔很〕味美，糜米饭和麦片放着热香，已是减轻了一半疲劳，如回到自己的家乡。

坐着或躺在小茅屋的热炕上，烤着红柳炭火，兵士们想起了战场上得意的创作，追恋着那惊人的一刻，脸上立刻不约而同的都浮上光辉：

——什么鬼子的汽车、坦克车、龟车，招不了我们三个一簇的手榴弹。

——机械化，终不如人能变化，只要沉住气，接近他，这机械化会死挨打，陷在沙窝里一动不能动。再来汽车拖，还是依法炮制，鬼子兵照样难看。

你一句我一句的报告着，我明白了这一次敌人的一百二十多辆汽车，和十几辆坦克车，就是在战友们这样沉着巧妙的技术下被粉碎了的。也无怪乎，他们滔滔不绝地诉说着"过五关"了。

另外，从负伤战友的谈话中，知道了我军许多英勇的故事：

×团排长一个人在城门口打毁敌汽车三十余辆，×团一位号兵他机灵地跑到敌人后面去吹冲锋号，使得敌人惊惶溃退，他却仗着胸前仅有的三个手溜弹，打毁敌人一辆车汽〔汽车〕，却正是一辆指挥车，鬼子十六个当伤〔场〕毙命，还活擒了一个中队长，这简直是演了一出塞上的垓下歌之歌。我军有许多伙夫和马号，也参加战斗，帮同打敌人，好几位政工同志也在前线挂了彩，弟兄们手上或脚上受了伤，简直不想下来，其中有些是官长强迫着送下的，我想最高统帅蒋委员长训示的"受伤不溃"，战友们是确确实实的做到了。

民族的仇恨，在每个战友的心坎上深深地镌上了烙印，此次塞上相见，正是仇人眼红，又怎能饶贼过去！每个负伤弟兄，差不多都是亲手打死两个至三个以上的敌人，他们说，伤好了，再和他干，"为了国家的生存，每个人知道怎样地去死！"这是多么进步的民族意识啊！我们的士兵有这样的敌忾心，又怎能不打胜仗呢！

因为绥西这个地方，物质环境的特别艰苦，医药缺乏，没有运输汽车，在广漠荒冷的草原上，负伤战友不能不多受些饥寒和痛楚，但由于士兵的政治意识提高，虽然负了伤，仍能保持着严明的纪律，他们在招待所度过了夜，都是平心静气地让招待所和运输站的负责人给他们分配交通工具，沿途没有一处有滋闹的事件发生。

老百姓牵着自己的驴子，赶着牛车，很小心地护送着伤兵入院，年轻的小伙子，就充当担架队员，四个人肩了一副担架，一躺〔趟〕一躺〔趟〕，兴奋的工作着，担架床是用羊毛毡子和红柳制成的，利用着当地的土产，使用起来也很方便。他们都是自带给养，一站接一站地往后抬送，但碰到下一站忙不过来的时候，他们就再送一程，尤其是包头县境东吴村和宿荄滩的老百姓，都是从百里以外地负伤战友送下来，在老百姓的心理中有一个共同的信念，就是"前方流血，后方出汗"。

对于慰劳负伤战士，在民间像已成为一种风气，这风气在各处热烈地激动着，羊肉、山药蛋、豆粉和馒头是乡村里面最时宜，也是伤兵最需要的慰劳品了。五原县小召子村一位□忠美先生，他捐助了五百斤面和五石黄米给伤兵招待所，供负伤战友饮食。一位寺庙上的僧人，他把半年来募化的现金五元，也献作慰劳。那蒙古少女，拖着紫色的袍子，冒着风砂给伤兵送牛酪和炒米饭，这又是多么引人兴味的事呀！

设有伤兵招待所的村子，民众情愿把自己的住房腾出，让伤兵休息。妇女和小孩子都愿意为伤兵服务，打柴、烧炕、挑水和煮饭，从白天到黑夜，都是一样地勤劳。就连城里面的医生，也都停止了他们的营业，带着药材跑到乡下招待所里面，给伤兵换药，军民合作的欢笑声浪，浮腾着，充溢着，在乌拉山前，在大黄河边，在整个中国大地上。

《政论》（半月刊）

兰州政论社

1939 年 2 卷 8、9 期合刊

（朱宪　整理）

所谓诺蒙亨事件

易卓　撰

关于所谓诺蒙亨事件，自始至终我们所见只是日本方面的宣传。外蒙方面，我们当然无从得到消息。苏联方面，除莫洛托夫五月三十一日在最高议会演说中警告日本毋继续挑衅，称苏联与外蒙缔有互助协定，当照约给与援助以外，亦未发表任何报告。外国方面则仅路透社本月五日有海拉尔（呼伦）发来一电，称"诺蒙亨'前线'……一切宁静……不见任何外蒙军之影踪"。路透社记者虽闻日方言"击落"外蒙飞机六十二架，且据称多坠落于"满"境，但并未提到见过任何被"击落"的"外蒙机"在任何地方。

日方的宣传，开始于同盟社五月十四日的"新京"电，称十一日上午二时左右，有外蒙兵约百人，在诺蒙亨西南方"越入'满'境"。嗣后一星期内，连日都有消息，大都称日、"满"军已将外蒙兵"驱逐"，"'满'蒙国境得以确保"。但廿二日至廿八日间，消息忽比较沉寂。廿八日起，关东军又连日不断发表公报，称"击落"外蒙飞机"十七架"，继渐增至"四十二架"，最后至六月二日为"六十二架"，"日方仅损害飞机一架"。关于陆上作战经过，则至六月一日发表总报告，称日军山形部队、东部队等卅一日上午零时总攻击结果，已将外蒙军确实"完全驱逐出境"，"至哈尔哈河对岸"，截至六月一日止，日方战死者，计将校十一名（包括东八百藏部队长在内），下士官兵一百十四名，"满"领内蒙方"遗尸三百"云。

所谓诺蒙亨这个地方，是在黑龙江省与蒙古交界的贝尔湖东（略偏北）约六十公里，哈勒欣河（日人所谓哈尔哈河）北岸，甘珠寺南（偏东）约五十公里，满洲里（胪滨）东南（偏西）约一百六十公里，海拉尔（呼伦）西南（偏东）约一百五十公里；是蒙古边界突入黑龙江省境，在一片广大平原中的比较隆起的高地。

关于诺蒙亨和贝尔湖、哈勒欣河（哈尔哈河）沿线一带，外蒙与日方屡有关于疆界的争执。外蒙方面认定，疆界从贝尔湖以北起（贝尔湖全在蒙境），沿哈勒欣河北约十至廿公里之线，直至索岳额齐山西北五十公里，哈勒欣河与某支流汇合地点为止（俄方地图亦如此载）。日方地图则载，疆界从贝尔湖南岸起（该湖在"满洲国"境内），沿哈勒欣河全线，河北为"满"领，河南为蒙领。双方关于这一界线，历来都有争执。去年在张鼓峰事件以前，已经发生冲突，当时曾提议组织疆界委员会加以规定，但并无结果。日方自张鼓峰事件失败后，不敢向苏联挑衅，故外蒙亦得据守己方所称之界线，包括所谓诺蒙亨者在内，迄今将近一年，双方相安无事。

最近冲突的发生，虽日方称为"外蒙兵挑衅"，但即就日方自己所传消息的里面观察，中立方面亦可以断定，挑衅者是日人自己。因为自始至终，日方消息除称外蒙方面出动飞机有"数十架"或"百余架"之多外，关于外蒙军队，则从未指出很大的数目，大都是"数十人"或"百余人"，至多称之为"一千"。关于日本自己的军队，最初虽亦未举出巨大数目，但在五月廿八日以后，则除明白举出之山形及东两部队外，尚有以○○代表之部队，至少一个或两个。照日军作战混合编制惯例，并就该处平原作战条件推断，每部队兵力至少当在一联队以上。如此，仅日军已将近一师团，而所谓与"日军协作的'满'军"尚不在内。关于自己的空军兵力，日方讳莫如深，仅称以少数击落外蒙多数飞机，或竟谓"斋藤曹长某次独自攻击外蒙机二十八架，击落其十余架"。这些当然是人的世界绝不会有的"奇迹"。就人的智力推断，如果外蒙出战飞机确有百余架，而被击落者确有六十二架（证诸日人素来夸张战报惯例，和路透社记者报告字后的暗示，我们不相信有这样多），则日方出动的飞机至少当有一百五十架至二百架。

如此，我们可以进一步推断这次事变的经过如下：日方决计在诺蒙亨的争执地带再度挑衅，因首先捏造外蒙兵百余名"越境"的消息，借口开始用兵，其实外蒙兵驻在那被"越"的"境"已经一年。嗣后，按照它低估他人力量的惯例，日军即开始企图以少数兵力驱逐少数外蒙边防军，结果是发生了"意外"（日军心目中的意外），外蒙军竟未被"驱逐"。于是日军不得不再按它陆续增兵的惯例，调集了一师团的陆军和一百架乃至二百架的飞机，于五月廿七八日前后开始，费尽九牛二虎之力，才于五月三十一日"占领"了诺蒙亨，进到了哈勒欣河（哈尔哈河）边，而其代价则大到连一个东八百藏部队长都遭到了牺牲。如果日方的消息不完全是凭空捏造的神话，这推断大概不会错到哪儿去。

现在是消息又沉寂了，大概日军因争夺区区一个诺蒙亨，已费很大气力，故不敢冒险再进。同时外蒙军因一切准备未周，还未开始反攻。以常识推断，这所谓诺蒙亨事件，大约不会就此了结。

日本军阀为什么要对外蒙在这地点和这时候挑衅呢？我们可以分三点答复：

第一，日本战略上的需要和贝尔湖附近地区战略上的重要；

第二，日本内政上和对华战事上的需要；

　　第三，日本乃至德、义、日侵略集团外交上的需要。

　　关于一，我们只要参看该虚〔处〕地图，就可看出贝尔湖区域，特别〈是〉诺蒙亨在军略上的重要。日本与苏联如果开战，苏联与同盟的外蒙，可从诺蒙亨和黑龙江岸的库克多博南北夹击，会师于海拉尔，不费多大气力，就切断黑龙江省突入苏联、外蒙古之间的一块土地，减轻日军对赤塔和库伦的威胁，造成战略上的优势。日本方面，也可以从同一地点和察哈尔北部的贝勒庙一带两间夹击，同样割去外蒙突入东四省境内的一个箭头，消灭苏联与外蒙联军的威胁，巩固自己的战略形势。进一步，如果翻开东北地图看，我们会知道外蒙这突入黑龙江与察哈尔之间的箭头，更可以被利用来制东北日军的死命。从这样出发，不但是进攻齐齐哈尔的最短线，也是进攻哈尔滨、长春甚至沈阳三重要中心每一个的两条最短线之一。日本军阀对于这一形势看得非常明白，故他们认定在对苏（和外蒙）军事上，贝尔湖区域是必争之地，并且因重视、防备并准备于必要时，消灭这突入"满洲国"心脏的贝尔湖东南的箭头。曾从辽宁北端的洮安，西北行经黑龙江西南角的蒙伦，沿外蒙边境哈勒欣河北岸，修筑一条纯粹战略的铁路，直达贝尔湖北的哈勒欣（哈尔哈）庙；更从哈勒欣庙和它东面偏南的将军庙，各修支线一条到海拉尔，像一把钳子的两双脚，钳住所谓诺蒙亨。最后诺蒙亨是贝尔湖区域一遍〔片〕广大平原中，几乎唯一的高地，因此亦是军事上所必争。日本关东军不惜处心积虑，费九牛二虎之力，争夺这一块普通地图上不载的小地方，显然是有十分充足的理由的。老实说，我们如果不健忘，必能想到所谓诺蒙亨者，与张鼓峰十分类似，在疆界的争执上，尤其在战略形势上。

　　但关东军为何在这时候抢这点地方呢？是否日本预备马上对苏联和外蒙用兵？不是的。日本决不会在此时对苏联大举作战。这样的原因是在上述的第二和第三两点，特别是第二点。我们知道日本在国内自武汉打下后，早已宣传对华战事结束，现在是"建设"时期。但事实上，对华战事不但未结束，反一天天更加严重和困难。要想真正结束这讨厌的战事，其势不得不实行全国总动员。然而"中国事件"既已到"建设"时期，自不能用为总动员的理由。如此制造几件"苏联挑衅"或"外蒙挑衅"事件，就成为必要了。附带地所谓"苏联挑衅"者，当然也是借国际问题调和国内矛盾之一手法。

同时国际政治的目前形势，也使捏造的"苏联挑衅"，成为对于侵略集团有利的一种策略。英、法、苏的互助协定，已有成功的形势，怎样加以破坏呢？无法之中，想出激将一法，使苏联与日本发生正面的重大冲突，那么或者英国因苏联在远东已卷入军事行动，就能放弃与她缔结互助协定也难说。

究竟日本军阀的这些单相思能否实现，我以为很难说。即使实现，大概这种冒险举动的恶果，是回到日本自己头上的成分居多。我个人的观察，以为英、法、苏互助协定成功与否，其决定的因素乃在英、法本身的利害，不会受日本这种幼稚举动的影响。即使可能发生影响，苏联外交手腕十分灵活，决不会上日本的当。

日本踢便宜货，就此永占诺蒙亨和贝尔湖、哈勒欣河北区域的梦是不会长的。这一带最近的将来，当有使日本再遇一次张鼓峰的十分可能，时间也许不久，也许在英、法、苏互助协定缔结以后。

如果这样，日本军阀或者对内会达到实行全国总动员的目的。但那本来外表对苏、实际对华的总动员真正实现之后，是否会表里一反，弄到不得不真正对苏起来，那得看日本军阀是否愿意和张鼓峰与渔业协定一样，第三次老一老皇军光荣的面皮，让吐来的唾自干一下。

二十八年六月九日

《译报周刊》

上海译报周刊社

1939 年 2 卷 9 期

（李红权　整理）

大青山麓黑水河畔绥远健儿长大起来了

杨令德　撰

　　绥远——大青山下广漠的原野，从一九三六年燃起了绥东抗战的火把，收复了百灵庙，这一个星星之火，曾蔓延到全国各个角落，震醒了全中国人的心霏〔扉〕，那时候全国的目光，甚至全世界的视听，都集中到那辽远的塞外。然而一九三七年八月，全面抗战展开后，平绥线的军事恶化，抱着宁使绥远变成一片焦土，也不教敌人得到一点塞外宝藏的傅作义将军，被逼着回山西守雁门关去了。这一片大好河山，竟在糊里糊涂中失去。一年半了，这一块平和的大地，被敌人铁蹄蹂躏着，践踏着，草原上的草也都被血染红了。这曾经有过光辉抗战历史的，原野上生长大的人们，表面上是沉默了，但他们屈服了吗？甘心准备给敌人做奴隶吗？不！每一个有血性的绥远人都要这样回答的。一年半来，他们在艰辛地与敌搏斗着，反抗的呼声，响遍了原野，他们是在血的洪流中，坚强的与敌人战斗着！

　　一九三七年十月，当负责绥军政的大员都退走了的时候，塞外公正爱国的士绅们，虽然他们只是几个"书生"，然而，眼看着故乡要被沦陷了，他们不愿做亡国奴，组织起来了，组织起全绥各县旧有的武装，成立了绥远人民抗日自卫军。这的确是绥远人民自己抗日的队伍，他们配合着推〔挺〕进军马占山将军的军队作战，随着战事的恶化，退到陕北的榆林，晋西北的河曲。在由包头退过黄河，伊盟沙漠地带，和绥西中途的时候，他们曾有过光荣壮烈的牺牲。去年月三〔三月〕，傅作义将军反攻绥远，他们都陆续地回到了家乡，在大青山南北，黑水河畔，沙漠一角，都洒了他们鲜红的血，为保卫祖国，保卫西北，收复家乡，在今日冰天雪地的塞外，他们依然顽强地与敌人苦斗着。

"没有枪，没有炮，敌人替我们造"，他们真的是这样地在与敌人作战。绥远抗日人民自卫军共分七路，由张钦任总指挥，陈国英、李聚五、潘秀仁、于存灏、白镜潭、陈志仁、张国宝分别带领着，分布在绥远各个县，各个村落，数目要在×千人以上，都是枪马齐全的骑兵。其中第二路和三、四路是最大的三路，他们占人数二分之一以上，第二路在包头黄河南岸的"滩上"，第三、四路都在大青山的背后，在草原上与敌厮杀。一年来，他们和敌人大小战斗了不少的次数，他们自己固然牺牲了许多的志士，但敌人却死了更多的倍数。起先老百姓是不与他们合作的，敌人奸淫掳掠的残暴，和他们政治工作的进步，老百姓是和他们紧紧地站在一起了，通风报讯、送茶送水、抬伤兵、掩护退却，这是绥远老百姓自己成立起来的抗日队伍。

他们缺乏的不是钱，这个他们固然没有，在包头滩上，一千多个人每月只有一千多元，这够了什么？但这还不是主要的问题，因为只要有吃，有喝，弟兄们是不会有怨言的，这问题已由期待祖国将士拔救的老百姓解决了。最最缺的是军械子弹，不用说没有炮和机关枪，连好一点的步枪和手溜弹，都是没有的，甚至于子弹只是很少的几粒，这怎么能打仗呢？他们只有从敌人和伪军那里抢了。可是，敌人对伪军是那样的不敢放心，打仗时发的子弹是那么少，他们只有放一枪而听敌人放一百枪一千枪，和轰轰的大炮声了。有几次，他们摸到了正在进攻的敌人的唐克车旁边，八九十个手溜弹，却因了多年潮湿只爆炸了七八个，那一次真气得他们了不得，为了没有好军火而没有把敌人完全消灭。

　　但这样是掩没不了他们的天才的，"我们打的是消耗战"，他们中一个副司令这样说。也许在晚间，他们会跑到敌人的附近，放起火来，打了几枪，回去睡觉了，而敌人却会乱放一夜枪。也许他们中几个化装成老百姓，里边装着手枪，走到包头或任何一县城门外，在敌人搜查时掏出手枪打死敌人，抢了枪跑了。有几次他们穿上打下来的伪军的服装跑进了归绥市、包头城，打死几个鬼子军官和士兵跑了。……有几次，他们也曾大队人马攻下武川县和别的城镇。

　　最有趣的是有一次他们打死了一个日本军官的事：

　　"咦！鬼子。"一个弟兄看见穿着黄呢制服的大氅，留着仁丹胡的尸首说，他是被败退的伪军遗弃下的日本指挥官。

　　"狗×的，刺他几刀，"弟兄们都想泄泄愤。

　　"不可，我有办法，"司令走上来，如此这般，他们走了。

　　日本鬼子是不愿随便丢掉一个军官的尸体的，他们反攻回来，把尸首抬回包头城外火葬了。

　　尸体放在熊熊的火上，团在火周围的日本鬼子悲哀的都低下了头，不想，尸首变成了炸弹，"碰"的一声炸了，周围的八个鬼子和两个伪警都被炸死了。

　　原来他们把那个鬼子"切腹"，把炸弹装了进去，穿好了衣服，于是这样的泡〔炮〕制成功了。

　　就这样，他们在生长大了的家乡与敌人拼着，搏斗着。

《战地通讯》（半月刊）
福州福建省抗敌后援会
1939 年 2 卷 12 期
（李红菊　整理）

诺门汗事件真相①

作者不详

一 国境问题与苏蒙的联环

外蒙兵的不法越境侵入"满洲国"领内，及向国军出以挑战的态度，最近已益于露骨，终致惹起诺门汗事件等。国军对于外蒙兵如斯之不法行为，该时当即按其情形已充分发挥其伟力，断乎击退于国境线外，同时，并向外蒙政府提出严重抗议，由满蒙亲善见地，要求绝灭此种不法行为。讵意此数日以来的情势，竟仅只趋于险恶之一途，对于始终立于大局的见地而隐忍自重的我方，彼之不法行为，仍未能迅速见诸终熄。是以我方于自卫上，亦已讲求某种程度之对应措置，盖现在外蒙，在形式的方面，于其历史的经过，自属一独立国，但在实质的方面，则实乃一苏联之附属国，不外可视为苏联构成之一分子而已矣。以是其屡次所为之越境事件，亦并非仅只本诸外蒙政府之意图，且可视为远在莫斯科之克列牟林宫所策谋，以之指令外蒙政府，始出现为当地外蒙军之行动者。故外蒙问题，乃系以其于外蒙具有绝对的指导力之苏联"赤化"势力为对手之问题，此按据考究苏联势力在外

---

① 本篇是站在日伪的立场叙事的，请读者留意。——整理者注

蒙之实情，始能理解者焉。即系于苏联极东"赤化"工作上，从来为大国际共党路线之（满洲、外蒙、新疆）一的满洲，自"建国"以来，已满七载，令人惊叹之国势飞跃，毫无予苏联"赤化"工作可乘之隙，且所标榜东亚新秩序建设之理想，正为"赤化"工作的大威胁。此趋势，遂成日"满"两国对外蒙之势力伸张，故疑虑在第二国际共党路线外蒙古，苏联将陷于丧失极东"赤化"最大据点之结果。此盖为借行使武力之示威，作反间苦肉策，同时盖因最近外蒙将兵，逃避苏联肃正之魔手，逃入"满洲国"内，相继不绝，而使频发国境事件，以作糊涂策。又对于最近外蒙人之苏联忌避念炽烈，表示赤军威力的方便，而作为国内宣传的工具也。

苏联以"赤化"政策据点，为具有能自由利用外蒙起见，苏蒙间在政治、军事、经济上，如何存在紧密联环，此须先由两国历史的展开考察。人种的有黄、白绝对的区别，地理的悬隔之两国民族的交涉，其起始以蒙古征霸为嚆矢。约为七百年前之事，此仅为史实的存在，其后于蒙古衰退之时，仅依清朝与俄国进行交涉，嗣因清朝灭亡，故独立的外蒙，与俄国当立于对等关系。详察过去历史，亦无何等应依从俄国或苏联之要素存在，但自一九一一年十月宣言独立以来，已达三十年。现在仍按完全独立之途径进行，而未脱出独立国的境域者，系因于独立的当初已受帝政俄国的援助与谅解。嗣于一九一九年十一月，惨遭取消独立之祸，幸得再生，一九二一年树立外蒙政府，尔后经营国家，皆受苏联指导。策谋独立的外蒙，于帝政俄国时代，曾被利用，如东西比利亚总督莫拉比夫曾谓："对于颇有离反中国倾向的外蒙古情势，留心不使中国注意及疑虑，为增深俄国与外蒙亲善关系计，研究所有的怀柔手段，使外蒙古服归势力之下"，成为帝国主义的饵食。苏联以此为完成革命工作的工具，并努力以此为"赤化"

东洋之据点。即已于外蒙获得势力的自卫军之存在，于一九二一年之初，于赤色苏联之存在上，乃绝对不被容许者，于援助外蒙独立之伪装的标语下，依外蒙人之协力，将此破坏，以期革命工作的完成。一方更派送政治、经济、军事之最高指导者，并将共产主义者，置于重要地位，将各部门完全改为苏联的机构成为己有，并拟以此为据点，向东洋伸展"赤化"的魔手。

二　苏联势力之浸润与反苏气势的抬头

于苏联势力下之外蒙，其现在之政治组织，完全模仿苏联。一九二一年，外蒙政府成立，当时苏联之任务，表面上始终援助外蒙之独立，是以于形式上，则采取君主制，而将活佛置于君主之位置。然而，活佛对于国家主权，则未有不认可权，实际权能，则在于与苏联相通之小国民会议〔议会〕，与由其中所选出之政府。一九二四年五月二十日，活佛羽化，同时，废除立宪君主制，采用现在共和制，苏联之外蒙"赤化"工作，遂告终其第一阶段矣。

按外蒙古共和国宪法，外蒙主权之所在，乃属于劳动国民，国家最高之政治机关，则为由国民选出之大国民议会，大国民议会，对于大国民议会之决议及宪法之实行，更选出监视之小国民议会，再由小国民议会选出政府阁员，使其担当执政之任务。

1、政府重要职员依选举制任命。

2、立法、执行机关之不分立。

3、劳农阶级政治权利之强调。

4、对于旧支配阶级，夺取政治之权利，乃由苏联社会主义共和国所改造者。

故外蒙政治之根本目标，则置于外蒙"赤化"的彻底，其对外政策，则参加苏联之达成世界赤色革命之目的，此乃不待赘言者也。

吾人由一九二四年所发表的《蒙古劳动国民权宣言》，已足证明。缘该宣言，除主张土地国有、废弃国际条约及借款、外国贸易的国营、编成国民革命军（保护劳动国民权，防止内外的反动势力抬头，乃其目的）等，同时，于对外方面则高倡社会主义建设政策的实行，与此等相并行，曾着手征伐王公、僧侣等之旧特权阶级，盖即本格的从事抑压喇嘛。关于喇嘛教扑灭之重要训令，通过大国民议会者，为一九三〇年的第六回大会。以此为转机，外蒙人民对苏联强压政治之反拨潜行运动，渐呈活泼，反苏暴动，终至普遍于全外蒙，查主要原因，大体如左：

甲、国民党与青年革命同盟（青同），两者乃大国民议会之构成分子，于与国际的关系，曾声明"始终提携而活动"。但党内因特权阶级出身者居多数，右派势力较优，他一方面，青同则为受苏联教育的无产阶级出身青年为主体，更因系极左翼，故两者步伍殊难一致。苏联亦时出弹压国民党之举，因此国民党渐对苏联的策谋抱反感，间亦以其强敌，而时出反苏行动。

乙、伺机反啮的喇嘛僧，于第六次大国民议会所采择的抑压喇嘛教的重要训令，其后即着着实行，但于时时信仰喇嘛的蒙古人，实为一重大打击，而排击苏联势力之暴动，年年不绝。至第七次国民议会（一九三四年），虽宗教政策，一时退步，但全外蒙人富于精神的自由信仰的欲望，竟不受苏联之一时的伪瞒政策之愚弄，乃时伺暴动勃发的良机。

丙、民族精神的不同，与宗教问题关联而考察之时，即于苏联与外蒙之思想的发展过程，毫无共通点之事，易词言之，抑〔亦〕即于民族的精神，完全不相容之事，苏联譬如油，外蒙譬如水，现在油虽完全覆于水面之上，但水仍未失其本来面目。现极欲继承七百年前之成吉思汗之伟业，重建蒙古民族。

丁、经济组织之编成变更，对于以游牧为唯一圣业，为唯一财产之外蒙住民，强制施行社会主义的经济，质言之，实可谓予以重大的打击。故现在于半原始的经济事情之彼等，为拥护其生活，亦不得不与苏联抵抗，关于此事情，将再说明之。

三　经济组织与其本质的矛盾

苏联对于外蒙之经济化于生产、配给，固无待言，即调查、辅导等主要之位置，悉网罗苏联人以充之，而其对外贸易，亦归苏联所独占。同时，则外蒙物资输出入之状况，现已完全制服于苏联统制经济之下。按苏蒙之经济关系，系以蒙古之〔为〕原料供给地，苏联之生活必需品供给之，而演成其重要之任务。尤其在苏联经济集团之外交地位，乃以皮革、羊毛及肉食之供给地殊堪重要。视于其自一九三一年所实施之产业五年计划，亦特行置重于牧畜之发达，决定左列飞跃的计划之数字：

一九三一年，一八，三五一，〇〇〇头。一九三二年，一九，四四七，〇〇〇头。一九三三年，二一，〇一三，〇〇〇头。一九三四年，二二，八六〇，〇〇〇头。一九三五年，二五，〇六〇，〇〇〇头。

以上所列之数字，大体想已达到所期之目标。

由该计画之农业部门观之，库伦政府以外蒙人之所行，可谓为完全系处女的产业，乃对于此等部门实行统制的而且国营，亦即置重于共营农场经营之案。一九三一年国营及共营农场耕作面积〔的〕占全耕作面积百分之六十，至于其实效，未得期待，遂转换不牧畜第一主义，成悲惨之结果而终。其他林业、矿业部门，尚未脱基础的调查之地步，如右立于原始产业基上之工业，亦极贫弱，仅肉业工业稍有可观。然苏联由将来军事上之要求，全产业部面，漠视外蒙人之个人经济，焦虑于树立蹂躏外蒙旧有经济事情之计画经济，恶化外蒙人之感情，尤其反苏运动之经济的原因，强制移行于过去之农业重点主义，强制彼等祖先未尝从事之苛酷劳动，其反感气协力，极为炽烈。

四　外蒙军之实体

外蒙军备，乃由其主体势力的苏联赤军，与其指导下的若干外蒙赤军所成。于事变前的兵力约为二个军团（约当七师），似有一万二千乃至一万五千，但于现在，则为三个军团（十师内，有机械化部队一师），苏联赤军二师（内机械化一旅），其总兵力系十八九万。事变前的配备，第一军团于桑贝滋设有军团司令部，以达穆斯克斯姆、由克鸠尔斯穆等为前方中心地。第二军团于库伦设有军团司令部，配备于凯尔伦河左岸及卖买〔买卖〕城等一带。事变后，因内蒙独立，内外蒙国境之警备，乃感必要，或因此乃以乌特达兰肯哥尔等为中心，设置第三军团。关于事变后配备方针的变更，其最值注目如下：

一、配备之西进

依诸内外蒙国境警备的必要。

二、重心地集结方针

从前并无于重心地集结部队之事，其大部已全力分配于国境沿线接近，但于最近则配布监视部队及独立分遣队，采取部队的大部分集结于各重心地点，及其他后方方针。机械化部队白〔自〕塔穆斯克斯穆①及乌德等处前进，于前记军团所在地屯驻有力部队战车，全部系轻战车、战车、制〔装〕甲汽车及载重汽车等，合

---

①　似即上文的"达穆斯克斯姆"。——整理者注

计当为三百余俩〔辆〕。飞机之数，虽不明了，但全数约有二百二十余架，其中苏联机居三分之一（约百余架），其空军所属兵力，计为七百，干部将校，均系苏联将校。

五　外蒙全土潜伏的反苏空气

以上乃外蒙之政治、经济、军事各方面与苏联的连带关系，但于此必须记述者，乃苏联之对蒙政策，该政策毫不顾及外蒙人的福祉。外蒙之社会机构方面，即现在外蒙所以负苏联前卫责任者，因只得服从而如是。又假如外蒙同情绝对信赖苏联，则结局彼等除苏联以外，世界事情，当全不知悉，故彼等如能目睹日"满"两国现状，则对于苏联教育的矛盾，当不禁哑然。据昨年八日〔月〕二十日逃至我国的外蒙军将校宾巴大尉谈谓："现在外蒙人，反苏意识极为旺盛，对于苏联人及降苏的蒙古人，几全抱反态并视如仇敌。"压迫喇嘛最近极为激烈，据本年一月逃至我国的外蒙军达西奴马分队长称谓："现在外蒙十三爱马克及库伦市的庙寺，已均被破坏，以信仰喇嘛之人，为反革命分子，继行检举。"对于此事，于喇嘛教复活之国民感情中，反苏及反革命思想渐次浓厚，对于党政府及指导者的反感，其激烈超乎想像以上。因检举反革命分子的间谍网过分彻底，故果于何处有间谍，均在不知之数，人人均抱惴疑之心，大有心身不得安闲之状。

又在外蒙赤军内，苟有高燃其祖国爱者，亦皆希求外蒙真正独立，专事窥伺机会，故苏联对于在外蒙立于如斯脆弱的基础上之势力，为谋其强化向积极从事努力者，其势所当然，但其方向，因侵入满洲领内，拟利用对内的扩大宣传，竟致招来现时险恶的情势。以是，如最初所述的"满"蒙国境问题，在事实上，乃系在外蒙攫取"赤化"的势力。

惟我等对于外蒙人及其他的态度，若归纳以上各种情形，则当然到达某一点，因是特行于次明示此方面的事情，同时，对于日"满"军与外蒙军之实力，愿略行试为考察。

六　外蒙牺牲事件的真相

欲借国境构事，使外蒙人的反苏气势转于此方面的苏联诡计，为此次事件之根本原因。虽如前所述，但其直接动机，则实因以下事实：

1. 为对于因德意亲善同盟缔结，表示绝对的赞意之日"满"两国反拨行为。

2. 为对于因集团保障制成立之英苏意见的对立，而表示对英法态度，即李特维诺夫辞职。当时所传之苏联外交转换于远东方面，依此次事件，无言之中，予英法以强印象，有欲导此后交涉于有利的意图。

3. 欲牵制日军于"满"苏国境，以为对蒋援助之一助。

4. 苏联于过去，遇有国内政治之窘迫与外交政策之失败时，即以常套的手段，为对日"满"军事行动，以掩盖国民耳目，如干岔子事件、张鼓峰事件，即其明证。而此次事件，则因最近之苏联外交失败，经济计画未实行，见国民有相当动摇之色，故以此事件而糊涂之。

5. 对立于日"满"共同防卫之地位的"满洲国"军，最近健全发展，欲试其实力。

总之，此次事件，皆由苏联对内外政策之必要而发生，实非由外蒙自体之必要而惹起。且依此等目的所发生的此次事件，既因外蒙而实行，自然强要外蒙兵之牺牲以强行。此由二十八日为我军俘虏的外蒙兵，毫不知此次事件原因之言观察，即可确知外蒙兵的被强迫。惟外蒙人甘为人道上所憎恶之苏联的傀儡，此同为亚细亚民族的吾等实不禁哀其愚呆。

七　于军事上有根本的弱点之外蒙赤军

莫洛托夫外务人民委员，于三十一日的苏联邦民族合同会议席上，关于此次事件，曾侈言如左："因苏联与外蒙共和国，既有互相援助条约，故外蒙国境，必须与苏联国境同样防卫之。"由此数语观之，则万一事件较比扩大时，外蒙的苏联赤军，似乎可以抵抗日"满"军的攻击，但对于对外蒙赤军，我国果集中几许兵力，固无由可知，但只由现今外蒙军的兵力，考察此点时，或不难明了。

现在配备于"满"蒙国境线之外蒙国境警备队，此外更配备有外蒙赤军四师团，惟于地上部队的战斗日"满"军占绝对的优势。再于空军之技术及训练，我方亦断然卓越者，由既往战斗，已足证明。自夸为世界第一之苏联空军，对日本牺牲飞机之一，则击坠其五十九架，故其丑态不能不谓为毕露。事件若由国境线前进时，苏联尚有如左诸弱点：

一、武器、弹药、衣食等，不能于外蒙现地筹备。

外蒙内之工场，大体均以库伦为中心，仅存在无几，由规模言之，亦不成为问题，况原料更不能于现地筹备，以外蒙之经济事情言，苏联即如何焦虑，亦难有济于事。

二、运输机关的弱点。

既不能于现地筹办，除仰赖由苏联输送，别无良途。不过对现在西北利亚铁道的输送能力，除有许多疑问外，日本空军之铁道爆破，恐能轻易遮断苏联与外蒙间之输送路无疑。

三、苏联之内部的弱点。

因永年之肃正工作，致劳动力颇感不足，苏联经济现状，尚距计画指数甚远。再军干部不足，亦极深刻，故于兹欧势紧迫之际，能向外蒙注力至如何程度，不能不视为疑问。

四、我方因执"不侵亦不被侵"之原则，故罪完全在彼，则对有如斯军事的根本缺陷之外蒙军事势力，以有"满洲国"之根据地与防共同志之内蒙古，而由外蒙东南方，取包围的态势之日"满"军，当事件扩大同时，立能展开优势战者，诚不难想像。然我方由"满"蒙亲善之见地，当欲守不侵、亦不被侵的原则，关东军报道班，于二十九日之发表亦谓：

"此次我军行动，乃根据自卫权发动之正当行动，我方并未进而攻击敌军，每次无不为邀击敌军也。故非明系在彼，我军今后对自卫权行使上必要之行动，不问对方为因何，有敢然实行之决意云。"

因此，今后发展如何，纯以苏联之态度为转移，万一事件扩大，必完全由对方负其责。莫洛托夫外务人民委员，乃最近始行就任者，似尚须保持颜面，更因至今战斗，敌悉败退，故有对外蒙人今后反苏气势深刻化之政策上意义，是以至某种程度，或将出积极的，对本问题之苏联动向，以握事件扩大与否之关键，而惹注目。

《国际时报》（月刊）

新京满洲帝国外交部调查司

1939 年 3 卷 6 期

（朱宪　整理）

诺门汗外蒙军越境

作者不详

于"满"蒙国境诺门汗附近不法越境，而为我国国境警备队击退的外蒙军，近自五月二十日以来，连日以飞机不法越境，我方对此亦以飞机应战，已将其飞机击坠七架，然外蒙机仍不敛迹。亘五月二十六日、二十七日两日，又以飞机继续大举越境来袭，我方立即再行反击，遂于二十六日击坠外蒙飞机三架，二十七日又击坠蒙机九架。关于此种不法越境案自发生以来，守沉默之关东军司令部，于二十八日上午十一时三十分发表如次。

关东军司令部发表

溯自五月初旬以来，在西部国境诺门汗附近（甘珠尔庙东南方大约七十公里地点）不法越境之外蒙军，其后迄未撤退，尤其自二十日起，竟以飞机，反覆越境，而跳梁于我国上空。我方飞机队自发生事件以来隐忍及今，不能再行坐视，遂自二十日勇敢奋起，加以邀击，其结果将外蒙飞机于二十日、二十一日各一架（均LZ型），于二十二日三架（E十六型），于二十六日三架（E十五型），于二十七日九架（E十六型），共计击坠十七架，我方并无损害。

又关东军当局于二十九日下午四时发表如次：

由五月二十八日上午九时起，外蒙飞机大约一百架，复于诺门汗附近不法越境来犯，我方遂以寡势邀击，将其内四十二架击坠，在此战斗，我方飞机虽有一架不幸中弹，然搭乘者则用落下伞，无事降陆于我领内而归还。又同日正午，敌方地上部队大约一千名，受苏军机甲部队援助，于诺门汗附近来犯，我方部队，空陆呼应，加以攻击，遂遮断敌军退路与以彻底的打击，而使敌军退出国境线外。

关东军报道班发表

关东军报道班于五月二十九日午后四时十分发表：

此次外蒙事件，乃以"满洲国军"应酬外蒙兵之不法行动而发端，外蒙军之不法行动其后仍然执拗继续，是以军侧基于日"满"共同防卫之本义，于自卫上，决与"满洲国军"行动相共，但据战斗之结果，出现于外蒙国境"满"领上空之飞机中，竟有苏联机混入，殊属奇怪。然军于战斗上，实不能顾虑苏联机之如斯行动，必须以一举击灭之，断乎行动，断压敌方，盖对于苏联机之坠，乃当然之归结也。如上所述，此次我军之行动，实为基于自卫权之发动，乃正当之行动也。且我方并未前进攻敌，常在邀击敌兵。即其非全在于彼，尤以被击坠之敌机大部，皆系于"满"领内，由此更可证明之矣。军于今后，于自卫权行使上必要之行动，则不问其对方为何，确有敢然实行之决意焉。

外务局发表（二十九日午后四时四十分）

自五月十一日以来，外蒙兵有相当的多数，屡在诺门汗附近，不法侵入前来，因之我国政府，特在五月十五日，曾对外蒙政府，发去严重抗议，要求外蒙兵即时撤退，然而该外蒙军队，依然不事撤退，且自二十日以来，又添上飞行部队屡行不法侵入前来。

如右事态业已至此，我军只得按照"满"日共同防卫旨趣，与日本军同讲自卫手段，期以实力施以断然的排击。而我国政府，又在本月二十九日，对外蒙政府，发去电报，告以我方的断然决意，再严重要求斯种不法行为，即时停止，恢复国境于静谧。

报道班发表

六月二日——午后二时十分，关东军报道班发表：

于此次诺门汗附近之战斗，截至六月一日判明敌之损害如左：

予敌之损害确实击坠苏联飞机五十九架，"满"领内之遗弃死体约三百具，战车及装甲车十五辆，重机关枪四架，轻机关枪八架，其他步枪弹药、通信器材等多数。

苏联政战两略将转换

于诺门汗国境附近之战斗，以五月二十八日之空中战与三十日夜地上部队之敢行夜袭为最高潮，渐次平静化。苏联机甲部队、外蒙兵，皆全不出越境之举，如回避此以上之冲突中，空军部队之二机、三机编队，在贝尔湖上空，被日本斋藤机击退以来，于我上空警戒线不见敌机，观测今后外蒙、苏联军，不再度采取国境侵犯之态势为限，事件谅无扩大者。我方毅然坚持自当初曾固持之不侵犯、不被侵犯之原则的态度，完备对处今后或可惹起凡有事态之准备，以监视彼之动向中。所谓诺门汗事件，今后于暂时之间，限于外蒙侧，不变其态度，于我方之压倒的胜利里，可观察为已告一段之终熄，如斯苏、蒙侧，因为行无意义之越境，致有多大之牺牲，且因日"满"两军协力国境防备，固如铁壁，彼之装备训练，到底不足，敌之自觉益深，徒使国境苏、蒙军之士气，趋于低下中，更将此若具体的检讨，则

一、空军之弱体以世界大空军自认，曾夸示国产军用机优秀之苏联空军，一经与我交战，则瞬间丧失六十机，而我损害只飞行机一架，彼受空军战史未曾有之大败北事实，于器材、性能、技术，于各方面，可谓彻底的暴露其弱体状态。又此事实，为向自国、世界告白，苏联从来伪宣传者。

一、国境部队之无力　参加今次事件彼之机甲部队，虽不过为苏联前线部队机械化兵团之一部，但其战车、装甲车等，反于豫期，不得举十分效举〔果〕，遭我方果敢之攻击，则为达有二十架多数，残骸落于战场之结界。至于其他之部队，装备训练，共极示劣恶性，完全暴露其无力。

一、士气之丧失　因今事件，苏、蒙军之绝对的劣弱已明了之结果，外蒙兵之士气，似尤为沮丧，苏联依劣恶装备，使外蒙兵守备国境之事实，今后对苏联之东部国境守备，可谓提示深刻问题者也。

一、"满"军之协力　因今事件，日本军空中、地上，共比彼保持格别之优势事实，已全明了，而对此协力"满"军之强力性，亦无遗憾发挥。建军后不久，能收多大之战果者，对苏联与以新胁迫，如斯苏联于今事件之战败以外，对将来之国境对策，为加以深刻苦恼之结果，并观测对今后之对日"满"政战两略上，必当为相当大转换者也。

《国际时报》（月刊）

新京"满洲帝国外交部调查司"

1939 年 3 卷 6 期

（朱宪　整理）

日伪侵外蒙遭苏蒙痛击

——击落日机九十三架，日伪空军不敢应战

汉夫　撰

正在英、苏谈判，由于英、法的不坚决反侵略，不接受苏联所提关于英法苏互助协定的最低条件时，日寇一方面加紧对英国压迫（天津英租界问题），同时对外蒙边境，大肆挑衅，日空军侵入外蒙领空，挑衅的狂暴，前所未有。其目的，正是要遂行其对苏挑衅，对德、意表示其远东"反共"先锋作用，已达到其"充实"德、意、日"反共"协定之目的，同时亦所以饵引英、法，压迫英、法对三国协定的态度，由动摇而趋于停顿破裂。但是，苏联是坚决反侵略的，莫洛托夫同志对外蒙问题，曾经表示，当忠实履行《苏蒙互助协定》，苏联保卫外蒙边境，将和保卫苏联的边境一样。一个月以来，这种坚决反侵略和忠实执行协定，已有铁的事实，使无人〔莫〕不信服。兹将日寇在外蒙边境历次挑衅所遭受的痛击，述志于下。

塔斯社莫斯科二十六日电：塔斯社顷发表官报称，自五月十五日起，若干外国报纸，根据日本关东军司令部不正确之布告，大登蒙古军队与日伪军队冲突之消息，日本报纸始终说谎，力称此类冲突乃因蒙古军队侵犯伪满边境而起，同时，日本报纸复大言不惭，盛传蒙古之军队与空军已受"极大"损失。

依据驻蒙古苏蒙联军司令部所接情报，塔斯社对于伪满与蒙古

边境所发生之事件，得以提供真实之消息，伪满边境贝尔湖区域所发生之事件，真相如下：

五月十一日，外蒙古 Nomon Kan Burd Cho 区域之边防前哨，该地在贝尔湖之东南，在哈勒欣河以东十六至二十公里，突然为日军及伪满军所袭击，被迫自边疆向西退却至哈勒欣河畔。自五月十二日起，该地几每日发生边疆冲突，达十日之久，结果双方均有死伤。五月二十二日，日军及伪满军增援赶至，遂企图向我军进攻，并妄想侵入蒙古之境内，但已被击退至边疆外，损失极大。五月二十八日及二十九日，日军、伪满军，又有大量日军重新自海拉尔赶到增援，配有坦克车、装甲车、炮队，及大量空军，再度侵入蒙古，开抵冲突地点之蒙古军队，搜索侵略者而将其驱散。日军及伪满军遗弃许多死伤将士及大量武器于战场中，狼狈窜回其伪满境内矣。

在此次战斗中，日军及伪满军死亡在四百名以上，而蒙古军队，仅死四十人，伤七十人。日军司令部被捣毁者计有三处，其中之一即系其支队长官之司令部，在此类被捣毁之日司令部中发现许多文件，有日军第二十三师团司令五月二十一日在海拉尔所发之确实命令一件，在其命令中，对其部队宣称，"本师团必须以自己之兵力单独毁灭在哈勒欣河区域之外蒙古军"。

除双方陆军冲突外，同时双方空军亦发生冲突。五月二十八日，一队日本战斗机与轰炸机侵入边境，并突然袭击蒙古军两处野战飞机场，苏蒙战斗机因为出于不意，起飞较迟，遂使敌机处于有利形势。在此次空战中，苏蒙空军损失飞机九架，日方损失三架，最后，日机被迫急遽逃回其根据地。

六月二十二日，日伪空军以一百二十架飞机出发作新进攻，苏蒙空军以九十五架飞机与之作战，日伪机被击落三十一架，苏蒙机被击落十二架。六月二十四日，日伪空军又来犯，比〔此〕次计来敌机六十架，苏蒙空军亦以六十架飞机与之周旋，又击落日伪机二十五架，在此次空战中，苏蒙机仅损失二架。

六月二十五日，蒙古与伪满边境未发生事故，苏蒙军占领哈勒欣河全部。在冲突时期中，苏蒙军始终未侵犯确定之边界，惟苏蒙空军追击日伪空军时，不得不飞翔于伪满之领空。

据外蒙古苏蒙联军司令部所接情报，廿六日又有日战斗机约六十架侵犯贝尔湖区域之边疆。空战遂发生于外蒙人民共和国境内蒙古利巴（译音）地方之上空，苏蒙机参加者凡五十架，此次空战达两小时之久，具有极顽强之性质，最后日机溃败，狼狈逃出阵地，苏蒙战斗机将其驱逐直达甘珠寺区域。结果，日战斗机被击毁二十五架，苏蒙战斗机仅有三架尚未归队，现正在继续寻觅中。

据苏蒙联军司令部消息，日伪空军二十七日又侵入外蒙古人民共和国之领空，达远离边境一百二十公里之塔姆斯察克巴拉克（译音）地方，日伪机约有战斗机八十架，轰炸机三十架，发生短时间遭遇战之结果，日机被击落七架，其中有轰炸机二架，苏蒙机有六架，尚未折回根据地，现正在寻觅中。巴音、土门（译音）地方炸毁两间小屋，伤五人。

二十八日，有日伪轰炸机十五架，由战斗机掩护，又自贝诺尔湖一带侵犯外蒙古人民共和国之边境，为苏蒙高射炮队之炮火及战斗机所猛烈打击，日伪轰炸机仓皇投弹数枚，未敢参与空战，即狼狈逃回伪满境内。高射炮队之炮火击毁日伪机二架，落于外蒙古人民共和国境内。

总计在一个月内，日寇空军侵入外蒙领土达五次之多，每次都遭苏蒙空军的痛击，最后卒以不敢与苏蒙空军应战。在一个月内日机被击落九十三架，而苏蒙空军之被击落或未归队尚在寻觅中者，仅三十二架而已。

《群众》（周刊）

上海群众周刊社

1939 年 3 卷 6、7 期合刊

（赵红霞　整理）

苏蒙空军打击日寇

廉 撰

日寇为了企图侵入外蒙，切断西伯利亚铁路，借此响应德、意两法西斯国家在西方的侵略行为，并争取英、法帝国主义国家的同情，由此来分裂英、法、苏之合作，和取得列强对其侵华战争的放任，所以，又在六月份里，接二连三的进袭外蒙与苏联边疆。配合着陆军的日寇空军，在这里就表现得特别凶猛。然而结果挫败的，却正是这个侵略者日本法西斯主义自己。根据塔斯社所公布，在六月份一月内，日机被击落者九十一架，苏蒙机损失或未归队者，共三十二架。而且，在每次空战中，苏蒙飞机总是以少胜多！

苏蒙空军这一个巨大的胜利，其本身意义就是：首先，苏联社会主义国家，有着战胜最恶毒的法西斯国家如日本者的充分力量。同样，外蒙内部之团结一致，实行民主，改善民生，更能用巨大的力量，配合着苏联空军取得胜利。我们正在进行全面抗战，更应当学习这种内部团结与努力改进，来粉碎敌寇汉奸和亲日分子的侵略进攻。第二，由于苏蒙当局能毫无顾忌的打击侵略者，决不犹豫，决不妥协，决不中途退缩，坚持最后胜利。对于敌人，只有打击。这一宝贵教训，不只是鼓励中国，而且足为英、法、美各国政府借镜，对侵略的法西斯国家应当坚决起来。第三，由于苏蒙能亲密合作，也就是说外蒙能取得伟大的外援。苏蒙早年已有军事协定。苏联，是每个被他承认的条约的最忠实执行者。这一次外蒙被侵，苏联毅然相助，又一次证明了他的信用卓著。要坚决与积极的联合苏联来反对侵略者，这是中国抗战中争取最大外援的必要条件。中山先生的遗教的"三大政策"之一，其伟大的意义，就是在此。

每个忠实于抗战的中国人，对于苏蒙空军的胜利，无不欣慰兴奋。不只是为了正义战胜强暴，和平战胜侵略，革命战胜反动，文明战胜野蛮，而且，正为了失败的也就是我们直接的敌人，所以给了中国以直接的帮助：这里首先是我们敌人的失败，直接影响到它对中国侵略力量的削弱，正就是加强了我们的胜利条件。其次，日寇的惨败，说明着侵略者是可以消灭的。只要我们能努力内部团结与争取外援，也能取得同样的光荣胜利。所以它可以加强我们抗战胜利的信念，打击汉奸的失败论与和平论的阴谋。最后，这一胜利还向我们保证，只要中国能坚持抗战，那末他们决不会是孤立的。日寇的侵略战争，受到全世界一切爱好和平的国家的打击，受到全世界一切主张正义的人士的打击，受到日本国内反对法西斯侵略与剥削的人民的打击，尤其受到外蒙与社会主义国家苏联的打击；这一切打击日寇的力量，正就是我们反抗日寇最有力的战友。"抗战必胜，建国必成"的根据，一部分就是在此。

《群众》（周刊）

重庆群众周刊社

1939 年 3 卷 6、7 期合刊

（朱宪　整理）

外蒙军被逐出国境界外

作者不详

日"满"军于七月十一日，将越过哈尔哈右岸约四千之外蒙苏联军，在国境线外已被击溃，扫荡完毕。七月一日，总攻击开始以来，至十日止，既判明之战果如次：卤获战车，及装甲车、汽车，及其他合计三百五十辆，重炮五门、对战车炮九门，炮弹、机关枪、步枪及弹等甚多云。对此关东军司令部，于七月十一日午后五时三十分发表，更发表加藤报道班长详细谈话。

关东军司令部发表

外蒙苏军越过哈尔哈河右岸前来跳梁，自七月二日以来，我军对之施以攻击，予以彻底的打击，至十一日，将该等外蒙军已击出国界之外。

关东军报道班长谈

我军是如前所发表的，按所发表的日"满"共同防卫的本意，和"满洲国军"协力，于七月二日断乎开始攻击，其后战况非常有利，到本月十一日，遂将在巴尔夏喀尔及诺鲁高地一带蠢动之外蒙苏军击退，现只是扫荡残敌而已。

其间日"满"两军冒着炎热，在广大的旷野里，尤其是在给水困难的战场上，亘旬日之久，打破一切的困苦缺乏，向坚忍持久战捷一途去迈进。

外蒙苏军，自然不是我精锐日"满"军之敌，在战斗开始后，我空陆两部队的赫赫战果，曾经相继发表。自第一次诺门汗事件以来，到本月十一日止的空中战斗，敌被我击坠的飞机确实者有五百二十九架，再加上不确实者，计约有五百六十架。敌的机械化四个旅团完全受了溃灭的打击，敌战车和装甲汽车被炸击、烧毁者有三百多辆。此外敌军在战场遗弃的尸体，最少有千五百具，我方俘虏大队长以下九十名，卤获品中现已判明者，为战车、装甲车约二十辆，火炮十五、榴弹炮三及其他十数门。

我军现虽已将不法侵入哈尔哈河右岸"满"领内的敌军击退，可是敌飞行机，仍然屡屡飞到我方战线内部上空，哈尔哈河对岸的炮兵，也反复射击，想两军之间，今后还要有小冲突的，但是大势已决，该方面的国境自然要渐次归于平稳云。

我国政府发表谈话

对于外蒙军之暴戾行为，我国政府于六月二十四日午后九时，发表当局谈话如左：

自六月十九日起至二十四日，前后亘十一次，含有苏联的外蒙空军，飞至兴安北省国境地带诺门汗及其他五处，投掷炸弹，肆行暴戾。"满"日两军，协力以当之，遂击坠敌机六十二架，膺惩暴戾的侵略者，已将该敌尽驱逐于国境外。

我国本诸国际正义，尊重国境，虽常以正正堂堂的态度，对付苏联及外蒙，无奈渠等，平地起波，依然执拗反覆侵犯国境，肆行侵入我国领土内，此诚属天人共不容许的暴虐行为。于本月十九日我国政府，虽对外蒙政府，关于十七日及十九日的不法越境，提出严重抗议，乃彼方毫无回答，其暴状实有绝于言语所形容者。在顽迷的苏联领导下的外蒙军，今后或再反覆侵略我国领土，亦未可知，故对于苟侵犯我国领土者，我方绝不容许，除断乎处断而加以膺惩外，别无其他方法。现当"满"日共同防卫举其实绩之秋，政府为期我国民族协和的精神，更进一层的振起，要有举国一致，绝灭侵犯我国祖国并领土之觉悟，同时绝对信赖"满"日两军，各守职责，勉励厥业，以对处非常时局，坚固厥防，是所切盼者也。

总务长官声明

近来外蒙苏军队，屡次侵犯我国领土，政府业于五月十五日、二十九日、六月十八日及十九日前后四次，对外蒙政府提出严重抗议，而外蒙政府不但无所回答，至六月九日竟反而提出一方的抗议，毫无反省之态度。

诺门汗附近之国境，以哈尔哈河为界者，按史实既为明了，又鉴于过去之统治，毫无疑惑之余地。是以我国五月上旬以来，对于敌方之不法越境，发动自卫权以对处之，日"满"两军本于日"满"共同防卫之盟约，互相持紧密之协力痛击之，使其退出国境外，以保持空中及地上之领土。如六月二十七日，盟邦陆军对于敌军航空部队与以歼灭的打击，一再宣扬威武于内外，而我国境更加安固矣。然敌军地上部队，仍然屡次侵至哈尔哈河右岸，构筑据点，而其兵力复逐日增加，其中装甲自动车部队，竟深入我国领内，擅行暴戾，至此日"满"两军不得不发动其自卫权，决意击灭越境外蒙苏联军队，遂致收得此次之伟大战果也。吾侪对于参加战斗之日"满"两军之勇武，由衷心表示感谢及信赖，并对战中死伤之勇士，更表感谢之衷情。

我"满洲国"本以创建道义世界为国是，决不愿与邻邦多事，乃内则民族协和，外则保持友好国交，是所深愿者。尤其对外蒙，则鉴于民族相同，地理相近之特殊关系，故于此次事件，希望国境早日复于静谧，外蒙方面如有此项提议，本政府有欣然接受之准备。

查此次纷争，完全因外蒙军受在蒙苏联人之使嗾，擅行不法越境而发生，我方对此仅击退其越哈尔哈河而来者，对其未越境者，我方本无攻击之意。故关于此点，深望外蒙当局之猛省，俾使国境方面早速恢复和平也。

兴安总裁发告外蒙民众书

外蒙军甘为赤魔苏联之傀儡，再三反复不法越境，而外蒙民众复呻吟于苏联重压之下，兴安局总裁扎噶尔，为启通外蒙军及外蒙民众之迷妄起见，代表"满洲国"内之蒙古民族，三日发表告外蒙民众之声明如下：

我等全蒙古民族为亚细亚之主要黄色民族，其祖先同一、同胞压迫于苏联势力下，当然应行之自己权制，尚不见容纳，诸君以黄色人种，恐无不望永享民族同一生活者，诸君如有此希望，亦何所苦，反省便佳。现在日"满"两国一亿三千万民众，及内蒙、中华民国大部分、西藏、印度、回回教民众，均共通向新亚细亚兴隆之大业而迈进，望前来参加，勿误信苏联奇怪之恶计，而同族相克。望诸君反省，参加同族为宜，抑参加白色人种为宜，想诸君自然明了，衷心望诸君速悟此理也。

《国际时报》（月刊）

新京"满洲帝国外交部调查司"

1939 年 3 卷 7 期

（朱宪　整理）

诺门汗停战现地交涉毕事

作者不详

关东军报道班长谈

九月十五日《停战协定》成立后，关于日苏两军对诺门汗事件交涉之经过，关东军于十月二十一日午后零时四十分，〈以〉加藤关东军报道班长谈之形式，发表如左：

九月十五日关于诺门汗事件之莫斯科《停战协定》成立后，本军即派停战委员与苏联外蒙军委员，在现地交涉，实行停战事务。至十月二十一日现地事务业已告终，现地停战交涉期内，双方对于实行停战、收容尸体，及交换俘虏等，交涉进行，极为顺利，次第见诸实行。惟对于九月底以来之俘虏及逃走者之办法，并与本事件无关，前此抑留者之返还问题，曾经进行折冲。至十月二十一日，交涉遂至停顿，于是本军为避现地事务之迁延，拟移此等问题之解决，于他处交涉，现地交涉，即行停止。此次诺门汗事件，虽不过为一种国境事件，而其特性，实与内外以相当之刺激。又因近代战之特性，双方均有巨大之牺牲，关于确保国权，及防卫国土，使人益觉其重大性。兹当现地交涉告终，我等感慨一新，对于我将兵之奋斗，及为防卫国土而殉职之牺牲者，特殊表感谢之意。转观弱肉强食、难以逆睹之欧洲情势，愈令人深觉国土防卫之必须强化。本军依据日"满"共同防卫之本义，迈进于国土之防卫，以期有以副枪后之热诚焉。

将行外交交涉

基于九月十五日莫斯科《停战协定》，诺门汗现地停战业务，由十八日至二十一日，经两军代表委员之交涉，决定其实施方法。迩来停战之实行、俘虏、尸体、收容等，经两军代表顺利实施。至十月二十一日，此等停战事务，完全实行，现地停战交涉，已告终结。

唯关于俘虏与逃走者之办理关系，及于本事件无关系之过去扣留者之办理方法等，现地交涉双方未见合意，在两军代表谅解之下，委诸近将开会之日、"满"、苏、蒙间外交交涉解决。

《国际时报》（月刊）

新京"满洲帝国外交部调查司"

1939 年 3 卷 10 期

（朱宪　整理）

诺蒙汗事件与今后的日苏关系

青山和夫　作　　虚舟　译

关于今后的日苏关系，将实际地加以考察。

此次在外蒙国境附近诺蒙汗所发生的日本法西斯军部的挑衅行动，看去好像与昨年的张鼓峰事件相同，但有主要的差别存在，不容看过。

张鼓峰事件的时候，日本法西斯军部是以下条件去挑衅的：

一、在武汉战役以前，想试探苏联的对日态度。

二、压迫国内的反军部派，以强制通过次年度豫算。

这恰和日本开始对华侵略战争以前，在运河下流的日本所作的挑衅行为是相同的。但在诺蒙汗事件，其与以前不同之点如次：

一、不以苏联为直接攻击的对象而攻击外蒙。

二、南昌战役的损失过大，湖北战役的完全败退，日本法西斯军部即在军事方面，继续侵略中国已达到不可能的阶段。

三、反法西斯的民主主义诸国有联合一气的气运，而日本则未参加德义〔意〕军事同盟，陷于动摇的地位。

换句话说，日本法西斯军部侵略中国已陷于停滞状态，而对于德义军事同盟不能不重新表示相当的态度。因为有这样的矛盾，同时又因为苏联对于日本法西斯军部的挑衅，将如张鼓峰事件一样，断然用激越的态度来对付，所以日本法西斯军部这次不敢向苏联国境挑衅，转而向外蒙边境挑衅了的罢。

日本法西斯军部，其内部也是在分立状态之下，决非统一的。

关东军固然是法西斯的主要中心势力，然如伪满与德国的通商关系，今年约有五千万元之巨额不能清偿。因此，德国对于关东军的半命令式指导相当有力。然而在伪满，没有可以成为德、意两国的对象的民主国家的权益。英、美、法各国的权益，集中于华北、华中及华南，而对于这些地方，关东军仅能动而已，不能直接有所行动。

关东军所以能成为法西斯的主要势力者，因为在伪满，日本的经济侵略早已实行，工业资本相当发展的原故。其在华中方面，经济侵略虽已发展到多少轻工业资本，然不出于以上海为中心的范围以外；其在华南方面，尚远不及华中，作为侵略的事前要素的经济侵略毫未实行。因此，日本法西斯的行动都是冲动的，许多次的苏联国境挑衅，也和卢沟桥事件一样。

德意军事同盟，如莫洛托夫所说，主要地是为了准备攻击民主国家。日本法西斯军部对于这德意军事同盟要表示新的态度，却为以下的三个条件所限制：

第一，侵略中国已陷于大败的停滞，而无成功的希望。

第二，远东方面与欧洲的波兰、巴尔干不同，不能不马上与英、美、法各国正面冲突。

第三，日本在这些地方投资极为薄弱。

因为这种原因，日本法西斯军部的只能作如下的行动：

一、目前，作为强要参加军事同盟的手段，只有继续作冲动的挑衅。

二、对于租界的挑衅。但因日本侵略中国既归失败，这方面也难得好果。

三、国内的经济破绽不能不急图恢复。

但是，继续实行这些方策，日本法西斯军部的成功，也是无从预计的，反之，其失败倒是相当确实。因此，日本法西斯军部可以实行的唯一手段，只有：

一、推翻平沼内阁，另造新内阁，实行参加德意军事同盟。

二、整理并缩小在中国的战线，等待德、意的新的侵略军事行动，且对于民主国家的权益加以压迫。

就是说，日本法西斯军部今后采取的方略，将依于德、意在欧洲的野蛮行动如何而决定。就是：

一、德意志若实行侵略北欧及东欧的计划，日本法西斯军部的挑衅，主要地将要〔在〕外蒙边境方面实行。

二、意大利若在地中海方面有所策动，日本法西斯军部主要地将在华南海岸方面策应。

三、德国若侵入荷兰，日本法西斯军部将以荷属东印度为其目标，不过现在，这可能性是很少的。

四、在任何情况下，日、德、意的法西斯蒂都想使美国守中立，因此，对于菲利宾方面，都极力避免挑衅。

五、日本法西斯军部，无论在何种场合，须等得美国军队离开南太平洋的时机，始能大肆活动。

现在，日、德、意三国，对于伊朗，屡欲伸其侵略的魔手。这大概为了以下的原故：

一、三国军事协商成立的时候，日本若不直趋南印度，则三国将在军事上失败。

二、意大利注目于齐布拉达港，无顾〔暇〕顾及苏彝士运河。

根据以上的观点，就现在德、意的行动来说，日本法西斯军部对于外蒙，恐怕还要从别方面再行挑衅。即历来挑衅的地点：

一九三七　黑河下流（中日战争以前）

一九三八　张鼓峰

一九三九　诺蒙汗

这样，在伪满方面的对苏攻击的军事要点，是已竟全经试验过的了。如黑河方面是挑动哈巴洛斯克，张鼓峰是乌拉地，诺蒙汗是赤塔。这样，苏联的这些军事的根据地，已经全部都挑动终了。尚未经试验的地方，只有由察哈尔、绥远方面的挑发了。

元来，平沼内阁是在关东军支持之下，成立的小资产者层的政权。对于金融资本，对于军部，对于劳工，都是无力的。这样无力的内阁，所以能够成立者，主要地是因为由于侵华失败引起的法西斯势力分裂，和一般社会反军部的动向，消极地影响的原故。平沼内阁始终动摇而能保持余命者，则基于下述的理由：

第一，关东军在吸引日本国内产业资本家方面尚未成功，还没有能组新内阁的自信。

第二，华北、华中及华南方面的日军，想把侵略的停滞和攻击的困难，转化为参加军事同盟的军事运动。

第三，平沼内阁与金融资本密相勾通，将经济的困难转嫁于工农及小市民层，因此，工农、小市民及小有产者的一部结合起来反对法西斯蒂。

要之，今后的日苏关系，将因：

一、平沼内阁的倒阁或再改造；

二、德、意的新侵略将向何处发展；

等条件，我们就可以知道，日本法西斯军部将又向何处挑衅了。或向外蒙挑衅，或在南方冒险，这主要地将因美国军队在南太平洋的远近而决定。

关于日苏关系和日本劳动者的政治斗争将别作论述。

《中苏文化》（月刊）

南京中苏文化协会

1939 年 4 卷 1 期

（刘哲　整理）

《诺门坎停战协定》后之苏日关系

——答客问

盛岳 撰

问：前几天在《大公报》上快读大作，具见苏日协调为势不可能，因日本既不会放弃大陆政策，苏联亦不能改变其立国精神和远东政策。但某国通讯社仍一再发出这类消息，而某交战国之广播电台亦须鼓其如簧之舌，说苏日最近就要签约修好，这究竟怎样一回事，可否请你再详解释一下？

答：好的。中苏两国友谊之增进而达到战斗的合作，深为敌人及其朋友们所忌，造谣中伤，原不足为怪。

问：不过某交战国素来支援我国抗战的，据意其通讯社制造这类消息，其用心何在呢？

答：某交战国向以推行现实外交著称于世，欧战爆发后其在远东之力量更加削弱，与美国既不能平行行动以造成太平洋上对日之优势，那末也许不得不在某种程度上寻求与日妥协，故先造成苏日妥协之说作为自己妥协政策的盾牌，而最险毒的便是中国人对苏联感觉失望，因为使我们营垒中妥协分子及汪派汉奸、伪和平运动者得振振有辞，"苏联亦竟和敌妥协，我们当此悬崖断绠之际，还不赶快觅解铃挽劫之方，求取和平吗"？先造成这种和平空气，于必要时，便在不损害自己在华〈利益〉的原则下，本着偷安苟活的打算，出面作"调停人"，劝诱中国屈服，听受宰割。

问：此种居心诚为险毒，我们应对这种谣言作用严加戒备，不过劝诱中国屈服，结果是日本势力膨胀，独霸东亚，对于某国有什末好处呢？

答：是的。从大处、远处看，这种政策，实无异喂着狮子咬自己。

问：自苏德签订互不侵犯条约后，德外长里宾特罗甫曾对敌驻德大使大岛表示劝诱日本与苏联妥协之意，这又是什末一套把戏？

答：德国对我们一向是折烂污，说起来实在可恨！据东京十日海通电，阿部向记者谈话确曾提到这一点，他说："德外长里宾特罗甫曾劝日本应与苏联合作，故日苏关系之将予以修正"，足见德国想作苏日间调停人，实属不假。德国恐怕日本放弃后完全与英法妥协，加重他在欧洲的困难，故不惜以中国为牺牲，其用心是非常险狠的。

问：那末，苏联和日本能让德国打这种如意算盘吗？

答：日本怎样，下面再讲，至于苏联是决不会上当的。因为苏日妥协在目前情势之下实〔客〕观上将加强日寇而减弱中国之抵抗力，中苏原为唇齿，苏联断不会出此下策。其次，敌国内政、外交均陷于山穷水尽之境，正苦无法打开僵局，苏联自无因与日妥协而加强日本法西统治及缓和其内在之危机的义务。

问：德国劝诱苏日妥协是否有一种更远大的布置呢？

答：希特勒之无信义与暴日原是一对难兄难弟。对苏联今天或者"如胶似漆"，保不住波兰吞进去以后就要"冷若冰炭"，说不定翻脸就不认人，如果希特勒没有彻底放弃其东进政策，那末今天被他遗弃的日本，将来或许又有破镜重圆的可能。德国此时深恐苏联乘其与英法纠缠之际，扩大对华援助把日本帝国粉碎，在其重张反赤旗帜时这枝攻苏的盟军再也爬不起来。这样看来，德国劝诱苏日妥协不仅不利于我，亦实大有害于苏联。

问：看最近欧洲战事西线是要打不打，而华沙陷落已只是时间问题，英法是否准备牺牲波兰，让希特勒一直往东逼近苏联国境，使苏德发生直接利害冲突，他们好隔岸观火，一如苏联目前所站之地位呢？

答：英法是否愿意让德国破坏欧洲均势，准备牺牲波兰，自有事实证明，今天我们不必剧为断定。不过德国确欲以雷霆万钧之力，在东线速战速决，然后按兵不动而图与英法讲和，期承认其"既成事实"。最近戈林将军演说不是说得很露骨吗？

问：这场悲剧如果演出，苏德间关系也许顿趋恶化，这将是促成苏日妥协的重要因素，你以为如何？

答：你提出这个问题来是非常重要的。不过这个问题实太复杂，想分几点来覆答你。

问：那末，好极了，请你简要的说一说好吧？

答：好的。第一，戈林虽说在四星期内就可完全解决波兰，然如有英法之援助，战事决非短期可了；西线如将展开恶战，德国还须仰仗苏联供给粮食与原料，不能即与苏联翻脸以自取败亡。第二，希特勒是吃软不吃硬的，以一对三，其国力自不免相当消耗，即德能侥幸获胜，亦非长期休养，断无对苏挑战之力，故德苏间关系自可保持一种"小康状态"。

问：西方形势近来愈趋严重，苏联实行大动员，这是否为苏日订结停战协定的一个原因呢？

答：一个国家政策是整个的，凡一政策之决定，自须盱衡大势，顾及全局。因此，西方形势之严重，或不无影响苏联在东面行动之可能。但因苏联在军事、工业、交通各方面素以"东西同时应战"为准备之目标，现在他控制在远东边境的实力，不仅足以应付日寇的军事挑衅，让他讨不着便宜，即令日寇倾鲜、满之师，全力进犯，亦可教他毫无所获。所以我说，西方形势之严重化，决不是苏日签订停战协定之原动力。

问：苏联不已进军波兰，参加欧洲大战了吗？看这样演变下去以在西方将是兵连祸结，苏联终不得不与日本妥协，你以为如何？

答：如果把我们自己放在世界圈以外，一切都是可能的，苏日会不会妥协，固然要看他俩自身的环境怎样变化，但在某种程度上也决定于我们。

问：苏联进军波兰，听说是与德国瓜分波兰，果如此，苏联之与日妥协不是很可能的吗？

答：苏联进军波兰详情如何，尚不得而知，但决非与德分肥，一如帝俄与德国之瓜分波兰故事可比，则实可断言。苏联此次进军波兰的目的，第一诚如莫洛托夫所说是在解放波境内的一千一百万的乌克兰和白俄罗斯被压迫民族，不使再为波兰统治阶级之奴隶，亦不再为"第三帝国"的牛马，第二，德苏签订《互不侵犯条约》时，苏联曾要求德国不得侵犯罗马尼亚，然使此项要求确有保障起见，故不得〈不〉陈重兵于边境，以策万全；第三，意大利至今未参加欧战以应援其同盟国，实狼子野心，别有打算——想向土耳其开刀，以完成他多年来攫取土耳其的梦想。土耳其见意大利之形迹可疑，除已暗中采取非常之戒备外，并一再向全世界宣言苏土邦交永保亲密之决意，土外长并正于此时聘问莫斯科，而苏联在西境动员规模之大，亦非一般人始料所及，这原因就是要防备意大利趁火打劫，并保障其多年恩爱的友国。以上三个目的，据我们推测，都是不假的。但苏联进军波兰的最重要目的是防止英法对德妥协，迫其进攻苏联为承认其占领波兰之交换条件，不得不出兵先将波兰东境西乌克兰及西白俄罗斯池淖与山岳地带〈占领〉，获取优势之战略地位，以压迫德军不敢东犯。这样说来，苏联之进军波兰，并不是就放弃对英法等国之中立政策而加入欧战，更不是自毁其立国精神而与德国瓜分波兰。因此亦不能认为这将是苏联对日妥协的因素。

问：苏日既无妥协之可能，两国一旦订立了停战协定，到底是为了什末呢？

答：日寇知苏联不可侮，难以力取，故再向苏联屈膝。至于苏联，则向抱"人不犯我，我不犯人"之旨，去年在张鼓峰，今年在诺门坎，虽都是战胜者，而日寇一讨饶，苏联即便不为已甚，断然与之订立停战协定，并不附带任何苛求。日寇而处苏联之地位，那虚骄狂妄，还了得！需索又岂有止境？在这里我们又一次认识了苏联的和平政策的真面目。

问：但是《诺门坎停战协定》，苏日间紧张关系总要多少松驰些，日寇可将集中"满"蒙边境的一部兵力开入关内，加强对我进攻，故此项停战协定即令不象征苏日全部妥协，对于我们也还是不利的。你认为苏联此次行动不与其援华政策相冲突吗？

答：《诺门坎停战协定》只是一时停止军事上的敌对行为，而两国间的悬案及整个关系并不因此而即可获完满之解决，正如《张鼓峰停战协定》一样。关东军这班顽固家伙决不肯亦不能轻调大军入关，而供满洲空虚，他没有诸葛亮那大胆，再唱出"空诚计"，为了应付"虎视远东"的苏联仁军，为了镇压满洲的义勇军，日寇实亦无法由满调兵入关，有之，则为成千成万的难民！同时《诺门坎停战协定》后，苏联对华援助不但并未中止，仍益趋积极，而援助之范围亦较前扩大。我们既不存依外援以侥幸取□的下流念头，对于诺门坎停战之忧虑，固已是多余，而苏联既实际上又正大举援华，则对苏日妥协谣传一时表现之不安，更是天下本无事，庸人自扰之。

问：听说苏联远东特别军自加伦去职后，肃军工作未完成，致暂时不能对日作战，故不能〈不〉与日停战，这是真的吗？

答：这是托派澜〔谰〕言。苏联远东军之坚强，是日寇亲尝过的，惟有他知道得最真切。果如托派所说，那末，关东军为什末要控制二十余万兵力于朝鲜及满洲？即在对华军事最紧张之秋亦从不敢抽调一兵率入关应援，而值苏"满"边境风云一紧张，反不得不忍痛调兵出关，这固是做贼的胆虚，也不是苏联远东军实力雄厚之反证吗？苏德签订《互不侵犯条约》后，即有某通讯社大肆宣传苏联赶调大批军队至"满"蒙边境，而苏联军事当局便斥此为澜〔谰〕言，因"苏联兵力之雄厚，无论敌人从何处进攻，皆可予以消灭之打击"（塔斯社），足见苏联在东境的兵力是异常雄厚的，不足为苏联对日妥协论之根据。

问：德国为法西主义国家，尚且一旦"放弃屠刀立地成佛"成为苏联的友人，那日本为什末就不会如法泡〔炮〕制呢？

答：德日两国的国情〔关系〕与苏日两国的关系是不尽相同的，这问题已有人发挥过，不再重复。日寇之不肯放弃"反共"这宝贝，对内是要敷衍法西军人，对外是用以对某些资本主义国家讨价还价的张本，可以说日寇向以东方看门狗自负，一向均挟苏联以自重。本月十日阿部向记者谈话中，谈到"日苏关系自将予以修正"时，便立刻来一个"但是"，说"日本政界人士赞成日苏两国缔结互不侵犯或军事协定（？），但此项计划必须顾及日本之立国精神，防共协定在任何情形之下，必须予以维持"。固然"防共协定"固不仅反对苏联，而汪贼精卫甚且认为"反对第三国际并不碍及对苏邦交"，最近汪之喉舌上海《中华日报》复引申此说，但这都是鬼话，日寇要防共，苏联能如阿部所言与之缔结"军事协定"吗？果如此，这不仅是"苏联加入侵略轴心"，而且将与日本缔结"防共"之"军事协定"，这真要成为近代史上的奇迹了。

问：苏联不是曾两度向日建议缔结互不侵易协定吗？因为日寇一再深闭固拒故未成功，那末只要日本一改旧日主张，不正合苏联之初衷吗?

答:"此一时也,彼一时也。"情况是变化的,政策也是跟着变化。当时苏联西方威胁太严重,与德无接近之路,其次中日间来〔又〕爆发战争,苏联为贯彻其和平主张,故一再向日建议缔互不侵犯之约。今天情形是大不同了。昨天与日缔约是为了贯彻和平政策,今天如再与日妥协,因而减弱我之抵抗力,就不免助长侵略了。这是苏联决不愿为的。

问:中苏既未签订互助公约,就不能最后保证苏联不与日本妥协,你以为然否?

答:苏联是国联之会员国,他应该履行而且在实际上的确比任何会员国忠实履行援华之义务;第二,中苏早已签订《互不侵犯条约》,双方均接受不得采取或参加侵害对方之任何行动的约束;第三,最重要的是中苏两大国的友谊日臻亲密,苏联决不会与执行大陆政策之日本帝国主义妥协的。

《中苏文化》(月刊)

南京中苏文化协会

1939 年 4 卷 3 期

(李红菊　整理)

外蒙古新动态

赵米庙　辑

一、一九三九年二月八日上海《俄文日报》载：

外蒙铁路已完成干线一条

快讯社乌兰吴德六日电：外蒙境内新筑铁路自乌兰吴德至脑什基，长二百四十七公里一段干线，业于二月四日完成通车，该路建筑共计费时十二个月，沿线建有小型桥梁数十座。

此路将外蒙人民共和国首都，与国内许多小村镇连结一起，其在该国军事上、政治上、交通上、文化上及国民经济发展上之价值与贡献，异常伟大，自不待言矣。

二、三月一日《申报》载：

外蒙铁路开始通车

法文《上海日报》载哈尔滨电：自苏联西比利亚之乌兰吴德至外蒙库伦间之新铁路，闻已完成，开始通车。该路计长六百公里，今既工竣，则对于苏俄接济中国军火，行将大见成绩。盖以自库伦至甘肃之兰州间，已有公路可通也。

三、三月十九日《申报》载：

外蒙动员

香港三月十八日快讯社电：闻外蒙古当局十五日突动员陆军三师，计五万名，配以机械化部队及飞机一大队，由库伦向察绥边境疾进，并有骆驼运输队随行，携带大量军需，似有长征模样。华北日军接获该项情报，大起骚动，恐慌万分。传外蒙军将会合察、绥、热第八路军，进行扫荡日军，其发展殊堪注意。

四、四月三日《大晚报》载：

外蒙军调动频繁，伪满边战云密布

本报今日香港电：外讯，外蒙军近日调动频繁，自三月中旬以来，大批军队、辎重、驼马等，络绎经库伦开往察、绥、热边境，几无日不有。据一般军事家观察，外蒙军精锐部队现配置于第一线者，约有二十余万，并附新式航空队、战车队及化学大队等，集中伪满边境，随时可进击日伪军。现关外战云密布，大战有一触即发之势。

快讯社天津二日电：今晨此间华人方面，盛传在满洲黑龙江与外蒙古交界之贝尔湖附近，已发生激战，满洲里形势，现甚紧张。闻"满洲"境内居民，现纷纷向东撤退。

五、四月五日《大英夜报》载：

外蒙大军集伪边

本报香港五日专电：外讯，外蒙陆军现屯集蒙伪边境已逾十万，有战车四十台，飞机百架，实力殊为强大，日伪对此甚为恐慌。

六、五月三十一日《大美晚报》载称：

日苏"满"蒙冲突确有扩大可能

美联社华盛顿三十一日电：国务院官员昨晚透露消息，谓国务院虽尚未接到关于苏联与"满洲国"冲突之直接情报，然对于在外蒙古边境战事，则加以深切注意。此间多数观察家指出肇事地点，皆在蒙古境内，良以外蒙古人多居住临近肇事地点之"满洲国"边境两面。远东观察家对于边境冲突事件，虽觉言过其实，然借此可以指明苏联在欧洲风云稍形平靖时，已愿以压力加诸远东方面。对远东问题研究有素者，忆及在过去六年内，类此冲突事件，时时发生。冲突事件多由日方或苏方，拟借此试验对方防务，且因此或能俘获对方军官所携关于对方意向之公文。此间外交界人士，以为近日冲突新闻，系重施故技——即以小规模之攻击，以探讨对方防务及获得对方情报。多数视〔观〕察家以为该项冲突，在远东有扩大之可能。消息灵通人士深信，日方最初所发关于击落多架飞机新闻，多为言过其实。

七、快讯社哈尔滨五月卅一日电：

乌苏里江之东安镇迤北，前日有若干"满洲国"炮舰，闯入苏俄境内，当受苏联方面之炮轰，双方又发生激战，"满"舰终于不敌败退。

八、快讯社哈尔滨卅一日电：

关于"满"蒙间发生空战事件，现闻日驻苏大使东乡茂德，已向苏联人民外交委员长莫洛托夫，提出严重抗议，即经苏方驳回。嗣苏联方面亦对此事提出反抗议，当时亦被日使所拒受，双方形势颇有紧张之象云。

九、东京方面发表蒙"满"冲突经过：

同盟社东京五月三十一日电：外蒙军在"满"蒙国境诺蒙汗非法越境，遭日"满"联合军之痛击溃退，嗣后复于苏联空军与坦克车队援护下迭次越境反攻，本事件世人认为第二张鼓峰事件，颇为注目。

诺蒙汗之位置——海拉尔西南方一百八十公里有贝尔池，诺蒙汗即在其东方七十公里，即"满"蒙国境哈尔哈河东方约十六公里地点，系一广大草地，蒙古人居住之"包"，点缀其间，形成小部落。该地南方有霍尔斯泰河西流注入哈尔哈河，两河沿岸为湿地，野草繁茂，可谓荒芜无水之沙漠地带中清泉，以牧畜为业之蒙古人，垂涎之地也。

诺蒙汗事件经过

诺蒙汗附近地区从来屡次有外蒙兵越境事件，然其数少力弱，每次由"满洲国"国境警备队击退，得以无事。迨至五月十一日，外蒙以其较从来优势之兵队渡过哈尔哈河越境，而于十五日完了集结。未几又在国境后方一百公里之多木斯克附近，集结六十余架飞机及有力机械化部队，情形极为紧张。至十八日以后，外蒙军行动渐形活泼，即其飞机一架，十八日越境飞至诺蒙汗东南方五十公里地点从事侦察，十九日则竟飞至诺蒙汗附近地点，二十日以后，其地上部队于空军援护之下，迭次越境侵犯"满"领，"满洲国"军即加反攻，击退至境外。然外蒙兵逐渐增加兵力，竟以机械化部队一大队包含坦克车十辆，大炮十尊及骑兵一大队，总人数约一千人，强行其非法越境行为，日"满"联军乃加以痛击，外蒙军不支，遗弃死体一百十具及坦克车、汽车其他军火，而退至哈尔哈左岸。至其飞机，自十八日以后，连日越境飞来，日空军每次交战，击落外蒙机架数如次：二十日一架，二十一日一架，二十三日三架，二十六日三架，二十七日九架，至二十八日两军在外蒙平原之空际，展开大空中战，是日日军空军击落外蒙机数达四十二架之多，即在过去十日间，外蒙机共被击落五十九架，而日机仅失一架，且其乘员未受伤害。在此战斗中，与日军交战者系苏联人驾驶之苏联飞机，故日驻苏大使东乡，乃向苏联当局提出抗议。

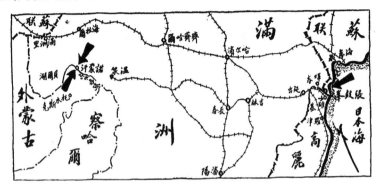

苏、蒙、"满"边境前哨战之地点

外蒙军越境之用意

诺蒙汗附近之"满"蒙国境为广大荒芜地，外蒙军不顾大牺牲，迭次越境，其用意何在，颇堪注目也。查今次事件并非外蒙本身发意，其背后有苏联为幕后人，观于苏联人驾驶之飞机、坦克车等，为越境部队之中心，盖可证明也。苏联压迫外蒙喇嘛教，在国内实行肃清工作，以致民心摇动，是以在边境惹起战事，以图转移国民眼光于国外乎？或为导入英苏交涉于有利情形计，所为之试验行为乎？现尚未能断定其属于何种云。

十、外报对最近蒙边冲突之纪载：

A. 六月三日《中美日报》载：

快讯社哈尔滨六月二日电：据此间中立方面消息，外蒙政府，因日"满"军迭次联合侵犯蒙境，乃于昨日下令动员，所有空军及机械化部队均已出动，纷向哈尔哈河畔进发，决对犯境之日"满"军加以重大打击。

快讯社哈尔滨六月二日电：蒙"满"军边境沿哈尔哈河一带之战事，尚在继续中，传日本飞机已出动，昨日竟往蒙境轰炸，但经外蒙飞机迎击之下，蒙受损失而退。

B. 六月三日《申报》载：

蒙"满"边境冲突消息系日方扩大宣传

美联社重庆六月二日电：此间消息灵通方面，认为日方所传关于蒙"满"边疆冲突严重之消息，乃日方用以统一内阁各派意志之不一，以便日本加入罗马、柏林军事同盟，大约宣传经过相当时期之后，日首相平沼即将接受日本军部加入德义军事同盟之要求，并将附一规定，将盟约作为专对苏联之用。据华方指称，此次冲突消息传布之目的，在使反对与德义成立军事同盟者确认"苏联为日本真正之敌人"，同时使人认识日本在此对华作战之时，虽〔只〕有与德义成立军事同盟，始足以防御苏联。此间人士认为在此英、法、苏军事同盟正在商量之际，苏联对日不致于作挑衅之攻击，故认此种冲突，为日方所发动，其用意在显示苏联之弱点，俾英、法、苏之三国谈判，发生障碍。故往往英苏谈判停顿之时，此项冲突即告沉寂，唯至两国互相接近，协定有成立可能之时，此项冲突即层见而迭出。目前日本所最畏惧者，即为英苏同盟之包括远东，故英苏如果出此举，则"日本势将走入德义之怀抱"。日方所称之种种胜利消息，意在使英国放弃其将和平阵线扩至远东之意图，英方若能信以为真，则其计售矣。又日本平沼目前工作唯一之目的，在齐一内阁之意志，但欲求此一目的之得达，势非与德义订立若干军事协定不可，但为避免与英、法、美发生冲突计，日本欲与德义订立之军事同盟，必以仅适用于远东为限，"故平沼之工作，对外在和缓西方各国之敌意，对内在缓和国内军人之要求，故特制造边境战事消息，俾在不冒犯三强之范围内，与德义成立有限制之军事同盟"。

某外国专家之批判

香港　自五月十一日以来两周间，日本时以飞机、坦克车扰乱外蒙边境，且在国内国外力事宣传，用意何在，甚为一般人所重视。兹据某外国专家谈称，日本此项在外蒙边境挑衅，其时期适在英苏谈判正在进行之中，及日是否加入德义军事同盟，尚在讨论之际，故其作用，不外两点。其一，使"满"苏边境纠纷，随时皆有酿成战争之可能性，使英对于苏联远东边境之保证，自不能不有所踌躇，更进一步之企图，则希冀因此可以破坏英、法、苏之阵线。其二，德义军事同盟，日本是否加入，其国内共分二派。一派对于增强德、义、日连系虽赞成，而受军事互助之约束，则认为殊无必要，属于此派者，为元老重臣、现内阁当局及板垣一系军人；另一派则以为今后世界两大堡垒之对立，已成不可避免之必然趋势，日既与德、义发生密切关系，则可使民主国家有所顾忌，属于此派者，为极右派。两派斗争甚烈，使平沼感觉进退两难，若果造成比张鼓峰事件更严重之局势，而加入同盟，则其挑衅动机在此，其宣传作用亦在此。唯苏联人民外交委员长莫洛托夫前日发表演说，谓：此次外蒙边境问题，关系各国应认清苏联政府决不能容忍日本及"满洲"军队，在其边区任何挑衅，吾人必须遵照苏联与蒙古互助公约，吾人认为给予蒙古必要之武力，以保卫其边疆，为吾人之义务，吾之将保卫蒙古之边疆，一如保卫吾人本国边疆同样坚决。日本侵略蒙古实极可笑而愚蠢，吾人已将此意向日本驻莫斯科大使提出警告（如日本不觉悟，则事势恶化，或超过于张鼓峰事件）。闻日曾派小队飞机侵入外蒙古边境上空，滥事轰炸，无悔祸之意，前途如何，不久可明。现日本政局之重心问题，厥为是否加入德义同盟一点，政治上与军事上之波澜，皆将由此而产生，此可为平沼实力之最大试验。

C. 苏联人民委员会主席莫洛托夫警告日本向外蒙挑衅：

六月二日《申报》载：

路透社莫斯科五月三十一日电：苏联人民委员会主席兼外长莫洛托夫，今日在国会发表对日之警告，谓：日本此时最好抛弃在苏联与外蒙边界时作挑衅之越界行为。并谓：苏联已以此种警告向日本驻苏大使言之，此时有关系者应知苏联必不容忍日军或"满"军在苏联边界之任何挑衅行为，苏联现必须再告以蒙古人民共和国边界，亦不许有挑衅行为。苏联依据苏、蒙所订之互助公约，认为责任所在，须对此共和国给予任何必要之援助以保护其边界，此种事物，如苏联所签定之互助公约者，苏联殊重视之也。渠必须警告者，苏联根据此约，定将以同样决心保护此共和国之边界，如保护自己边界然，今须知日本对蒙古共和国而发"侵略日本"之宣言，实属荒唐可笑，且须知苏联忍耐自有其限度，日本加诸蒙古之威胁，不值一哂，此种谰言未可继续为之，日本停止各种挑衅行为，此其时矣云。

D. 六月十日《密勒氏评论报》载：

东京纷传边境冲突增多，而莫斯科保持神奇的静默。

当日本同盟社接连不断地报告"满洲"、外蒙、西比利亚边境武装冲突之际，莫斯科苏维埃政府苟非漠视此等事件，定系故意禁止谈论。所得之同盟社报告向未提及苏联来源，必不尽实。

六月五日同盟社自东京报告称，据报张鼓峰北方长岭子附近发生新冲突，苏联飞机四百架集中诸蒙汗区域，"满洲国"边境，今日又已陷于紧张状态矣。苏联兵士于六月一日及三日侵入"满"境，苏方牺牲十六人，其中六人战死。张鼓峰为一九三八年八月苏、日间严重冲突之地点。该报告继称，日、苏军队互相越境对立，附近集有苏联精兵七百人，挟有坦克车十辆及野炮六尊。并谓有苏联飞机二架，大概系自脑沃基伏斯克起飞，在张鼓峰附近之马山投掷三弹，旋飞至高丽边区小城克可及长岭子两处侦察一周而去。

又据同盟社报告，"满洲国"、外蒙边境诸蒙汗区域，刻表现"预兆性之寂静"，苏联飞机四百架业已集中该处，系由赤塔与聂耳琴斯克所调往者。

六月六日，据同盟社自长春报告，"满洲国"外交次长（Tatsuechi Kohno）曾向苏联驻哈尔滨总领事罗个夫（M. Rogoff）递交觉书一通，要求立即停止苏联军队在"满"边之"挑衅行动"。该社称，苏"满"冲突自五月十日，因苏联军队向"满洲国"炮舰开炮轰击以后，顿见增加。

海通社自莫斯科六月六日报告称，大批苏联高级参谋人员，出发赴远东视察前线防务，由此足证蒙"满"边境情势颇为紧张。该社特别指出，苏联报纸关于边境冲突事件，完全保持缄默态度，殊堪玩味。

六月三日同盟社自东京报告称，苏联黑海舰队战舰十八艘已过鞑靼尼尔海峡，"驶赴远东"。

据塔斯社报告，苏联最高议会主席团，业已决定永久纪念去年张鼓峰冲突，将波赛特区更名为"卡山区"（因两军冲突地点近卡山湖也）。此外，并决定建造张鼓峰死难苏联士兵纪念碑。且宣布八月六日（冲突之日）为远东第一红色特别军团之纪念节日，借以永志不忘红军一部于是日举行总攻，将日本侵占者自苏联土地内清除出去之功绩云。

十一、上海各报之评论：

此地为节省篇幅起见，不再转载各篇全文，仅将主要论文数篇之发表报章、篇名指出，俾供关心者之参考。

一、五月二十八日上海《华美晚报》社评，题为《蒙伪边境发生冲突》。

二、五月三十一日上海《大晚报》社评，题为《日本果向苏联玩火乎?》。

三、六月二日上海《华报》社评，题为《张鼓峰事件之重演》。

四、六月三日上海《中美日报》社论，题为《外蒙边境冲突》。

其他各报尚有有关论文多篇，此处恕不多举了。

《杂志》（月刊）

上海杂志社

1939 年 5 卷 1 期

（朱宪　整理）

论绥西之现势及军略

松如　克难　撰

一　敌人之据点及交通线

敌伪盘据绥、包后，立即构筑坚固之防御工事，并于不及二月之时间内，修通绥白路（归绥至百灵庙，长三百余里）、白固路（百灵庙至固阳，长二百里），及包固路（包头至固阳县，长一百廿里）等三条大路。且为加强百灵庙及固阳之防御力，由绥、包募召大批工人，于严寒中建造完善而坚固之工事，并于百灵庙附近各要隘安设炮垒，增建营房，而飞机厂与修械所，亦先后完成。百灵庙不特为控制绥省必争之地，且地接外蒙，亦为敌对苏作战之重要据点。其地居归绥之北，相距仅三百余里，与铁路联络较易。地势为高原，南下至武川有险要之山隘，名蜈蚣坝，为一狭长之山沟。而最险之一段，北高而南低，有公路贯通其中，路面甚狭，仅能容一部汽车通行。路基之下为断崖，高达长〔几〕十丈，倘两车相对驶行，必须于转折处，始能相互通过。此段路长约五十余里，实有一夫当道万人莫入之险也。出山口距归绥仅廿余里，路极平坦。百灵庙之西约百八十里为固阳，西南约三百里为包头。由百灵庙至包头、固阳，虽有山岭横梗其间，但有公路可通，汽车行其上，每小时可达六十余里以上。固阳距包头仅一百二十里，其地形势极佳，易守难攻，西可进取安北，犯五原及临河。且可沿狼山之背，直抵临河西北之太阳庙。太阳庙至固阳有极平坦而坚固之天然公路，汽车行其上，可发挥最大速度。敌因用尽种种方法，以巩固百灵庙，坚守固阳县。吾人试以敌人年余之苦心经营观之，则以百灵庙为防苏保绥之总据点，以武川及固阳为拱卫绥、包之根据地，以平绥铁路、绥白、白固及包固三公路供其辎重及兵力之移动。至包头及固阳，则为其匪〈西〉犯南侵之据点，利用包五公路及狼山之天然公路为动力线，企图实现西犯之阴谋。

二 敌伪间之相互关系

过去绥西东胜及大树湾诸战役，伪军屡遭惨败，以故终致蹙于一隅，且时遭我各部袭击，死伤近五百余人。敌人虽欲再用之，以为图我之工具，奈气馁已极，欲用不能。兼之伪军中多数为受敌之威胁而无法脱身者，怀念祖国，时谋反正，惜行动不慎密，多为监视极严之敌探侦知，因此滋生敌人之疑虑及防范，遂启不信任之念，而有去年十二月下旬伪军官之大更动。敌将伪军各团长互调，如伪四师十一团长李锦章，与该师十二团长高寿亭对换，并淘汰各师之汉人军官，代替以伪蒙古军总司令部所设之军官教导团中之蒙籍青年。再以本年二月上旬伪一师二连士兵之反正，投往挺进军一事观之，更可知敌伪间之相互关系已日益疏远矣！

三 敌对蒙回之阴谋

绥境乌蓝察布盟已为敌人完全支配，其使吾人不能忘怀者，为杭锦旗阿王之居归绥，及蛰居包头、受委为达旗伪王之达拉特旗康王之弟。吾人以蒙古之历史及现实事例观之，深悉蒙古王公权力之大，蒙民信仰之深，故阿王虽远在归绥，而旗中大事，必先请示而后行之。再如康王离旗虽久，而达旗官民渴望至殷，必期王归，始可安心。敌人因尽量运用此种关系，想尽方法，与各王公发生联系。其对伊盟之活动，猖獗尤甚，信使络绎不绝于途。其工作之深入，如廿六年十一月十六日，包头敌特务机关顾问内田永四郎偕伊盟各王公赴包，中途为挺进军所阻之事，可以见之。至敌对伊盟之企图，亦可于去岁三月十二日敌大举进犯东胜之计划中见之。其时伪军高级顾问日人潘兴，计划于占东胜后，径往扎萨克旗，为发动组织蒙古军及统制伊盟之根据地。

自〔至〕敌人对回胞之活动，除于绥、包、萨分组回民公会外，并于归绥设立回民政府筹备处，及回民训练班，分由绥、包、萨抽拨壮丁训练，拟完竣后，扩编军队。对回胞极尽怀柔之能事，凡回胞运输物品出入城门，仅略盘问，毫不留难。再如回胞出售皮毛，到敌人所设之蒙疆皮毛贸易商行，必以较高价值收买之，约计每百斤较普通市价可高出十元。此外并津贴包头回胞商店，鼓励前往甘、宁、青收买皮毛及各种货物，使兼负刺探我军政实况之任务，且有时派特务人员偕往，相机进行活动。总之，其对回胞之阴谋，仍沿用昔时对内蒙之手段，吾人可于敌在归绥设立回民政府筹备处，及积极向回胞君〔居〕住最多之甘、宁、青诸省区之活动见之。

四　五临军区之现状及其应改进之点

五原、临河我驻军甚多，指挥不一，军令推行有碍，而各部队与指挥官间未能建立职责上之良好联系，致一切不能遵循正常之军轨以行。甚至因守传统之系统，非昔日之长官有令，不愿服从指挥官之驱策。且有既缺训练，又复忽视军纪，对工事之漫不经心，颇有人出〔出人〕意者。现因骑×军开至，局势为之一变。该部前曾驻扎五、临，甚得人民及友军之信赖，军纪及战斗力均佳，各部队与该部可望建立良好联系，有助于指挥系统之加强者不少。至政务方面，有绥西行政专员公署，管辖安北、固阳、包头、五原及临河等五县，因地域辽阔，兼顾非易，实际上政令推行所及者，仅五、临及安北而已。由过去半载之政绩观之，本乎平时规范而行者占十分之九以上。除征丁训练而外，则难睹适应非常时期之措施。综合军政应改进之点如下：

（1）加强指挥系统，使各部扫除旧习，恪守军规；

（2）加紧政训工作，务使切实推行于各部；

（3）严整军纪及加紧训练各部；

（4）工事须切实建筑，紧密各部队间之联系；

（5）民训工作亟应切实推行；

（6）训练壮丁应顾及农事（五、临为绥省最大之农产区，且壮丁甚缺，倘农事有误，则民食、军粮必遭严重之困难）；

（7）利用五、临人民较宽裕之收入，发动人民购枪自卫；

（8）实施扩大耕种面积及整理与开凿渠道。

五　黄河南岸我军之战绩及其应改进之点

黄河南岸之我军防地，距敌伪盘据之包头甚近，故予敌伪以莫大之威胁。由于我军屡次之英勇抗战，充分表现我各游击支队之战斗力。其尤为可贵者，即士气之豪壮，致常能以少胜众，以弱克强，且能屡战皆捷。去岁四月初，我王支队永清，与陈支队秉义，率领所部千余之众，由东胜境出发，分东西两路攻敌。东路军陈支队于数日之内连克围堡数十处，收复失地百余里，伪军望风披靡〔靡〕，或降或俘或毙，以二百余计。西路军王支队于近昭君坟时，即有降伪之达拉特旗森盖部之马锡团反正，率蒙古健儿二百余众，武装齐全，携械归来，当即克复重要村落二处。且乘胜追击，蹙敌伪于大树湾。同时我陈支队长秉义，解决森盖部满纳生团，除缴械百余外，并驱逐伪军残部于黄河北岸。继我王、陈二部而出击者，有邬支队长青云之猛烈扫荡中路，先之攻克伪军盘踞已久之达拉特旗王府，继而进占王爱召及树林召，迫近大树湾，其后复经苦战多次，卒以完成任务。而我勇猛之邬支队长，于斯役中并曾负轻伤。及六月中旬，我段支队长宝珊伺机进击，率所部挺进大树湾，连克重要村落数处，与伪军李守信部激战于距大树湾四五里之板汗圪堵。伪军全力抗拒，以野炮二门、重迫击炮二门及轻重机关枪多架，配以三倍我军之兵力，猛烈攻击。而我段支队长亲临阵地，指挥若定，牺牲十余健儿，虽弹药不继，犹能坚强苦战，屡挫敌锋，支持七昼夜之久，故伤亡四十余，不幸终因弹竭，致功亏一篑。同时我八六师五一五团高致凯团长率步兵一营，由西侧击大树湾附近敌所盘踞之二锁子圪梁及史家营子二村，与防守之伪军演成壮烈之争夺战，终以万丈之气势，先后克复敌所盘踞之二村，旋因钳制敌之任务完成而放弃。本年一月十二日敌伪步、骑、炮联合犯我萨拉齐县属之东大社（亦称新城，在黄河南岸），其地甚平坦，极利于敌人之机械武器活动。敌以步骑二倍我之兵力，配有战车一辆、装甲车两辆、载重车十辆、野炮四门、重迫击炮一门及轻重机枪三十余挺，借炽盛之火力猛攻不已。而我守军为陈秉义支队长所部，尽属骑兵，于事前得悉敌伪来犯，严阵以待，以准确之步枪射击，赖简单之工事，挫折敌焰，使敌攻击竟日，未能迫进〔近〕我方阵地，而倭寇十余人，已作我军之良好射击标的矣。入夜我步兵二连人增援，士气为之大振。次日拂晓及傍晚，敌以燃烧之毒烛攻击，包括催泪喷嚏及窒息等毒剂，造成烟帐，向我阵地吹来，幸风速较大，极不利于毒剂之施放，为时不久即归消散，未能予我军以伤害。乃敌以狡计未逞，增兵二百余，整日不断猛扑，均经先后击退。至午夜我陈秉义支队长亲率健卒三十余，迂回袭击，俘伪军一名，卤获马十四匹，步枪三支。第三日敌进攻更烈，发炮更多，致我军防守之城垣，为敌摧毁多处，但我军仍坚强御敌，终未为敌所乘。是日中夜，我陈支队长复往袭击，深入敌军后防，敌卒不支，弃炮械溃逃。正顺利追击中，敌开来汽车一辆，满载燃烧之毒烛，绕我军急驶，致我军全体中毒，幸风速过大，急以凉水解救（该毒剂中之有效成分为光气，易为水解，故能消毒得救），得免于难，安全返防。第四日敌之攻势最猛，整日不断攻击，至下午并以邮机一架窥伺我军阵地及后防，察知我之虚实，于傍晚时，突破我阵地。斯役充分显示我军之英勇善战，以窳劣之步枪及劣势兵力，抗战达四昼夜之久，为北路军抗战史上完成光荣之一页。综观黄河南岸我军，均为惯战勇敢之官兵，但有下列诸点，应迅速纠正，以使今后发挥更大之战果：

（1）组织健全之指挥部　为刻不容缓要图，特宜注意于指挥官及其参谋长之声望与能力。其第一要务，为强化各部队间之联络，消除人事上之磨擦。次为筹措大宗弹药，使能与需要相适应，以及给养之通盘筹措。

（2）军纪之整饬　现在黄河南岸之各部队，其中努力振作之优良军官颇不乏，但军纪废弛者亦有之，究其症结所在，要皆为人数众而经费不足，以及少数官兵之不习于军队生活。因此解除各部之困难，毖〔整〕饬军纪，实属必要。

（3）提高各部队官佐之政治认识及选择辅助人员　此种工作不能以用于正规军之方式行之，应顾及各主官之习性及其对辅助者所要求之条件，至政治意识之灌输则更难，必选善于词令且能通俗化，有相当地位且为各主官所信赖者担负之，并应视各人接受之趣味，逐渐诱导之。若施以一定方式，必至使感乏味，难收预期之功效。

（4）构筑坚固之工事　今后应严督各部，注意工事之构筑，凡我军驻在地，不论久暂，当筑工事，对外壕之宽度及深度，宜格外注意，否则必致无补于用。

六　绥西各县之游击县长

绥西区之五县中，五原、临河及安北为完整县份，固阳及包头为敌我综错地带。故临河与五原仍然依照正常轨范进行政务，除派遣军差，与征丁训练外，几于平时无异。而安北则处于不安定之状态中，因该县接近沦陷区，驻军众而庞杂，因此应付军差为第一要务。兼之县长为一谨守成规、喜安易而恶变动者，其一切设施皆恪守旧例，不能应需要而施行政事。

最后再以包头之近况观之。包头为西北最重要之商埠，由铁路运来之工业制成品，大批输往宁、甘、青、新等省，而各省出产之原料，类多运包销售，致商运通畅，税收甚丰，对境内驻军补益殊大。而现任游击县长之一切开支，胥赖税收。规定值百抽二五之税率，以财产税之名义，课诸往来商驼，故经费甚充裕，足可供给县行政之一切费用而有余。至各县长所负之使命关系抗战至巨，如民众武装自卫团与战时政务委员会，皆极适宜于战地推行，乃仅见之于各县长之名片上，而从未得睹其实际之施行！

七　绥西一带我方之军事据点

现为我军支配之据点，分布于黄河南北岸。在河之北，位居大青山中高原地之安北，其县城占有甚佳之地形，西部较平，东、北部环绕于群山中，而南部则居于诸多综错山沟之出口处，穿过山沟，向东南行，可通汽车，直达包头。向东沿大道行，可达固阳，长约二百八十余里，亦可通过汽车。但由安北至固阳易，反之，由固阳至安北则较难。因两城之间，尽为山岭丘壑，其坡度类多由西向东倾斜。故由安北之东南方可侧击包头，由东方可进攻固阳，且可横断狼山之天然公路，实为一良好之据点。在五原东约百五十里之西山咀（亦称卧羊台），位于乌拉山及狼山之接界处，适当包五路之要隘，且其南部距黄河仅十余里，若构筑坚固之工事，足可阻沿包五路西犯之敌，减去五原之威胁。由地理情势观之，安北与西山咀实为保卫五、临与反攻包头之重要据点也。次就黄河南岸之形势论之，其能控制黄河交通，及阻敌南下者，当推东大社（亦称新城）、大树湾及昭君坟，三地皆位于黄河之冲要地域，相距各约四十余里。而大树湾距包头市最近，仅十五里，距东大社约四十里，最远者为昭君坟，距亦不过六十余里。此三地之四境皆平坦地带，土壤甚佳，为大河南之产粮区。东大社适当萨拉齐县与包头之接界处，其地之北部磴距〔距磴〕口车站仅十三四里，不特可侧面钳制包头及大树湾之敌，且可截断铁路及黄河之交通。大树湾为敌伪盘据已久，虽经我军多方压迫，仍能不退者，原因有二：（一）该处为黄河之最优渡口，亦为通甘、宁、青之要道，守之既可拱卫包头，且可输出仇货，吸收大批原料；（二）为策动对伊盟阴谋之根据地，兼可钳制我军，实施其南犯、西侵之企图，视此可知大树湾之重要也。昭君坟为通五原之大道，亦为入杭锦旗及鄂克托旗之捷径也，故每年由甘、宁、青等省运来之货物，胥由此转包头。该地独占大平原中之最佳形势，其村落之后有孤山一座，靠近黄河，左侧有高约四五丈，纵宽四五里之沙梁，直通杭锦旗。若登孤山远视，则四境历历在目，十余里内之景物，可一览无遗。由此渡河，可截断包五公路，及沿该路进攻包头，并可东向侧击大树湾。此三处实为控制黄河南岸必争之地，进可以左右迂回，包围包头，退可以阻敌南下，保卫伊盟。

八　敌人企图夺取中之军事据点

敌人于去岁春季，曾先后西犯、南侵，并反复争夺安北，可知敌之企图，为西犯进据五原，绝我军粮与摧毁我之抗日根据地。即退一步，亦必谋占有西山咀，与夺取安北之敌，呵成一气，以威胁五、临，完成其第一步之西犯准备。其南侵在于压迫我军，夺取伊盟，完成伪蒙古联盟自治政府之统治内蒙。但敌虽野心甚大，乃兵力不敷分配，且必须克服交通上之困难，故若无强大军队分据各地，即使侥幸成功，亦难安然实施阴谋。因此敌犯东胜失败之后，即处心积虑，图谋夺取黄河南岸之据点。不期遭受我各部之坚强抵抗，与伪军之不能随意供其驱策，因之使敌曾痛感敌正规军之不足，与伪军之不可用。总观敌一年来之行动及准备，仍将继续实行其预定计划，谋于黄河北岸，夺取安北，以减固阳之威胁，并以安北为据点，策应犯五原之敌。其在黄河南岸，为谋巩固包头及支配伊盟，企图逐我军于东胜境。

九　敌人为达成西犯南侵阴谋所采之手段

敌人为达成西犯、南侵阴谋，显然采取其一贯之分化我民族之策略，及瓦解我各地之游击队。关于前者，笔者已于前文述及（看本文第三节敌对回、蒙之阴谋），后者如去岁十一月间敌对我王支队长之诱惑。敌包头特务机关，于去岁十月初，派遣汉奸多名，潜入我游击支队王部内活动，旋部下报告于王支队长，于是敌人之特务活动益力，以伪游击师长名义给王，继之出资五千元，骗王部渡河西犯。而我王支队谋骗敌大批军火，乃虚与委蛇，反向敌提出补充军实之要求。狡黠之敌，则一味敷衍，致磋商达一月之久，敌知计不得售，即拟一举击溃我王部，以兵威胁就范，但我早料及此，反予敌伪以重创，敌谋未遂。敌虽失败，绝不稍戢其野心，而实际之活动，尤过于前。倘吾人弗为不正确之情报所误，观敌人豢养下之伪自治军日益增多，以及新成立之萨拉齐县之伪独立团，与各县之伪保甲自卫团等，即可知敌人不特极力收容零散之地方团队，而且依然无孔不入，并在谋瓦解我方各部队也。

十　如何运用现有之力量击敌应战

现驻防守黄河两岸之我军，除正规军外，有游击支队×队之众，绥远民众抗日自卫军×团，而各游击支队与自卫军之官兵，完全为绥人，对地理极熟，且精于射击术，多勇敢善战者，并习于马上作战，其机警敏捷，充分表现于各次奇袭中，而勇敢果断，则表现于猛烈之冲锋。如我段宝珊、陈秉义、邬青云及王永清各支队，于各次战役中所表现之战绩，足可证实前述之诸优点。但犹未能表现更大之战绩，予敌以重创者，简言之，则其因如左：

（1）能负统率指挥之责者乏人，由于未能实际解决各游击支队之困难，与缺乏辅助人才，因而不能完全了解各游击支队，致不克就各部之所长，善为运用；

（2）各游击支队之物质供给太差，仅勉强维持尚且不足，兼之缺乏具有政治见识之首脑人物为之领导，故难期其自身振奋，克复困难，以达成所负之使命；

（3）于各次战役中，未能对有功者，予以实质上之奖励，致影响各官兵之前进心。而各官兵之振作与尽职，未蒙奖赏，难免日久松懈！

针对症结之所在，适时挽救，则必能使各官兵倍增兴奋，前进无已。然后就各部之所长，授以任务，严明赏罚，则军心大振，既可整饬军队，复能收制敌之效。吾人就年余之事实观之，我各游击支队士气之盛，诚出乎意外！其锋芒之初试，则伪军溃败，能不为飞机大炮所慑服，且恒能以少胜众，以弱抗强。及与骄横之敌人相遇，亦能尽量发挥所长，机动应战，虽敌施毒气，不能动。故今后倘能指挥得其人，对各部之困难获得妥善之解决，进而整顿军纪，严格训练，则必能造成劲旅。而后指挥者就全局通盘筹划，或针对敌之企图，或基于我方之计划，紧密各部队之联络，责成分区担负游击任务，随时随地打击敌人，使敌疲于奔命。若时机成熟，与我正规部队配合，各游击支队负袭击或迂回使命，以游击战配合运动战之姿态，造成机动作战之局势。倘敌来犯，则根据数次之作战经验，只要紧密各部队之联络，使分负协助正规军应战，与迂回袭击之责，则不特可立于不败之地，且可能聚敌而歼灭之。总之，机动作战，非不可能，而其关键，则在于能否运用现有之力量耳。

廿八、五、十五，脱稿新城

《西北论衡》（月刊）

西安西北论衡社

1939 年 7 卷 6、7 期合刊

（朱宪　整理）

包头滩上通信

惠民　谢缦　撰

一

　　包头滩上在包头的河南岸，为大平原，水草丰饶，土地肥美，宜畜牧兼宜稼穑。自抗战以还，敌人于南口、大同之役后，先攻太原，转平绥线，而下包头。自是而后，傅作义将军退守绥西——五原、临河，而隔河有马占山将军所部及绥远自卫军及东胜伊盟各地保安队，相继组织当地民众成立了伊东游击支队，分防驻守。敌人自占据包头以还，以隔河即我包头滩上，有十万健儿，配合了当地民众，依着黄河的天堑，用血肉筑成了一道长城，为民族、为国家，在拼命地抵抗。敌人为了包头的安全，不得不想法子在河南岸，找上一个前进的阵地，于是便发动一个大规模的战争，付之相当的代价，占据了大树湾，构筑了坚强的工事，屯积了雄厚的兵力。从此我们抗战的包头滩上，便有旦夕不安的状态，尤其是入冬而后，河水冻结，敌人摩托化的部队，随时可以侵过来的。大树湾的敌伪在我们英勇的几次进攻后，不敢出来扰乱。去年冬，新城一役，我虽退守新民堡，而敌人之伤亡不少。隔河远望的大青山亘立绵延，高人云际，形势雄伟，出没无常的游击队，为抗战在奔驰，平绥路的破坏，敌人运输的困难，敌寇至今不敢越出包城的范围。我们大青山内的游击队，那些绥远健儿们，作了北战场上一个有力的支援。在包头滩上的健儿，以劣式的武器来对敌人的飞机、大炮、坦克车，是比较的困难。这是用不着隐瞒，而且是可以不必隐瞒的。要是光以物质而论，敌人早就占据了包头滩，以为进攻绥西的掩护，因为有了我们英勇的健儿，精神的振奋，把整个的三年支持过去了，但未来的隐忧堪虞，这个局面的支持还在我们大家的努力！

在抗战以还，我们常感觉得宣传的不够，文化食粮的饥荒，这些都是事实。在包头滩上这一个角落里，文化宣传根本谈不到，只有一个东胜便无新闻报纸，这里的消息全仗着榆林《陕北日报》的传达，时事的评述则专候《大公报》与《中央日报》等，如果按期到达，稍迟几天倒也有一个盼望，可是因为邮差的班次靠不定，递送又不灵活，有这么一个机关，无宁说是等于虚设。照规定东胜到此是两站，邮差两个交递送，应当是隔日必到一班，或者是每三日一班。可是这里则不然，这回还是本月四日到过一班的，今天是八天了，还不知道今天来不来，来了则平信是有的根本就找不到，因为笔者到此已二十来天，仅看过六月二十一、二两天的《陕北日报》。我们要站在三民主义的立场发扬抗战建国的大业，达成唤起民众的任务，当然要根据些国际间的动态与国内抗战的消息，加以分析与阐述，这个必胜信念，才可以坚强的。必胜信念坚强了，军民对国家民族有了认识，自然会站在国家民族的立场参加抗战，做到"有钱的出钱，有力的出力"。这不是丝毫可以勉强的事，因为这个关系民心的向背。而在包头滩上因为上述的情形，实在是我们三年抗战的一个大缺憾，说不定邬青云、陈秉义之率部属附逆，也是因为这个原因。反之，则在包头市内，凭借着平绥路的运输，大吹大播的宣传皇军（！）的威武，《朝日新闻》、《日日新闻》、《包头日报》，哪天不是虚构事实，针对着中国的抗战进攻，对沦陷区的民众加以利诱？而我们则东面站在大青山，西面站在包头滩上，眼巴巴的望着敌人吹打，连一句回话也没有。

中国是生产落后的国家，尤其是伊盟一隅，简直是没有工业可言，因为这是一个广大的沙漠，全靠着牧牛羊过活的。而后方的交通又是这么的困难，所以这里的日用品就全靠着包头供给，并且以此接连运送到榆林、三边等地。去年日本人在这一带走私，是大有可观，据推测在二千万元以上，而又加上些资敌的皮毛，则更有可观了。本年则以敌人的经济日陷崩溃，不独敌货来源艰难，而且日圆的低落形成敌货大涨，而以我后方工业渐次萌芽，货价平落，致消〔销〕路不广，商人运送也减少了十之七八了。而包头滩上的金融，因过包头购物以法钞折合蒙伪币，再行交易，敌人用此来捣乱金融，而这里的物价却随着敌人对我法钞为转移，这倒是应当抢救的。

包头滩上是个有名的种烟场所，过去自古城以上，经大红魁、海流素，而新城以至大树湾，无处而非鹦〔罂〕粟花满目，做了削弱民族力量的一个大动力。本年则以驻军×司令严密的督促之下铲除尽净，而改种了庄稼，将来成熟时，却饱了咱们抗战将士的饥腹，这是多么一件于抗战有利的事情，实在是值得歌颂的。

惠民，六月二十八日

二

现在的新×师，就是在二十六年参加绥远城南战役的蒙古××队，在那次战役为了尽他捍卫祖国、保卫蒙族的职守，而英勇的抗拒了三天，以致遭受很大的损失。绥、包沦陷后，奉令开赴后方××从事补充，改编为蒙旗××旅，二十七年七月间奉令移驻蒙旗——伊盟，经白海风师长与各方的努力，才使混乱而不稳定的伊盟暂时的安定了。廿八年×月间扩编成现在的新×师，二年来在政治上，促成了蒙汉军民的切实合作，粉碎了敌人挑拨离间的阴谋。该部兼有干部学校的设立，培植出许多将来改进蒙政的新生力量。在党务上，确定了蒙民对三民主义的正确认识，加强各王公拥护政府，服从领袖的信念；在军事上，除却镇压了少数蒙族的不稳定分子外，差不多一直的就是在整理和训练上用功夫。这样就使一般久经惯战的塞北勇士们感到沉闷烦燥，在他们的谈话里会常常听到"他妈的，在后方驻这么久，有什么意思呢"、"再在大青山下痛快的打上一仗就死了也高兴"……等等的豪语，官长们也只有慢慢的来安抚他们，说明部队现驻蒙旗的重要性及训练和补充的重要意义，这样才使一群跃跃欲动的战士们慢慢的平静下来，

是七月十九日的早晨，他们渴望着的到前线去的目的终于实现了。当命令宣布后，每个人都在匆忙的收拾着自己的背包，处理剩余的大行李——大部都送给附近的老百姓了。在下午六时许，一营先头部队在预备出发，营长云飞扬是一位二十多岁的蒙古少年军官，曾毕业于中央陆军军官学校，最近由西安游干班受训返防，为人沉默寡言，淳厚朴实，兼以骑射俱精，智勇双全，颇得一般士兵之敬重。营长集合讲话了，开头就说明了部队开赴前方的重要意义："现在正是我们军人报国的机会到了，所以每个人只有兴奋，只有高兴，没有顾虑。我们要运用我们所学的战术，来肃清我们的唯一敌人日本帝国主义者，打回老家去，打出中国去！"全体都在静默的听着。末了，宣布了行军时（是夜行军）铁的纪律，不准落伍、讲话、放枪、私入民宅、拉伕、打骂老百姓，已离开宿营地时（指民房）必须扫除清洁了，借物须送还，损坏时须赔偿或道歉。宣布毕，"向右转、齐步走"，就这样出发了，轻快的

步度在向前进行着，为了不准讲话的束缚而使步度更加快了，六十里路，不到五个钟头就到了。到达后大家都松了一口气，才谈论着前方的消息啦，营长的讲话啦，路上的笑话啦。白日在休息。就这样行六晚，到达包头滩上×××。在这六日内士兵们的精神非常兴奋，行军的纪律都切实的实行了，大家都感到听见老百姓说军队好的时候自己心里非常痛快，就是行军不让讲话真有点闷得慌。

　　现在都布防沿河×××一带，正期待着时机的到来，准备和万恶的敌人拼战一场。

谢缦，七，三十一日

《塞风》（半月刊）
陕西榆林塞风社
1940 年 6 期
（李红权　整理）

诺蒙坎苏日空战的经过

陶在湄　撰

苏日势不两立，国境接壤的地方，常有纠纷，甚而扩大至敌对行为。去年诺蒙坎冲突，比过去较为厉害，且有大规模的空战。诺蒙坎位于海拉尔西南一百七十公里，甘珠寺东南五十公里的哈尔哈河岸的地区，哈尔哈庙及泰吾拉两地，即"满"蒙两军冲突，苏日两国满洲里会议决裂后，不能解决的地区。苏日两军的空中接触，于上年五月二十日发生，冲突经过的确实情形，两方各执一词，是非难辨。现在且就双方所发表的情状，分述如下。

根据苏联五月间苏联外蒙军参谋本部的情报，在冲突初起时的日伪空军，军用机计一百八十架，苏空军的飞机一百五十五架，其中受损害的日伪机达六十六架，苏方仅损失十四架。但五月二十八日的日本战斗机轰炸机一队，侵入边境，往袭蒙军两处机场时，苏蒙战斗机因为出于不意，起飞较迟，使日机处于有利形势，当时空战后，苏蒙军损失九架，日方损失七架。六月二十三日日伪空军有一百二十架飞机出发，采取新攻势，苏蒙空军以九十五架飞机与之作战，结果击落日伪机三十一架，苏蒙方面损失十二架。六月廿四日日伪机六十架，与苏蒙机六十架缠斗，计日伪机被击落二十五架，苏蒙机损失二架。六月二十七日苏日飞机在贝尔湖上空复有空战，在三十分钟内，苏军击落日机九十七架。七月二日至五日曾发生空中大会战及遭遇战，苏军计击落日机四十五架，苏蒙机则损失九架。七月六日至十二日间贝尔湖一带与诺蒙坎及蒲陀波各地方上空，亦有数次空战，苏蒙机计损失十一架，但日机被击落六十一架，被俘虏的飞行员计十二人。总计至七月十二日为止，苏蒙机被击落者计有五十一架，日本飞机则共被击落一九九架。以后在七月二十七日莫斯科各报上都登着塔斯社的电讯说，七月二十四日在蒙伪国境又有空战，苏军计击落日本战斗机三十四架，轰炸机二架，次日又击坠日机十九架，至于苏蒙空军的损失，为二十四日九架，二十五日六架没有归队。这些消息，大多是经过苏联官方的确实调查而公布的，我们在客观的立场说，其经过虽无详细记载，且凌乱不全，但是比较有些真实性。

至于日本方面的记载，据称以世界大空军自负而夸耀为特别优秀的苏联空军，与日机交战后的一瞬间，即损失了飞机五十九架，日本飞机则仅损失一架，因此曝露了苏联空军的器材、技术、驾驶员的精神力等各方面的弱点，正如前由英国返美的林白大佐在欧洲各国空军现状的报告中详细指摘苏联空军的劣弱性一样，而日本对于苏联空军过去的估计也过大了。同时日本的空军却发挥了完全的防卫力，如过去五月廿八日的大空战中，仅以一两架飞机击坠了苏联的四十二架，这不但使国民感到意外的兴奋，亦即是意外的战果，得到这些大战果的原因，自然是由于日方机体、技术的优秀性，同时苏联空军的行动半径是远距离的，因此使它的战斗力，又激烈的减低下去（见九月一日日本《外交时报》二二四页）。我们如果依照上述日本所报告的结果，那么，苏联空军简直是不堪日机一击了，但日本何以仍向苏联屈膝？真是好笑得很。

日方又宣传说，自五月二十日至六月十九日以前，总共击落苏机六十一架，自六月十九日至七月十八日的一个月间，苏机的损失为确实被击落的或炸毁的计四百十八架，又略有确实性的击坠数约四十架，合计达四百八十八架，如再加上前次所击落的六十一架（内有二架未证实），那么击落的苏机总数，当在五百四十九架。同时这次冲突中所出现的苏空军机种，自六月十九日至七月十三日止主要的是 E15 及 E16 型的战斗机，十四日以后，就不见战斗机，接着就是 SB 轰炸机，出发轰炸富拉尔基及哈洛阿尔西等。轰炸富拉尔基的飞机，是在七月十六日午前二时半，投下炸弹八枚，炸毁"满"俄人家屋各一幢，并有七人负伤。苏机同时空袭哈尔〔洛〕阿尔西区的列车及邮政局，投下炸弹数十枚，伤满人四人。因为富拉尔基是在距离边境战斗地区很远的齐齐哈尔南方的克洛斯地点附近，所以这种空袭，日本认为与过去在边境的轰炸完全不同。但是更使日伪朝野恐惧不安的，即是七月十四日苏联侦察机多架，由海参崴〔崴〕飞至日本东京高空示威一小时，未投弹即回。据中央社香港八月十三日电称：当苏联飞机示威的时候，东京情形大乱，市民极端恐怖，而且狼狈不堪云云。

苏联飞机到东京侦察一小时，日本的空军却没有法子对付，结果只见东京秩序一片纷乱，那么，苏联空军对于日本所显示的威力，也可想而知了。对于苏日空军损失情形的日方迭次报告和宣传，最近也经苏联塔斯社加以切实的驳斥，据该社声明：一九三九年五月十五日至八月卅日蒙伪边境日苏冲突期间，日军损失飞机五八九架，苏蒙军只损失一〇六架；又一九三九年八月三十日至九月十五日苏蒙空军再击落日机七一架，苏蒙空军仅损失三七架，统计起来，日空军合共损失飞机六六〇架，苏蒙空军的损失为一四三架。塔斯社所指的冲突期间较长，但是无论如何，总可以证明日空军是处于劣势的。

苏倭空中冲突的经过，已综合的概如前述，同时冲突的事件，亦于九月十五日成立停战协定，宣告结束，其协定的要点是互相引渡战场的尸体与交换俘虏，同时双方派员组织现地划界委员会，从事解决冲突的因素。不过这协定，是环境所驱使的，在已经将要总崩溃的日军如不在扩大战局以前自向苏联屈膝，无疑的是自速其死。至于苏联方面，既已予日军以威力的教训，须积极的应付西欧，于是停战协定，就在这样的情形下成立了，但我们敢断言，这是暂时的安定，决非永久的妥协。

《空讯》（周刊）

成都空讯周刊社

1940 年 8 期

（李红权　整理）

伊盟没有危险

自从日本小鬼占了五原、临河、陕坝，东胜县的机关退到扎萨克旗来以后，伊克昭盟的人心有点不大稳当。好像小鬼就要过黄河，占七旗似的。

其实，大家不要惊慌，伊克昭盟一点危险也没有。怎么说伊盟没有危险呢？因为小鬼一定打不过来。怎么说小鬼一定打不过来呢？

第一，小鬼如果有力量来占伊盟，在二十六年冬天，他就来了，那时他都没有力量来打，三年以后的今天，他已经筋疲力尽，还敢来打吗？

第二，那么，你一定要问，他既然筋疲力尽，为什么敢打五原呢？原来，他打五原的兵，是从山西调来的，山西有人捣乱，他才能调兵出来，现在山西已经没有人捣乱了，他又得调回打五原的兵，去守山西，哪还有兵再来打伊盟？

第三，我们的傅主席，正从西往东打，十五号已经把陕坝、临河都收回来了，杀死小鬼数千。现在正打五原，蒋委员长又派来不少的兵也到前方了，不久一定能收复五原，小鬼是再不能分兵来过黄河的了。

第四，伊盟的防务，十三号那天，经邓总司令、马将军、高军长、朱长官，又从新布置了一下，也是十分坚固的。

大家放心好了，我们担保伊盟没有危险。

《边疆通信报》（周刊）

榆林边疆通信报社

1940 年 14 期

（李红权　整理）

达拉特旗通电讨汪

作者不详

卖国贼汪逆精卫和日本小鬼签订密约出卖中国，出卖蒙古同胞，达拉特旗旗政府及保安司令部，特通电全国申讨，其电文曰："（衔略），汪逆精卫叛党卖国，媚敌求和，早经政府通缉，久为国人共弃。该逆不自一死，以谢国人，近更变本加厉，极恶穷凶。于兹二期抗战胜利之时，与敌签订密约。窥其意图，直欲置国家民族于万劫不复之境。阴谋揭露，举国同仇，消息传来，全旗愤慨！特电一致声讨，扑杀此獠！誓在我最高统帅领导之下，扫荡倭寇，完成抗战建国之大业。临电神驰，伏维垂察！"

达拉特旗旗政府、达拉特旗保安司令部同叩。

《边疆通信报》（周刊）

榆林边疆通信报社

1940 年 18 期

（丁冉　整理）

五原的战局

作者不详

去年十二月，我们五原的大军在傅将军的指挥之下，去打包头，杀死小鬼一千多名，缴下步枪一千多枝，轻重机关枪三十多挺，小鬼真算损失不小。

包头这块地方，在小鬼看来，更是十分重要的"战略据点"（在战争策略上必须占据的地点）。第一，他占据包头，就能进攻我陕、宁、甘、青。第二，包头又是晋、绥、察的前卫。第三，包头是平绥铁路的终点，北有百灵庙，西北有固阳。百灵庙，北通外蒙的库伦，固阳，西北通外蒙的乌里雅苏台，他打算去侵略外蒙，所以必须固守包头。第四，他由包头过河，还可以扰乱伊克昭盟。这样一块重要的地方，被我们一打就打了进去，而且他损失的又是这样的重大，可见小鬼在我们抗战到了今天，他已经精疲力尽，不堪一击了。

他对于我们打进包头，害怕得不得了，由晋北抽调一万多破烂队伍，来打我们的五原。今年一月二十九号，他分兵两路：北路由固阳打乌兰脑包（五原北）；南路由大树湾打马七渡口（五原东南）。二十八号，傅将军在五原召集军事会议，对小鬼两路鬼兵，议定"放进来打"的计划，就是我们退出五原，让他进到城里，然后再打他。我门军在红海不浪，重重的打他南路一番，打坏他一百多辆汽车，打死六百八十多名小鬼；马旅在乌兰脑包也重重打他北路一顿，打死三百多小鬼，打坏七十多辆汽车。然后，我们把五原让给了他。

他不知是计，认为我们是败了，一直被我们引到临河、磴口。他向前赶，我们在两旁包围。包好了，一打，我们打回磴口；二打，我们又打回临河；三打，我们围上了五原。五原到现在被我军围得水泄不通。

有人说，五原既然围上，为什么我们还打不回来？你不用忙，我们正等候黄河解冰，春水灌地，他们的汽车、坦克车、重炮一概不能活动的时候，"关上门打瞎子"，让他一个小鬼也跑不了。

《边疆通信报》（周刊）

榆林边疆通信报社

1940 年 18 期

（李红权　整理）

五原大胜与绥蒙的关系

作者不详

日本小鬼不自量力，于二月前，忽然把住于绥远、包头老巢的小鬼兵，再加上从山西抽调来的，一共有一万多名，向后套攻打。当时我军暂时后退，把它放进来了，我大军仍按着预定的打算，四面包围上来，这时小鬼知是中计，也来不及了，乃被我军一下子打得一干而〔二〕净，后套小鬼兵都被打跑了。这个大胜利，是和绥蒙有极大关系。

日本小鬼兵占领五原的意思，是想把绥远乌、伊两盟通通占领了，以遂它吞并蒙古的毒计。因为日本小鬼兵自占领绥远、包头以来，时时都想着占乌、伊两盟，但因为乌盟境内我游击队十分活跃，而我蒙古同胞更是和国军一同打小鬼，使小鬼兵终未能安全占领。至于伊盟，我蒙古同胞组织游击军、抗日军，紧守黄河防线，小鬼兵根本便未能进来，所以日本小鬼想占领了五原，来打乌、伊两盟。

可是，事与愿违，日本小鬼兵刚进到五原，便被我大军打跑。这使小鬼的梦想不得成，却使我蒙汉同胞，认识小鬼兵的鬼计，团结得更紧，打击我们的敌人。

现在后套已无一个小鬼兵，从此，日本小鬼子再想打后套也是不容易了。而我绥远各蒙旗同胞，更应起来去打欺侮我们的日本小鬼，使日本小鬼认识我们蒙汉不可分，再勿想挑拨离间，妄施鬼计。

　　乌、伊两盟的蒙古同胞这回看见了日本小鬼兵的无能，不可怕罢？我们只要肯打，小鬼兵是没有法子的。

《边疆通信报》（周刊）

榆林边疆通信报社

1940 年 20 期

（李红权　整理）

伪蒙某厅长畅谈平绥寇穷状

壮丁死净只剩了老弱残兵
寇官拼命要钱吃绥远莜面

作者不详

德王属下的伪警察厅长×××，虽任伪职，实为我某部副师长，在伪方工作五年，上月始被敌人察觉，×脱身内渡，过榆返渝。兹追记×所谈平绥寇窘状如下。

老弱残兵

他说："我亲眼看了小鬼五年多，他真是老太太过年，一年不如一年了。头几年平绥小鬼正规军，真是人强马壮，都是二三十岁的小伙子，近一年左一次右一次补充，壮丁都死净了，仅剩了小的不赶枪高的孩子，老的长了满脸胡须，都是老弱残兵了。"

拼命要钱

"小鬼初到绥远的时候，越是大官，越是廉洁，真作到不要一文钱的地步。他们是为了表示'皇军'的高洁。可是一年比一年坏，现在是凡小鬼顾问、指导官及一切文武官，没有一个不拼命和中国人要钱，抽、喝、嫖、赌无所不为。一则是'皇军'的'精神'被我们给打光了，二则是他们不知何日便要送掉小命，才胡干起来。"

种种穷样

"小鬼初来，每年发黄呢军衣两套，小褂八套。不作战，是吃大米，作战便吃罐头牛肉。现在可不同了，衣裳破得补绽上落补绽，小褂是用木头织的，洗三回就成了烂布了。平常也得学着吃小米和莜面，打仗时没有罐头可吃，只好抢我们老百姓的小米杠子了。"

《边疆通信报》（周刊）

榆林边疆通信报社

1940 年 25 期

（李红权　整理）

柴登召的收复

作者不详

内蒙六盟仅剩了伊克昭盟一盟，但这一盟也有一个东北角在敌人武力占领之下，而且若干地方是在敌人政治力量（间谍组织）支配之下了。关于后一点，我们不好多说，也是谁的心里都明白的事情。前一点，指大树湾和柴登的沦陷而言，这两块地方如长此在敌人的手里，黄河以南是不会平安的。

尤其是柴登的森盖逆部，特别值得注意。他的政治攻势，由多少年残留到现在的种种条件作引线，据某师长写给我们的信，业经由柴登向西伸张了三百里，向南伸张也是三百多里了。在达拉、杭锦两旗及奇凤鸣残部之间，都是活动得很用力。不过有一种特殊烟幕蒙盖着，非有非常的警觉是看不出来就是了。单拿森盖四个月期间，由六十枝枪扩充到三百多枝枪一点来说，不也是令人感到气压过低了么？

伊盟东北角的扫荡，这样就成了迫切的问题。我们也可以把柴登召的收复，看作肃清伊盟的开始。这一战役的成功（也就是以往失败的经验），第一在××××××××，第二在×××××××，第三在这支部队的英勇，都是值得欣慰的。柴登召距柴登七里，有居高临下之势，是外围重要据点，这地方的收复，在局部的战略上看，是我们第一步的胜利。

但是，我们的政治反攻力量，无疑的是不够充分的。森盖是可能打跑的，跟着他的尚有若干"人心"，我们何以收回？兵法说"攻心为上"，当是指着政治工作而言。我们可以说，假定康王能早点回来，不在重庆勾留，想来一定可以防止达旗零星部队的投伪——给森盖添羽翼，森盖也许是可能反正，但他怕康王"宰"他，譬如康王能给他一个保证，这问题也就解决了。这不过是政治工作之一，但我们是并没有作。

　　本来这点意见，我们可以用"口头的舆论"、"无字的舆论"表示出来。但口说只达于百步，没有方法说到数千里以外去。这篇文章只好算作报人的哀鸣吧！

《边疆通信报》（周刊）

榆林边疆通信报社

1940 年 26 期

（李红权　整理）

达拉特旗抗战中

改组旗政府设三处六科　组干训队训练抗战部属

作者不详

马子禧将来榆林

达拉特旗通信：达旗地处伊盟东北，濒临黄河，接近包头，自包头沦陷后，地位更见重要矣。旗境沿河一带，遍布我军，今春森盖逆率众侵占柴磴，烧杀淫掠，无所不为，蒙民恨之入骨。保安司令马子禧曾率部数度进袭，使森盖逆部，惴惴不安，日夜提防。现马司令以旗下军政急需向各方报告，已决定不日去榆林，向总司令、高军长、朱长官请示。

旗政革新，教育进步

至于旗政方面，去岁康王返旗，曾改组旗政府，设立三处六科：一、财务处，统一财政；二、民治处，编组保甲，训练民众；三、实业处，筹设牧场。教育方面，设立学校二处：一设柴磴，经费每月由教育部津贴一百元，有学生三十余人，蒙汉兼收，康兼校长，教员由内地聘请，学生衣食住由学校供给，经费不足之数，暂由旗政府接济；一设五原，名达旗河套小学校，去岁七月间成立，由奇安庆任校长，康任名誉校长，无固定经费。奇奉命后，半月内招集蒙汉学生二十余人，衣食住均由奇私人负担，迄五原沦陷，已垫款数千，建立校舍一所。此中困难情形，应由教育部早日接济。康曾到校视察，拨予学田六十顷，系未垦地。

军事方面力加扩充

甲、组织干部训练队，造就军事人材。队长系马司令兼，队副、教官由内地聘请。规定每期二个月毕业，每期五十人。抽调本旗保安队下士兵，年龄在三十岁以下十五岁以上者受训。乙、扩充军队。绥、包未沦陷前，达旗原有保安队三团。第三团康去西安，已经解散；余一、二团由马子禧、南木岱分任团长。前次康王回旗扩充，恢复原来三团制，令奇安庆为第三团团长，在五、临、安三县招抚，一月之内招来人马三百余，枪二百余。经费无有，所有粮饷均由奇私人筹措，垫款已达数千。奇在五原拟仿马司令办法组织干①。

《边疆通信报》（周刊）

榆林边疆通信报社

1940 年 31 期

（李红权　整理）

---

①　未见续文。——整理者注

蒙旗保安队的整训

作者不详

蒙旗保安队的需要整训，已为人所注意。抗战以来，更增加了这个要求。报载：伊盟保安长官沙王，为增强伊盟抗战实力，于去春曾拟具计划，呈请中央，从事整训。现中央对于沙王的请求，业已照准。同时伊盟保安长官公署，亦在着手筹划，不久即可开始训练。对于此事，我们特申论之。

我们知道，蒙古"旗"的组织，原为清廷仿照满洲旗制而建立的。这种"旗"的组织，是一个军事单位。一旗的壮丁全是属于扎萨克的兵员，可以说全旗皆兵。合数旗为一盟，"盟"的组织更是一个军事组织。清廷每数年轮流派大员到各盟会盟，有所谓"比丁"，便是点检各旗的壮丁，以及所有武器。对于壮丁额数如有隐瞒不报，订有严厉罚科。因为清时以蒙旗军队，作为国防军。民国成立以来，对于会盟"比丁"废弛，各旗的兵额也失稽考。后来又将各盟的备兵扎萨克改为盟保安长官，仍由盟长兼任，设保安长官公署，将各旗的军队一律改为保安队，每旗设保安总队长一人统率之，已经把蒙旗军队完全改为保卫地方治安的保安队了。

这种改革，原不失为善策。可是改革之后，仍本旧例，保安队的士兵，仍是自备马匹，甚至自带食粮，而无薪饷。这种情形，似有未尽。所以现在欲整训蒙旗保安队，对于这点当特别注意，应当为保安队士兵筹点粮饷，使之在生活上有所补益。其次是对于技术的训练，应特别加紧。对于事权指挥，应加强统一。须知蒙旗保安队，责任虽是保卫地方治安，但日寇的兽蹄已经踏到我们的头上了，我们不但要保卫家乡，还要保卫国家民族，责任非常重大。

蒙古健儿，驰驱疆场，斩将搴旗，杀敌致果，在历史上已留有英名。直到现在，谈蒙古者，多震惊于蒙古同胞之过去彪炳武功，对之不胜景仰，都以蒙古同胞为中华民族中一支坚强而巨大的力量。抗战以来，蒙旗保安队，已发挥了保国卫乡的伟力，达拉特旗、东公旗、西公旗保安队皆实际参加抗战。如果加以整训，统一指挥，一定能打击日寇，日寇不敢正视我蒙古同胞。

《边疆通信报》（周刊）

榆林边疆通信报社

1940 年 41 期

（李红权　整理）

包头滩上我军连日不断出击杀敌，小鬼向大树湾溃退

作者不详

包头滩上小鬼，近因我军不断袭击，损失甚重，至十七日，小鬼恐慌，增强工事，防我进攻。又，绥东区小鬼勘丈麦苗，每村收入食粮，多被没收。十七日驻包头滩上段家海子小鬼经我军进袭，打死小鬼兵甚众，伤八名，得骡马多匹，枪多支。又，大树湾小鬼一部，附大炮二门，向我窜犯，经我军还击，正激战中。又，满管营子我军以极少数之兵力，对来犯数倍于我之小鬼应战，敌以轻机关枪猛冲，并施行包围，我军个个抱必死决心，以手溜弹反攻，杀敌极众，歼杀敌军官一名，小鬼不得逞，向大树湾溃逃。

大批伪军反正

侵据绥北安北、固阳一带之伪东亚同盟军第三师师长董瑞、第四师师长耿某、第五师师〈长〉王德铭，于本月八日晚各率全部官兵共万余人，分在驻地同时反正，并向小鬼攻击，小鬼损失奇重。又，伪东亚同盟军第九师师长王在春，亦于十六日率全部官兵反正杀敌。

去打安北、固阳

　　安北、固阳之小鬼，自十七日与我开始接触后，十八、十九均有激战，战斗中心，已展至高台梁周围。洛石太川之小鬼一千余名，汽车百三十余辆，十九日向我猛扑，我军利用优势地形，予以痛击，杀小鬼甚众。

《边疆通信报》（周刊）

榆林边疆通信报社

1940 年 43 期

（刘哲　整理）

论喇嘛当兵

作者不详

边疆诸民族，过去由于交通的阻滞，以及政治、经济未发达，与内地的联系极松懈。这情形的存在，表现出中华民族组织的散漫。

但抗战使我们中华民族团结了，像钢铁一般的，像岩石一样的凝固起来。国内诸民族，都认清了日本帝国主义是我们的敌人，抗日怒火，普遍的燃烧起来。全国同胞都在怒吼着，高高的举起抗日旗帜，加紧打击日寇。每一个人都把抗日建国的责任，放在自己的肩头，用血和肉，去驱逐我们的敌人。这样的坚固团结，在抗战以前是未见过。

抗战以来，边疆教民所表现的团结力，更足可惊。西藏达赖喇嘛首先拥护抗建国策。蒙旗各召庙喇嘛的敌忾心，也日益高涨，如扎萨克旗扎萨召喇嘛曾讽经祈祷抗战胜利，超度阵亡将士。然均在消极方面有所表示，在积极方面，似尚有所期待。我们曾经指出喇嘛在蒙旗的巨大力量，在抗战期中，如能对之加以宣传组训，对于杀敌上必将发生极大作用。现在准格尔旗准格尔召的喇嘛已经实行入伍，编成保安队，开始训练，准备保乡卫国，打击日寇。这是喇嘛对抗战的认识加深，知道在抗战中也有杀敌的责任。

本来任何宗教教义都是以救人救世为出发点，悲天悯人为每一个教徒应持的要义。日寇疯狂的侵略我国，兽蹄所到，烧杀淫掠，无所不为，已经灭绝人道，以是惹起人类的公愤，稍有正义感的世界人士，没有不痛恨的。那么以救人救世为怀的宗教教徒，当然要奋起反抗侵略。所以自抗战以来，我国基督教徒、天主教徒、回教徒、佛教徒，都曾踊跃参加抗战，未落人后。我们看到他们出没于枪林弹雨中，救护伤兵难民，或在后方协助建设，的确使人钦佩不置。

蒙旗旧例，喇嘛不服兵役，他们在军事上不负什么责任，换句话说，他们仅系蒙旗的精神指导者，召庙为蒙旗文化的传播所。然而在日寇疯狂侵略我国之时，富有爱国心的喇嘛们，不但在精神上指导抗战，并且打破旧例，拿起枪杆救国了。这确有历史转捩点的意义。我们必须更要唤醒蒙旗所有的喇嘛，使能积极参加抗战建国。在进行的次序，首先是宣传，这宣传是应有组织，有计划的；次为组织，然后再加以训练。在训练上，要特别强调政治训练，使之对国家民族有所认识，那么这一支伟大的抗战建国生力军，将在边疆上建立起不灭的功勋了。

《边疆通信报》（周刊）

榆林边疆通信报社

1940 年 43 期

（李红权　整理）

马将军保卫伊盟

招抚伪蒙军工作积极　严整军纪违者处极刑

作者不详

马占山将军，以半百高年，挺军紫塞，扫荡敌伪，屡建奇功，而对于西北国防前线伊盟之保卫，厥功尤伟。友人自前方来，历述马将军保卫伊盟之功绩，兹特录之如下。

驱逐敌伪

当绥、包失守后，敌人曾乘机潜入伊盟各旗，作阴谋活动。日寇派人曾企图在伊金霍洛召集王公会议，其时适逢马将军部队开至东胜，敌伪乃闻风远扬。其后，部队进驻准旗沿河一带，侵入准旗大营盘之伪军，即被挺进军驱逐以去，以是准旗境内始安。

反正工作

马将军对于伪蒙军的反正工作，积极进行，颇有收获。挺进军基本队伍，于绥远战役，多有伤亡，现存部队多系反正队伍，分子复杂。马将军决心整饬，谓无论哪个有不守纪律，糟蹋老百姓的就是没有天良，没有天良的人就要不得，就该杀。因违犯军纪被处极刑者，有十三人之多。现军纪大振。

造福地方

　　挺进军驻区，多为蒙边，地瘠民贫，儿童大半失学，以是特由该军特党部拨办公费一部，设立中正小学一处，招收男女学童六十余人，每生代做制服一套。又设育婴堂一所，收育婴儿。其他对于驻区之禁烟、禁赌各事，也严厉推行。马将军之造福地方，可见一斑矣。

《边疆通信报》（周刊）

榆林边疆通信报社

1940 年 52 期

（朱宪　整理）

伪蒙军分化

日寇不信任警备军　对"蒙人军"亦不重视

作者不详

（本报特讯）伪蒙军在去年五月以前，原为八个师。经我收复五原之役，整个消减了伪七、八两个师。以后日寇即加以改编，现已编成四个师，称为"蒙古军"，以乌逆叚庭为总司令。下辖第一师，伪师长突布格勒目图，汉名乌云飞，驻大树湾，共四百名；第二师，伪师长达密凌苏龙，驻陶林、红格尔图一带，共六百名；第三师，伪师长扎青扎布，汉名戴青选，驻百灵庙，共四百名；第四师，伪师长仓都楞，驻武川，亦四百名。合计四伪师只一千八百名。此四师均由过去伪四、五、六、七、八各师残部编成。至过去伪一、二、三三个师，亦改编为伪靖安警备军，以丁逆世昌为军司令官，下辖三个集团，以郭光举、门树槐、宋万里三逆分任一、二、三集团长，驻包头、归绥、集宁三地，共一千七百名。日人称伪警备集团军为"汉人军"；伪"蒙古军"为"蒙人军"。对"汉人军"绝不信任，对"蒙人军"亦不重看。如此改编，即系分化。

《边疆通信报》（周刊）

榆林边疆通信报社

1940 年 79 期

（丁冉　整理）

德苏战争后倭用内蒙打外蒙

绥、包伪蒙军调滂江准备攻乌德
德王有交出察、绥迁往百灵庙说

作者不详

（本报特讯）德苏战争爆发后，日寇在内蒙之军事布置经本报访明者如下：一、以马场少将部队约二千名集中包头，增强防御工事；二、以甘粕师团挟持伪蒙军，构成张家口迄滂江之纵深配备。自本月初开始，原驻归绥、包头、托县、萨县之伪蒙军及警备集团军纷纷东调滂江，位置于外蒙边境，以乌德为前进目标。日寇利用内蒙以进攻外蒙之毒计，即将实现。又传：自七月一日起，倭寇允将察、绥两省设县之区，划归汪逆统治；德逆之伪蒙疆组织则自张家口退往百灵庙，所治伪区包括锡林格勒盟、察哈尔八旗群（伪察哈尔盟）、土默特旗及绥东四旗（伪巴彦塔拉盟）、乌兰察布盟暨伊克昭盟（编者按：伊盟未沦陷）。惟此讯尚待证实。

《边疆通信报》（周刊）

榆林边疆通信报社

1940 年 83 期

（刘哲　整理）

蒙古民族与抗日战争

关烽　撰

一

　　蒙古民族是中华民族的构成部分之一。蒙古民族今日虽然只有不到二百万的人口（包括外蒙古），但它所居住的区域，却遍及于我国北部之黑龙江、辽宁、热河、察哈尔、绥远、宁夏、新疆、青海等省及外蒙古之广大地区。从各方面来看，蒙古民族是在抗战建国事业中都占有重要的地位。

　　在历史上，蒙族兴起于一一八八年至一二〇六年间，当时在成吉思汗领导之下统一了全蒙古，并于其后六十年间，经成吉思汗、窝阔台（元太宗）、忽必烈（元世祖）继续不断的对其他民族国家的征服，建立了一个历史上空前未有的横跨欧亚二洲的大帝国，这是蒙古族的极盛时期。自一三六八年至十五世纪末，蒙古大帝国相继崩溃，蒙古人退回到自己原来的领土（即今内外蒙古的地区），曾与明朝对峙很久。满清入关之际，先行征服蒙古，蒙古人民即于此时沦于满清统治之下，而汉商地主亦复侵入蒙古。其后帝俄与日寇的势力又先后进入蒙古，遂使蒙古人民完全沦于帝国主义侵略和异民族的压迫之下。满清是中华各民族的牢狱，满清统治与愚弄蒙古所给于蒙古民族的打击与损害是难以计算的，因此，满清一代是蒙古民族进入空前萎靡衰弱的时期。民国以来，满清的反动统治虽被推翻，但蒙古民族只有外蒙古在社会主义国家苏联直接帮助之下获得了解放，其他内蒙古及西北各盟旗，非但未能脱离帝国主义侵略与异民族压迫的境地，而且由于日寇对中国不断的侵略与进攻，更加陷入空前严重的民族危机。这种危机就是蒙古民族现状的最基本的特征。在这种危机之下，它直到现在还没有成为一个统一的民族。由于蒙古民族经济的落后性，帝国主义侵略与异民族压迫的结果，以及革命在外蒙古的胜利，使蒙古人民现在处于各种不同的情况之下，其中主要的有以下三种情况：

第一，就是外蒙古人民共和国的存在。一九二一年外蒙古人民在苏联直接帮助之下，驱逐了帝俄走卒谢米诺夫及日寇在外蒙的势力，建立了独立的外蒙古国民政府，但当时仍以活佛为君主。直至一九二四年活佛死后，外蒙古人民在人民革命党领导之下，方战胜了内部的封建反动势力，召开国民会议，成立了完全民主的外蒙古人民共和国，蒙古民族的解放，首先在外蒙古实现了。由于外蒙推翻了帝国主义（日寇及帝俄走卒谢米诺夫）与内部封建势力的压迫，同时由于苏联的直接帮助与外蒙全体人民的努力，在短短的十数年当中，外蒙古人民共和国已经取得了很多成功，过去外蒙的经济完全是落后的游牧经济，然而现在的外蒙经济不仅把畜牧业在新的技术水准上加以改造，而且有了农业和近代工业，人民生活大大的改善了。过去外蒙人民在黑暗的封建压迫下没有任何的政治地位，然而现在外蒙人民是过着完全的民主生活，人民是国家的主人，享受着一切集会、结社、言论、出版之自由；过去外蒙人民几乎完全是文盲，没有享受文化的权利，然而现在的外蒙人民已大部分消灭了文盲，人人都有享受文化的权利；过去的外蒙在帝国主义侵略与异民族压迫下是根本谈不到国防的，然而现在的外蒙已经有了充足的国防力量，能够不断的击碎日寇的进攻以保卫自己的疆土。外蒙古人民共和国在各方面的进步，奠定了向非资本主义前途发展的基础。外蒙古人民共和国的胜利，不仅对于全蒙古民族的解放有重大的意义，而且对于全中华民族的解放有重大的意义。

第二，但另一部分蒙古（内蒙古）之一大部则已处于日寇直接统治与侵略之下。日寇对于蒙古的侵略有长久的历史，日寇在其大陆政策中早已规定"欲征服中国，必先征服满蒙"（田中奏折），远在"九一八"事变前，日本奸细已经对内蒙王公上层进行了不少的拉拢诱惑的工作，"九一八"事变后，内蒙的东三盟首先随着东北四省而沦陷，接着日寇又于一九三五年占领了察北六县，开始侵入西蒙，并于一九三六年策动德王、李守信、卓什海等在乌珠穆泌旗召集"蒙古大会"，成立"蒙古军政府"，组织以王英、李守信为首的"西北内蒙自治防共军"，发动侵绥战争。虽然当时由于百灵庙与红格尔图的失败，使"军政府"成为昙花一现，但抗战开始以后，察、绥大部沦陷，日寇即用利诱、威胁、绑架的各种手段，重又召集了伪蒙古大会，产生了伪蒙古联邦自治政府。从此，内蒙古伊克昭盟以东，即陷于日寇之手。六十万蒙古人民变做日寇铁蹄下的牛马奴隶。日寇现在把沦亡九年之久的内蒙东三盟，分为四个兴安分省，而由伪满洲国设兴安总署（现改蒙政部）来直接统治，这已成了日寇的完全的殖民地。对于察、绥蒙古，那末日寇在占领后，虽然组织了伪蒙古联合自治政府，但这只是日寇统治察、绥蒙古的一个御用工具，事实上也已成了日寇的殖民地。现在日寇正从各方面加强伪政权组织的傀儡作用，以巩固其对察、绥的统治。此外，日寇更对未沦陷的蒙古地方如伊盟及宁夏、青海、新疆诸蒙古部、旗，经过伪蒙古政权及日寇的特务工作人员，来进行各种挑拨离间的政治阴谋和活动，企图达到灭亡整个内蒙，变内蒙为"防共特区"的目的。因此日寇是蒙古民族最大的敌人。

第三，除了解放了的外蒙古与沦于日寇铁蹄下的内蒙古外，还有内蒙的伊克昭盟及宁夏、青海、新疆蒙古各盟族〔旗〕，这一部分蒙古人民现在尚处在大汉族主义及其他异民族的压迫之下（新疆蒙人的情况略有不同）。自从满清推翻之后，大汉族主义者就代替了满清的地位，继续对蒙族施行压迫，大汉族主义者过去一方面不抵抗日寇对于蒙古的侵蚀，另一方面又不愿放弃自己对蒙古土地、财富的掠夺，而变本加厉地实行屯垦、设治、建省，并阻止一切进步的蒙古民族的解放斗争，培养与维持蒙古的一切黑暗势力，以便于他们的压迫与榨取。大汉族主义者，把使蒙古人民从那些原来已经保存不多的比较优良的地区，排挤到荒凉的沙漠地带，过着经济生活极度落后与毫无政治自由的黑暗生活。大汉族主义者，同时极力抑制蒙古文化的发展，从来不曾善意的帮助蒙古民族建立自己的学校及文化教育机关，而他们所建立的文化教育机关，则只是研究如何掠夺蒙古的富源宝藏，如何培植少数蒙古的坏分子来帮助他们掠夺，并如何从各方面窒息蒙古民族自救更生的积极性。大汉族主义压迫的结果，造成了蒙古民族对汉族深刻的成见，这种成见一方面阻碍着蒙古民族的抗日觉醒与同汉族更亲密的团结，另一方面恰恰便利了日寇对蒙古民族侵略的活动。日寇正是抓住了蒙汉之间的这种矛盾，进行其挑拨离间的阴谋。抗战以来，虽是举国一致团结抗日，但对于蒙古民族的大汉族主义的压迫，并未改变，同时顽固分子更在蒙古民族中推行"防共"、"反共"的政策，他们不从积极方面发动蒙古民族参加抗战，反引诱与压迫蒙古上层分子"防共"，结果，就阻碍了蒙古民族的抗日觉醒，并使蒙古民族与汉族的抗日团结不能达到应有的程度。

　　蒙古的社会经济在上述三种情况之下，也是不平衡的，虽然直到今天为止，蒙古社会生产的主要形态还是畜牧（在这一点上，不论外蒙、内蒙大致相同），但在各种不同的政治情况下，社会经济的性质与状况在基本上是不相同的：在外蒙古是革命已经胜利的地方，初期封建经济与帝国主义剥削已被完全推翻，并且正在发展新民主主义的经济以便进一步的向非资本主义道路发展。在日寇统治下的内蒙古，东三盟已经是殖民地的经济，而察、绥蒙古的经济也已开始了殖民地化的过程。在未沦陷的蒙古地方，它的社会经济性质又与上述两种地区不同，一般的它还保存着原来的初期封建经济的性质。因此，现在只有革命的外蒙古的经济是日益向前发展的，而内蒙古的经济不论沦陷区或未沦陷区，都是更加破产与殖民地化。沦陷区的蒙古人民，直接受着日寇及内部封建势力两重的压迫、剥削，而未沦陷区的蒙古人民则受着帝国主义（主要的仍是日寇）与大汉族主义（或其他异民族）及内部封建势力的三重压迫与剥削。当然，日寇的压迫剥削是主要的和基本的。在这种情形之下，内蒙广大蒙古人民生活的更加恶化是不言而喻的了。

　　伪蒙古联盟自治政府的存在，是蒙古民族现状中的另一个特征。它成立于一九三七年十月，由关东军参谋长东修〔条〕英机〔监〕与特务机关长桑原荒一郎直接导演而成，其主要人物为德王、李守信、陶克陶、吉尔嘎朗等。一九三九年九月，在日寇直接指使下，晋北、察南、蒙古三自治政府"合流"为"蒙古联合自治政府"，成立伪新中央政权，仍以德王为主席，无论过去的蒙古"联盟自治政府"，以及现在的"蒙古联合自治政府"，都是由日寇长期孕育与一手造成的，完全受着日寇的操纵与指使，日寇特务机关所派的顾问就是实际的最高权威者，参加伪蒙政府的王公，自德王以下，都是傀儡，日寇以"帮助"、"扶植"、"协和"

等动人的口号来掩盖其侵略灭亡蒙古民族的面目，并骗取蒙古人民对它的信任，同时历来大汉族主义对蒙古民族的压迫政策，也推使德王等蒙古王公投入日寇的怀抱，伪政权中的若干王公是抱着对大汉族主义压迫的仇恨态度去接近日寇的。但参加伪政权的蒙古王公是不一致的，他们之中有的是坚决投敌长期为日寇所豢养的王公上层（如陶克陶等），有的则是幻想利用日寇的帮助来增强自己势力（如德王等），另外还有被日寇威胁而参加的。因此，在伪政权内部各派王公之间，是有矛盾的，同时在伪政权与日寇之间，也不可避免的有矛盾的，而且事实上此种矛盾，在日寇极力使伪政权木偶化与更加巩固其对察、绥蒙古的统治压迫与剥削的条件下，已经在增大着了，这里〔是〕值得我们特别加以注意的。伪蒙政权虽然是日寇勾结指使少数王公上层建立的傀儡政权，虽然没有群众的社会基础，但在目前情况下，它还能得到若干蒙古人的信任，这一方面是由于在过去大汉族主义的压迫下，蒙古人从来没有自己管理自己的政治权利，因而蒙古人民以其素朴的观点，还幻想以为它是以"蒙古人"德王为首的"蒙古政府"，同时伪政权的统治者，在形式上并未推翻旧有王公的盟旗统治。另一方面，日寇伪蒙政府目前采取"抑汉扶蒙"的政策，提倡"蒙地还蒙"、"收复失地"等（如巴彦塔拉盟的设立），因而它还能在蒙古人民特别是落后的蒙人当中，发生一些幻想，因此这个伪政府对广大蒙古人民的抗日觉醒多少起着一些麻痹作用，不过伪政权在蒙古人民当中的幻想，最近已在日渐减低，现在一部分蒙人已开始感到伪蒙政府是"给日本人办事的"，对伪政权开始感到失望，这种失望必然将会继续发展下去。

蒙古人民对抗日战争的态度，由于上述种种原因，也是不一致的。外蒙古人民共和国，毫无疑义的是坚决反对日寇与同情中国抗战的，抗战前后，外蒙人民曾给日寇以许多重大的打击，就是明证。然而，内蒙广大人民对抗日的态度则不同，以目前察、绥沦陷区的形势来看，广大蒙古人民对抗战的态度，还未脱离某种愚昧与漠视的状况，这是由于他们反对大汉族主义的压迫甚至仇视汉人，再加以日寇的各种欺骗宣传与伪蒙政府的麻痹作用，致使许多蒙古人把抗日战争看作"只是为了汉人利益的抗日战争"。察、绥蒙古人民今天对于日寇在伪善面具掩盖下的狰狞面孔，还未彻底认识，不少的蒙古人还认为伪蒙政府是"蒙古人的政府"，因而对日寇与伪蒙政府还存在着若干幻想。蒙古的上层王公在抗战前大部分都与日寇有关系，抗战后，蒙古上层王公对抗战的态度可以分做三种人：第一种人是少数长期与日寇勾结甘心附逆的，他们反对中国抗战；第二种人是幻想借日寇帮助来获得独立自治，他们只愿获得自治，不愿参与战争；第三种人则是对抗战抱着"汉强随汉"、"日强随日"的态度，他们不愿坚决参加到中、日一方来坚决反对任何的一方。其中也有对日寇心怀不满的王公，但在日寇操纵下他们不敢有所动作，广大下层的蒙古人民由于他们对汉族的成见很深，所以，他们虽然不满意日寇的统治，但对抗日又表现漠视的态度，广大的上下层蒙人，对蒙古民族感到没有出路和发生苦闷。最近时期，八路军之一部进入察、绥地区，展开了游击战争，这对于蒙古人民有了良好的影响，特别是一部分先进的蒙古青年，对抗战开始有了认识与觉醒，他们从这里开始找到了自己的出路，他们对八路军抱着很大的希望。

　　在未沦陷区，蒙古人民对抗日态度又是如何呢？由于日寇及伪蒙政府在未沦陷区蒙人当中，不但有各种阴谋活动而且多少还有一些影响，而中国当局对未沦陷区蒙古人民却还没有执行正确的政策（一方面大汉族主义的压迫继续存在，另一方面顽固分子又极力推动蒙古上层王公"防共"），所以就阻碍了蒙古人民抗日的觉醒，使蒙古民族还不能与汉族结成更亲密的抗日团结。内蒙民族还是站在中国抗战方面？还是站在日寇方面？这是抗日战争中一个严重的问题。

二

从蒙古民族的现状来看，外蒙古已经获得了解放，现在蒙古民族问题是内蒙古的解放问题。内蒙民族的解放，是不能从中华民族的解放分离的。因为压迫与灭亡内蒙民族的势力，正是压迫与灭亡整个中华民族的势力，即日本帝国主义。今天，蒙古民族的命运基本上是与全中华民族的命运一致的，不打倒日本帝国主义的统治和压迫，不论内蒙民族或全中华民族的解放，都是不可能的。同时，外蒙古虽然已经获得了解放，但日寇对外蒙的威胁，并未解除，日寇曾经在外蒙古内部组织反革命的复辟，又从外蒙古外部不断的加以武力侵犯，外蒙古要保证自己革命的胜利和扶助内蒙的解放，也不能不站在抗日方面。因此，抗日是全蒙古民族的共同要求和唯一出路。

内蒙如像外蒙一样需要民族自决，但内蒙民族自决在今日条件之下，只有抗日，只有推翻日寇的统治和获得抗战建国的最后胜利才有可能。因为日寇是内蒙六十万人民的统治者和全蒙古民族的侵略者，在日寇统治与侵略之下，内蒙的民族自决是无从谈起的。日寇提出的所谓"帮助蒙古民族独立自治"、"日蒙联合"等口号，并组织伪蒙古联合自治政府，是为着欺骗蒙古人民，使蒙古人民不自觉的投入它的罗网，做它永久的奴隶，东三盟就是很好的榜样。因此伪蒙古联合自治政府的道路，绝不是内蒙民族自决的道路，恰恰相反，这是葬送内蒙民族于万劫不复之境地的道路。内蒙真正的民族自决与解放，绝对不能依靠屠杀蒙古人民的刽子手的日寇，而是要依靠蒙古民族自己和全中华民族的团结，来打倒蒙古民族与全中华民族的共同敌人——日寇。

中国抗日战争也必须要有蒙古民族参加，才能更有保证，这是争取抗战最后胜利的主要条件之一。因为蒙古民族不但是中国境内占有广大地区的一个民族，更重要的是这个民族处在抗日战争极重要的战略地带，日寇之所以重视内蒙，日寇之所以不断的促使内蒙上层王公"独立自治"，日寇之所以企图造成内蒙"防共特区"，以及日寇之所以屡次提出要把内蒙"特殊化"，都是由于内蒙民族在抗战中处于重要的战略地位。如果我们能够争取和团结内蒙民族，首先是察、绥蒙古人民的奋起抗日，那末这对于日寇的进攻无疑的是一个极大的打击，而对于我方坚持抗战与转入反攻是一个极大的帮助。察、绥蒙古民族的奋起抗日与察、绥游击战争的开展，一方面可与华北各抗日根据地互相呼应，可与外蒙古取得联系并得其帮助，可以觉醒长期在敌伪统治下的东北各盟旗人民与提高宁、青、新各地蒙古人民对抗战的认识与信心，更有利于我方反攻力量的准备；另一方面就会给敌伪政权的巩固与对敌后方抗日部队的"扫荡"以及敌人西进的企图以更大的困难，以至加速敌人的最后失败。

争取和团结蒙古民族共同抗日不但是必要的，而且是可能的。日寇在占领东北东三盟后，曾经遭受到蒙古民族的反抗，如"九一八"事变后，哲盟科尔沁左翼亲王的率兵抗日，哲盟镇国公的抗敌于牛头沟一带，"兴安北分省"凌陞因反"满"抗日而被杀等，这些抗日斗争，虽然因为没有形成蒙古全民族广大人民的运动和缺乏外力的援助而遭受了失败，但它说明着蒙古民族的抗日是可能的。抗战之后，敌人侵入察、绥，也曾遇到蒙古民族的反抗，如土默特期〔旗〕萧总管的抗日，乌兰察布盟东公旗女王巴云英与西公旗石王夫人奇俊峰在敌寇侵犯乌盟时之高举抗日旗帜，以及伊克昭盟各旗王公、人民反抗日寇的各种表示与行动等，这些事实同样说明着争取和团结蒙古民族抗日，不仅是可能的，而且已经有了某些事实的表现。

由于历来帝国主义侵略与异民族压迫的结果，造成蒙古民族在经济、政治、文化各方面的落后和无力，同时也造成蒙古民族上下层人士对自身力量的缺乏信心。在内蒙民族解放斗争中，需要外力的帮助如同外蒙之获得苏联援助一样，因此团结蒙古民族抗日，首先必须给予蒙古民族以实际力量的援助，并使蒙古人民感觉到这个力量的强大，可以战胜日本，使他们信任这个力量不是压迫蒙古人而是帮助蒙古民族解放的。这是争取和团结蒙古民族坚决走上抗日道路的基本条件之一。当广大蒙古人民看到在他们面前有着强大的抗日力量同时又信任这个抗日力量能够帮助蒙古民族获得解放的时候，蒙古民族的抗日觉醒和信心一定会大大的提高，并将决心参加到抗日阵线中来。

直到现在为止，大汉族主义对蒙古民族的压迫还是团结蒙古民族走上坚决抗日道路的严重障碍，大汉族主义者对蒙古民族压迫所造成的历史的恶果，已如上述。抗战以来，由于察、绥的沦陷与蒙古某些上层王公的亲日投敌，证明过去对于蒙古的大汉族主义政策的完全失败，因而多少也曾引起大汉族主义者对蒙古民族问题的注意，做了一些争取蒙古民族的工作，可是所有这些工作，都只限于表面的敷衍和上层的羁縻〔縻〕拉拢，并未改变大汉族主义的实质，大汉族主义者的一切对蒙机关及对伪蒙组织的宣慰机关都没有实际有效的工作，大汉族主义者一面企图争取蒙古民族站在抗日方面，一面又不愿放弃大汉族主义的政策，继续采取种种压迫欺侮的办法来对待沦陷区与未沦陷区的蒙古人民，甚至把沦陷区所有的蒙古人民都视之为"汉奸"，而公开提出"抗日灭蒙"的口号，如绥远所谓"抗日自卫军"，在大汉族主义者领导之下，对蒙古人民实行抢掠、吊拷、鞭打、烧杀、奸淫，简直与日寇无异，引起广大蒙人的不满和反抗，称此种军队为"抗蒙助日亡国军"，试问在如此情形之下，还有什么团结抗日之可言呢?! 即在伊克昭盟一带，大汉族主义者的军队，对于蒙民的压迫与骚扰，也已使蒙民怨声载道了。大汉族主义者同时又在蒙古民族中进行"抗日防共"的政策，实际上抗日的工作极少，而"防共"的工作却十分起劲，与日寇在蒙古民族中的"防共"活动，互相呼应。然而团结蒙古民族抗日与大汉族主义政策及其"防共"活动是不能并存的。或者是放弃大汉族主义与"防共"政策，这就可以争取蒙古民族抗日；或者是继续大汉族主义的压迫与推行"防共"政策，这就使蒙古民族离开抗日愈远。事实已经证明了这点。因此，如果不打倒对蒙古民族大汉族主义的压迫及在蒙古民族中的"防共"政策，蒙古民族是不会坚决走上抗日道路的。

三

争取蒙古民族积极参加抗日战争的基本条件，在于全国抗战的党派、军队与政府，对蒙古民族实行正确的民族政策，根据蒙古民族历史发展、社会经济、阶级与民族关系的种种特征，根据蒙古民族解放与整个中华民族解放不可分离的原则，以及根据目前抗战的形势与蒙古民族在抗战中的地位，现阶段对蒙古民族政策的基本内容，应当是以下三个方面：

第一，团结蒙古民族共同抗日图存，是现阶段对蒙政策的基本方面，一切其他的对蒙政策，都应服从于这个任务并为着达到这个目的。因此必须一方面唤醒蒙古民族的抗日觉悟，提高其对抗战的信心与决心，并反对伪政府；另一方面，团结与组织蒙古民族，成为一个坚强的抗战力量，积极参加抗日战争。

第二，反对大汉族主义的民族压迫，主张和实行国内民族平等，承认在抗日前提下，蒙古民族有管理自己事务之权，并调整蒙、汉、回间的民族关系，这是与争取蒙古民族参加抗战反对日寇、伪政府的斗争不能分开的。

第三，在民主、民生方面，在抗战过程中实行并保障蒙古民族在政治、经济、文化生活方面应享的权利，减轻蒙古人民的负担，救济、改善与提高他们的生活，并从各方面提高蒙古人民的政治、文化水平，给他们以必要的最低限度的民主权利，只有如此，才能发动与团结蒙古各阶层人民到抗日斗争中来。

具体来说，目前对蒙古民族应当实行以下的方针：

一，为着唤醒并提高蒙古民族对抗日的认识和信心，团结全蒙古民族，起来反对日寇及其傀儡伪蒙自治政府及伪满洲国政府，收复已失的蒙古地方，并把日寇从蒙古地方及中国境内驱逐出去，必须在蒙古民族中进行有系统的广泛的抗日宣传解释工作，揭露日寇及其走狗汉奸、蒙奸所制造的傀儡政府的实质，揭露"日蒙民族协和"、"日本帮助扶植蒙古民族自治独立"，以及"反共"、"和平"，与挑拨蒙汉恶感等等的阴谋诡计，同时积极的争取伪蒙军反正，争取被日寇欺骗威胁参加伪蒙政府、伪满政府的王公回头抗日，反对甘心附逆出卖民族国家的蒙奸，瓦解伪蒙政府与伪满政府，使日寇在蒙古民族中完全失去依靠，而把蒙古民族团结到抗战方面来。

二，为着使蒙古民族在政治上与汉族享有平等权利，彻底根绝大汉族主义的压迫政策，应当承认在沦陷区与敌后方蒙古民族有权组织各盟、部、旗、族的抗日政权，并成立统一的抗日的蒙古地方政府，建立抗日根据地，应当承认蒙古民族在抗日前提下有管理自己事务之权，停止各省县政府对蒙族事务的干涉；应当停止在蒙古地方设县与治局，原来蒙古地方已设县与治局者，应有蒙人参加管理，一切税收应有定额，并应划作蒙古民族政治、经济、文化教育的费用，应当取消各级管理蒙古事务的骈枝机关，组织各抗日党派与无党无派爱国人士所共同参加的蒙古事务的委员会，中央政府及与蒙古民族杂居和有关的各级政府，应有适当数目的蒙人参加为委员和行政人员，应当在蒙古地方组织参议会，国民参政会应该增加适当数目的蒙人参政员，应当在蒙古民族与其他各族杂居的地方，当地政府，设置由当地蒙人组成的委员会，做为该政府的一个部门，管理与蒙古民族有关的事务，并调节蒙汉关系。只有如此，才能使蒙族与汉族及其他各族亲密的团结起来，共同反对日本帝国主义。

三，巩固蒙古民族与中国坚决抗战的党派、军队及人民的团结，反对顽固分子在蒙古民族中"防共反共"的阴谋活动，向广大蒙古人民指出，蒙古民族的出路只有抗日，而抗日则必须与中国各抗战的党派、军队及人民团结一致，蒙古民族不但不应"防共反共"，而且应当与坚决抗日的共产党、八路军、陕甘宁边区团结一致，共同抗日，因为蒙古民族与共产党中央、八路军地区及陕甘宁边区相接连，蒙古民族在自己的抗日斗争中，一定能够得到共产党的帮助，共产党历来坚持对蒙古民族正确的平等的民族政策，陕甘宁边区历来对蒙古民族实行平等待遇和各种帮助（如把盐池和大块土地归还蒙人等等），八路军在察、绥坚持抗日救蒙的游击战争，都是明证。顽固分子所以要在蒙古民族中进行"防共反共"的活动，其目的不但不是为了团结蒙古民族抗日图存，而正是为了达到共向敌人投降妥协的目的，因而不但不是帮助蒙古民族解放，而正是陷害蒙古民族于日寇统治之下；在蒙古民族中进行"防共反共"活动的顽固分子，同时也就是压迫蒙古民族的大汉族主义者，因此，蒙古民族应当起来和全国坚决抗战的党派、军队与人民站在一起，击碎顽固分子的"防共反共"政策及投降妥协的阴谋，巩固蒙古民族与中华其他各民族的抗日团结，巩固抗日民族统一战线。

四，帮助蒙古民族建立与强大各种抗日的武装力量，发扬蒙人骑术的特长，坚持并展开察、绥蒙古地区的抗日游击战争，为着这个目的，现有的蒙古武装，应提高其待遇到一般国民革命军的水平，应建立部队的政治工作，提高官兵的抗日认识与决心，应改善兵役制度，帮助蒙古各盟旗实施对各阶层人民的军事训练，扶助民众的抗日武装。同时这杆〔支〕坚决抗战的与没有大汉族主义精神的军队，应随同蒙古的抗日武装深入察、绥地区，以展开抗日救蒙的游击战争。经过这些抗日武装向广大蒙民展开宣传组织与各种抗日统一战线的工作，发动与团结广大蒙民围绕在这些抗日武装的周围，创造蒙古地区抗日的游击区与根据地，这是争取和团结蒙古民族（首先是沦陷区蒙古人民）抗日的最主要的工作。

五，为着发扬广大蒙民的抗日积极性，并使他们成为坚决抗日的力量，应当努力争取从上而下的开放民主，以保证蒙古人民有参加抗战建国的言论、出版、集会、结社的自由，并组织蒙古牧人、农民、士兵、学生、喇嘛的各种抗日团体，参加各种抗日救国救蒙的活动。

六，为着发扬广大蒙民的抗日积极性，必须帮助蒙古民族改进畜牧生产，发展农业、手工业，开办小型的毛织皮革工厂，发展交通运输事业，举办实利蒙民的生产消费合作事业与信用借贷，在发展与提高蒙古民族的经济生活中，改善蒙古人民的生活。同时为着改善蒙民的生活，目前即应由政府拨款救济牧人，扶恤难民，停止汉人屯垦，禁止侵占蒙古人的牧场与土地，帮助蒙人以适当的低价取回抵押的土地（如汉商地主所租有蒙古土地而蒙人不愿交赠者，应缴纳适当的地租），应减轻水草税，废除一切苛捐杂税、派捐派款、征收马匹及无偿徭役，应禁止高利贷剥削及不等价交换，应实行防疫防灾，设立免费医院与轮回医院等。当蒙古人民在生活有了改善的时候，他们的抗日情绪就会大大的提高起来。

七，为着发扬与提高广大蒙民的抗日积极性，使他们对抗战有清楚的认识和最大的决心，并团结起来为抗日救蒙救国而坚决奋斗，必须在蒙古民族中广泛的实施抗战教育，发扬蒙古民族固有的优良文化与光荣的斗争传统，培养蒙古民族抗日革命的人材，为着这个目的，必须普遍的实施国民抗日教育，设立各级完全免费的学校，在全国各重要学校中广泛招纳蒙古青年，给以完全免费的待遇，并设立蒙民班次与适合于蒙民生活习惯的设备，设立喇嘛训练班，提高喇嘛的文化、政治水平，使其为抗战建国而服务。蒙古民族的文化教育应当用蒙古语文，蒙古青年有选择学校的权利，同时国内文化界人士，应当注意与研究蒙古民族的文化教育，多多出版适合于蒙古人民文化需要的刊物、杂志、画报、歌谣，组织蒙古的剧团或文化工作队，到蒙古地去，为提高蒙古人民的文化而努力。

八，最后就是要改善蒙古民族与汉族及回、藏、花吾儿各民族间的关系，以巩固抗日的民族团结。为着这个目的，首先必须从上而下的彻底肃清大汉族主义的传统与狭隘的民族主义的观点，教育蒙、汉、回各族杂居地方的汉族、回族人民，以平等亲爱的态度和精神去对待蒙古人民，尊重蒙古民族的宗教、风俗、习惯、语言、文字，同时在蒙古地方，蒙古的军政当局，亦必须根据民族平等的原则，对待各族人民，并教育蒙古人民亦以平等亲爱的态度对待其他各族人民，这样去巩固蒙族与汉族及其他各族的抗日团结，共同一致的为打倒各民族的共同敌人日本帝国主义而奋斗。

蒙古民族曾经是一个英勇善战的伟大民族，它在过去有过成吉思汗、窝阔台、忽必烈、铁木耳等的人物，现在又有外蒙古人民共和国解放的活的榜样，只要有正确的民族政策和长期艰苦的争取蒙古民族的实际工作，蒙古民族必然会坚决的走上抗日革命的战场，和全中华民族亲密的团结起来，为打倒日本帝国主义争取蒙古民族与整个中华民族的彻底解放而奋斗到底。当中国抗战建国彻底胜利的时候，我们将会看见一个新的统一的革命的蒙古民族，与解放了的中华其他各民族肩靠肩的巍然屹立于亚洲大陆。

一九四〇年三月

《解放》（周刊）
延安解放周刊社
1940 年 100 期
（李红权　整理）

守备伊盟的第一要务

据报：敌伪近派森盖逆部来伊盟活动，携带宣传品多件，蛊惑青年及保安队云云。这不过是偶然拈出一条消息，举一个例，说明敌伪在今年冬季又要扰乱伊盟来了。

但这是有形的扰乱，看得见的活动；还有无形的扰乱，看不见的阴谋，天天在蒙旗发生滋长着。这就是日寇间谍的潜伏了。

本报一记者去年发表《抗日的蒙古》一书，书内说明，日寇在四十年前，便在东京、大阪、上海三地设立间谍学校，制造精通蒙语的间谍，毕业后，化装蒙人，运用蒙语，深入蒙古工作。二十五年由于××的侦察，我们在青海捕获的世（加竹头）目，便是导演出德王的"蒙古国"，更想导演××的"西藏国"的日寇巨大间谍。他以蒙人伪装，在阴山背后住了十多年。二十五年任百灵庙特务机关长的盛岛角房，便是驻在伊盟达旗王爱召的僧大喇嘛，也是一住十三年。人们只知道他是东蒙古的金喇嘛，谁想到他是日本人？据我们推算，日寇制造的蒙装间谍，一年成功以最低十名计，四十多年当有四百多名，各个潜伏在我蒙旗。伊克昭盟该是轮到几名呢？今年本报载过，某团长谈：伊盟召庙内隐藏的日寇间谍，至少当在十名以上，这数目大致差不多。这问题该多么严重呢？

喇嘛们的特性，第一绝无国家观念；第二绝无政治警觉；第三认话不认人，因此喇嘛庙对于日寇间谍，真是理想的护身符。蒙旗政府既没有保甲，也没有警察，戍守部队因为风俗、言语绝不相同，自然也无从侦察和防止，日寇间谍自然很容易地长期活跃下去了。

在这问题上，我们固然希望盟旗政府和召庙自身能提高警觉性，但这不知得缓到多少年，真是来不及了；所以我们切盼守备伊盟的机构，赶紧训练相当数目精通蒙俗蒙语的人员，彻底调查召庙户口，严格管理异动，根本不许日寇来作看不见的活动；那么看得见的活动，便不足重视了。

《边疆通信报》（周刊）

榆林边疆通信报社

1940 年 104 期

（丁冉　整理）

绥西大捷以后

冬白　撰

一

开岁以来，各方面的抗战军事，最使我们注意而担心的是绥西。这不是主观的杞人忧天，更不是怀疑某一部分抗战军队或〈抗〉战民众的能力不够，横在我们前面的是客观的环境和事实。当绥西战事发展至杨木头一带以后，懂得西北形势的人，引长了颈项希望来一份捷电，固然，我们的希望成了事实，我们的抗战健儿，一鼓作气地攻下临河，攻复五原，使大青山下无数的"木屐儿"，成为旷世的冤鬼，这是抗战中的奇功伟绩。论其影响，能使西战场形势□□稳定，能使敌寇□于西北的吸血毒计，归于泡影，这是值得我们称颂的抗战史中最光荣的一役。但是我们还得要问我们在西北的弱点有没有因此一捷而完全乌有？这是在绥西大捷声中，应有的惊觉与努力！

二

敌人进兵绥西的目的：简单地讲，敌人进兵绥西有两大目的，第一目的它是想截断我们西北的国际路线。大家知道苏联是同情我们抗战，帮助我们抗战最热心的友邦。现在中苏之间惟一的直接的交通路线是经过甘、热两省的公路，敌人忘〔妄〕想截断我们这一条公路，这大概是它进兵绥西的最远大的目标。它的如意算盘，大概是先取得后套的肥沃区，利用王同春的旧势力竖立坚强的伪组织，以后套的丰富粮食作军需，进一步犯我宁夏，逐渐达到它的目的。原来宁夏到甘肃的路有二，都是由包头西经五原、临河，入宁夏境至磴口，自此歧而为二：一经宁夏宁朔、宁中〔中宁〕等县入甘境至兰州，一经定远营、民勤（属甘肃省）而至兰州，前者是汽车路，即所谓包宁公路、兰宁公路是；后者是骆驼行走的队商路，元太祖成吉思汗自漠北用兵兰州，是采取这一条路线的。我们知道第一路线依山傍水，狭长一条，利防守，不利于攻；第二条路线所经过的是荒凉无人烟的地带，这一千多里的运输和给养是够困难的。因此，我们知道敌人截断我们西北国际路线企图是不可能的；但是绥西战事发展到宁夏以致西北国际路线受到一点威胁，却是可能的，不过用空军来威胁西北国际公路，不待绥西军事的发展，已有可能，因此我们知道敌人用兵绥西的目的，还不在上述一点，而是别有所在。

敌人进兵绥西的第二目的是经济，这也许是敌人真正的目的。原来敌人占据我们包头，是要想控制我们西北的经济。包头是西北水陆交通的中心，水路有黄河替它吸收宁、甘、晋三省的货物，陆路有绥新公路和骆驼队商路以及通外蒙古的队商路替它吸收货物，包头是西北六大孔道的焦点，是西北货物的聚集之地，那边最多的货物是羊毛，其次是皮革。这些东西是敌人所需要的，敌人自从展开了平绥路战事后，即由敌商三菱、三井、大冢、满蒙毛织、满洲畜产、兼松、日毛、钟纺等八家公司在包头组织了一个联合贸易公司，以低价大规模收买羊毛，更在天津设立西北皮毛交易总局，整个抓取我们西北的皮毛。有许多惟利是图的商人被敌人利用，在我们的后方，偷运到包头，可是敌人总觉得不能自由，因为最主要的运输线是黄河水路，被我们控制得非常严密，五原、安北（即大佘太）在我们手里，陆路通包头的交通线，也不容易偷越。这样敌人"皮毛政策"的效果微乎其微了，为了解除这种困难起见，敌人的进兵绥西自有其必然性了。

此外我们纯粹从军事上着眼，敌人进兵绥西还有三个大目标：第一，免去包头（重要军事据点）常受三面包围的威胁；第二，把我绥西大军逐出农田遍野的后套平原，使粮食发生困难，以致军无斗志；第三，展开内蒙与外蒙的交通线，以便威胁外蒙，震慑苏联，这些原因对于敌人的进兵绥西也是具有重要的决定力量的。

三

绥西的敌我形势，互有利害。从运输上讲，包头是平绥铁路的终点，这条铁路是西北的大动脉，经过的大站有归绥、集宁、大同、张家口等地，这些都是公路和铁路的交通〈要道〉，起点的北平又是一个铁路中心和公路中心。这是敌人的后方交通情形。至于我们的后方交通，除了黄河中可以通皮筏和木船，包宁、兰宁两公路可通汽车外，还有磴口到包头的队商路，更有从定远营那边来的队商路和从榆林来的队商路。试问木船、皮筏与骆驼的运输能力和需要的时间，同铁路比较一下，其间相差何能以道里计？所以运输方面敌人较我为有利。

敌人沿铁路□□入，交通□继转发生很大的困难，这是它的不利。西北是一个经济落后的区域，距离富庶□□繁盛的区域都是相当的远。运输利器也很缺乏，这是我们的不利。西北地形为一大高原，大青山以北，是一望无际的砂碛和台地，这是利于驰骋的地区，敌我都是利害兼有。敌人兵力缺乏，补充困难，给养也并不充足，劳师远征，裹粮而进，这自然是它的大不利，可是我们的西北，地广人稀，兵员补充，也未必没有问题；民族复杂，彼此之间的感情□臻融洽，我们抗战能力的发挥，也不无遗憾之处。

从上面的情形看来，绥西的大捷是光荣的，从这里可以知道敌人力量的薄弱，证明我们抗战前途的乐观。

四

绥西大捷打破了敌人经济战略的阴谋，可是要保持这光荣的战绩，我们还得□□尽快着手去做下列几件重要的事情：

第一，我们要坚强地开创大青山以北的阵地。绥远是一个大□□原，大青山好比是桌子的边缘，大青山以北□是桌面，大青山以南的后套平原便是桌子下地板，控制"山北"便是固守后套的惟一办法。但看秦代修筑的长城（二□边）都在"山北"的高原，便足以证明山北在战略上的重要了。

第二，我们要充实绥西战场后方支撑地区的军事动员及军需生产。绥西战场的支撑地区无疑的是宁、青、甘三省，这是一个蒙、回、藏、汉杂居的地带，在抗战蒙、回、藏、汉的合作抵抗，事例甚多，具见融洽无间，绥西战局是蒙、回、藏同胞的切身利害关系，这一方面的动员工作尤其是同胞的动员工作，我们应当格外注意。

第三，我们要注意经济的反封锁斗争。西北最大宗出产的皮毛，西北都从天津出口，所经过的路线或为陇海，或是平绥，现在这些路都已不通，那些皮毛怎样运出，才可以利国利民，是急以解决的问题。试问□□在包头价值一百七八十元一担的羊毛，现在敌人只给五六十元，但是成群骆驼依旧不免要□去控制的路线，绕向包头，这个问题的严重性，便可由此想见。

其他应该注意的问题还多，如政治问题、宗教问题、生产问题（包括农、工、矿业）、交通问题等，都应当设法解决。这里因为篇幅的关系，不能讨论。不过这是整个的西北问题，或开发西北的问题，我们觉得开发西北的重要，实不亚于开发西南。

五

关于绥远形势：绥远就是汉代匈奴和唐代突厥的根据地，匈奴、突厥之为患汉唐，不用多说，只就抗战来讲，它屏障着宁夏，羽翼着晋、察，更是沟通蒙古、黄河上游的桥梁，这里的军事得手以后，可以东取大同、张家口以拊山西和北平之背，这是我们将来收拾华北的根据地，保障西北的前锋。绥西的一角，关系重大，我们不能不保持它，我们必须要设法安定西北的民生，发挥西北的抗战力量，以充实绥西的战斗力。

绥西的环境，抗战中比任何地方的环境更困难，兵力和配备，也都是比□□，而敌人所得的便利，比起各战场来反而是更得优势，可是我们竟能大胜，竟能把已被占据的临河、五原等重要据点，重行克复，成破竹之势，这是抗战中最光荣的一页，我们在作战□中不要忘记用各种方法，保持这一页。

《民意》（周刊）

汉口民意周刊社

1940 年 123 期

（李红权 整理）

大青山上的健儿

刘恭　撰

"欲征服世界，必先征服中国，欲征服中国，必先征服满蒙。"在"九一八"事变之后，无疑的绥远已成了国防上的前线。

横亘在绥远的大青山，长达数千里，高也在两千公尺以上，不仅森林密布，绿荫蔽天，而且山中的人民很多，村庄亦不少，食粮的出产更为丰富，向传是百灵火烧的产粮区。平绥线蜿蜒〔蜓〕山麓下也有百余〈里〉，所以在地势、人事、物产各方面说来，是天然的易于发展游击战的根据地。

七七事变之后，因为绥远各部有计划撤退，由绥远人民所组织而经阎司令长官批准的绥远民众抗日自卫军的一部——第四路，即由×指挥率领着在大青山中作英勇的奋斗，另一部则退至黄河南岸，在包头的二里半、大树湾展开游击战。

因为敌人的铁蹄踏进了绥远，具有民族意识和不甘愿受蹂躏的人们都纷纷的登〔举〕起义帜，在所以〔所以在〕大青山中三千余健儿，也增加了许多伙伴，许多热血的群众也都在这个时候，登临了大青山。大青山是异常的活跃起来了！

二十七年的元旦，大青山的健儿为了要予敌人以惨重的打击，所以进袭了归绥与武川、固阳，伪归绥市长贺秉温是被俘虏了，伪蒙疆银行是被捣毁了，武川、固阳已按照预定的计划达到任务了，敌人是震抖起来了，大青山也正因此，而免不了敌人要以两师团的兵力，进行"扫荡"。但结果，敌人的企图，是被英勇的健儿纷碎了。嗣后虽然又进行几次的"扫荡"，可是大青山的健儿，行动是异常的飘忽，手段是特别的敏捷，敌人终不免于失败，因而大青山自是以后，就巩固起来了！

去年四月间，×副司令长官就职后，为了施行绥西全面的反攻，大青山和包头一带的游击战士，担任了破坏交通、牵制兵力的任务，所以平绥线由包头至卓资山一段的以及绥远所有的公路——如归百、归托、归萨、包百等公路，很迅速的破坏了，因而敌人在反攻中受了惨重的打击，所以大青山的健儿更为敌人所注视了！

但大青山的万余健儿，并不害怕敌人再来几次的扫荡，他们很深切的自信，他们是有粉碎敌人扫荡的力额〔量〕，他们生活虽然很苦，但他们也很深切的相信，他们的服装、他们的武器，只有从敌人手中夺取过来，才能提高自己的生活和加强自己的力量。所以他们鉴〔见〕天的在高高山冈上，瞅着有利的机会，一直要等到日落以后，他们才进入村落，而且每个战士都很高兴的呼喊着："中国有办法了，将抗日下去了。"

因为大青山健儿的奋斗，绥东、绥中的专员公署，以及大青山附近的县政府、县党部也都在大青山中和其周围，建立起来了。复因为政治、党务机构的起立，大青山的火焰，也正日益向上发扬着。瞧着吧，国防线的大青山，已经建立了复兴民族基础的一角！

《血路》（周刊）

重庆血路周刊社

1940 年复刊 16 期

（李红权 整理）

宁夏蒙旗的军政：阿拉善旗与安〔定〕远营

患人　撰

　　内蒙盟旗的组织，普通一般人是不大明了的；并且以为这边塞之区，无关大局，没有研究的必要。这根本是错误的。在现代科学发达、交通日趋便利的时候，即边陲人迹罕至，以前称为不毛之地，总是趋向于进步之途，阿拉喜〔善〕旗又何能例外。

　　我们知道在宁夏东境有黄河横过着，这是此"百害"河流所给与"一利"的地方，宁夏的主要城市可以说都在黄河近旁。在贺兰山西部的一大半土地，都是旷大的沙漠与草原，这就是阿拉善额鲁特旗区域。这一区的人民都以游牧为业，逐水草而居，因此人口的总数很难得一正确的统计，大约是在十万左右罢。在以前这一旗原名阿拉善衣勒特，后因与满清通婚而赐名额鲁特，方有今名［表］，现在这旗王的王妃仍旧是溥仪的亲戚。

　　这一旗的政治组织，可分三部，为行政部、仪礼部与法院。行政部以旗王为首，其下有两个顾问，他们是由贵族中选出的，其下有十六官吏来执行实际的行政工作；但是工作是如此的简单，十六个人不必每日办公，于是用轮班尽职的方法。在此部中，另外有管军事的官吏八人，处理一切军政。仪礼部有官吏三人，处理旗王宫中的一切仪式与习俗。法院则有法官十人，处理一切法律的事务。这主要的三部，就是阿拉善旗的政治组织的主干。

　　关于军事方面，数年前已有守卫军的创立，以旗王为总司令，在他的下面另有一个军官、二个教练官和一个秘书。定远营是营房的所在地，全区军事的中心，在去年冬季，本旗开始为期二月的军训，初次共有一百五十人。

定远营既是军事的中心，并且又是政治的集中点，也可以说是阿拉善旗的首都。旗王居于此，宁夏省府的官吏亦居于此，在这塞外的旗都，共有人口八千，其中大半是汉、满商人。因为他们的集中，定远营又成为本旗经济的中心，进出口的集散地。

在定远营的城外，另有两座旗民祈祷的喇嘛庙，一在城北贺兰山麓，一在城南四十里之处。在这两庙中，共有五尊"活佛"，北庙三尊，南庙二尊。北庙中的是八岁——十岁的儿童，而虔诚的旗民都登山涉水的经沙漠、草原来对这"活佛"礼拜，这"活佛"一定有无边的法力来保护他们。从这种地方，我们可以看出，虽然旗王等已有新的知识，而使其辖旗入于进步之途，而一般人民，仍崇尚于迷信难以自拔，亟需加以感导方可。

《新东方》（月刊）

上海新东方社

1940 年 1 卷 2 期

（李红权　整理）

回教徒与蒙古军联合抗战

作者不详

　　回教徒与蒙古军在绥西傅作义将军指挥〈下〉，会同抵抗×军侵入缓〔绥〕西。年青蒙古郡主两人，亲自率领东西两族〔旗〕骑兵作战。绥远回教军由马鸿宾将军指挥，近得宁夏省主席马鸿逵将军部下生力军一旅开到，实力大增。此等回教军在内蒙以"回军"著称。蒙古军共一师，系曾在南京受军事训练之蒙古青年白海方〔风〕将军指挥。傅作义将军在战地司令部接见外国记者时声称"绥远并无蒙人问题，仅有×人问题，一旦逐走×人，则整个问题均将解决"云。

《绿旗》（月刊）

上海绿旗月刊社

1940 年 1 卷 4、6 期

（马小勇　整理）

抗战中的内蒙古

Frugh Deane　作　　木艮　译

在中国的西北角，在黄河岸旁，在世人所不注意中，一场战争已将达到了决胜的阶段。这战争就是内蒙古的争夺战，内蒙古是"自由中国"遥远的后方中的一座堡垒。

战场就在绥远省。日人声称已占据该省土地二十四万方哩的三分之二，但是他们还未能控制黄河。在绥远，黄河由西南向东划了一个不规则的半圆形，布成了一道天然的防线。

长城穿陕西榆林而过，与黄河正巧合成了一个大圆圈，在今日，长城和黄河对于中国，依然是抗拒侵略者的两道壁垒。只要长城和黄河在绥远能够阻止敌人前进，中国政府就能继续执行发展大后方的计划。对于中国政府这种发展的工作，日人除由空中予以骚扰外，迄今无法加以破坏。

内蒙古包括有三个省份：察哈尔、绥远、宁夏，绥远居其中央。察哈尔除过游击区外，已沦于日人之手，所以侵略者的箭头现在直指绥远。

绥远大半的土地是草原和沙漠，蒙古人依然过着游牧生活。他们最主要的职业是养羊，内蒙的羊毛形成了"经济磁石"的一部，吸引了日本人来。日人攻占包头后，立即宣布垄断羊毛出口，只有八家日本公司享有采购权，三井系其中之一。

战前绥远有六十万只羊，年产羊毛七千五百吨。今因日人之统制，羊毛之产量与贸易均大为衰减。第三国家的营业皆间接被迫停止，例如在一九三八年夏，一家美人所开设之公司逼不得已将二千袋羊毛赔本售与一日本公司。

除羊毛外，绥远还具有其他的引诱物：煤、铁、盐、石棉，以及宝石。绥远还有大部分土地未经开垦。煤是日本所最需要的，也是绥远最重要的矿产。绥远藏煤四万七千六百万吨，每年可产十万吨。日人严厉垄断，几全部运归日本，当地中国人每日限购价值一元之煤。

绥远蓄铁约有八千五百万吨，铁苗含有百分之六十的纯铁。石棉之产量尚在不可知之数，但仅仅大青山即具有六十八万吨，惜因缺乏市场，每年仅能出产二十吨。

绥远交通亦不恶，有公路数条，铁路一条，还有黄河。黄河上有羊皮筏子，把货物载运到宁夏和甘肃。但在冬季，河水即结冰。平绥铁路连接包头与北平，在战争的初期即为日人所攫夺。绥远境内之大道多未经修理，行其上者无非骡或牛车，以及骆驼队而已，蒙古人称骆驼为"沙漠之舟"。

农业极不发达，每年仅能生产谷物二万五千吨，业农与经商者多为汉人与回人，蒙古人很少有定居的。作为灌溉的河渠亟须开掘，并加以改良。农业贷款管理局因此曾以四十万元于绥西购置土地，使残废兵士从事屯垦。

绥远教育几全为战争所摧毁，但由国民政府教育部的资助，学校仍得照常存在，只是数目较前为少。战前，绥远共有小学八百八十所，学生三万人，并有一年短期小学四百五十所，其目的在教人识字与书写。今日绥远自由区域具有小学一百所，学生三千九百二十人，另有短期小学一百二十八所。此外，绥远尚有中等学校两处：一为国立绥远中学校，设在陕北，学生三百三十五人；一为国立伊克昭盟中学校，系一蒙古学校，学生共五十四人。

在日人后方，中国人设立有七十所小学校，每校有一个教员，每月经费为二十五元。在敌人阵线的后面，还有五十五个社会服务人员，教育部发给两万元的活动费，他们刊行壁报、演剧、演说、作巡回的宣传。

在这些区域内，在一般军事地图上标示的所谓"占领区"内，依然由中国人治理着，除过有时县长必须逃避日人外，其他一切如常。现在"占领区"由中国人分作三个行政区，每区有一个行政专员，行政专员与县长都具有三层职责，政治、军事与党务皆集于其一身，每个县长都兼任地方自卫团团长与国民党主任委员。

一九三九年六月，在这三个所谓"占领区"内，有一百三十个乡村组织起自卫团来，国立绥远中学三分之二的学生是来自"占领区"内。

日人为摧毁中国人在内蒙的统治，特意树立起一个傀儡政府来，呼之曰"蒙古联合自治政府"，"首都"设在张家口。此新"政权"努力谋取得蒙古人的拥戴，以加强其本身之存在。如此，虽不是合法的政府，至少也可算得上是事实上的政府。然而此项努力如果没有全盘失败，也遭遇了不可克服的困难。因为"主子"给他的第一个差使，就是侍应日本对内蒙作经济的开发。

傀儡政府的第一号傀儡是德王，早在战前已成为日本人的走狗。幕后牵线人是日本关东军，代表人为 Ikei 少将，在名义上，他是由日本内阁所指派。

蒙、回两族的军队现在与国军在并肩作战，在绥远南部保卫蒙族的是一师蒙古军队，它是一支正规军，司令官是一个热河的蒙古青年白海峰〔风〕，黄浦〔埔〕军校的毕业生。这些队伍从前都属于德王，但自从一九三四年他变做日本的傀儡后，即纷纷脱离。现在蒙古军队包括有三个骑兵师，另有若干外围部队。

在将来，蒙古人必然是绥远以及整个内蒙的统治者，如果日本人不能为其傀儡政府取得蒙古人的拥戴，这个傀儡组织决不能稳定，终必解体。

大多数蒙古人是矢忠于中华民国的，中国如果没有得到蒙人全力的拥护，其错误也是在中国人这边的。几世纪前，中国人移民绥远，引起了种族上与经济上的冲突，蒙古人就像美国的印第安人一般，是反对殖民者的侵入的，该时，中国的商人常以琐碎的装饰品换取蒙人的羊毛，这是一种无情的剥削。

近几十年来，中国人对于蒙古已一改旧态，绥远蒙古自治委员会已宣告成立，各盟旗领袖均行参加，中国人与蒙人现正努力实现孙中山先生之中国境内各种族一律自由平等的主张，中国已取得蒙人的拥护而加速最后胜利的到来。

《中美周刊》

上海中美周刊社

1940 年 1 卷 43 期

（朱宪　整理）

大青山抗日根据地剪影

杨超伦　撰

一　大青山的特点

在绥远境内，东起丰镇，西至包头，绵延五百里长、七八十里宽的一道雄伟的山脉，中间包括凉城、陶林、归绥、武川等地区。翻过山去，北面是乌兰花、百灵庙，与外蒙古相连接，中贯一条平绥铁路，南联晋西北及同蒲铁路北段。土地肥沃，出产丰富，每季粮食收成，足够两三年食用；羊毛绒及牛马皮出口，闻名全国。这地区位处敌人后方，国防最前线，这便是大青山抗日根据地，这便是八路军在重重困难中，艰苦建立起来的大青山抗日根据地。

大青山这块地方，它主要的有两个特点：第一，它不仅有汉人，而且有蒙人（此外还有回人、满人，不过为数极少），它是汉蒙杂居的地方。敌人曾用尽阴谋，欺骗蒙人，挑拨蒙汉的仇恨。这个特点，使我们坚持大青山的游击战争，对少数民族问题必须提起最高的注意，与敌人挑拨我民族团结的阴谋，进行无情的猛烈的斗争！第二，大青山虽然是山地，但交通非常便利，在东西五百里长、南北七八十里宽的山脉中，共有十二条马路纵横其间，敌人利用这种便利的交通，随时对大青山进行"扫荡"，这使得大青山游击战争的坚持与发展，要对付敌人"扫荡"，必须以骑兵为主要骨干，而以步兵附之。

根据上述特点，所以团结蒙人、发展骑兵，是坚持大青山游击战争所必须严重注意的两个问题。

二　八路军挺进大青山经过

民国廿七年八月，那时正当友军反攻绥远失利，人心惶惶的时候，八路军为了挽救战局危机，继续坚持大青山的游击战争，派李司令率部前往。此时敌人占领绥远已经一年了，敌人对绥远非常重视，在军事上，它配备了一旅团的兵力，与伪军一万余，以保持其占领区；在政治上，组织有蒙疆傀儡政府，作为它统治绥远的最高政权机关。敌人知道，八路军如果到大青山后，必然给它一个严重的威胁，对它完全不利，所以在沿途千方百计的设法阻拦与截击我军，但是由于我军侦察警戒的严密与全体指战员的艰苦奋斗，终于胜利的到达了大青山。时已九月间天气，大青山地处塞北，大雪纷飞，朔风凛冽，天气严寒，而我指战员仅穿着单衣，其艰苦之情形，殆可概见！开始到那地区时，因为那里的土匪很多，秩序异常紊乱，同时友军过去对群众的纪律不好，民众畏兵如畏匪，一见军队，就四处逃跑，所以起初很难得到群众的帮助，各方面感到很大的困难。后来我军散布到包头、归绥、陶林、武川、凉城、丰镇一带，打了许多胜仗，给了敌寇以严重打击，同时由于我军模范政治纪律的影响，对群众秋毫无犯，群众渐渐的亲近我们了，抗战情绪也渐渐提高了。后来战区战地总动员委员会又派了一部分民运工作人员下乡工作，政权渐次恢复，群众亦渐渐组织起来，过去许多友军站不稳脚的大青山，八路军是坚定的站稳脚跟了。现在看来，大青山抗日根据地已有了一个相当巩固的基础，这主要的表现在下面两方面：

第一，大青山的群众经过我们一年多艰苦的组织与教育，已大大提高了他们爱国家、爱民族的热忱，他们始终团结在八路军的周围，与敌人进行艰苦的决死的斗争，广大的乡村是我们的。

第二，已经有了强大的以八路军李支队为骨干的抗日武装力量（多系骑兵），打破了敌人无数次的围攻，敌人没有办法应付我军，而我军却有丰富的在敌后战斗的经验。

三　游击战争的情形

从民国二十七年九月起，到二十九年一月止，在这一年〇四个月的过程中，李支队在大青山与敌人进行了一百二十余次的战斗，击毙敌人七百余、伪军五百余，缴获步枪四百余支，其他军用品无算。比较大的如陶林战斗，我军冲进陶林城，与敌巷战；乌兰花战斗，我军将敌赶至乌兰花外；其他如满汉山战斗、巴洞窑子战斗、包头附近的战斗，都是闻名大青山一带群众的战斗。

因为我们不断的给予敌人以严重打击，敌人也就随时组织对我军的"扫荡"，少则半月一次，多则一月或两月一次。一年多来统计有十五次较大规模的"扫荡"，但是每次都被我英勇的指战员以艰苦奋斗的精神击退了，敌人每次都遭受到严重的打击和损失。去年下季，敌人围攻特别加紧，动员了一旅团步、骑、炮联合兵种，附两百多辆汽车、五六架飞机，来围攻我们，但是结果不是受到打击，就是完全扑空，敌人莫奈我何。后来老羞成怒，到处烧房子，抢粮食，杀老百姓，企图增加我物质困难，逼迫我军退出大青山。但是这一方面虽然增加了我们某些困难，另方面却更加激起了广大群众对敌人的更深切的民族仇恨。我军在广大群众的热烈拥护与支持下，仍能继续坚持大青山的游击战争，一直坚持到最后胜利！

四　蒙汉群众的热烈帮助

大青山群众虽然原来是没有组织的，觉悟程度不高的，但是经过战总会全体民运工作同志一年来的艰苦努力，已经有了它相当巩固的组织基础与高度的觉悟程度了，特别是归绥、凉城、丰镇一带的群众组织，更加严密。农村中普遍的建立了农救会与自卫队，热烈帮助军队送信、带路、站岗、放哨、侦察等，甚至有的冒险帮助我军往敌区采购一切军用品。"情愿八路军住十年，不愿××军打一尖"，这是从民众中传出来的普遍呼声。

因为敌人随时对大青山进行"扫荡"，所以八路军在大青山活动，不可能有比较固定的后方，一切在战场上受伤的伤员，就只有隐蔽在群众家里医治，等到伤愈以后，再行归队。有一次我军一个受伤的伤员，他隐藏在铁路附近一个村子里医治了一月多，伤快愈了。有一天，他正在村公所与村长谈话，突然来了四十几个日本兵，闯进村公所，向村长要粮食。当时他心里非常焦急，深恐被敌人察觉，东也不是，西也不是，正在窘迫万分之际，那村长不慌不忙的对他说："老张，你的工钱现在没有，过两天再来拿吧！"此时他心里好像卸下了千斤重担一般，连忙"诺诺"的应了两声，很快的脱离了虎口了。

大青山的天气非常寒冷，如果冬天不穿皮衣的话，那是几乎不能生活下去的，所以大青山的老百姓都穿着皮衣。但是军队要购买大批皮衣，在乡间非常困难，必须到城里去买。敌人在城里对皮衣统治得非常利害，不准大量出口，这怎样办呢？后来许多老百姓每逢到城里赶集，他们便每人自动的带一件回来，不到半个月，八路军全体战士都有皮衣穿了。

还有一次，我军需要缝衣机，这缝衣机必需到城里才买得到，不易运出。这消息为一个老百姓所知道了，有一次当他的一个亲戚往城里娶媳妇的时候，他秘密的将缝衣机放在花轿里从城里抬出来，送给我军。这些事实，充分说明了大青山民众对八路军的真诚拥护与热烈帮助。"群众如水，军队如鱼"，坚持大青山的游击战争，要是不获得大青山广大群众的"水"的灌溉，那是完全不可能的。

由于日本帝国主义对蒙汉同胞的加紧挑拨，所以我军对蒙汉两族团结问题，提到了最重要的工作日程之上。根据马列主义关于少数民族问题在中国环境中的具体运用，我们适当的提出了"蒙汉一家"、"蒙汉联合打日本"、"日本帝国主义者是蒙汉的公敌"等具体口号，以团结蒙族同胞，现在大多数蒙族同胞都团结在我们的周围了。譬如有一次我军在某村阵亡两个战士，那里的群众，无论蒙人、汉人，都自动的捐了许多钱，买了很好的棺材，隆重的安葬这两个烈士。安葬时，全村民众吊孝送葬，莫不痛哭流涕，悲凄异常！这个例子，证明了日本帝国主义挑拨我民族团结的阴谋，遭受了悲惨的失败，而我们团结少数民族共同抗战的政策，获得了伟大的胜利。

五　伪军对八路军的影响

绥远的伪军，由于我八路军在绥远不断的给敌人以严重打击，所以八路军在他们的脑子里好像是一种神秘的不可测的力量，像神话一般的传播着。譬如有一次我军一个侦察员坐火车到归绥去，在车中遇见两个伪军官对谈，一个用手向车窗外指着山说："山里面八路军真利害，打仗不怕死，一冲就来了。"另一个摇头答说："八路军大约有天神保佑，是神军。"从这里，一方面证明伪军对八路军是相当的恐惧，另方面又反证着八路军确确实实随时随地给予了敌人以严重的威胁和打击。

六　一个叫化子的故事

有一次，大青山的一个叫化子，也给了我们一个很大的帮助。

某次，我们一百多游击队员住在离××不远的一个村子里，因为住了好几天，敌人侦察清楚了，很快的派了优势于我数倍的兵力来袭击我们。出发时，敌人强迫一个叫化子替他〈们〉带路，后来这叫化子在半路上开了小差，他很快的跑来报告我们了，我们迅速移走，敌人来时，扑了一个空，悻悻而返。如果这次不获得这叫化子的帮助的话，这支游击队可能受到一些损失的。

后来我们从物质上奖励了这叫化子，并集合了许多叫化子来进行训练，灌输他们以抗日思想。现在有许多叫化子，已经是我们很好的活跃在敌人区域的侦察员了。

《八路军军政杂志》（月刊）

延安国民革命军第八路军政治部

1940 年 2 卷 7 期

（李红权　整理）

包头战役的一角
——绥远子弟兵作战片段

吴劲　撰

1. 出发

微小的灯光下，三个人围着在看书，团部的传令李才喜拿着一封信似的公函递给大队副，上面写着"秘密"两个字，他看了随手挟到身上，我也没有要看。

第二天，牛吼的大风，刮的睁不开眼来。朱主任把我从屋内招来说："队伍要出发，上面又招集全体开会怎么办？""去个代表好吗？"我说。"我们要到包头去。"他在我耳边低声的说，这我才明白了我们是要袭击包头。

月亮被云遮着，月光更显得曦微。队伍从桥影下穿过，桥影落在每个人身上。一列人好像火车般迅速前进，一会到一条小冰河上，冰河平正如砥，使大家步履格外舒服。"指导员，这回包头见。"一位军官跟我这样高兴地说。"包头是不成问题的，绥远见吧！""到绥远我请客。"又一个同志抢着这样说。一忽儿到了刘三仲。

忽剌剌的风，把天上的浮云也刮散了，镜似的明月，高高挂在空中，几颗明星伴着，全体队伍集合好了。"按三、二、一大队次序前进。"团长这样说。塞外的天气本来格〈外〉冷，哪经的起还刮凉风呢，鼻子都冻僵了，我才相信冻掉鼻子这话不是谬言。英勇的战士哪管这些，一声不响的前进，几百个人像一个人的肃静。

月亮落下去，格外显得大，黑暗展开了。在一个沟内，有几间破房，破盆滥纸满地，好像遭遇兵燹的样子。不是，这是接近敌人的杨树沟，一大队人挤在两间大的小屋内，肩并肩地蹲满了房子，大家都尊〔遵〕守纪律，冻破脚也没人打火，这都是中华民族优〈秀〉男儿，什么艰难困苦都可以克服的，为了复兴，为了解放。

2.　偷渡昆独仑河

天晴的一丝云都没挂，曛曛的阳光，吻着每个人的脸。战友横竖的卧在窗户的台阶上，怀中抱着枪，这并不是枕戈待旦，而是抱枪待夜、养精蓄锐，等待来日多杀几个日本鬼子。

黄昏的时候，大家都束装待发，战友们彼此互相把佩的东西捆绑好了，东方刚有两个暗明的星。呜……的一声哨音，大家在月光下集合好了，"第一中队！""有！""全体跳一跳，团长的命令。"几十个人，每个人身上都带着几十样东西，一点声音都没有。"第二中队！""有！"……挨着次序下去，一个个都像黄天霸一样，一踢数尺，只一声"咯"，脚踏着地的声，别的声音一点都没有。

明晃晃的月亮，在一个山脚下，站着一大批队伍。道上站着很长的一大队，队前面，几个指挥官在〈一〉堆私语，马旅长从队前面跑到队伍后面，一会儿，前面走，后面也跟着动，"兵强马壮"的队伍，像潮一搬〔般〕的往前涌。

走一段路，又从田地里插荒，往南绕一个大圈，又转回东，穿过了沙滩，又走石滩。"这是昆独仑河吗？"我把老百姓衣角拉了一下，头转向他漫漫的说。"是的。"老百姓用同样的态度回答。大家很早担心着敌人封锁线的昆独仑河，接近了不宽的一条冰河，地形也很复杂，并不像脑子想的那样利害。前边的人，每人一把沙，已经铺成一条大马路，什么皇军，什么伪军，一个影儿也没有，用着快速的步度通过去，敌人连想到有这一枝劲旅已入腹心都没有。远处的狗汪汪的狂叫，耽心怕它叫，它偏要汪汪的，激动了队友的心弦，更激动了指挥官的心弦。"更……更"，野村的鸡子叫了。"天明了还不到目的地"，一个同志着急地说。前面摆着长城似的大山，黑乌乌的，谁也都想一步跨到山里。终于安全的达到了，天也明了。队伍集合在深沟内一个荒破的村子，有一个拐子拿两根拐杖，坐在道旁，"这就是昨天晚上带路的"，一个同志指着说，全队人都把目光集中到这拐子身上。"中华民族不会亡"，我伸着大拇指兴奋地说。

3. 前进

在富家沟住了一天，黄昏队伍继续前进。

背阴的山沟，积雪未消，羊肠的小道，铺着薄雪，看起来大队人马从这穿过，大概这是第一次。翻过小山，又到一条阔沟，神出鬼没的出了沟口。

傍山住的几家小村，自敌寇占领后，一天比一天荒芜，忽听国军来到，都倚门倚间，遥望欢迎。"老乡，我们是中国队伍，请你给我们去领路，咱们现在要打包头。"战友们说。"他们是咱们中国军队，走！我哥还在包头住，前天我才从城内出来。"老百姓脸带笑容高兴地说。

像洋楼一样的一所高房，队伍到这里停住了，我问："这儿距城多〈少〉路?""二十里。"老百姓急答。"这是什么召?""多尔济召。"就在这召内以及召的附近宿营了。

天还未明,四处的枪声,已打成一片——昆独仑沟口、麻池、包头。很快的吃完饭,"命令来了,赶紧出发。"我们的队附说。

走了三四里地,"队伍跑步前进!"传令骑着马,一边跑一边说。大家的情绪,这时非常高,头上热汗腾腾的冒,还一个劲的跑。将要接近一条高原,前面忽然传来消息,"发现敌人汽车",摇摆的往前进,战士们握紧了枪,弯着腰的一气往上冲。

4.　歼灭敌寇

听着前面呼叭的枪声,——第一线,预备队也在澈〔激〕烈的战斗中展开了。

一个军官手握着手枪,气昂昂的,沉着的,用指挥棍指划的指挥着,战友们互谈:"那是咱们二团李团长吗?""是的。""人家都那样勇敢,咱们怕什么!"两辆汽车受伤逃逸,一个汽车打得动也不能动,坏在村旁的汽车道上,这车上的鬼子,都想抱头鼠窜,在我们准确的射击下,稠密的火网内,插翅也难飞走。眼看着在跑的途中,一个跟头跌下去,就结束了他的性命。敌人消灭了,我们的战友去搜索村庄,在地棱下有三个鬼子,伏在地下,魂魄早已飞在九霄外。我喊了很久的日语,他也不敢动,我要俘虏他,战友们劝我不要,恐他危害我,因为还要通过很长的平坦开阔地。终于打死了,在他身上卤获了很多护身灵符。"佩上这些东记也是一样的死,假使他的幽魂会说话,他一定会献给被麻醉为〔的〕弟兄的面前,作铁的证明,这不是护身符,而是军阀给我们的送命证。"我拿着他的这些可笑的东西,常是这样想。

比牛还笨的汽车,躺在路旁,勇敢的战友张得胜,跃上车去,一根火柴，掷在汽油箱内，炽烈的火焰，愈来愈烈，黑烟一般〔股〕一般〔股〕的往上腾，车上子弹响的声音，像过年的爆竹声一样，呼叭、呼叭，咯的一声，内面夹杂炮弹的声。大家高兴的集合在村子内，"车内还有两个女人，都烧焦了。"一个小勤务兵高哭〔兴〕地给大家报告。

敌人着急了，告紧的电，像雪片一样的飞到固阳，飞到绥远（归绥），飞到百林庙，各路的交通都被截断，"白天的汽车是不管用，黑夜再试吧。暂用步兵去冲"，敌人是这样愚想。敌人冲来冲去，汇合着散兵，企图到包头去。"任敌人横冲撞"，是冲不过去的。在后营子村，队伍休息片刻，布置好了，就去肃清残敌。

红日西坠，薄暮的时候，靠山的烟岚特别浓厚。敌人还在顽抗，我们打的敌人像兔子一样，无穴可入。敌一小部，窜到一个沟内。马旅长命二团二大队长王春泰，率领所部，歼灭敌人。官长领导在先，士兵随之在后，奋不顾身的往前冲，真是前仆后继。卒与敌发生肉搏，但我勇敢的战友们，这时更加奋发，拿血肉与敌相拼。我英勇的王大队长，身受重伤数处，犹指挥不下，正在混杀的时候殉国了。一部分人为他惋惜不置，一部分人为他庆祝，他写下了中华民族解放史上光荣的一页。

这日在黄昏将要展开血战的时候，我们大队奉命出击一个村子。在通过平坦开阔地的时候，敌人侧面射击的很利害，像夏天急雨一样的弹雨，彭彭的击着耕过的土地，尘土飞扬到许多战士的脸上。"我受伤了"，盐青山报他中队长，但是其他战友更奋勇前进杀敌，为阵亡及受伤同志复仇！

预先动员的民夫，他们都吓昏了。我领导着他们把受伤的战友抢救下来，一个战友因受伤过重，正在救护的时候，团部传令李禧巧来，我问他这是谁，他也不知道，单佯〔端详〕了半天，"呵！这是刘来喜！"我惊讶地叫了一声，摸了摸他的口，还有一口气，赶紧让抬下来，高医生检查好久说："不行了。"当时我很伤心，因为他是一个模范战友，就随地把他掩埋。"嗳哟！"一大队的传令王世福受了光荣的伤在呼叫，恐影响士气，我劝他忍耐些，他已是遍体鳞伤，脖颈、腿上、臂上到处都是。高医生把伤包好，唐大队长派了个战友，才把他背到五团的山头上。幸五团还有担架，派了两个民夫，抬到半道，听说后营发生敌情，被迫在半道停住，零下三十度的气候，冻的他不能忍受，但他毫不怨尤，只骂鬼子残酷，盼望赶快杀完这些绝灭人道的东西！

呜——呜——呜，敌人的汽车偷过了，一阵枪声，汽车停住了。接着就是嗡嗡几颗手掷弹，火光突破了黑暗，汽车烧着了，冲锋号中夹杂着杀的声音，连续着起了几处火光，矫炽的火焰，烧坏了敌人恣意的汽车。

东方初亮，敌人已消灭大半，烧坏了一辆、两辆……五辆，没烧的一辆、两辆……十三辆，一个离一个十余公尺，整齐一列的汽车，当中还有一辆卧车——敌人的指挥车，一个个死鸦鸦的都不动了。鏖战了一晚上的四团，还有其他几个大队，抬着重机枪，二团三大队几个战友，拉着一门俘获的大炮，从村后穿过，脸上挂着胜利的笑容。"一挺重机枪五十元。"张大队附说。三中队的王玉峰带着战友就上去了，几十个敌人伏在汽车道旁边的退水沟，手掷弹之王的宋怀禄，匍匐到汽道另一边的水沟，和敌人只隔一个汽道，几个手掷弹，炸的鬼子叽哩咕喽乱叫。他用手把樊振海招过去，又掷了三个，才消灭完了。上去解了他们的武器，还翻着鬼眼。三十五军一个营汇合着，十八辆汽车的敌人，横竖的躺满了汽车路。

5. 凯旋而归的途中

三四日了，没有飞机，而且没有大炮，战线延长，这是敌人泥脚深入、不能自拔、兵力不敷和分散的死亡现象。下午敌机来袭，炮火紧迫，奉命转进。我们从容的下来，又从容的转进到另外一个山头上。

黑暗的午夜，满天明星，眨着鬼眼。前进在后营子的二团，期待敌人送礼，命令来了，以任务已达，即刻凯还。

一团一团的重返富家沟。正午的时候，敌人的汽车、坦克车在滩内驰骋着，找不到我们的人和影。敌人梦想着，"认他天能，昆独仑河看他怎样通过"？但是天明了，敌人还不见我们过去，这时我们早就安抵哈德门沟了。

从二十直到二十三，四五天的功夫，战友、官长整天整夜和敌人周旋，没有得到休息、吃饭、喝水。极冷的天候，穿山越岭，踏着冰雪，又渡流水（深山的涧水，在极冷的时候也不冻），鞋袜湿后，沙泥冻在鞋上，好像铁靴一样。铜铁一般的身体的中华男儿，虽然十分疲劳，行军停止的片刻，也能入梦。但是实行三民主义的精神，像铁骨一样，支持着疲劳的身体，凯旋的途中，歌声响彻了北极沟。

晒着太阳的战友，手内拿着胜利品——日本人的照片，在那凝视着发呆，脑子里盘旋着，为他们悲哀，指着照片，你为什么这样愚笨，做军阀的牺牲品？你家内的母亲，在晚霞里倚门望着你。一部分人，挤满了屋子，在谈胜利的故事。

《新西北》（月刊）

兰州新西北社

1940 年 3 卷 1 期

（李红权　整理）

诺门汗"满"蒙国境划定

作者不详

自今年二月以来，东乡大使与莫洛托夫外务人民委员，即开始关于诺门汗方面"满"蒙国境之确定，续行交涉。六月九日午后，东乡、莫洛托夫在克莱穆林宫会见结果，考虑双方关系国之利害后，已完全达到妥协，于是所余者，仅为现地之技术的决定。去年来屡行纠纷之国境交涉，终见圆满协定。

日苏共同声明

最近日本东乡大使，与苏维埃联邦外务人民委员莫洛托夫间，曾行交涉结果，前者日满蒙国境确定混合委员会，未能解决，更为日苏间及"满"蒙间相互关系调整之障碍。于客年纷争地域之国境确定问题，日"满"侧及苏蒙侧，于其益利相互认识之下，昭和十五年六月九日，关于前记地域之国境确定商谈，已告成立。

我外务当局谈

关于诺门汗国境确定协定成立，我国外务当局，于十日午后五时，发表如左当局谈：

关于阅时半载之"满"、日、苏、蒙间悬案之诺门汗国境确定问题，曾于"满"日间之密接连络下，由日本东乡大使，与苏联莫洛托夫外务人民委员折冲，但兹因"满"日侧方面与苏蒙侧方面之互让，已成立关于该地域之国境确定之协商。

日情报部长谈

关于诺门汗国境确定协定成立，外务省，特发表情报部长谈，如左：

客岁九月，关于诺门汗停战现地委员会之国境确定，于赤塔及哈尔滨，日、"满"、苏、蒙四国代表，曾会于一堂审议。惟本年一月末，哈尔滨会议，因双方主张，未能一致，故暂行终止。但其后于莫斯科，东乡大使与莫洛托夫外务人民委员，更续行折冲，结果，今次因互相退让，意见已见一致，迁延半岁之日苏间悬案，诺门汗国境决定问题，于此始告圆满解决。

日苏悬案将续行交涉

诺门汗事件之善后措置，曾于昨年九月十六日成立诺门汗地区《停战协定》，同时其实行措置有如左三项：

一、尸体交换。

一、诺门汗事件关系被抑留者之交换。

一、诺门汗附近之国境确定审议。

尸体交换于《停战协定》成立后，立即实行，被抑留者之交换，已于四月末完了。至关于国境确定，曾于去年十二月，在赤塔开日、"满"、苏、蒙四国代表组成之混合委员会，更于本年一月在哈尔滨举开，前后亘十数回屡行审议，但因意见未趋一致，遂于一月末，暂行中止。其后对右项之国境确定，在莫斯科由东乡大使与莫洛托夫苏联外务人民委员折冲之结果，已于九日由于互相退让之妥协，成立国境确定之关系协定，至此诺门汗事件遂告圆满解决。此次协定成立，乃开解决日苏间重大悬案之一端，有重大之意义。日本政府，关于残存诸悬案，即北洋渔业、北桦太石油石炭、通商交涉等，将对苏联侧续行交涉，以期解决。渔业问题，于旧腊暂定协定成立之际，苏联侧曾约于半年中订定本条约之旨，因此其次，似将着手渔业交涉。

《国际时报》（月刊）

新京满洲帝国外交部调查司

1940 年 4 卷 6 期

（朱宪　整理）

论进展中之绥战

作者不详

绥远地处长城之南，东接察省，北隔瀚海与外蒙毗连，自敌人于二十六年秋攻陷绥、包后，遂建为据点，以为控制蒙疆与晋北之要冲。我军自退守五、临后，一面整饬军旅，以待出击，虽于去年四月，敌人一度乘傅将军初到五原布署未定之际，倾巢来犯，占据安北，然侵五、临敌军终因我军之坚□截击，退守包头。今春敌人又屡次出犯，据有五、临，以期一鼓作气，直下绥西而达其截击西北联系西蒙及以战养战之阴谋。惟此种企图，吾人察□近日绥西战局我军士气之强，斗志之坚，近日战事发展，急转直下，□更收复陕坝，进迫五原，敌兵疲惫情况，不言可知。更以大青山中绥远民众自卫军之腰击掣肘，敌寇腹背受击，而其所恃之生命线平绥铁路，也常□潜伏绥远境内之武装民众时予□□，士气□夺。且敌兵之遣赴吾国作战，均系在军阀淫威之下，被迫离国，抛妻别子，更加敌国内部之通货膨胀，民不聊生，抢米之风，□伏□□，军无斗志，其败必矣。

论者谓包头以西之地形，包五公路西山咀一带，因系乌拉山与狼山蟠结之突出部分，为丘陵性地形而便于防守外，其西在狼山与黄河夹峙之河套平原，颇利于敌人之进攻。换言之，即敌人之重兵器均可在此平原地带发挥其效能。殊不知此段地带，自王同春浚兴河套水利以来，继以后日晋绥军之屯垦，河渠交错，每当春夏之交，河水泛滥，泥泞异常，□□土质黏松，公路且多新修，坎坷土松，敌人纵兵通过，实不可能。且大青山、狼山屏于北，鄂尔多斯草原夹河而南，均系游击队出没之地，孤军深入而犯孙子挂形之忌，寇之必败明矣。

　　总上所观，近日绥西战况，敌人虽云进攻，实系自取灭亡，且看近日我塞上健儿捷信频传，克服五原重镇，殆属时间〈问题〉耳。

《西北论衡》（月刊）

西安西北论衡社

1940 年 8 卷 3、4 期合刊

（朱宪　整理）

包头歼敌战

高云山　撰

一　决计进攻包头——掏心战法

为了遂行冬季攻势，配合侧面出击，完成牵制敌人、消耗敌人，巩固西北抗日堡垒，副长官部奉到命令后，情绪顿然紧张起来。参谋处在机密地计划歼敌的方略，部队都迅速地完成了作战的准备，运输补给早已有了很好的安排，伤兵医院兹已编成了抬送的站网。战友们摩拳擦掌，跃跃欲试，静待出发命令的下达，好冲上前去，显显壮士的身手。任务是在包围安北一带选择地区，牵制并消灭敌人。于是进军的目标，便费了很大的斟酌：由五原出发，沿狼山前麓、乌拉山背后的内蒙古草原，进取安北县城，待安北克复，然后挺进包头，这是一个路线。由五原出发，进西山嘴，沿乌拉山前平原，横过包头滩，一直到〔向〕敌人窥伺大西北的咽喉——包头猛扑，给敌人一个致命的打击，这是另一个路线。经过反复的考量，认定安北这个地区，比较上还不算是敌人的要害，在牵制与消耗敌人、策应主力进攻的意义上，还未能发生最有效的功能。而且这条路线上，一片荒原，人烟稀少，大兵团的行进、摆布上也颇感困难。包头呢，是敌人在绥远军事之〔上〕的锁钥，在今天，是敌人誓死必争的据点。在这里，才能真正大量牵制敌人的兵力，诱□敌人的兵力，并且大量的歼灭敌人的兵力。最后终于决定了拿出整个力量，进袭包头，并且定出了一个军略上的名词，叫这种战法是"掏心战法"。指挥运用上还制出一个缜密的纲领，印发给各级的指挥军官。

二　秘密的急行军

出击计划已整个决定了。傅副长官带着少数的出征参谋人员，由五原秘密地移驻到距五原不远的□□①乡，机密地布置军事，向各部队下达出动命令，这时候人们都以为是照例的回到后方整顿其余省政上的事情去了。前线上沿五河加、乌梁素海一带，连日还在继续地打冰窟，筑防御工事，除军队以外，还有万余人的参加。从五原传出的消息，十二月十九号要在当地举行军民联欢大会。动委会、县党部，所有地方机关团体，都在忙着大会的筹备工作。阳春社的名角都已从前方后方各机关、各军队中，准备着赶来表演各人的拿手好戏。民众们都在过着平静的日子，想来最近绝不会有什么军事行动。敌人方面，也一定以为绥西军队在准备防守之计了。真的，没有人想到这时候会有一场歼敌的恶战，甚至比较高级的人员没有参与机密计划的，也绝想不到最近的将来，我军就要演出一场胜利歼敌喜剧。就在这个时候，大军于二月十四日夜间秘密地由五原出发，按照预定路线，直奔包头去了。白天宿营，夜晚行军，战友们全副武装，背着四五十斤重的负荷，在零下三十度的塞外寒夜中，奋勇前进。有时找不到房屋，就在冰天中露营，五天之内就完成了将近五百里的战备行军，悄悄地越过敌人的封锁线，直逼包头城下，从容的准备了胜利的猛攻。

---

①　此处"□□"为原文所有。——整理者注

出乎意料的，以敌人素日那样的机警，原想在离包头五十余里以西的南北牌地、昆独仑河之线，将会与敌人野战部队发生遭遇。不料在敌人驻有重兵的前口子和麻池镇会轻松地越过，直到包头城上炮火一响，敌人才觉醒了眼前的敌人，并不是寻常的游击小组。这支神勇部队真如黄河之水天上来一样，猛然间，抓住了敌人的咽喉，刺入了敌人的心腹，展开了胜利的歼敌战争。大家都说，这次秘密的行军于成功，真是光荣胜利的基础。

三　冲入包头城

包头当平绥铁路的终点，是敌人侵犯我大西北的门户，也是敌人盘据绥蒙根据地的屏障。城周满布电网，并筑有强固工事；南面靠近黄河，西面是一片平原，城北、城东两面，都是山梁高地；城墙外的四周，敌人并且挖有纵深约丈余的深沟，这是包头附近的大略形势。时间正是十二月二十日拂晓，在阴雾微曦中，我攻城部队早已准备好了登城的云梯与割断电线的剪刀，正待下手间，有敌坦克车一辆，从城西西脑包开来，沿城墙大道巡逻后，由西北门入城，我军即秘密跟踪迫近城门。喊声一起，早已爬入城内，顺大街向前猛冲。一路闯入敌小岛司令部内，将敌司令部捣毁一空，剿获无线电机一架。一路向富三元巷直扑敌人特务机关。一路沿涂司爷巷，向敌领事馆猛攻。正推进间，敌坦克车二十辆、汽车五十辆、步兵六百余人，由城内各点开来，全面展开，与我对战。一时杀声四起，演成激烈巷战，我官兵奋勇冲杀，以手掷弹向敌猛投，并埋伏集束手掷弹炸坦克，先将敌汽车整个打毁，敌津崎部队高桥队长阵亡，我军士气大振，将敌丰备仓攻占。丰备仓是敌人工兵器材屯积的所在，内有黄色炸药数千箱，我军占领以后，于是就地补充炸药，拿敌人武器来打敌人。直至午后二时，我又占领城内邑祖庙高地，全城都在我控制之下。傍晚以前，城内四分之三的地区，都落在我军掌握之中，敌人仅盘据西南平康里一小角落，顽强与我相持对抗。这时敌人由安北、固阳抽调大批部队，来包增援。一股约二百人，炮四门，分乘汽车十余辆，至白彦沟口、沙坝子一带。我伏击部队，早已准备妥当，迎头予以痛击，激战竟日，毙敌百余名，毁汽车八辆，余敌向乌拉山内纷纷溃窜。又有固阳方面开来敌汽车五十余辆，满载敌兵，在公义店、三和号、后营子一带，与我展开血战。自二十日下午起，激战彻夜，我军左右伏击，往复冲杀，将敌汽车全部击毁，并将大部烧毁，毙敌五百余人，敌骑兵队长小原一明当场毙命。二十一日晨，敌又由绥远、萨县一带，增来千余人，以坦克车环绕城郊，与我激战，当时城内外炮声震天，烟雾弥漫，形成胶着混战状态。

四　胜利的脱离战斗

由安北、固阳方面增援之敌，均经我伏军大部歼灭。剩余小〔少〕数残敌，已无作战能力，狼狈不堪，纷纷逃窜。一部主力部队，虽然新由归、萨方面增来，经我英勇战友，以战胜之余威，迎头痛击，也一样逡巡狼狈，行进不得。这时我们得到确实的谍报，敌人为困守包头，又由绥中、绥东以及察北、察南各区，沿同蒲、平绥两路，调集万余人的兵力，前来增援应战。我军于是有计划的于二十二日拂晓前从城内撤出，脱离胶着的混战，转进到昆独仑河以西之线。选择有利地形，布置了一个更有效的方法，准备再次大量的诱惑敌人。

五　光荣的战绩

总计这次包头歼敌的战役，毙敌一千五百人，毁敌坦克车三辆，汽车一百二十余辆，劫获敌无线电机一架、山炮三门、重机枪六挺、轻机枪十一挺、马步手枪百余支、重要文件四五箱。其他钢盔、战刀、长统马靴、黄呢大衣、望远镜、照相器、军用毯以及其他军用品无算。战友们磨破了鞋、丢掉了外衣的，当时就得到了补充。最重要的是捣毁了城内敌人的小岛司令部，并且击毙敌人的两个骑兵联队长，小原一明大佐和小林一男大佐。小原是骑兵十三联队的联队长，由我们得到的敌军文件中知道，十三联队远在明治三十二年便已创立，中间经过多少次的战役，黑龙关、北平附近、汉口、开封等处的战役都参加过。到现在已有数十年的历史，确乎是很强的部队。但是当小原由固阳浩浩荡荡率领援军来包时，却梦想不到走在公义店附近，便在我军手掷弹的威猛火力之下，与他乘坐的轿式小汽车，一同葬身在蒙古草原上了。另外伪蒙军第十五团团长于振瀛，率所部携械投诚。还有在固阳、安北以及萨县附近我各路袭敌部队，也都有很大的斩获，给敌人以严重的打击。

六　看看我们的民心和士气

当我军冲入包头城内的捷报传回后套人们的耳鼓时，各机关、各团体、商人、农民、妇女、孩童都跳跃欢呼，奔走告语，欣喜得几乎发狂。老百姓都自动的起来，捐输羊肉、蔬菜、炒油茶，冒着数百里的远路，到前线去劳军。后套老百姓的车骡，随军到火线辗转运输，没有一点恐惧，没有一丝怨声。包头中滩一带民众，当我军开进时，争先恐后地给军队送水喝，煮饭吃，都说："进攻包头是咱们中国的一件大喜事，盼望国军早日胜利，杀尽日本鬼子。"我军冲入包头时，天气还没有大亮，老年人、老太婆见我军到来，犹如从十八层地狱下解放出来似的，放出一口轻松的气，说："你们是三十五军吗？你们怎么来了呢？"沉痛中，欢喜中，交流出似诉苦而又撒娇的热泪来，连忙叫醒他们的姑娘和孩子起来给我们的战士烧水煮饭。所有我军占据的民众和商号，都一起怀着满腹的恨气，将太阳旗插在茅坑里去了。在猛烈的炮火声中，老百姓毫无畏惧地指引我军进攻的道路，商店都照常开市，供给战友们必要的用品。有一个拉骆驼的中年男子，拉着他〔们〕的骆驼，走在出城的路口，原是给敌人运输的，一见到我军到来，就转过头来给我们驮给养了。有一个年老的妇人，自动地抚养着我们重伤的战友换了便衣，对敌人说是他的儿子，当我们转进时，又教着真正的惟一爱子随我军出发领路。包头附近的蒙民也都来给我们军队送牛奶送乳干了。六十岁以上的喇嘛，一步一跌的穿着红紫袈裟在严寒的天气之中，自动地由数十里地以外，抬送我们的伤兵。最难能的是包头城内的老百姓，当我军推进后，仍冒着四百里的长途，越过敌人重重防线，秘密地向五原护送我们的伤兵。战友们的气势更是雄壮到万分了，一听说出发，就拼命的往前进，不怕冰天袭人，忘了吃饭喝水，五个整夜完成了四百〈里〉以上的战备行军，有时一个晚上，走到一百里以上的里程，临近包头十余里的时候，一口气跑步走进了城郊，一与敌接触，便嚷着"不要枪打"，拼命的要活捉日本鬼子。我安团司号长邢冠军出城传达命令时，路遇敌人十七名，当用手掷弹扑击，毙敌十六人，余敌中队长大琦中校一员，驱前猛擒，当即俘获。某连下士申士芳，二十一日临明，扼守包头西北门，见敌战车一辆、汽车四辆，由城郊向西门驶来，当埋集束手掷弹于进路中，敌车一来，即抽绳拉火，并在城上猛投集束手掷弹，当将坦克一辆烧毁。某少尉排长景勇，二十日上午攻敌小岛司令部时，连续投手掷弹数十枚，毁敌汽车一百余辆。我杜排长美桂与敌猛战，身受重伤不退，后战友勉强抬至中途，遇敌三十余人，包围前来，杜排长指挥战友突围而出，俟敌迫近时，用手掷弹拉火，与敌三十余人俱亡。我某连医务上士董学文，于我第二次反攻时，被敌炸伤，当时敌我纷战，自量不能抬下，遂用刀自杀而死，死时高呼"中华民国万岁，蒋委员长万岁"。当敌我混战激烈时，我攻城部队孙师司令部护号、伙马夫，以及高级司令说〔部〕派往随军参谋，均一齐用手掷弹与敌冲杀，都说"鬼子真有种，就来吃我一颗手掷弹"，"不杀日本鬼誓不生还"！

七　敌寇真不行了

寇兵的气势整个低落了，与初期的忻口战役时完全不同。攻击精神整个消失了，尽可避开战斗就尽量避开，一见我手掷弹预备，就停止前进。被我包围时，一个一个的跪在地下双手作揖，有的高高举起手来，哀求饶命。城里的日本兵，许多都脱掉了军装，抛开了武器，穿上中国服装，脸上满涂了灰土和黑煤，野人也似的，藏在老百姓家里避难。据城内老百姓谈，敌军官日常的生活是玩女人、打麻将、抽大烟，有的敌兵也泡在烟馆里打呼仑（抽大烟），敌人作战所凭恃的是汽车和坦克，但我们的战友最不怕的就是汽车和坦克。一粒枪子、一颗手掷弹，只要打中油箱，汽车当时就会放火。坦克车只要有十几个集束手掷弹拉火一齐放，便可炸毁，更不要说用平射炮了。敌人最凭恃的就是汽车、坦克，汽车、坦克一毁，行动就没办法了。我们最不怕的就是汽车、坦克，我们有的是射击手和掷弹手，打汽车打坦克来的特别有准。敌人大量全线维系了些伪军，他只希望用中国人来打中国人，然而伪军遇到我们，除非不得已时，绝不乱打一枪。有一次我进城部队听见那院中有人在集合着讲话，仔细一听，传来了这样的声音："弟兄们，我们一向跟日本人偷生苟活，受压迫受痛苦已经七年，试想中国是不是能亡？如果中国亡了，日本人能要我们吗？如果中国不亡，我们能存在吗？弟兄们，此时正是我们的机会，今天我们要见见我们的国旗！"便知住在院里的是一连伪军，我某排长当即走入院内，进行说服工作，不到一刻，这一连伪军整个反正过来，同我们一起来打日本了。最应注意的是在城内捡出一种印就的标语，在红色纸上写着"拥护傅主席"五个大字，这大概是城内我们民众印制的，当准备欢迎国军的，有的说也许是伪军准备投诚，秘密印制的。

八 两个有价值的敌军反战文件

在数百件的敌军文件当中，我们发现了两件可贵的反战资料。一个是敌稻原教官的日记，内中有："将来支持日本政治的并不是现在的军人，而是民间的思想家。"又有："本日看到阿部首相、野村外相等日本现在政府要人的照片，哼，这些无耻的混蛋，居然当政了！"另一件铅字印就的小册，标题为《质问平沼、板垣政府》，署名岩印重太郎，全文四千余言，辞严义正，愤慨激昂，尽是反战之论。内有："战争引起无限的变化，第一是物价高涨，食米较战前高一倍有半，日用品乃高三倍乃至四倍。父母疼爱孩儿，而无力供其膳食鸡蛋，但政府却拿鸡蛋、牛乳和蔬菜贱卖给德国，为了德国人要吃鸡蛋、喝牛乳，陷我日本人民大众儿女于死亡之境而不顾，防共协定就是这样吗？请平沼解释解释。日本精神就是这样吗？请荒木给我们答覆一下。"又有："内阁已降落为一地方政权，威力不出东京市外，在战地及其他各区，命令即属无效。""日本大臣们人位虽多，却都是些无能之辈，因此将日本降落至第三等国的地位了。"最后有："平沼！板垣！财阀！为了你们做大臣攫金钱，而牺牲我六千万大众于无关战争之中，六千万人民大众，总比过二百余人的少数军阀财阀有力量，岂能长此忍受下去吗？"

九　从包头传来的消息

这次绥西我军进展包头，秘密神速，以迅雷不及掩耳之手段，出敌不意，迫近城郊。待敌发觉之后，我已深入敌人心腹，阻挡不得。激战结果，毙伤敌在一千五百人以上（死多伤少），而我仅伤亡千余人（伤多亡少），我敌伤亡正为一与一强之比，创成空前歼敌之记录。而且进入包头城后，对老百姓一丝一毫的东西，都没有征用，没有损失。从包头民众的心理上，已掀起了热烈的火焰，使他们深深的感觉到"国军爱我，国军可爱"。近日由包头先后回来的谍探谈称，敌人此次受我严重打击后，惊恐异常，对我大军团行进的秘密和神速，特别惊异，对我作战的英勇、军纪的优良，特别赞佩。一般敌军对包市老百姓都不忌讳说出："三十五军好好"不置。数日前敌在包头开追悼阵亡将士大会，主祭官讲演时说："这次我们（敌人自称）打死敌人（称我们）四千多人（当然不是这样），而我们仅死伤一千余人（伤亡实数敌人自己也承认了）。"又说："只有三十五军是我强硬的敌人，和他们打仗用汽车是不行了。"敌酋经此创伤，连日召集军官会议，细密研究我军装备、素质，以及作战精神，对敌军此次严重的失败，现正作着一个羞愤的检讨。

《西北论衡》（月刊）

西安西北论衡社

1940 年 8 卷 6、7 期合刊

（朱宪　整理）

五原大捷与绥西战局

刘熹亭　尹仁甫　撰

一　绥西重镇

五原于抗战后，成为全绥军政重镇，在绥西三县中（安北、五原及临河），为最占军事上之优势地形者，东距包头三百五十余里，扒子补隆九十里，西山咀一百三十余里，北距狼山约三十里至五十里，南迄黄河约一百二十余里，其东北近五加河有乌兰脑包，其地进可自东南出击安北，退可为扼守五原之屏障。扒子补隆位居西山咀与五原之间，当包五公路之要冲，其地东渡乌梁素海（面积约三百余方里），至安北仅九十余里，路面平坦，极便行军。西山咀为乌拉山与狼山两山连接突出之山嘴，亦为两山分界之处，其地丘陵与山峦交错，南至黄河仅十余里，途多柽柳，芨芨草密密丛生，可伏大军，为包五公路之最占优势者。西山咀以西则尽平原沃野，河渠纵横，宜耕宜牧，为著名之绥省米粮库。由五原至宁夏之边境，途中渠道交错，春夏之交，河水泛滥，泥泞异常，非特车行困难，则〔即〕人行亦亟不易。虽有公路可由五原经临河，直达宁夏，但路面疏松，桥梁不坚，夏秋之时，辄受天雨、河水所阻，行军亦颇困难，除此公路之外，虽皆一片平野，唯以土松而黏，则更无法行军。至其东北之五加河，水涨时泛滥漫流，环绕于扒子补隆以东，宽达二十余里，南下入于黄河，可成极佳之天然防御工事。

二 敌寇企图

敌自盘据绥、包之后，屡次西犯，均为我骑×军击溃。去年四月下旬，敌乘傅作义将军初到五原部署未定之际，倾绥、包寇军之全力，不惜巨大牺牲谋夺安北。原期一鼓作气侵占五、临，终因我军坚强截击，退回包头，此后敌人即以一部兵力驻守安北，积极构筑防御工事，准备黄河结冰再度西犯。敌人之所以不惜重大牺牲，再侵再犯绥西者，显然有三种目的：（一）企图消灭我在绥远之军事力量，以图占有绥远全境，最后以绥西为根据地，威胁宁夏，并施用阴谋于其曾经一度失败之阿拉善、额济纳。（二）梦想完成伪蒙古联合自治政府之范围。去年九月一日改组之伪蒙古联合自治政府，以德王为傀儡，合并察南、晋北两伪政权，由绥远迁张家口，梦想以绥、察两省全部及晋省雁北十三县为其范围。但盘据绥、包之敌，非特劫夺绥西不易，且时时受困于满布大青山中之绥远民众抗日自卫军。自卫军曾于二十七年一度攻入归绥城，严重打击敌人，现则时时出没于平绥路沿线，破坏敌人，截击敌人，与我绥西大军呼应，使敌寇疲于奔命。同时包头以南黄河沿岸一带，又有×××将军指挥下之大军，予敌严重威胁。敌寇以之为消除威胁，并煊〔炫〕耀于其豢养下之傀儡面前，不得不幻想进犯绥西。（三）实现以战养战之目的，并施展阴谋于甘、宁、青。绥西非特为绥省粮食之仓库，即旧都北平亦仰赖之，抗战前粮食输出占平绥路货运之主要部分，因之敌既谋犯扰绥西盗取食粮，又图以绥西为根据地，向甘、宁、青施展阴谋。

三　大捷原因

检讨此次五原大捷我军胜利之原因，其最显明者有下列数点：（一）拆除绥西各地城堡。此项工作，于去年黄河结冰前两三个月已全部完成，并将城堡之土搬运一空，使敌人无可利用，而我军反攻则极其方便。（二）空室清野。在去年八九月间，加紧宣传，指导演习，终能使人民了解，迅速实行，令下之后，凡不能携带之物品及粮食，均埋藏一空，人民随军队移动退居后防。敌至扑空，忿怒无已，故于占据黄杨木头（绥、五交界）之后，竟大肆奸淫，即天主教堂之贞女、幼女亦遭蹂躏。（三）有效之威力试探。去年十二月下旬，我军在机敏行动下，以雷霆万钧之力，一举攻入敌寇重要根据地之包头，使敌深刻领略我军攻击精神之旺盛，获得"攻心"之奇效，同时更振奋我军之"自信心"，认识敌军之无战斗能力，故能于此反攻中显示伟大战绩、机动战术。当敌军进犯时我军为〈不为〉敌所制，一面以坚强之骑×军设防于包五捷路之西山咀，痛击痛〔进〕犯之敌，使敌无法越雷池一步，一面以经贯战之×××军及其他部队应战于河套平原，随时争取主动，可胜则战，必守则战。及反攻准备完成，出以机敏行动，迫使敌寇处处设防，不知我军主力之所在，敌兵力分散，处处受我军之威胁，卒以造成我军攻强克坚之绝对有利形势，完成此次北战场之空前大捷。

四　绥局瞻望

敌寇于此次惨败之后，殊难大举再犯，将亦如敌人去年四月侵占安北后，继续进犯五、临未逞，未敢再举进犯之事实同。且敌之兵力薄弱，救援不易，又深刻认识我军之作战能力，恐未敢轻于尝试，重踏覆辙。以地理形势推测，由现在迄黄河结冰前，绥西战事或不断展开于包五路（西山咀以东）及安北县境，而西山咀以西，五加河以南，将为我军之极佳整训补充区域，当充分利用以增强抗战实力。现我军克复五原之后，就政治而言，则须借各县游击县长之积极工作，打击各地伪政权，组织与训练民众，培植地方民众武力，及保存各地之人力物力，并可粉碎敌人对乌兰察布盟及伊克昭盟之阴谋，与防止敌人伸展其挑拨离间之毒计于甘、宁、青各省。就军事而言，绥西最估〔占〕军略形势之西山咀及五加河既入我军掌握，则包五公路与安北县即均在我控制中。而今后在战略上，我军即时时居于主动地位，可以密切保持大青山及各地部队之联系，而绥、包敌寇，必时时在我大军威胁下不敢轻于进犯。其依为命脉之平绥铁路，亦必更为我潜伏各地之绥远民众、抗日自卫军时时破坏，防不胜防。故此次绥西大捷，既予敌以重大打击，且奠定我北战场胜利之基础，蒋委员长谓为"最后胜利之先路"，尤能予全国军民以最大兴奋。

《西北论衡》（月刊）

西安西北论衡社

1940 年 8 卷 6、7 期合刊

（李红权　整理）

伊盟在绥西战局的地位

作者不详

伊克召盟为今日察、绥两省中硕果仅存之完整盟旗，其形势之重要，实翼蔽宁、陕，策应绥、包，境内有综理察、绥盟旗军政之最高军政机关，有蒙民归心景仰之成吉思汗陵寝圣地（陵寝现已迁甘），有无尽量蕴藏之盐、碱、煤矿以及成千成万之马、牛、羊群，并有数千万直朴善良之蒙民，故在伪蒙古自治政府的版图中，早已将该盟划入其范围。

自德王附敌入据绥、包未久，即利用伊盟达拉特旗拥有重兵之森盖司令，并派遣伪军占据东胜；同时由包头日本特务机关派高级顾问内田永四郎威胁并利诱全盟王公赴绥参加伪组织。后不期为马占山将军克服东胜，吓走内田，其议遂浸〔寝〕。此后，伪蒙军即盘据伊盟北部，劫持杭锦旗阿王，并派兵南下，侵入鄂托克旗部，迄今年二月间敌寇进攻五原时，敌人乃先遣精锐部队占领伊盟北部，故能长趋直入，越过包五公路要隘之西山咀，而直攻五原。

伊盟与绥西、宁夏密迩相接，黄河横贯中部，自南而北，再拆〔折〕向东北流，截伊盟为二，在地理形势上与五（五原）临（临河）宁夏唇齿相依，盖由今年绥战中，已显示其重要性。该地若为我军坚守，如敌谋进犯五、临，必通过西山咀，我军于伊盟北部可伏军腰击，甚或可击溃其主力；反之，倘该盟为敌所据，渡过黄河，即可直攻宁夏，以断我绥、宁与后方之连系。故保全伊盟，实为控制绥西战局之重要措施，且亦含有政治上之重大义意。惟伊盟之军政情形，迄止今日，尚有其不容忽视之弱点，现敌人在暗中颇有活跃，企图达到不战而胜之涂〔图〕谋，切希当局，应严密注意及之！

《西北论衡》（月刊）

西安西北论衡社

1940 年 8 卷 8、9 期合刊

（丁冉　整理）

绥西血战三月

高云山　撰

绥西我军自去岁十二月十四日出击包头获胜，中经本年一月二十八日敌寇大举西犯，以至我军收复临河、陕坝，最后于三月二十二日五原大捷，直至四月四日肃清套内，一百一十三天之中，我全体将士冒风霜冰雪，忍艰辛困苦，拿出血肉头颅，辗转与敌死拼，计大小战役五十七次，终将骷髅摧扫，腥秽洗清，造成西北上轰轰烈烈之伟大胜利，巩固了西北抗战堡垒，奠定了最后胜利基础，树立了收复失地的先声，打破了敌伪侵略的迷梦。这期间，我最高指导当局坚持苦战，煞费经营，全体将士英勇牺牲，壮烈百倍，而民众踊跃助战，尤为难能可贵。由于这种种优越条件不差一丝的妥帖配合，才能以少克众，以弱胜强，才能变劣势为优势，造成了今天轰轰烈烈的伟大胜利！这种胜利的奇绩，可歌可贺，这种歼敌的经验与价值，尤值得轰传轰颂！

包头战役

进攻包头是去岁冬季攻势中配合全面出击的军事行动，同时首先便造成了攻击敌寇重要据点的记录。当时绥西部队的任务是：牵制敌人兵力，策应主攻方面奏效。为了完成这一任务，进而更有效的打击敌人，指挥部对当时敌我的全般情况，做了极详密的分析。当时绥境敌人，除散驻各县镇有二十六师团大部外，在包头为小岛骑兵集团，在固阳为独立守备第二十四大队岩田千仞部队、录川部队、花吉部队及小原一明骑兵联队一部。在安北为等〔第〕四独立守备队、小林角太郎部队及小林一男骑兵联队一部。在五原西北狼山麓察汉格尔庙为伪挺进队。其中以包头敌小岛骑兵集团，为敌最坚锐部队，附有大部机械化兵团。在此情况下，我如进扑安北，亦可发生牵制效果，但不能给敌人以致命的打击，如直扑包头，则必须作四百里以上长距离的战备行军。且包头为平绥路之终点，系敌进窥大西北之重镇，结果必然演成最激烈之战斗，而左侧背之威胁尤大。当时绥西我军，不顾牺牲，决计直驱虎口，制敌要害。主力遂于十二月十四日夜，开始秘密移动，进扑包头。全面兵力部署，在包头迤东，以驻绥南部队为第一路军，由托县、和林向绥东挺进，吸引敌之主力；以一部为第二军路〔路军〕，向归、萨间大量袭扰，破坏铁路，阻敌西进增援；在包头西北之左侧，以一部为第四路军，袭据安北。另以其他等部为游击部队，分向和林、固阳、武川、陶林、磴口以及察汉格尔庙之敌，牵制袭扰，并破坏交通、通信。第三路军，即进攻包头之主力军，于十四日夜起，以秘密神速之行动，战友均全付武装，身荷食粮、铁锹，背负重重。五个整夜完成了四百里以上的战备行军，于十八日夜进抵昆独仑河沿岸地区，敌人尚未察觉，我士气激昂百倍。十九日晚直驱包头，二十日天未明前，安团为首，各部相继突入城内，与敌激烈巷战，当抄获敌司令部，夺获敌军火器材仓库一所，补充血战，将敌压迫于城西南一隅，全城在我控制之下。同时由安北、固阳突围增援来包之敌军，亦被我在外围歼灭殆尽。敌为困守包头，又由晋、绥、冀、察方面，沿平绥路调兵万余，大批增援，我为变换态势，机动杀敌计，乃于二十一日深夜重新布置，诱歼敌人。是役计毙敌少将一员、小林一男大佐、小原一明大佐以下官兵千五百余人，击毁并焚毁敌汽车百余辆、坦克车三辆，获山炮三门、电台一架，轻重机枪、武器弹药及其他军用品无算。伪军十五团团长于振瀛，率部反正。同时我在包东和、托、归、萨以及左侧安、固、察汗格尔等地，亦均大有斩获。

这次战役在冬季攻势中，首先攻克据点，获取胜利，在战略战术以及其它方面的成功，至为巨大，而其影响与意义尤为深远。

在战略方面，第一，我用以少牵多，以弱就强的战法，使敌在绥全面兵力，首尾不能相应。第二，同时用掏心战法，直捣要害，攻克了重要据点。第三，将敌最精锐之主力，大部歼灭。第四，并完成牵制任务。

在战术方面，第一，我大兵团之长距离行军，经五天以上越过敌之封锁线，尚未使敌发觉，行军的秘密神速，真可令人叫绝。第二，直迫敌旁，扭紧敌人，以我充沛之精神与白刃致胜，使敌新式武器，失其效力，实出敌人之预料。第三，以手掷弹打敌汽车，以集束手掷弹打敌坦克，均特别有准，收到最大效果，并建立了全军不怕敌人汽车、坦克的信心。

其次，在战争中的政治运用，也相当成功。进攻中临时争取伪军，与伪军取得密契，因此多数伪军，于我军进击中，避开战斗。于振瀛并率部反正。

值得我们特别追忆的，绥西我军是在怎样一种情况下完成了这样伟大的战果呢？

第一，当时的季节，正当严寒的冬季，战友们在零下三十度的朔风呼号中，夜行露宿，手足耳鼻都冻裂了。

第二，由五原出击包头，还须一个四百里以上长距离的战备行军，到达准备位置，不容许片刻喘息，即行开始攻击，战友们的疲劳可知。

第三，而且包头是敌进窥大西北的惟一据点，守备队伍是敌最精锐的机械化部队，我以装备不足的兵力，在敌全力拼死堵击之下，还得克复据点。然而绥西我军，就在这种种不利的条件之下，终于战胜强敌，攻克据点，将敌人视若生命线的包头城，整整掌握了两天两夜。

敌人方面所表现的，在精神方面，士气极形颓畏，攻击精神，已渐脆弱，能避开战斗时即尽量避开。被我包围时，竟能叩头求饶。同时反战情绪，普遍高涨，稻原教官日记，充满反军阀反财阀思想，岩见重太郎著质问平沼、板垣政府小册，流行在敌军的各个阶层。在技术方面，敌兵多数已竟不能瞄准放枪。反过来看我们的军心和民气，真是极度的昂扬！战友们在五天之内，完成了四百里以上的战备行军，姚排长一人以手掷弹击毁了敌人汽车三十余辆。郁团下士申士芳拉放集束手掷弹将敌坦克炸毁，孙师部护号炭〔及〕马夫在黄草洼危急时候，都一致荷枪实弹与敌冲锋。包头城里的老百姓，一听说我军到来，不顾枪林弹雨，一齐送茶送饭。一个老年妇人，抚养我军受伤战友，对敌人说，是他自己的儿郎。还有包头城内外的民众，于我军转进后，竟能冒着四百里的长途，越过敌人重重防线，向五原秘密的送回我们的伤兵。

这次战役在整个冬季攻势中，显示着什么意义呢？

第一，证明了中国军队确已愈战愈强，已能开始克复敌之重要据点。

第二，证明了敌之坦克、大炮不足畏，更坚强了我精神战胜之信心，因而更坚定了我抗战必胜的信念。

绥西战役

敌蒙疆驻屯军在包头受重创后，时感我军威胁，乃于本年一月二十八日由华北各地抽调重兵，大举西犯，企图击溃我绥西主力，占据五、临，并进窥我西北国际路线。计先后增来寇兵二十六师团黑田重德部队十一、十二、十三等独立步兵联队，十四师团之第二步兵联队，十一炮兵联队，小岛骑兵集团，第二十六骑兵联队等。附汽车千六百余辆，飞机一中队，蒙驻屯军司令官冈部并亲到包头指挥。我当时就地形判定，敌人进攻部队，必先沿乌拉山前黄河两岸西进，主攻部队经安北向四枢〔柜〕或乌镇进攻。为打破敌寇企图，确保五、临计，当配置一部于右翼地区，乌拉山前蓿荄滩一带，机动袭敌，阻其西犯。另派一部向敌侧后之麻池、包头袭扰。中央地区以一部沿五加河配置警戒，大部集结于五原附近，准备诱歼敌之主力。左翼地区配置一部于乌镇、乌不浪口。左侧地区之狼山各口另设部队警戒。同时分令敌后部队大量活动，破敌连络。部署所〔既〕定，敌果于一月二十八日先由包头沿乌拉山前黄河两岸西犯、与我右翼发生激战。至三十一日敌主力遂经安北向我左翼之乌不浪口攻击。我当转移攻势，准备在乌镇附近击退敌之主力。正推进间，乌镇、乌不浪口相继为敌突破，沿狼山南麓继续西犯，均经我在万和长、李桂圪旦及折桂乡等地，痛予打击。是时敌全部兵力已陆续增至两万以上，利用汽车、坦克，在平原地带猛烈肆扰，极形猖獗。至是敌之企图及主力已整个判明。在全般形势上，我实处于极度不利之地位：第一，季节尚在冬季，河渠仍未解冻，而绥西地形平坦，敌机械化部队可以随意通行，大肆活动。同时敌兵力强大，装备优越，数倍于我。我军方经包头战役，疲劳尚未恢复，调整、补给，均未圆满，在全局面上，势须另行配备。但在这危急震撼的严重关头，我指挥当局已洞烛机玄，想出了拨危靖难之道。当时深深看到，第一，季节再有月余以上的流转，将由于敌有利时期，变为于敌不利时期，届时后套纵横交错的河渠，整个解冻，敌机械化部队，再难顺畅开行。第二，敌寇兵力不足，西犯部队均临时由华北各地抽调而来，绝难长期留住套内。第三，我主力尚完好存在，只要坚持不出套内，相机袭敌，待至于我有利时期，则可顺利活动，予敌以致命的打击，而使其不得不放弃整个企图。基于以上深刻的科学判断，于是改变方针，采取"避不利找胜利"的战略，在主要城镇，实行空室清野，重新分布兵力，坚据乡村，相机灵活分段袭敌侧背。这样避开城市以困敌，使敌无法居停；盘踞乡村以扰敌，使敌不能立足。敌侵入五原、临河、陕坝后，洞悉我主力健在，欲求决战，势不可能，长期据驻，又为兵力所限，而我军侧击威力，当已逐渐展开。敌在我威力高压之下，不得不逐渐撤退，我于三月十一、十二两日，相继克复临河、陕坝，将残敌压迫至五原近郊，形成包围态势。于是这一战略，整个成功，敌我态势，完全转换，计自一月二十八日，敌寇大举西犯起一个半月当中，我军在正确方针下，坚持苦战，终于度过极艰危的阶段，逐渐完成既定计划，达到战略上的成功。中间经过大小战役五十余次，毙伤敌人在两千五百以上，击毁敌汽车二百余辆。尤以折桂乡之役，敌三度冲入，经我三度击退，董师团长王子襄负伤不退，终以少数兵力，毙敌精锐主力五六百人。又蛮会附近，我以机动战法，将伪八师全部聚歼。两役英勇壮烈，为最难能。

五原战役

敌退五原近郊后，仍企图固守此点，以为再度肆扰后套，侵略大西北之根据，于是利用王逆英组织伪绥西自治傀儡政府，以贯彻其利用中国人灭亡中国人故技。运积大批军火粮秣，构筑工事，军事、政治双管齐下，积极整备。我为彻底粉碎敌伪企图，肃清绥西计，经缜密之计划后，遂决意向五原之敌，大举扫荡。时五原敌，为颁藤部队，挺进队及班长以上各级干部均由日人充任，装备训练纯日军化之伪警备军。敌绥西警备总司令水川依夫中将，特务机关长桑原荒郎中佐，补佐官筱原、大高、大桥、浅沼，伪原行营司令官乌古庭，〈伪〉绥西自治联军总司令王逆英均驻新城。此外并有驻五及新由绥、包来五之警官、指导官、顾问等日寇五百七十余人，连同配属在伪蒙军各部之倭顾问，约近千数百余人。旧城敌为伪蒙军第四师二十三、廿八两团，及第五师二十五、二十九两团，均由蒙古军军官学校校长璈门达赍少将指挥。五陕公路敌点负暄乡驻第六师十六、十八两团，五临公路敌据点蛮可素驻第八师二十二、二十四两团，五原北五加河岸万和长、贾粉房为伪十九团，五原南十五公里之南牛坝以及五原东扒子补隆，均有敌重兵配备。经详密侦察后，当对五外围敌之各据点，分别派出机动部队，攻牵袭扰，使其不能抽调增援。主力军于三月十四日起，乘敌向五原西南压迫我某部之际，先向五原西百余里之丰济渠两岸转移，故意示弱，随即秘密沿渠北进一段，又沿五加河岸东进。二十日晚，我预派向五原新城猛袭之突击队，已秘密绕至敌人双重封锁线，由新城东南方突入，用掏心战法打乱敌人指挥机构，并夺获数个要点。主力经四昼夜之秘密行军，敌人尚未察觉，当自东、西、北三方面，同时向新、旧两城敌与我突击队配合袭击，演成激烈巷战。计自二十〈日〉晚至二十二日下午，敌用优势炮火，施放大量毒气，并以飞机四架整日更番轰炸助战。我英勇官兵，奋不顾身，前行后继，往复冲杀十余次，经两昼夜之血战，将守城敌军歼灭殆尽。五原新、旧两城，完全克服。是时五原外围负暄乡、蛮可素、南牛坝、梅灵庙，亦均先后克复，同时五加河桥梁亦全部炸毁，守桥敌军尽数被歼。自是敌之归路已断，残敌向五原东南溃散，已成釜底游魂，我正追击聚歼中。敌为增援固守五原，旋由平绥路调石黑、小岛各部队来犯，又被我在五原东北大财主、贾粉房附近沿河一带痛击不逞，至二十五日，敌重兵源源增至步炮万余人，汽车三百余辆，炮二十门，飞机五架，整日盘旋轰炸，自午至晚，由五加河北岸企图强渡四五次，均经我英勇官兵，浴血堵截，终未得逞。顽敌毙死河中，水为之赤。入夜，敌由高三圪坦渡过五加河。我为变换态势，机动袭敌计，当将五原各据点彻底破坏，并沿各大干路实行泛滥。部队均经重新调整，配备于有利位置，再显神威。二十六日早，寇军进入五原，我各小部队按照预定计划，分道同时向敌进袭。敌感威胁，复觉无点可据，泛滥堪虞，不得已终被我压迫，于二十九日开始撤退，我乘势推进，于四月一日午再度收复五原、乌镇及乌不浪口等要地。二、三两日，连续克复扒子补隆及西山咀。至是后套已无敌踪，重返战前状态。东窜残敌，我正派队扫荡中。是役计毙倭寇水川依夫中将、桑原荒郎中佐，高级指导、官顾问等干部以下千余人，伪蒙军两千余，俘房日军官西田信秋、芝野勇夫等二十余人。伪绥西自治联军副总司令李根车，当场就擒。获山野、平射炮二十余门，轻重机枪百余挺，汽车百数十辆，电台四座，毒瓦斯弹百余箱，弹械、药品无算，造成光荣战绩，写下西北战场的空前歼敌纪录。而我官兵伤亡，军力损失，亦极惨重。

　　绥西我军是在何种情况下完成了这种光荣的胜利呢？

　　首先我们要知道，自去岁远征包头，元气尚未恢复。继而敌又西犯，经过大小战役数十次，困倦疲劳，已到极度，不唯装备上、补给上远远不及敌人，即在人数上，也与敌人相差甚巨。相反的，敌人在〔有〕飞机、坦克、毒瓦斯、新式的大炮、机械化的兵团，武力悬殊，简直不可以道里计。然而绥西我军，竟然能以这种疲劳的部队，悬殊的力量，不惜牺牲，不稍顾忌，猛扑强敌，扭紧死战，三进三出，再失再复，卒将敌志在必守的据点攻克，收复五原，重光绥西。

这种伟大的胜利，给国际上说明了，中国军队会怎样在不利的情势下，保存实力，困扰敌人，更怎样能利用有利的形势，发扬伟力，击退敌人。同时说明了中国军队炽盛的民族意识，与坚强的抗战精神，毕竟能以装备不足的劣势兵力，战胜全付机械化的优势敌人。

检讨这次成功的原因

在战略方面：第一，是能知己知敌，先机制人。详密的审度了自己的力量，并彻底的了解了敌人的根本企图与其全部兵力的分布状况，乘敌准备尚未完成以前，迎头痛击，使敌人的整个力量，无从发挥。第二，能秘密神速，出敌不意。决计进攻后，立刻跃越敌人封锁线，迫近敌人。经过四天以上的行军，而敌人尚未发觉，终于使敌猝不及防，破敌要害。第三，善于全面牵制，突击一点。分别攻牵外围各点，使敌不能抽调应援；突击敌人指挥中枢，使敌号令神经失效。第四，知将知兵，运用适切。不仅了解各部队之装备、人力，更深刻洞悉其精神、心理，故能分课适切，使之各显威力。

在战术方面：能把握时间准确，因而协调妥帖。能步炮巧妙协同，因而发扬威力最大。

而最主要的是：第一，我们的士气，极度昂扬，能以前仆后继，再竭〔接〕再励。战役中，我师长袁庆荣，团长安春山、宋海潮、郭景云等英勇指挥，负伤不退。团长贾世海奋勇当先，以身殉国。张团营长赵寿江率部冲入五原，血战殉国，所部士兵十四人，仍能坚守阵地，完成任务。将士英勇牺牲精神，实为历次战役所少见。第二，民众热烈协助。五原附近民众，引路、告密，参加作战，至为热烈踊跃。而小脚妇女抬送伤兵，更为西北战场上的奇闻。第三，尤其我最高指挥当局亲临五原城郊督战，以此军心益励，战胜攻克。

五原大捷的影响

第一，整个的粉碎了敌寇占据绥西，威胁西北国际路线的企图。第二，彻底打破了敌寇"以华制华"的迷梦，直接间接并打击了日寇抽线正在南京粉墨登场的汪逆傀儡组织。第三，坚强的巩固了西北抗日堡垒。第四，展开了收复失地的先声，奠定了最后胜利的基础。

蒋委员长对收复绥西在电令上说："此役不仅保障西北，而且奠定收复失地驱逐敌寇之基础。"已完全表明了这次光荣战绩的伟大意义。

傅副长官于本年一月寇犯绥西时说："我虽无方法绝对阻敌不来，但我却有方法使敌必去！"这一强有力的名言，如今已得到具体事实的解答。

一九四〇、四、十七，于绥西陕坝

《西北论衡》（月刊）

西安西北论衡社

1940 年 8 卷 10、11 期合刊

（朱宪　整理）

绥远西南部之现状及其瞻望

尹仁甫　撰

一　追述今春五原失陷后敌人之军政设施

今春二月三日，敌人入据五原，未曾停留，立即继续西犯，以谋一举消灭我军政势力，同时并即实施有计划之军政设施：

甲、军事——犯绥西之敌，一部分系乘山西新军之变抽出，一部分则抽调驻守察、绥部队，拟夺取绥西后，即行撤退，然后实施以战养战阴谋，利用其所制造之大批伪军驻守，派少数敌军监视之。敌人于发动战争之前，已拟定策动伪军计划，故于进入五原后嗾使王逆英，集合陈逆秉义，邬逆青云，常逆子义等旧部约三千余骑兵，组织伪绥西自治联军，任王英为总司令，编为三个师，第一师陈逆秉义，第二师邬逆青云，第三师常逆子义，分驻于五原附近各要隘，就地号召，随时扩充，并派伪蒙古军第四、六、八、九四个师协助防守。伪蒙古军总司令李逆守信曾来五原布置一次后即返包头，留总参谋长乌古庭常川驻五，负指挥各师之责。敌人又为便于王逆英号召零散伪军计，大施怀柔政策，凡少校以上官佐，均发黄毛呢制服一套，其余官佐各发零用物品，并请前往包头宴会一次。敌人留部队百余人驻五原，并征集壮丁及警察数百人，组成伪绥西警备司令部，由水川任司令，负监督指挥伪军之责（五原克复时，敌军大部就歼）。司令部分为三科，第一科管警政，科长归池，第二科管案卷与作战计划，科长水清，第三科管司法，科长井上。

乙、政治——敌人于战争发动前，组织完备之特务机关（机关长桑原炮兵中佐，情报所所长古村，顾问大桥，除任情报及阴谋工作外，并附设粮货部，由大桥负责，专司原料之掠夺），随敌军进入五原，立即工作，于二月十八日迅速组织伪绥西自治委员会，王英任主任委员，五原由田逆金贵负责，临河由郝逆幼康负责，内分总务、建设两科，总务科又分庶务、财务、行政、烟务四股，建设科分为水利、交通、劝业三股，各科设科长，股设股长，股下设科员及雇员。又设水运公会（为利用汉奸担任情报工作之总组织）及回民公会（科用回民谋向西北各省施行阴谋）。伪自治委员会之任务，有五项：（一）为敌人麻醉民众，供给敌人粮食、燃料、蔬菜、肉类，及敌人所需之一切原料，并恢复工商业，以推广仇货；（二）征集苦工，为敌人构造工事，修建道路桥梁；（三）协助敌人办理统制工作；（四）扩大鸦片公卖及种植工作（按绥西已于二十六年禁种鸦片，贩卖、吸食亦将根绝，但自该会成立后，由包头运到大批烟土，及罂粟种子五十石，分发各乡播种）；（五）推行伪钞，破坏法币（五原敌特务机关规定：中国交通法币百元可兑蒙疆票七十元，中央票百元兑六十五元，农民票百元兑五十五元，违者处百元以上、千元以下之罚金，其情节重大者处以死刑）。

二　敌伪之企图与手段

敌人于去年春末，不惜重大牺牲占领绥西军略要地之安北。嗣后，或为敌人派队犯我，或为我军袭敌，在不断战争中，我军突攻包头，予敌重创，继而于本年春初，展开绥西大战，在三次争夺中，敌人终于失败。但是从我军第一次克复五原时，所击毙或俘获之敌方大批特务人员之口供及文件中（有桑原驻五特务机关长领导之三百余特工人员，其中曾受高深工作训练而又熟习绥远及内蒙情形者不少），显然表示敌人并非以据有绥远为满足，而兼有向西发展，以五原为实施阴谋之大本营，进一步伸毒手于甘、宁之意。若就敌伪为实施阴谋在归绥及包头之设施言，计有伪西北回民公会（归绥、包头为总会及分会所在地），伪西北商务护路督办公署（地址设于包头，督办姜逆文焕曾任马福祥将军之旅长），绥、包历次举行之宁甘青新贸易会议（去岁五月初，在绥、包先后开会），及伊克昭盟盟公署（敌伪所组织）等机关。此外尚有利用教会之事实，是以敌人之奸细遍布于西北各地。凡此仅为敌人进行阴谋之第一步，继而有去年六月在归绥训练回民，及在包头训练蒙古青年之举。据历次较大战役后，由敌区获得之消息及每次战役中获得之文件，均足证明敌人在如何利用蒙、回同胞，以为完成其阴谋所采之手段。

先就敌伪对伊克昭盟之活动言，兼施其利诱与威吓手段，一面以收买之蒙民或喇嘛到处活动，一面派遣能操蒙语且熟习伊盟情形之敌人前往各地工作，并有包头特务机关之人员，不时潜入伊盟活动。在去年迄今年春所造成之事实，先有杭锦旗之不肖军官率部潜逃赴包，继有郡王旗之某军官受骗走出，而于觉悟后重行返回，最后，即有达拉特旗之乃莫代与补隆卜彦为敌伪诱去。至于敌人归绥（敌人改称为厚和）联络部及伪蒙古联合自治政府派遣人员所作之活动，亦颇活跃。

再就敌人利用伪军之情形言，除原有伪蒙古联合自治政府之九师外，仍不断制造伪军。先有伪自治军于志谦所部三师共二千余，于大部分或瓦解或反正后，更想到绥远情形特殊，于是请出王逆英，予以伪自治联军总司令名义，集合陈逆秉义，常逆子义，邬逆青云等三部，同时敌人改变已往对待伪军之作法，用较优的物质条件，企图广招零散部队，并设法围困我刻苦抗敌之各部游击队，企图为所利用，以消灭敌伪在绥远所受之威胁。但此种阴谋未能收到成效，尤未能消灭敌人在绥远各地所受之威胁。

敌人在绥所用之手段，显为以利诱威胁，制造伪军，怀柔伊盟王公，以前者我消灭〔消灭我〕民间抗敌力量，以后者谋造成控制伊盟之野心。而敌人之最大愿望，厥为造成伊盟之潜在军事力量，企图以伊盟为进攻绥西军略据点，并欲利用伊盟之军事力量，作进一步之军事扩展。其目的非仅在绥西，尚有伸及宁夏之企图，且谋以伊盟力量，控制陕北，使不能策应绥境我军。此种轮廓日益显著，预料在再度展开之绥境大战中，将以伊盟为争夺中心，此实为关心绥局者不可勿〔忽〕视之着眼点（如敌伪封伊盟西北部临近黄河之柴磴，始终未放弃。此地属达拉特旗，为战前赴宁夏或甘、青之孔道，其形势之重要，亦如安北能直接威胁五原，间接屏障包头也）。观乎此，可以想像敌人之企图与手段矣。

三　绥西之现状

绥西地广人稀，土质肥沃，境内河渠纵横，南有黄河，北有阴山山脉之狼山，为可耕可牧之地，物产富饶，谋生较易。现为绥省军政根据地，范围之广，包括安北、五原、临河三县，其中以五原、临河、陕坝等处为人烟密积之区，又为军事、经济及政治重地，互为屏障，可守可攻。五原东距包头四百余华里，东有扒子补隆（属安北）为前卫，东南有西山咀，扼包五路之要隘，有乌拉山及黄河可用以构成战略重地，东北有乌加河环绕，河之左岸有乌不浪口子，及乌兰恼包可构筑工事，以拱卫乌加河，而抗拒来犯之敌。故五原在绥西全局上，为首要之地，如欲保有绥西，必先保有五原。就军事形势而言，其重要性已如此，若再就政治及经济方面而言，则其重要性尤甚。兹分别言之：

甲、政治方面——五原居民之众，为绥西各地之冠，尤以战事开始后，全省各县人民多逃亡来此，复以军政重心移此之故，机关激增，各地往来人士频繁，而前后防之军队调动，几无稍停，使昔日居绥西商业重要地位之五原更趋繁荣。同时因绥省境内各地皆有我军，其经常与五原之联系，随军政工作之日益发展而逐渐加强。尤以去岁以来，省府为加强对沦陷区之统治力量起见，派遣大批政治工作人员分赴各地工作，而此等人员之往返请命，胥以五原为息住之地，因此在抗战中之五原，俨若昔日之归绥。此地虽经敌寇加以残酷之破坏，然以事实上之需要，当局早经力图恢复，目下虽未全复旧观，然必需之房舍亦先后造成，而对沦陷区各地之联系，尤从未间断。且因受此次战役之教训，更逐渐规定确切办法，借以防止敌伪势力之开展，如各县县政力求有效推行，切实注意战时之民训工作，政府协助人民从事耕种，并请求中央拨款一百五十万元办理农村贷款及合作等工作，凡此皆较以前认真推行，务求切实有效。此外，关于训练人民适应战时生活，亦早针对此次所得之经验与所获之效果，加紧普遍推行于绥西各县。

乙、经济方面——此次敌人掠夺绥西之粮食及皮毛为数不巨，套换之法币亦属不多，此盖由于事前较有确实之准备。我方自击溃敌人后，除积极办理恢复工作外，对保存物力尤加注意，如教民如何储存粮食及皮毛，如何搬运必需之食物、用具，以备非常，皆有确实之办法。对于粮食及皮毛等物资早有妥善之措置，务使不落敌手，对于敌区运入之货物严格查禁，除不得已者外，一概不准其输入。至于金融之周转，生产之制运，亦注意于战争之转移。绥西除手工制造极简单之日用品外，仅有旧法制革厂（用烟鞣法，或硝鞣法）十余家，织毛厂十余家，所有出品仅供工厂所在地之用。今夏成立新法制革厂一所，限于设备，出品甚少。金融业方面，以平市官钱局为主，亦有中国银行办事处，今夏中央银行亦派人前往设办事处。因五原为前防重镇，在经济活动上，遭遇种种限制，未能适应需要，在放款及补助工商业方面，尤少活动。商业方面，仅供市面需要，谈不到发展，而最大宗之粮食，则除去供给军用外，间有临近地区来购，亦因顾及军事上之需要，已经统制。农产方面，主要者为粮食，惟经过敌人肆虐后，农具毁坏颇多，而畜力损伤尤巨，故本年农产品减量不少。除粮食外即为皮毛，近年虽无确实数字统计，但约略估计，羊毛产量约在五六十万斤左右，各种皮张不过廿万张。此种原料，虽未能制成工业品，可是既有中央派遣之取买人员，复有军事当局严格防止输往敌区之措施，则必能对地方经济增加活力，因此，绥西在战时，除遭受战事损失外，昔日之特产依然能保持原状，而民间生活尚不致因战争致趋于窘迫之一途。

前述政治与经济方面，虽偏重于五原，但临河及陕坝之情形大体上与五原相同。临河及陕坝皆位居绥省之西部，依今日情势比较，临河为绥西之粮食供给区，随抗战军事开展，绥西需要大宗粮食，因而使昔日占河套首位产粮区之临河，格外需要增产，且因距包头七百余里，又成为绥西之后防。在政治及经济方面，需要适合战时部署，故县政组织及工作方面略有变更：（一）由区动委会代替昔日之区，（二）县府之主要工作，亦着重于训练人民、组织人民，及增产粮食，使之适应战时需要，并就临河可能之负担，使能发挥较大功效。至于陕坝，因省政府移来，又有重要党政军机关，顿成全绥兴复攸关之地，在近一年来，渐向小型都市方向发展。且此地接近宁夏边境，对沟通西北各省极关重要，现在随军政工作之开展而机关日增，人口日多。总之，绥西之地理与物产，在平时为良好之经济发展区，在战时尤为理想之根据地。

四　绥南之现状

黄河天然划分绥省西南部为二区，河身曲折包围之地区内，称为伊克昭盟，在现在全绥形势上，自军政重心移来绥西后，可称此一区域为绥南部，境内除临近黄河一带为坦平地区外，余皆布满丘陵沟壑，间有坦平之高原或大盆地，亦多漫漫黄沙。其中有的可耕可牧，有的则甚少植物，故地形极为综错复杂，但物产方面，则有农、矿、畜产等兼备，有丰富之杂粮，有蕴藏之盐、碱、煤，有大群家畜，及大量皮毛、肉类，有沙漠湖沼内之鲜鱼。境内居民，虽以蒙民为主，实则汉人在数量上约五倍蒙民，其中仅东胜一县，即有汉人九万余，至于伊盟七旗中，几乎凡有人迹之处即有汉人，如将东胜县除外，则汉人与蒙人之比至少为四比一。伊盟在生产方面，几乎全赖汉人，凡农、牧、矿及营商等事业，除大量牧畜以蒙人为主外，余则完全为汉人经营。所产物品为陕北及晋西北所依赖，因此伊盟粮食之丰取与否，密切关系于陕北及晋西北一部之民食。在平时，伊盟除大量运出皮毛、盐碱外，尚有大宗胡麻子、麻子、甘草等输出，即在战时，虽输出地区改变，输出数量减少，但在经济上依然深刻影响于陕北。伊盟之汉蒙人民生活，除饮食与衣着不同外，居住一事几乎完全相同，蒙民相沿使用之蒙古包，现在已不可多见，而尤为外方人士诧异者，蒙民非但不每日只食肉食，即以牧畜为生之特色，亦由农牧兼营而逐渐改变为"农主牧副"之生活。至于饮食方面，亦迥异往昔，大部分之蒙民，亦以粮食为主，每日早晨为炒米（将糜子用火炒熟后，去糠即成）泡奶茶，大约为四分茶水，一分奶汁，不过配合极不一致（此处写出配合，重约数之意，仅为供读者了解蒙人并非完全饮乳），下午为面与米混食（麦面几乎绝无，此处所指之面为燕麦及荞麦面），而肉食竟日渐难得。如就蒙民之生活区分，享受最优者为王公及士官，次为牧畜多者，次为大召庙之喇嘛，再次为地主兼营商牧者，再次为自耕农兼营牧畜者，最次则为佃户、佣人牧畜者，及穷嘛喇。因此，在生活方面比较言之，则为汉人优于蒙人。

伊盟政治及军事，在逐渐改进中，自设立绥境蒙政会以来，逐渐形成领导机关，可以对全盟作一通盘之设计，采渐进方式以谋改进。若就现状而言，伊盟之基干政治组织为旗，执行□境内之一切措施，而以扎萨克为首恼〔脑〕，此种制度，谓为由满清相传之制度，或民国以来修改之制度均可，而在实质上，人民除为政府服役纳税，仅受小限度之保护外，别无密切之关联。唯旗与旗间则划分明显，绝不容相侵。至于王公之尊贵，则不减于满清时代。伊盟军力传说不一，但以全盟仅有之五六万人口，及军队历年仅有之训练以观，其特点为善骑射，能利用熟习之地形，此外无异于国内各地方之地方团队。伊盟教育，现正在逐渐推行中，各旗先后设立小学，去岁在扎萨克旗设一国立伊盟中学。现在伊盟既有最高权力机关统筹全局，复有居于此最高权力机关之上的指导机关，则对于改进伊盟，可望有所贡献。

五　敌我现势之分析

敌人显然蓄意夺取绥省之西南部，试观敌人最近之活动，最显著者有三：

（一）诱致零散部队投敌（在一、二已说明）。

（二）建立伊盟军政策动根据地并谋进而侵入宁夏。敌人于进攻绥西之前，即以优势兵力占领伊盟最有军事价值之柴磴。此地可联系杭锦旗、郡王旗、鄂托克旗、准格尔旗，极便于施展军政阴谋。故敌人派达拉特投伪之森盖常川驻守，分向各旗活动，同时敌人为贯彻阴谋，不惜派兵援助森逆，以图确保柴磴。由柴磴向西北行，约五百余里可抵五原，向南出罕太川，东南行二百里可达东胜县城，正南行四百里可抵扎萨克旗王府，西南行百里可达杭锦旗王府，而最关重要之路线，为由柴磴西南行六百里抵沃野，中经杭锦旗及鄂托克旗，在冬季时可通过汽车，至沃野后，渡过黄河，仅行六十余里可达宁夏省垣，因此，柴磴在军事上，关系綦重！

（三）建立进攻根据地。五原东南之安北，已于此次进攻绥西时发挥功效，因此敌人竟不惜于十分困难中，甚至被我军四面包围中，仍谋保守安北，可知敌人之用意，在于发动再度进攻，最少限度，亦在于防止我进击包头。如以安北与柴磴及大树湾合并观之，可以看出敌人进攻之轮廓矣。

敌人谋以包头为西犯最重要之根据地，及军需补充地，由大型飞机场、修械厂、制革织毛厂，并以包头为中心向我军防守地带兴建公路、铁道及造成黄河码头等之建设考察，益形暴露阴谋。同时在军队方面，收罗伪军，以节省军力，借助声势，且可免除窘于应付之苦。利用伪蒙军，使其在构筑之坚固据点上，为敌防守，而敌人正规部队，又可利用平绥路随时调动。基于上述种种，敌人极端重视于事前布置，绝不敢轻举妄动而冒然进犯也。

绥西南部之我军，逐渐增强实力，如此次大战时，绥南稍嫌力量不足，致为敌人所乘，故于战事结束后，立即将××军××师调往绥南前线，配合原有步兵×个团，骑兵×个支队，以增强战斗力。同时绥西方面，非特增加军力，即器械与训练方面亦有长足进步，而对于利用地形一途，尤为重视。黄河、乌加河、绥西各地之河渠，及乌拉山等皆在利用之中。对于构筑工事，更能接受此次教训，切实改良，使能发挥更大之功效。在军队之布置方面，针对敌人之企图，并根据革命战术原理，巧妙布置，此外更讲求如何发挥民众力量，贯彻空室清野之实效。同时我军事领袖于此次战后，深刻体会军队之指挥及联系，需要更大之灵活及密切，乃着重于调整部队，并严防汗〔汉〕奸活动，凡此皆为应付非常之所必需，早已在我负责长官之熟虑中。预料必有妥善之安排也。

六　敌人是否发动冬季战争

敌人今春大举进攻绥西之原因及路线如左：

甲、原因

（1）消除我绥西党政军根据地，并谋逐渐西犯。

（2）完成伪蒙古联合自治政府之范围，立即囊括伊克昭盟，以坐困陕北，并控制晋西北。

（3）掠夺河套丰富之粮食，及伊盟之盐碱、皮毛、药材等。

（4）肃清绥境我军，并造成强大之伪军，然后伸展阴谋于甘、宁、青各地，造成理想之新伪政权。

乙、路线

（1）一路由包头渡黄河，沿黄河南岸经伊盟达拉特旗及杭锦旗向西进，自五原东南之马七渡口过河，沿大道进攻五原。

（2）一路沿包五公路，经宿亥滩、西山咀、扒子补隆等处，直攻五原。

（3）一路由包头西北沿乌拉山背，经安北县城，出乌兰不浪口直取五原。

今距大战后已历七月有余，转瞬黄河结冰，又届利于敌人军事行动之期，吾人研究敌人有无再犯之可能时，应先考察敌人此次进攻时所据之原因是否消除，并进一步找寻其有无新野心。谨依作者观察所得略述于左：

甲、再犯绥西之可能性：

（1）前列进犯之原因完全存在。

（2）敌人认为可能实现对绥西之企图。

（3）敌人遭受英美封锁后对原料需要益形迫切。

（4）敌在七个月中之布置，较此次大战前更为完密，且阴谋之一部分已实现。

关于（1）项非常明显，如敌人最近在天津严禁皮毛输往欧洲，同时翼〔冀〕、察、晋、绥各地需要杂粮颇殷，而伪蒙古联合自治政府之活动，亦较前活跃。关于（2）、（4）两项亦为明显之事实，如五节所述，安北及柴磴两根据地，极便于用兵，再加之盘据柴磴之森盖，在七个月之时期中颇为活动，由于过去事实，可证明已实现其一部分之阴谋。此外，能影响敌人蠢动之事实，仅有我军在晋、冀二省复得巨大胜利，或敌人在国内发生问题。

兹更进而考察，倘敌人蠢动时，是否循故道或别辟他途。对此问题，可由五节中探讨之。

乙、敌人进犯之路线预测

（1）六（乙）之（1）、（3）两路仍有可能性；

（2）由柴磴经伊盟之杭锦旗、鄂托克旗至沃野，然后渡黄河，进袭宁夏，以切断绥、宁联络。

关于（1）无须赘述。至于（2）项，须视路线之是否太困难，我军是否能在此一段中严重打击敌人，及有无良好之根据地以为敌军作补充及联系等事实考察之：（一）路线虽有困难，但汽军可勉强通过，而途中虽无可资停留之大村落，然并不十分妨碍敌人行动；（二）我军当然可以步步设防予敌打击，但作战时之困难，或较敌人为多；（三）有柴磴可为敌人之根据地。除上述之外，沃野、宁夏仅一河之隔，敌人所以在今春未利用此路者，乃由于无事前之准备，且其时我军遍布于柴磴一带，今则情势全非。总之，依据前述，冬季将为多事之秋，绥西南之激战，恐将不免。

《西北论衡》（月刊）

西安西北论衡社

1940 年 8 卷 19、20 期合刊

（李红权　整理）

苦斗两年的绥省自卫军

高天　撰

在抗战前线极北端的绥远，大青山里苦斗着××自卫军。谁说风沙冰雪中不能作战，他们已经在这里战斗了两年；谁说没有外援的军队不能持久，他们就是始终以孤军姿态隔绝着外援；谁说文人在战争里无用，他们的干部都是为保乡卫国才投笔从戎。

敌人犯绥远，眼看着后套这丰富的粮库就要到手，但是大青山里的健儿们从侧背给他不断的威胁和打击，逼着敌人停止了正面进攻，直到现在，这期间，大青山、晋西北形成一对铁钳，把敌人紧紧困在阴山脚下，河套外边。

虽然"扫荡"、围攻连接而来，但他们凭着经验，凭着不屈的精神坚持着，每一次暴风雨似的"扫荡"过后，总是还留下无数敌尸在山谷间，而我们的自卫军屹然挺立，始终没有被撼动。

这一支不可撼动的队伍，是绥远不愿做奴隶的民众组成的，绥远××万同胞中，有××万人受过"国民兵"训练，他们都能打枪，而且都有一身好马术，地方自卫队、保安队、民团、警察，全是来自"国民兵"中间，敌人攻陷归绥前后，这些民众自卫武力纷纷起来保卫家乡，抗日热潮弥漫于绥远各地。当时，地方行政人员、党务人员、司法界、教育界、士绅，以及所有的知识青年，争先恐后的起来号召民众组织抗日队伍，协助国军作战，有的在沦陷区内被敌人的残暴行为所激愤，纠合乡人，起而反抗，这样组织的零星队伍，到处发展，有如星火燎原，飞速地蔓延扩大。

××先生，桃李遍省境，众望所归，在他的有力号召之下，团结运动很快便透过各个队伍，集中了×万多骑士的力量，组织成功现在的"绥远民众抗日自卫军"，在敌人面前，他们是无敌小钢精铸成的钢铁的整体。

"自卫军"成立，是在二十六年九月二十二日，那时，绥东告急，省垣震惊，而自卫军领袖们就在危难中担负起领导抗日武装的任务，他们都是毅然抛开优裕的生活，参加抗战。

绥垣陷落，自卫军开始建立根据地，牵制敌人，一部分进入大青山，在冰雪中游击，一部分活动于绥垣附近，使敌人不得安枕。

在八个月中，和敌人作战六十余次，小接触不可估计，声势浩大的活动在大青山上，最使敌人头痛，因此，被围攻的次数也就特别多。

去年夏天，又从绥中向绥东发展，一部挺进到丰镇一带，深入敌后游击，另外在和林、凉城，及沦陷已久的绥东，至此重新活跃起来，并向萨县和固阳等处活动，巩固大青山的外围。

各路同时出动游击，获得很可观的战果，蒋委员长、傅主席先后嘉奖，自卫军的集体力量，从此更大地发挥。

敌人为报复这一次打击，八月初，派遣久野村联队六百余人，携炮六门，由乌兰不浪村向大青山进攻。我自卫军仍用集体力量来对付。敌人久战不下，又以空军助战，我军避入山丛里去，给他一个彻底的坚壁清野。这样相持了一个多月，敌人虽然深入山中，但实际上是被困在里面。十月一日，敌人全部退出大青山，沿途烧毁了十一个村庄。

敌人和自卫军作战，每次都是失败，遂改变手段，驱使归绥、武川等县士绅入山接洽收编，几经往返，都被自卫军首领严词拒绝，敌人恼羞成怒，乃于十二月九日以久野村联队、厚宫旅团等三千余人，伪蒙军两师千余人，五路分进，围攻大青山。

艰苦的斗争开始了，十几天的战斗，敌人以乌兰不浪、后脑包为根据地，将山前各口附近的村庄占领，组织伪保甲自卫团，实行封锁。

这时，已经是冬天，自卫军在封锁中得不到一点接济，困难到了极点，可是战士们的无畏精神，终于通过难关，粉碎了敌人的大举扫荡。

今年一月中旬，自卫军出击平绥路上的察素齐、毕克齐等九个据点，同时克复。二月初，更远征绥东，一度克复卓资山、旗下营，给敌人很大的威胁。

二月中，敌伪计划对大青山长期围困，我则坚持长期抵抗，扩大春耕运动，食粮问题解决了，战士们勇气倍增，扩大民众组织，使敌伪政权发生动摇，伪军樊光谦、刘占元、刘福善、杨占山等部先后反正，自卫军的力量，在围攻中更加强大起来。

四月间，敌区交通总破坏，答覆敌人的封锁，各路同时出动，分段进行，将平绥铁路从丰镇到包头的铁路线，和绥中、绥东一直到察哈尔境内的十大汽车路，西至包头，南至丰镇、托县，北至百灵庙、红格尔图、十木台，东迄察境之嘉卜寺，全部交通网彻底破坏。四月十六日起，绥远在敌人统治下的铁路、公路、桥梁、电话，完全不通，绥、包各地秩序混乱，物价飞涨，蒙伪军各部纷纷接洽反正，敌人则大起恐慌。

敌酋岩田乘飞机赶到包头，决定再对大青山举行扫荡战，一面调兵攻击安北，一面派队掩护重整交通，和我军开始接触，但是一面修复，一面破坏，使敌人顾此失彼，手忙脚乱。总计平绥路绥包段，连续九天不能通车，绥丰段交通，断了十三天，各公路电话线，断绝将近一月。任务完成后，傅主席特发给巨款，以示奖励，并请上峰嘉奖。

敌人遭受这一次严重的打击以后，小林指挥官率汽车三百余辆，满载敌兵，向大青山开来。小林进驻武川指挥，进行"扫荡"。这次"扫荡"，敌人有充分的准备，可是延长了三个月之久，自卫军始终屹立山上。

这次敌人玩了许多花样，组织"游击队"、"夜袭队"、"爬山队"，入山活动，并派大批武装汉奸，搜捕各地抗日分子，以绝自卫军外援，但是终于被自卫军一一击破。同时，国军各部，分头出击，为大青山解围。敌人吃了几次大亏，不得不放弃"扫荡"计划。

自卫军至此重整军容，大青山根据地依然巩固，大青山以外的各路，也联系得更加密切了。

一部现在丰镇一带活动，丰镇远在敌后，补充接济，都是在战斗中自己解决，他们的苦况，只有实际参加过的人，才能真实体会到，然而，他们就在这样艰苦中，存在，战斗，而且在发展。

另一部在包头西南柴磴附近之黄沙岸上，不时向包头滩上的敌人袭击。去年四月，围攻柴磴、昭君坟，达拉特旗森盖逆部马子禧团长率部反正，将森盖逆部及敌军围困于大树湾村内达一月之久，并曾击落敌机一架，现在，他们决心保卫乡土，赶走敌人，而且，在平原上打游击，这工夫完全是战斗中锻炼出来的。

还有为×××先生直接领导起来的队伍，在大青山里苦斗了二年，他们有许多可歌可泣之事实及辉耀史册的新绩。

其中有个张××，原来在萨县做纸匠。萨县陷落的时候，他的妻子被敌兵奸污了，在盛怒之下，杀死敌兵，抢了敌人的机关枪，纠合一些不甘受压迫的民众起而自卫，由几十人发展到几百人。在自卫军中，他这部分最能作战，最勇敢。他曾两次负伤，但仍然不休息地不断战斗着，去年负伤在竹拉庆村，但他打死了敌人一个军官，今年七月在托县负伤时，还牺牲了一位和他一样勇敢的同志。去年六月他们击毙托县伪政府顾问日人神原，今年八月十七日夜，又俘获萨县伪府总指导官籐泽智澈。后来敌人曾派汉奸辗转向张接洽，以五万元及步枪五百支、手枪二十支为交换条件，要他放回籐泽。他的叔父被敌人扣押作质，但他毫不动摇，坚决地表示："叔父老了，死了也没有什么，我不能放走敌人！"

更有在大青山也有很光荣的战绩的某一部，固阳、凉城、陶林、旗下营、乌兰山、卓资山等重要据点，都曾被他们一度克复。武川县的民众和自卫军弟兄们打成一片，今春击破敌人的围攻，武川民众尽了很大的力量。去年春天，×××将军进驻武川，敌伪军分路来攻，自卫军协助×部与敌厚宫师〔旅〕团四个联队，血战六日夜，毙敌官兵七百余。

是去年八月间，有一支生力军队参加。他们的首领刘全山，是萨县纳太村的老农民。前年冬天，敌兵侵入村里，把他的儿媳、侄女、孙女全都奸污了。他用敌人的枪支打死了敌人，全村民众跟着他武装起来打游击，去年春天，发展到一千多人，编入×将军部下，纵横于绥、武、固、包、萨各地，后来改编为自卫军。这位老英雄的勇敢和××××〔齐〕名，×××抢了敌兵的机关枪，大家称他做"机关张"；刘全山起义于纳太村，所以大家称他做"纳太刘"。"机关张"、"纳太刘"是使敌人头痛的两个响亮的名字。"纳太刘"在自卫军里苦战了十几个月，队伍已牺牲大半，十月间，他带了几十个弟兄到麦达召夜摸敌营，不幸失败，被俘不屈。活动于和〔军〕林、清水河、凉城、归绥一带的又是另一部，去年十二月派骑兵三百余人，袭击归绥，二十一日夜冲入市内，出其不意地把汉奸大本营言记、复兰斋两商号捣毁，并在圪料街日妓馆内掳获敌驻大同特务机关长黑牧，及其他日人、日妓十余人。敌人不明虚实，大部分躲在营房里，有少数敌伪军出而抵抗，在大十字街、荣华池、南山堂附近巷战三小时，任务达成后，带着俘虏安全退出，只有一位排长负伤。那一次震碎了敌胆，归绥市上，紧张戒备了好几天，现在，转战于和林一带，不时地打击敌人。

还有今年二月才开始发动，为绥东、绥中保卫游击政权的武装，他们的首领，最明了敌情，特别致力于政治上的争取。

至于由固阳保安队改编的，现已逐渐扩充至千余人。敌人围攻大青山的时候，他们在固阳一带做到了最大的牵制作用，他们两次捣毁伪组织，受到傅主席的特别嘉奖。

绥远各地，布满着以大青山为中心的自卫军，到处打击敌人，一天也没有放松，就靠着外面一点很有限的接济，现在已开始度过第三个冬天。

冰雪覆满大青山的时候，保卫绥西的重大任务，又随着雪花，落在自卫军战士们的肩头上了。

《蒙藏月报》

南京蒙藏委员会

1940 年 11 卷 1 期

（李红权　整理）

绥西大捷与内蒙同胞之新使命

振珮　撰

溯自"九一八"事变发生，日寇既以暴力强占我东北三省，二十二年三月，复伸其兽蹄于热河全省及察哈尔之多伦。嗣为企图加速实现其所谓"并吞亚洲，征服世界"之迷梦，乃更肆其馋吻于察、绥地区。二十五年秋，竟在额济纳河旁之戈壁高岗上，辟一飞机场，屡有飞机在彼起落，并时有汽车队沿新绥公路经黑沙关来往于彼，且在岛兰爱里根擅设帐幕，高悬太阳旗于其上。凡此史迹，俱足证明日寇谋我察、绥之久，与夫"先灭内蒙，再亡中国"积虑之深。而自去年十二月，《日汪密约》揭穿，其灭亡我所谓"蒙疆地方"之居心，乃更昭然大白，故自抗战军兴，日寇即奋其全力争夺绥西，自前年侵占绥、包，今年进据五原，即声明决不放弃五原，并欲据此西犯，然亦终不自料其竟不堪我塞北健儿坚强铁拳之一击再击也。

五原为秦置之九原郡，汉武帝改称五原，濒五加河南岸，当包宁汽车路中枢，为晋、陕屏障，甘、宁门户，明杨一清所谓"据三面之险，当千里之蔽"者，军事必争之地也。重以河套，富于丰产，草地盛于畜牧，古有"黄河百害，惟富一套"之谚，五原城即濒河套区域内最腴美之后套，物产辐辏，蔚为商业重镇，益为日寇所垂涎。故自今年一月下旬，日寇即倾数万之众，窜犯五原，我军以巧妙周密之布署，待寇入已深，乃以疾风扫残叶之气势，向困踞五原残敌，猛烈围攻，当于三月二十二日将五原新旧两城，完全克复，造成我军在绥西第一次大捷。

敌经败创后，乃复倾巢反攻，至三月二十七日，敌我在五原近郊展开空前一幕最激烈战斗，敌奋困兽之势，反攻至猛，竟有一部窜进城内，但我塞北健儿，浴血冲杀，气贯长虹，转将敌之锐势摧破，我另一劲旅，同时完成断敌归路计划，至是我军益猛烈围歼，迄三月三十日，敌即全线崩溃，迨四月一日拂晚〔晓〕，五原城郊残敌，悉被歼灭，同日复将乌不浪口及乌镇两大锁钥克复，完成全面歼敌计划，而将绥境敌军主力，扑灭净尽，此为我军在绥西第二次大捷。

综观我军在绥西两次大捷，计作战五十七次，连续百五十日，以五原为敌我两方之所必争，故我所获之胜利，决非幸致，乃真能扑灭敌军主力，为彻底之胜利。吾人除对西绥〔绥西〕作战将士之忠勇果敢，谨致其最诚挚〔挚〕之敬意外，而于协助我将士作战之内蒙内胞，尤不能不致其最大之佩忱，盖内蒙同胞所抱忠勇爱国之精神，发而为英勇助战之行动，实为造成两次大捷之主要原因。自今以后，凡我内蒙同胞，更宜淬励奋发，以巩固绥西阵地为起点，进而规复热河、四盟、东北三省，以期扩大此番大捷之战果，完成我在北战场之伟大战斗任务、爰更申述三事，与我忠勇爱国之内蒙同胞共勉旃：

一、益坚抗战必胜之信心　第一，笔者以为此次绥西大捷，因五原之三失三得而终为我克复，躬与是役之内蒙同胞，当知汉奸中伤国军不能攻克名城之说，为完全荒谬无稽。反之，凡我所欲夺取之据点，虽为敌所欲坚决保守者，我必能把握有利战机，一举夺回。凡我所欲坚守之阵地，敌虽倾其全力窜犯，我亦必能予以坚强之打击，使敌不能越雷池一步，由五原之固守及乌镇、乌不浪口之攻克，已足充分证明。故今日敌所负嵎之据点，待我抉择有利之战机，随时均可克复。抗战必胜，失地必复，已为今日各战场将领以至士兵之所共信，我忠勇爱国之内蒙同胞，亦必能因此次大捷之启示，益坚其抗战必胜之信心也。

二、加强团结御侮之决心　其次，笔者以为此次绥西大捷，当益加强我内蒙同胞团结御侮之决心。往者日寇本"力小则易使，国小无邪心"之原则，假"独立"、"自治"之美名，诱骗我同胞受其利用，以遂其分化蚕食之狼子野心，我内蒙地区，竟亦有少数民族败类，甘心认贼作父为敌傀儡，观夫此次五原劫后惨景，全市房屋被毁一空，城乡民众，多遭屠戮，且有民夫百余人，被敌聚而焚毙，应憬然深晓往日敌之甜言美语，尽属诓骗，此种血与泪之仇恨，惟有加强团结，协同御侮，共下瓦解伪军及伪蒙政权之决心，粉碎敌伪分化之阴谋，始足共跻康乐。

三、立定薪胆自励之耐心　最后，笔者犹有不能已于言者，即此次因我内蒙同胞英勇助战，造成空前大捷，绥西战局因之稳固，西北战局亦转安定，忠烈之风，自足以垂青史。惟日寇西侵之企图未戢，来日之忧患方殷，故此次胜利，仅能认为我内蒙同胞对抗战军事贡献之开始，此后绥西各要塞地区之坚守，地方生产事业之改进，大青山及绥南袭敌军事力量之充实，绥东战地政治及抗敌活动之加强，日寇政治及军事进攻阴谋之击破，均为今后保持此次胜利之必要工作，而必有赖于我内蒙同胞，本其助战之精神，协力以赴。至未来之艰苦，或倍蓰于今日，尤望我内蒙同胞，更能立定茹苦含辛，薪胆自励之耐心，共同完成抗战建国之使命。

《蒙藏月报》

南京蒙藏委员会

1940 年 11 卷 4、5 期合刊

（丁冉　整理）

克复五原是凭得什么力量？

傅作义　讲演　　霍慕慈　笔记

今天是我们五原战役的一周年纪念。本来我们没有打算开这个纪念会，因为恐怕一部分人把这个纪念会认识错了，以为这是表示庆祝，表示夸耀；但实际上我们却衷心的要追念我们阵亡和死难的军民，要警惕我们现在所负的更重大的任务，由于这个原因，临时决定召开这个纪念会。同志们！我们英勇将士和忠义的民众，在军民合作、蒙汉一体、奋斗牺牲的精神之下，已经给我们创造了克复五原的光荣战绩，我们追念他们，哀悼他们；但同时，我们所负的任务，和我们的环境，更使我们要作万分的警惕！希望在这个纪念会上，各部门同志，把我们应该警惕的意义，带到每个角落去，使全体同志，感于我们责任的重大，情况的危急，而更加奋发努力，才算真正的纪念了克复五原的战役，继承了五原战役的精神。我现在简单的把我们应该警惕的意义，给大家作一说明。

同志们！你们知道，去年克复五原，是凭的什么力量呢？是"心"的力量，是全体将士、蒙汉同胞一致的"心"的力量。当时，我们的部队，是经过了无数次的连续战斗之后，官兵的减员是很大的，一师人还不足一团人，武器弹药，也极端困难，给养无着，服装破烂，卫生救护工作，不但没医药、器材，而且人员也不够支配，通讯、交通，也都不敷应用，反之，敌人的力量却非常雄厚，更是盘据五原，趾高气扬。在这样的情况之下，克复五原的胜利，决不是某一个人或某一部分的力量，而是全体蒙汉军民一致的"心"的力量，才求得了这样的胜利！一切的条件不好，只是外形的，惟其因为一切条件不好，我们的"心力"才格外的强大，如果只以外形来观察，我们这个仗是不应该打的，即打，也没有胜利的把握。但是我当时详细观察，深刻体验每个人的心理，每个同志的精神，都是抱定宁为玉碎、不为瓦全的决心，要与敌人作破釜沉舟的决斗。在民众方面，日寇的奸淫烧杀，在冰天雪地中流离失所，使他们在残酷的事实教训中，奋发了每个同胞与敌人抗争的热情，誓不与日寇共戴天。在军队方面，无数的战斗中，给养不足，风雪侵凌，在艰难困苦中，与其与敌人作压迫的小的战斗，不如作破釜沉舟的大攻击，蒙汉军民激越的情感的交流，形成了伟大的"心"的力量。这种伟大的心的力量，表现在战斗过程中的，就是英勇的冲杀，壮烈的牺牲，全营全连殉国的壮举。无组织的民众，自动杀敌，牺牲的、受伤的，都自安于心，愉快而无怨尤。军队之间，不论蒙汉，不论游击部队与正规部队，都能服从命令，协同一致。军民之间，不但自动的送子弹、作谍报，而且配合战斗了。由于蒙汉军民心力的高度发扬，由于诸种力量的完全配合，才能得到这个克复五原、歼灭敌人的光荣胜利！

同志们！我们今天的各种条件，较之过去是优良的多了，民众已经有了相当的训练，军队的数目已经加多，武器弹药，也有了新的补充，蒙汉团结更亲密了，军民合作更加强了，但是在这个情况之下，我体验、观察我们的力量，反而不如去年了。其基本原因，就是我们部分同志中，意识上有了错误的倾向：第一，在去年的时候，敌人对我们是直接的压迫，直接的威胁，因而我们愤慨，我们要与敌人决斗。但是到今天，一部分人就认为敌人对我们没有了直接的压迫，情绪上松懈下来，这是绝大的错误。我们的敌人，依然横阻在我们面前，千万同胞正在铁蹄下呻吟，敌人且正在沦陷区巩固伪政权，以战养战，企图作长治久安、永远盘据之计。敌人对我们的威胁，丝毫没有减少，敌人对我们的压迫，较之过去更加严重。同志们！我们的责任，确确实实重大，工作更艰巨了，我们如何能发生丝毫松懈与苟安的心理呢？第二，敌人真的不行了，国际上德、意不能有所助力，而英、美却积极制裁，国内则政党、军阀，自相内哄，国民经济，濒于绝境，确已到了崩溃的地步，一部分同志，看见这种情形，就认为日寇可以立刻自己崩溃，情绪松懈了，工作消灭了，只是等待着日寇的崩溃，等待着我们的胜利，这也是极大的错误！日本虽然濒于死亡了，但是大家要注意，"百足之虫，死而不僵"，他是三大侵略国之一，他有六十年的准备，他今天陷于半死的状态，是我们几年来英勇抗战，打的他成了这个样子，我们要他死，还得加倍努力，咬紧牙关，用拳头打死他，绝不能等着他自己死去。同志们！敌人不会自己死去的！敌人仍要拼命的挣扎，敌人也在力求进步。近两日来包头滩上的战斗，敌人飞机已经进步了，他也学习欧战的经验，俯冲到极低的低空投弹和扫射。我们绝对不能等着敌人退却，我们必须打的使敌人退却，将敌人打不走，敌人还是能进攻的，这个警惕，在今天是非常切要的！

上面所说两个错误意识具体的表现，就是生活上的享受倾向，骑个好马，穿些好一点的衣服，生活上尽可能的多找些舒服，虽然所能享受的，距离起码的生活标准，还差得很远，这谈不上什么享受，但是这种享受的意识是了不得的！在同志们中间，多多少少有这种享受倾向的存在和滋长，这就会使我们没有力量，防微杜渐，这是我们今天最应该警惕的！其次，在部队中间，多多少少有些骄傲的心理，认为敌人非常容易打，由于这种轻视敌人的心理，因而训练不力，努力不够，战斗力也就不强，这种有骄气的部队，一定不能打胜仗，这真是我们今天最大的危机。同志们！兵者，国之大事也，我们必须时时刻刻，战战兢兢，如临深渊，如历薄冰地小心谨慎的努力，还怕敌不过有六十年准备的日本强寇，如何能有丝毫的骄傲心理呢？哀兵必胜，骄兵必败，去年我们是哀兵，我们胜利了。今天，我们必须把这或多或少的骄傲心理，连根的铲除了，我们才能继续求得更大的胜利。否则，我们实在有极大的危险，这是我们不能不深刻警惕的。虽然近几日来包头滩上的战斗，官兵的精神都很旺盛，克复了几个小据点，但防微杜渐，警惕心是不能不有的！

同志们！我们往前进攻，就是敌企图死守的大据点，那里的民众，虽然激烈的盼望我们，但力量受了敌寇的阻碍，不能作有效的发挥，那里有敌人洋灰铁筋的工事，那里的交通、通讯，敌人更加便捷，我们要克复据点，收复失地，在精神上、技术上，必须有更大的努力，更大的发挥，才能克敌致果，求得胜利！所以，我们今天的纪念会，不是庆祝，不是夸耀，而是追念我们死难的军民，警惕将来的任务，要用加倍的努力，准备第三期的反攻战斗。将享受的意识、错误的心理，完全洗涤干净，精神更要旺盛，情绪更要奋发，技术更要精熟，军民更要合作，蒙汉更要亲密，要继承我们死难同志、同胞的精神，用更大的努力，来纪念他们，来争取更大的胜利！

　　　　　　　　　　　　　三十年三月二十一日　陕坝

《塞风》（半月刊）

陕西榆林塞风社

1941 年 13、14 期合刊

（朱宪　整理）

盟旗保安问题

作者不详

最近中枢任命陆军中将何绍南君为伊盟保安副长官，何君历任军、师、旅长，驻兵西北有年，主持中央振济委员会第六区，数放蒙赈，河套妇孺均爱之如慈母。此次荣膺新命，将易消极之振济为积极之保安，中央、地方同庆得人。何君定能早日视事，愉快工作。

伊盟保安长官即清制备兵〔兵备〕扎萨克之变名，例任蒙籍，故保安副长官为一新定之制度，在中枢此次任命之前，未曾有此。大抵一新制度之制定，有其必要的原因，自有其必要之任务。中枢自必以全力推行此制度，俾勿蹈层设机关、有名无实、因人设事之弊，地方亦应全力拥护此种制度，期其发挥效能，有补于国计与民生。

吾人关心伊盟全局，对此制度不能不注意其实行。保安长官公署经费原感不足，此次是否新有增加？组训七旗保安队问题，迟稽经年，未曾解决，是否将以新制度成立为契机，而求得圆满办法？深沙巨召为敌谍汉奸盘旋出没之区，有何新切防止计划？抗战已至第四年代，盟旗将领丁壮无不愿踊跃前驱，执戈卫国，但兵未尽其力，饷未尽其功，亦未容为谅，今后应如何抽调七旗健儿出发杀敌，尤为保安长官、副长官迫切第一之工作。此外如联络工作、宣传工作、军事教育工作，亦应乘新制初立之时机，为气象一新之筹划。凡此固须中枢主持于上，而地方各机构间密切联络，妥善筹商，亦属必要。幸大家珍视此新制度，勿为敌人所窃笑也。

保安长官沙克都尔扎布将军，以国府大员，边疆遗胄，驻节家乡，从容指挥，功绩昭于耳目。今又得何君为其副手，硕德与威望相依，大名与实力相辅，倘能精诚无间，彻底合作，知盟旗保安问题，光明即在眼前矣。

《边疆通信报》（周刊）

榆林边疆通信报社

1941 年 58 期

（李红权　整理）

滩上的战事

作者不详

去年十二月（农历十一月）下半月，盘据伊克昭盟大树湾的伪蒙古军第四师，柴磴的伪河西剿匪司令森盖及伪准格尔旗奇子祥部，包头西边公庙子的伪绥西联军王英逆部第二师邬青云、第三师常子义等数部，在小鬼子正规军二三百名驱使之下，由大树湾、柴磴两地分三路向我进犯，左翼攻我新民堡，中路攻我元宝湾，右翼攻我马七渡口。我军英勇抵抗，于上月底便将这些敌伪军打回老窝。今年一月一日、三日又分路来犯，也被我军打退。

这次小鬼逼令伪军来打伊克昭盟，主要的原因有四个：

第一，抢粮。去年滩上我军各部用兵垦方式，种了些田，收了若干粮食，可供今年全年之用，敌伪军所以来抢。

第二，捣空。在新×师×团奉令西开，×××军接防，新旧交接，布置来〔未〕妥的时候，他们前来投机取巧。

第三，试探我部。前年敌伪占领五原，据他们得的报告说是乌兰不浪口的我军某部并未抵抗，现在这部我军来接新×师的防，所以试探试探他们究竟是抵抗不抵抗。

第四，试探伪部。王英逆部业已分化，正待机反正。敌人担心伪军要在包头反正，才把他们推过河来，一面可结仇国军。

哪知道这次进犯，除了被他捣空一下之外，粮食是一点也没有抢去，只烧了我们一些马草。我前年守乌兰不浪口的某部原是认真地打了敌军一顿，才奉命后退，引小鬼进五原，给他们一个"口袋捉老鼠"。这一次力守新民堡，不让敌伪前进寸尺。敌人这回才知道任何一部分中国兵都是抗日的，并没有亲日的，再不会异想天开存心分化了罢？至于伪军，这一次仍是"向天平空放枪"，实行中国人不打中国人的主义，更让小鬼的心冷了半截。小鬼进犯滩上的企图可以说又完全失败了。

但是，敌人会再来的，伊克昭盟并没有到达太平的时候，大树湾和柴磴是两座大桥，桥在敌人的手上，他愿意什么时候来，就什么时候来。我们很盼望傅宜生、马子寅和诸位将军在今春黄河开冻之前，用政治、军事双管齐下的力量，肃清盘据伊盟的敌伪，把这两座大桥坚牢地握在我们的手中！

《边疆通信报》（周刊）

榆林边疆通信报社

1941 年 59 期

（李红权 整理）

向滩上作攻势

作者不详

上期本报刊载敌伪军进占新民堡，而断定东胜没有问题。果然在本报出版之后，又接到消息，我某有力部队兼夜增援，协助新民堡原驻守军，用雷霆万钧的力量，打击敌伪，于十三日收复新民堡、王爱召等要地。不但东胜没有问题，就是滩上也暂时平靖无事了。滩上平靖，蒙旗也就不感恐慌和威胁了。

这一次敌伪进犯，原因和五十九号本报社论所述大体上还是相同的。不过特别着重"抢粮"，而且企图"种烟"。原来包头粮食很是恐慌，五原的粮在我手中，丰镇的粮被伪蒙军垄断了，所谓绥、包两大粮库，都没有王英部分肥的余地，只有到滩上来抢的一法。其次王英逆部伪饷甚少，每一士兵摊不到一块钱，伪官也很穷困。他们打算占领滩上，种植鸦片，换下钱来补助军饷。

据我们所知，王英逆部粮、饷两事都没有根本解决办法，敌人没办法，他们自己也没有办法，所以今后滩上的防务的是一个值得注意的问题。黄河开冻以后，虽然交通上发生不便，敌伪的武装攻势当然是可以松缓一步了，但武装走私和政治攻势恐怕更要加紧罢。

我们的负责长官对于这些问题，早已研究清楚，对策方面自然也是计出万全，杞人不必忧，刍荛也不必献。但我们听到一位军事家的宝贵意见，愿意代为发表，以尽报道之责。他说："对于滩上，我们只有赶作攻势，无论军事的、政治的、经济的攻势，都要加紧进行。主要的还要这'特殊'地带有个带兵的大员来认真主持。最主要的是'快'。"

《边疆通信报》（周刊）

榆林边疆通信报社

1941 年 63 期

（朱宪　整理）

王英归来！

作者不详

本报出版的今天（农历二月十一日），正好是伟大的河套开垦英雄王同春先生的诞辰。俗话说"黄河百害，惟富一套"，这"富套"的伟大建设人，实是民族败类王英——你的生父同春先生呀！

经过三十年的努力，你的爸爸在荒凉的河套，鉴〔凿〕开十八道大渠，引进来黄河的水，润泽了这片平原，收容了晋、鲁的万千农民，筑成了西北的粮库，建起了五原、临河、陕坝三个县城。这中华民族伟大前辈的开边扩土之功，真是万古不朽的了！而你这不孝的王英，屡次引导敌人，向你先人不朽的光荣历史上撒黑灰，涂狗屎，王老先生地下有知，必定切齿愤恨，不以为子，这，你知道吗？

也正因为他开辟了河套，才给几十年后今天的抗日战争打下了基础，这广土，这众民，这渠道，这粮食，便是绥远半壁河山的保障，大西北门户的关键，进一步也是收复失地，尽歼倭寇的出发点。你的先人死了，但他留下抗日的遗产，你还要帮助敌人来抢夺河套吗？这等于亲日的汉奸贼子来打他自己的爸爸，这，你知道吗？

王英，听说你背地里也不是不知道有中央。记者到重庆去，亲耳听到×部长还把你称为"老朋友"。你的心想是没有死，你的旧长官正在关切着你。在你爸爸的生日，你口要问心，今日所为，对得起死的先人吗？对得起活的朋友吗？对得起你自己吗？

王英！归来！愿你今天是民族的败类，明天便是父子英雄！王英归来……

《边疆通信报》（周刊）

榆林边疆通信报社

1941 年 65 期

（李红权　整理）

章司令文轩"七七"讲演词

章文轩　讲演

各位同志：

中华民族神圣伟大的抗战，已历整整四年。在我们对日抗战进入第五个年代的今天，来纪念这个完成三民主义革命任务的实行日，这意义是够多么重大呀！

敌人原先的意思，是要三个月征服中国。但如今满了四年，敌人的"速战速决"的迷梦，"速和速结"的妄想，都被我全国军民英勇壮烈的战斗打得粉碎。我们坚决而持久的抗战，弄得敌国上下都焦躁的露出"结束中国事变"的呼声，显然是彷徨无策，悲哀惶恐的表现。无论就敌我情况或国际局势来观察，今天敌人确已到了困软衰竭的地步，而我们的最后胜利确已有了充分的把握。这全是我最高领袖蒋委员长领导着全体将士、全国因〔同〕胞、全党同志们艰苦奋斗、慷慨牺牲所造成的功绩。文轩追忆四年奋斗的经过，对于抗战中殉国殉职的先烈，以及前后方为国罹难的同胞们，谨代表全旗军民，首当致其无量的哀敬。

我们的抗战，是保卫国家独立的战争，是维护世界正义的战争。战端一起，我们的领袖以及中央政府率领着全国军民，早就下了最大的决心，必期贯彻始终，完成使命，任何艰苦，在所不辞，任何牺牲，在所不避。人人愿为三民主义而尽忠，人人乐为中华民族而效死。日暮途穷的敌阀，纵然还不自量的盲目的侵略，疯狂的滥炸，反而加强我们同仇敌忾的信念，使敌人本身，受到更大的打击。只要我全国军民，不论在前线，在后方，在沦陷区域，同心同德、万众一心的遵行既定国策，服从总裁命令，从四年来的斗争中，血的教训中，各自警惕，各自鞭策，□致精神奋斗，无问始终，矢志驱逐敌人于国门之外，则敌阀的彻底崩溃，指日可待，决为无可逃避的命运。

临此重要纪念日，文轩愿我全旗军民，把四年来悲壮的史绩，追忆一番，各人反省自身，是否无愧为这个时代的国民，总理、总裁的信徒，检讨过去，计划未来，对完成复兴民族，争取国家独立的革命战争，尽到如何程度的力量，才能争取最后的胜利？希望明年的今天，是我们庆祝抗战胜利，建国成功的纪念日。

《边疆通信报》（周刊）

榆林边疆通信报社

1941 年 87 期

（李红权　整理）

抗倭的火炬照耀阿拉庙

鄂旗纪念"七七"　预祝"抗战必胜"

作者不详

（本报鄂旗通讯）在全面战事展开，全世界风云险恶的今日——"七七"，鄂托克旗阿拉庙热血沸腾的各机关领袖，联合召开"七七"抗战建国四周年纪念大会。会场的布置，十分严肃，空气十分紧张，情绪十分热烈，这十足的表现鄂托克旗在章司令、韩参谋长的领导之下，正在为抗战建国努力着，真使我们太兴奋，太光荣了！

章司令麾下燃着三百多条火把

上午八时，在伊南游击司令部的大院中，站着行列整齐的三百多武装同志、学生以及各机关的全体员工。前面站着在该旗工作的一些代表人物。开会如仪后，主席章文轩即席报告开会意义，继由韩裕如、包玉玺、程杰、杨昌炎、于秉堃、田文祥、谭耀龙等用蒙汉语相继讲演，掀起抗敌的怒火，表达歼敌的决心。在这炎日蒸人的暑天，参加者的心情，都极是兴奋，毫无显出苦闷与疲倦的样子。

沙漠里的蒙胞有钱出钱

接着由旗党部田书记长文祥，宣读总裁为劝募战时公债告民众书，章司令并发表"有钱的尽自己的钱，来购公债；无钱的尽自己的力，去劝募公债"。当场收齐债额八六零元。计章文轩一百元，旺庆扎布五十元，韩裕如五十元。包玉玺、旺楚克司任、程汉三、章耀武、升吉秘图、齐景峰、尔肯巴雅、朝吉诺尔布、土明巴雅，以上各二十元。葛诚义、赵国雄、孟肯、可登开、色尔拉、图谷素巴雅尔、明根巴雅、乌巴、东朵、和什、那木思扎布、张清泉、吴金宝、章耀文、马富纲、巴代、各尔地、余为瑞、包凤鸣、暴拉巴兔、尔各东朵、孟克七劳、土孟地立各、尔计户兔、尔完大赖、阿力宾吉户、山吉亚、尔完敖且、巴宜尔、朝各巴亚、满斗各勒、散吉、任庆、土明、扎纳各尔的、素八的、包劳七劳、阿木拉吉拉各、纳孙卓克兔、尔计巴雅、巴德马道尔计、包劳巴代、阿立亚扎布、阿木格什、其力开木七劳、尔巴、朝□晤七拉、惹得那巴赞，以上各十元。

致电总裁

末由章司令等各机关领袖共同提议，以大会名义电总裁、朱长官、傅长官、马总司令、邓司令致敬，并通电讨汪，全场一致通过。在预祝抗战必胜，建国必成的高呼口号后，即很兴奋的宣布散会了。兹录电总裁如下（余电从略）：

总裁蒋钧鉴：抗战军兴，四逾寒暑，我前方将士在钧座统一指挥之下，本牺牲之决心，承既定之国策，忠勇奋发，持久抗战，经四年之奋斗，使敌寇进退维谷，疲于奔命。而在后方之全国同胞，仰承钧座诚精团结，自力更生之训，对抗战建国咸具必胜必成之信念，均尽最大之努力，兴邦制敌，已奠其基。本大会遥企勋勤，欣慰弥已，仰瞻崇阶，弥深感奋。谨电奉敬，伏乞垂训。（水、七、八）

《边疆通信报》（周刊）

榆林边疆通信报社

1941 年 87 期

（李红权　整理）

朱长官谈话

朱绥光　谈

（民革社讯）副指导长官朱绥光返榆对记者谈："本次蒙政会委员大会，提案虽似较少，但均系当前急务。尤以伊盟灾荒问题，为此次大会主要讨论题目。目前伊盟灾情十分严重，人民多以草籽为食。据伊盟保安长官公署调查，人民共约二十一万，急需振济者当在十万人左右，且需振济至来春，须历时五月之久，振济之食粮，需六万石之谱。各旗或可将旗下之牛、马、骆驼编组成运输队，以备自行运输粮食，或将伊盟之出产如盐、咸〔碱〕运往邻近粮区，换取食粮，□寓以工代振之意。故大会议决责成蒙政会振济委员会详拟具体方案，以便转请中央赈济。"其次谈及："伊盟政治设施，虽较前进步，究仍未达到抗战客观环境之需要。本人乃于会后召集蒙政会科长以上人员开会，当即订改正要点十六条，以资改进。"

《边疆通信报》（周刊）

榆林边疆通信报社

1941 年 101 期

（李红权　整理）

保甲训练所办法拟定呈署核转

第一期各旗保送五十名　开办费九千经常费七千

儒　撰

（本报特讯）整理保甲为建立地方自治、自卫、自给之基础，对于推行政令，关系尤巨。伊盟蒙旗组织，仍沿清制，纯为军事系统，与现行保甲制精神、形式均不相同。除达旗有"队"及准旗有"达尔古"，略师保甲原义外，各旗一仍旧贯。今年春季，蒙政会七届大会，经委员天禄、胡委员凤山提请《训练各旗保甲人材案》，业经通过，决议由该会民治处拟具详细办法，呈请指署，转请中央拨款办理。此在蒙旗，实为一大进步。据本报所得消息，关于训练办法，业经该会民治处拟妥，在会内开设"保甲训练所"，第一期招收五十名，责成每旗送学员五名，年龄在二十五岁以上、三十五岁以下（原任保甲长者，年龄不限），毕业期间为六个月，所有宿膳、服装、书籍等均由所供给。学员毕业后，仍分发各旗，委以联保主任、保甲长等职，根据保甲法规，编查户口、推行政令。第一班毕业后，尚有续办必要时，再行续招。开办费概算为九千五百元，经常费每月七千五百四十九元。上项办法，业于上月二十日上午呈文指署核转云。

《边疆通信报》（周刊）

榆林边疆通信报社

1941 年 104 期

（丁冉　整理）

保卫伊克昭盟

黎圣伦　撰

察、绥沦陷后，内蒙各盟旗，在一般所称的"东四盟、西二盟"中，仅有伊克昭盟尚保持完整。抗战四年，伊盟始终屹立在北战场最前线，负着"安定盟旗、保障西北"的任务。因此我们可以说，今日之伊盟，不啻内蒙之堪察加，它是内蒙抗战的基石。

从军事上说，伊克昭盟居河套之内，北接绥、包，南连晋、陕，西通甘、青、宁。所以，伊盟的安危，关系于整个西北很大。伊盟巩固，可以出击绥、包，可以保障陕北、晋西北和一条甘宁大道的安全。相反的，那这塞上半壁，要整个失去辅车相依之势，唇已亡，齿必寒。今日抗战，绥蒙是最北一个战场，而这个战场战事的重心，便在伊克昭盟。包头、五原一带，在地理上讲，也是伊克昭盟的一部。故今日之伊盟，实际要担负起我们西北国防最前卫的任务。

在政治上讲，绥、包弃守后，它已变为内蒙施政的重心，一切党政军学、文化机关等，都撤退到伊盟内来活动。虽然外缘力量的压迫，已经到达察、绥和黑、热，但伊盟依然是动员这些抗战力量的总枢纽。

就经济而论，伊盟处河套之内，沿河一带，土地肥沃，适于种植，偏内各旗，更属蕴藏丰富。我们不要仅就地图上看，以为画〔尽〕是沙漠一片，其实这里包含着广大的资源。作者曾亲到伊盟腹部，这里沿河各地，盛产甘草、柴胡、枸杞和谷类杂粮。产量最大的是山药，且它可以充饥，又可以制造酒精。东胜一带，最上等的无烟白煤，俯拾即是。杭、鄂两旗，盛产盐碱，天然盐池极多。动物有羊、马、牛、骆驼等。而沙漠中的石英，又是制造玻璃的主要原料。这些都与国防资源，有极大关系。

就军事、政治、经济三方面来看，伊盟是很重要的。但我们应怎样去发挥伊盟的潜藏力呢？

我认为，第一，要集中伊盟的力量。今日在伊盟树立的机关，不为不多，工作人员，不为不多，但大部分是各自为政，缺少横的联系。这一点，在整个抗战立场说，是一种浪费，也是一种危机。所以今日之中枢当局，必定要对这个现象加以调整。因此作者有一个坦白直率的建议，就是今日在伊盟的各机关，不妨组织一个联合办公厅，工作分开做，力量集中用。这样，效率必能提高，作用必能增大，保卫伊盟，才真正有一个中心力量。

第二，要加强王公的领导作用。今日的王公，对盟旗一切，依然有绝大的决定作用。所以今日的蒙古抗战，仍属需要他们来领导，其他人员皆居于辅佐协助的地位。因此每一位王公，必定要妥求他能有所作为，对于每一个运动，每一件工作，都能够实际出来主持。因此作者又有一个坦白直率的意见，就是希望此时中央能选派大员驻在伊盟，协同王公，领导各部门工作的推动，而且有一批良好的干部，能切实把各部门的责任分担起来。否则，空是计划议论，实无济于事的。

第三，要调整军事上的配备。伊盟各旗原有的武装和今日驻在伊盟的部队，为数很多。以一般的估计而论，它的力量，不惟足以保障伊盟，而且足以出击绥、包。但这里有几点还值得各方面努力的：一是要改进伊盟的武力装备。二是要提高伊盟的军队素质。三是要树立优良的军风纪，取得民众的密切合作。但是对于部队的训练，须要有一致的步骤。原则上是，既然在同一的战场，自然大家要贯彻同一的作战计划，任务虽分开，而目标要集中。单纯一个部队的努力是不能担当多方面的任务的。至如参谋、谍报人员的联络，交通、卫生的配备，也十分要紧，而且都需要通盘的计划。希望驻在伊盟的部队和上级的指挥长官，能切实做到这几点。

第四，要动员蒙胞及其青年。抗战的基本力量，是建筑在民众上面的。蒙古同胞，过去因种种条件的限制，受教育机会较少，知识水准较低。所以要动员蒙胞，比较其他地方，也需要有更大的努力。最主要在培植他们的抗日意识，坚定他们的抗日信念。而第一步，便先要从发展教育入手。发展教育，便先要以广大的青年作为对象。一是在盟内开办学校，一是招致盟内青年，往内地求学。

其次，还要展开大规模的文字、图画、口头、戏剧等各种宣传，以收社会教育的效果。同时还要运用严密的组织，但蒙旗的社会机构、政治机构和内地不同，而且是基于一种历史的传统，我们不能通过他这种机构，组织不会发生作用，这是一个特殊的地方。王公制度，有人说是推动蒙政的障碍，但事实上今日欲脱离王公，而谈蒙政，也绝对不易。不过我们所希望的，是当前的蒙旗抗日阵容，应该包括着王公和蒙胞的全体，彼此不要脱节，才能收到实效。

第五，要开发资源。伊盟内部虽然包含着广大的一片沙漠，但蕴藏依然不少。其中像杭锦、乌审等旗的畜产，郡王、准噶尔等旗的农产，以及东胜一带之煤，杭、鄂两旗的盐碱，产量都很丰。当前所急切要做到的，一方面在防止资敌物品的外输，一方面在增加生活必须品的内运，这两种工作都能做到普遍而彻底，才算尽到了战时经济上的任务。

《国防周报》

桂林国防周报社

1941 年 1 卷 5 期

（萨茹拉　整理）

抗战中的蒙古

方 焕 撰

蒙古地处边陲，国人因之对于蒙古情形，不是不知，就是漠视。蒙古是中国土地的一份，蒙古民族是中华民族的一个元素，蒙古与中国的存亡关系，至为密切。无论在历史上、地理上，以及风俗习惯上，尤其以政治、经济的观点来看，蒙古皆无法与本国分离的。

蒙古分为内外二部。外蒙擅自成立政府以后，对于中央政府的关系，已无形中断。内蒙古主要部分，已改建为省。不过固有的组织和内地不同，实行以军治民的盟、部、旗制。盟政府直属行政院，设盟长、副盟长。下分总务、政务二处，各有处长和佐理人员。另有盟民代表会议，由旗民代表会议推选代表组织之。部和盟的组织相同，一切均适用盟约的规定。多教〔数〕的部，是在外蒙古。旗有三种。特别旗直属行政院，地位和盟相等。部属总管制的旗，直属现在所属部的〔的部〕。盟属旗，直属现在所属的盟。三种旗的构成和组织，没有区别。旗政府由扎萨克综理旗务，并设旗务会议，由扎萨克主席，旗务委员出席。另设旗民代表会议，由旗内各推代表一人组织之。嗣于廿二年九月中央政治会议，通过《内蒙自治办法》原则八项，内蒙可在适宜地点设立内蒙地方政务委员会委员长和委员，直隶于行政院。可是内蒙闹自治问题，完全是假的，实在受日本帝国主义的欺骗，中其企图分化中国，并吞蒙古的阴谋。

我们再看蒙古疆域，在九一八事变前，有一百〇二万四千余方里，蒙古同胞有二百八十万人。可是自从日本帝国主义侵入蒙古以来，蒙古的地域，日渐缩小了。除外蒙古未被侵入，尚保有原来的土地、人口外，现在蒙古六盟四十九旗（呼伦贝尔部，察哈尔部，宁夏二旗，青海二盟四部，及新疆一部未计），人口约一百三十余万，已有五盟四十二旗，被日寇占领。仅剩伊克明〔昭〕盟七旗的十万左右蒙古同胞。不过日寇虽然侵入"西蒙"，利用三两无耻的蒙古王公扮演傀儡，可是深明大义的蒙古同胞，都已醒觉了。抗日的怒吼，在暴发着。如伊克昭盟盟长沙克都尔扎希〔布〕，自始至终，都在祖国的怀抱中，不为敌寇所胁迫。归化大〔土〕默特旗总管荣祥，当敌人占领绥、包，蒙情汹涌之际，他毅然抛弃子女、家产，携着绥境蒙政会印信，出走伊盟扎萨克旗，首先表了蒙古王公对日寇的反抗，不甘在敌人翼卵下偷生苟安。乌兰察布盟东公旗福晋巴云英（扎萨克的夫人），当敌人侵犯旗境，便率部起而杀敌。乌兰察布盟西公旗福晋奇倚〔俊〕峰抗敌，尤为坚决，敌人虽进占了王府，她仍能抗敌不屈，深夜计脱寇手。现在她已是西公旗的护理扎萨克，为蒙古史上第一位女王。蒙古青年白海风旗长率领的蒙旗独立旅，曾英勇参加过绥东、绥远、包头诸战役，且建奇勋。伊克昭盟达拉特旗保安司令马锡及韩宇春的率部反正。最近西蒙抗日游击军也组织起来。蒙古抗日的烽火燃烧着，进行实际打击敌人，不但是粉碎敌人的阴谋而已；同时也要扑杀认贼作父的无耻蒙古王公，来收复蒙古已失的土地，发扬蒙古太祖成吉思汗的精神。

《政治月刊》

浙江省军管区政治部特别党部

1941 年 2 卷 1 期

（李红权　整理）

奇俊峰离旗抗日经过
——录自奇对中央之报告

奇俊峰　撰

慨自岛夷入寇，中原鼎沸，乌盟各旗，相继沦陷。窃以国难日亟，非团结不足以御侮，尤非在最高统帅委员长蒋领导指挥之下，集中意志，激发忠良，不足以达成抗战必胜、建国必成之最后目的。职虽驽钝，目击时艰，红玉、木兰，窃慕其人，故自战幕初启，即殷殷以拥护中央、矢志杀敌为全旗军官告，兢兢以自励。良以本旗自二十四、五两年，汉奸额宝斋，依附德王倡乱以来，党派纷歧，群思不轨，际兹大敌当前，深以堕敌分化阴谋为虑，故寇焰及于绥远，祸迫眉睫，从谆谆以"非我种族，其心必异，币重言甘诱我仇"之古训，反复劝喻，期以坚定其意志，共赋同仇，舌敝唇焦，声嘶力竭，但求有利乎邦家，遑计个人之夷险。盖自先夫石王逝世后，秉承遗志，与通敌祸国之额宝斋余党，继续奋斗，固早已置母子生命于度外矣。为与敌〔国〕军联络夹击敌寇计，当派代表赴绥，请谒当局，讵料行至中途，而敌骑已越包头而西，纵横于本旗境内之蓿荄滩一带焉。国军骑六军，则转进五原，扼守西山咀，与贼军李根车部相接触，伏击情势已迫，杀敌报国，此正其时。方拟集议兴师，共张挞伐，乃东协理萨格都尔扎布、西协理色令报（郝子扬）等，竟不出所料，认贼作父，与久叛中央通缉有案之额宝斋，相互勾结，屈膝伪庭，引狼入室，盘据旗境。色令报获充伪游击第三支队长，由是改编部队，劫夺印信，征丁勒款，任所欲为，继迫职赴包，威诱百出，计不得售，易以监视，用心之毒，甚于蛇蝎，虑之已熟，成功成仁，早具决心。同流之谋，既峻拒于再三，衔恨之深，愈腐心而次〔蚀〕骨，欲去之心，如眼中钉。当此之时，职之不死，盖其间不能容发。

先是，当萨格都尔扎布诸逆，改编本旗部队时，其中良心未泯、具有国家观念者，颇不乏人，咸以今后向背相问询，职当一一嘱其暗投抗日阵营，期以后会，勿以职为念。迄今绥西各游击支队，莫不有本旗官兵继续抗战者，皆当时伪称哗变者也。职以处此群丑环伺之下，生命危险，随时可能，但头可断而志不可屈，纵死亦必使生前一切及王府全部，同归于尽，使敌贼不惟一无所得，而且一无所有。因将各室满储烧柴，汽车两部，则暗置汽油，以待万一，而便于一炬。惜后以突围仓卒，未便实施，至今思之，有余恨焉。时门军长警备绥西，烽火乍临，人心浮动，杂军勃兴，秩序失常，幸赖门军长安抚调整，不匝月而人心大定。职得悉之余，遂派代表往谒，愿集部来套，待命杀敌，不料议初定而事泄，代表郑得功被捕，鞭笞之惨，几濒于死。伪九师立派团长白某，包围王府，罪以通敌，深夜强令赴包，剑拔弩张，意欲置之于死，经职从容应付，白某怒释，扬长而去，山口各路，则加派守兵，以窥动静。回忆事变数月，所以隐忍苟活，而不辞一切艰险者，原冀合力御辱，以报中央优遇蒙旗之德意，兼以竟先夫石王靖逆攘夷之遗志，卒以德薄能鲜，谋而无成，乃不得不改途易辙，亟图后效。夜半偕母负子率从者数人，问〔间〕道出走，哨兵闻足迹声，鸣枪示威，一时枪声大作，且战且行，穹苍有灵，幸免于难。时二十七年二月二十四日也。越岭超巅，膝行五日，抵安北我军防地，门军长已饬当地驻军，妥予迎送。至是山内部队闻讯归者，八十余人，由团长郑明玺率驻前方（郑已故，现任团长郑得功)。职则到五谒门军长，请示一切，虎口余生，备承抚慰。旋奉电委以绥远西公旗保安司令，继复奉委员长暨主席林先后委为乌拉特前旗防守司令、乌拉特前旗扎萨克。猥以庸愚，何以克当，顾自分必死之身，得延残喘，复邀国家旷代异数之隆遇，敢不奋励，今后有生之年，皆报国之日，死于外犹愈于床也，一息尚存，此志弗渝。

《时代精神》(月刊)

重庆时代精神月刊社

1941 年 3 卷 6 期

(李红权　整理)

永远胜利的绥西

白春鸿　撰

假如说"中条山是敌人的盲肠"，那末，绥远的后套，简直就是倭寇的脑门疔，致命的打击，一定就在这儿的。

一个多月前，敌人增兵包头、安北，接着就是河渠封冻，善于打算盘的商人，和惜命如金的财主，早已不自知的惴惴起来了。废历二十八日，敌伪渡河袭击我们的某部，在敌人是"攻势的防御"，在我们是"缩手的蹦〔崩〕拳"，结果两下里都没有使出全力，绥西前线又告平静无事了。然而上面所说的商人和财主，都因之浮动起来，要说他们是有意的摇撼人心，防〔妨〕碍抗战，这自然也有几分冤枉，可是老百姓尽量的向后方移徙，这不能不说是反而于我们有利的，利在什么地方？就是闪出战场来，好叫我们蓄锐一年的健儿，痛快的一显身手！

我想大后方的同胞，也许会想到我们去年一百零四天的苦战，才把敌人赶出后套去的惨烈经历，而担心着历史的重演，或者希望我们再来一个那末伟大的胜利吧。这么？……这么前者我敢说绝不可能，后者倒还有相当的把握，也就是我今天要向后方同胞寄语的七个字："永远胜利的绥西"。

一　去年和今年

俗话说得好："去年的日历，今年是看不得的。"引句西洋人的话，就是"历史没有相同的第二日"。我们分析去年日寇之所以敢于进犯绥西，实在有他两个最大的原因：

第一，我们为了配合冬季攻势，曾经突击过一次包、萨，敌人以为我们是疲弊了，所以才敢于倾巢西犯。

第二，山西的新军叛乱，使敌人抽出了大部分的兵力。

基于以上两个原因，就知道去年敌人的倾巢西犯，一则是机会凑巧，二则也是企图侥幸一掷。可是今年如何呢，我们整调了一年来的劲旅，现在正磨拳擦掌的想找敌人来一拼，山西方面，乃至各个战区，正在加紧的打击敌人。敌人从南宁撤退，无耻的向国际宣称，说是要希图南进，中国的认识不清，仍含汉奸、恐日病者，也不自知的这样附和着，不啻替敌人当了喉舌。其实，我们时时为敌人周旋的才真知道敌人的力量，撤退就是失败罢了，哪里是什么南进不南进。老实说，敌人的困苦彷徨，实在比我们更加一倍二倍乃至十倍百倍。后方的同胞们，我愿给你举一个最近的例子，以下是我们刚从沦区里逃回来的朋友的谈话，这朋友是我们派到沦区里的工作同志，他被敌人发觉了真实的凭据，自以为是准杀无疑了，想不到曾受到汉奸××的庇护，居然与身兼八要职的敌首儿玉，畅谈六小时后被释归来，这个朋友的谈话要点，约为几点来说。

一、敌人实实在在是希望和平，在六小时的谈话当中，他——儿玉——不仅是爱说和平，而且更爱听和平，而〔不〕过他所说的和平，仍是欺辱中国，如汉奸汪精卫之流所说的和平是也。有一点值得注意，他明知汪精卫的无力，不足以言和平，又明知中国的日益强大，非战胜决无和平之可言，然而他整个面见的日本人，始终在这个矛盾中苦恼，始终要想用煮沸了的毒水来浇出一盆美丽的和平之花束，说句老实话，可气亦可怜也。

二、我们优待俘虏的政策，不就是让日本人真真了解中国人的政策，的确收到了很大的效果。当儿玉谈到去年失落在绥西的日本兵，统统在中国服务这一点，他更一联串的举出了各战区优待俘虏的情形，以及俘虏转变过来帮助打击日阀的事实，这位地位不低的敌酋，当时的面部表情，也真有些"那个"，美、丑、恨、慎〔嗔〕，一箍脑儿在他的面上□遇，我相信这不仅是儿玉个人内心表白，也是所有〈日〉本军阀的苦情。

三、他们实在是畏惧国军得很，即如"胡搅一气"的八路军来说，他们也感得头疼，至于敌寇近来所夸的"流窜战术"那真是日暮穷途，倒行逆施的最后一计，除了兽性的发泄，哪儿会有成功的希望呢？我们只要好好运用最高统帅的"磁铁战术"、"向心运动"，这狼奔豕突的倭寇，终久是逃不了歼围的。

四、现时敌寇豢养的一群汉奸，说来这些人，也真够无耻的了，然而荆棘里往往也会茁出芝兰，其中尚屈隐着不少的爱国志士。近来敌人对于伪军，总是那末的听其自生自灭，要用得着他的时候，就给他一点械弹，赶到前方去当炮灰，至于平时的教育纪律，简直是不加闻问。敌人唆使蒙伪军糟踏老百姓太过分了的时候，反而得意的解嘲说："你们中国人糟踏中国人，皇军要不来推行仁义，中国人还能够活得下去吗？"真是放他娘的狗臭屁，为什么兽军未到，没有见得中国人糟踏中国人呢？关于这点，我们应当有两方面重要的认识：

第一、中国人毕竟还是中国人，日寇对伪军的不闻不问，就是他失掉了利用中国人的信心，换句话说，就是敌寇自己否决他自己"以华制华"的毒计。

第二、敌寇敷衍伪军，正好比无聊莫〔嫫〕母在那儿服砒霜来美容，一时的神□焕发，总逃不脱终久的毒发身死。至于他所豢养的一些伪逆，老实说来，真算是不勘〔堪〕一击，去年敌寇自己的供称："打骑×师，三个换不了一个，打×××军，两个换一个。"要是我们把这个话翻过去说：国军对真正的日本人，尚且一个换三个，无能的伪逆，真不啻劲风之扫残叶了。

根据以上的种种，就可知道，今年不似去年，敌伪恐慌的唱出几句凄苦的谣谚，我不妨把它来寄在下面：

"养一年，成了虎，再一年，便成豹，摸摸我们的脑袋，要也不要？"

二　目前的敌我态势

"塘沽寇军登陆二师团，企图不明"，这个消息的传来，使得北战场最前线的绥西，将要如何的警觉与兴奋，接着河渠封冻了，苦练一年来的老总们，谁不磨拳擦掌的想杀鬼子？敌人我们也并不敢就把他看着那样的呆鸟，防备我们比去年突击包、萨更厉害的打击，那也是意料中事，所以，包头增兵了，安北也增兵了，试问他一共增了多少？包头汽车百余辆，时时到蓿荄滩一带来游弋，安北汽车百来辆，蜷伏着甚至不敢出城门，至于兽兵多少，两边不到一千人，这样还堪我们的一击吗！

不过，话又得说回来，我们决不敢轻敌，我们决不敢违背最高统帅的意旨和战略，我们时时都在精练国军，时时都在准备打击敌人，绥西是敌寇的脑门疔，我们就想在这里一下子致敌人于死命。

绥西的地势，本来就像一个弓形，黄河是弦，阴山、狼山是背，中间包孕着几百里的沃地，敌伪包围绥西的态势，仍是一为往昔。在西山嘴一带的是王英、邬青云，在后山的是白凤翔，自从黄河封冻，邬部渡河觅合〔食〕，在王芳营子与我骑×师略有接触，可是我们还没有伸开胳膊，他就掳掠了一些牲畜慌乱以去了。最近敌伪总算有一部分人残留在河西（其实是黄河的南岸，不知为了什么，当地人民总是叫它是河西），完成了他去年进攻后套时的态势。

再说我方的部署——此关军事机密，不便详说，但我敢坦率的告诉后方同胞，去年我们造成绥西大捷的健儿，一个也没有离开后套，而且还增加了××师、××师、××机械化兵团，新添的战友××万，补充的武器若干×，都是的的确确的。前些日子×副长官有一篇演词，我摘抄一段在下面：

"……我们第八战区伊盟河沿部队，距归绥只有一百多里，距包头仅仅几十里，可以直接打入敌人的心脏，给敌人以最大的威胁，我们的部队，任何时候都可以在归绥城郊打几枪，任何时候都可以到包头城外打几枪，敌人莫有丝毫方法可以制止……。"

上面这一段话，绝不是安定民心的故作豪语，要以我们身临前线的个中人来看，这也只是拈出我们实力的一部分，来证明敌寇西犯之无力，假如允许我再带一点事实的话，那末敌后的高台梁，更可以作为有力的明证。

敌人侵占安北（小余太）县已经有一年半了，可是安北东边的高台梁（距固阳只有几十里），这个据点却始终紧紧的掌握在我们的手里，我们可以随时送给养，也可以随时送子弹，更可以随时换防。可是敌人也正可以随时来"扫荡"我们，我们亦随时和他打周旋，随时给他以奇袭。去年十二月之初，敌人不知是多少次的"扫荡高台梁"了，我们和他东旋西转，有一天我们实在转不过来了，当然按照老规矩，就是与敌寇以打击，结果，我们阵亡三人，负伤八人，打死兽兵五十四个，这所谓若干次的"扫荡高台梁"又算告了一个段落。

至于其他□□□这一类的故事多得很，再引×副长官的几句话来作这一段文章的结束：

"去年冬季我曾告诉大家，我虽然没有把握不让敌人来，但是我有把握使敌人不能在后套盘据，现在我还可以告诉大家：我虽然不能阻止敌人不进来，但是我绝对要使多数的敌人不能活着回去。"

三　急切要解决的两个问题

现在要急切解决的两个问题，关于目前的，是如何整训前些日子反正过来的伪军，以及一些杂牌军，至于解冻以后，那就是如何扩大春耕，庶不辜负天给我们的胜利之基了。先〈说〉整训反正伪军以及一些杂牌军队的问题。

说来惭愧，后套几十万的大军，也曾创造过光荣的战绩，然而细细的考察一下所谓调整师者，也不过×××师和骑×师，其余不是新编，就是暂编，乃至于连"新"连"暂"都说不上的一些杂牌队伍。他们的素质，大多数都是些农民，而为之长者，不是士绅，就是知识青年，或者是绿林魁杰。这些人，有天赋不愿意作亡国奴的善性，同时，亦因生长在文化落后的塞外，具有一些文化落后民族的劣根性，又因不习军旅，而居然手握军权，各种各样的矛盾现象，使得人民蹙额，当局棘手，"民族英雄"耶？"人民蠹害"耶？连他们自己也不敢下一个断定。

最近一月以来，几乎天天都听着这些杂牌队伍的叛变，严格说来，当然不能不说对于我们有所损失，可是推原其故，亦由于我们处置的不当和教育的方法欠妥，关于他们的来来去去，我有下面的一个公式：

　　第一段：在敌区感觉当汉奸的困难与耻辱了，于是率部反正，挣得所谓的"民族英雄"。

　　第二段：在祖国来须要真正的学好，须要严格的训练，于是又感得头疼了，便又陆续的哗变。

　　如此的反反复复，真是令人感得棘手与头疼，骚扰民众，牵掣兵力，都是我们有形无形的损失。要是想彻底的澄清这一怪象，只有在较后方的地点，设一个改造的洪炉，从他们的生活（如吸大烟、懒惰等）等，思想（如主义的认识、了解抗战建国的意义等），技能（如兵的动作、官的本领等），逐一的加以改造。老实说，总反攻的来临，这倒不失为一枝有力的劲军咧！要是像现在这样的对他们只是羁縻，不给他们的〔以〕精良装备，他们感得怨望，给他们了，又相率叛变，敌人为什么对他们如此的贱视，就是这个原因。可是敌人反正是利用他们，可以听他们自生自灭，我们是争取沦区的同胞，尤其是有觉悟的武装同志，我们不随便的糟踏的。现时伪军的力量，已被敌人日益叫他自己灭缩了，我们今后的工作，不难争取他们的来归，而在来归后的如何安置！

　　其次要说到开春以后的扩大春耕问题。

　　所谓扩大春耕，不是把嘴巴张得很大就可以扩大的，关于后套的地势，上面已经说过，是一块几百方里的肥沃大平原，而且凭着黄河自然的泛滥，不用肥料就可以得到很好的收获，今年秋涨特高，整个儿的后套，可以说没有一个地方没有受到沾溉之利，凡是对于后套农业稍微熟悉的人都知道，只有〔要〕秋天浇灌了的土地，明年的丰收，便可以说是毫无问题的。过去后套有"一人种一年，十年吃不完"之谚，现在虽说人多地窄，可是一年丰收，三年够吃，这还是真真确确的事实。要是能把所有的荒地（约占现辟地三分之二）都开垦出来，那末，后套简直就是西北的粮食库。抗战三年，屯驻十万大军的给养，不是从什么地方运来的，并且亦不因两年来秋涨不好，以及去春的敌伪蹂躏，我们的人马就莫有吃的。我曾经细致的访问过农家，二十六年的丰收，至今屯粮，还没有吃尽咧。所以，现时日寇的灭亡是注定的了，上天的福佑，已经是安排得好好的了。我们今后的努力，就是怎样发挥天助，怎样争取胜利，怎样从速的把日寇赶出中国去。

现时对扩大春耕，有两件急待解决的问题。

第一是今年水浇得不好，好些地方都没有种上，所以牲口吃的草，便成了很大的问题，要是"扩大春耕"而牛马没有吃的，万一"食不饱，力不足"，试问这春耕如何扩大？

第二是农具问题，三年来敌我都糟踏得很厉害，语曰："工欲善其事，必先利其器。"假如我们只是捏紧两个拳头，不说扩大春耕，就是不扩大的春耕，亦将如何耕法？

我们常作"未雨绸缪"的书呆子，好些人都认为是不了解中国人"没有翻不过的铁门坎"的哲学的，但是，"凡事豫则立"，也是中国□人所说的哲理之一呀。我认为开春以后，扩大春耕，不是狂喊几句口号就可以称为竭尽人事，而某某中央发款机关三十万元的农贷，也还未可遽称为实惠，我们要再进一步的利用黄河，我们要把真正缺乏的东西，向黄河的上流（甘、宁、青大后方）取去！

归结一句话，是有待于政府的统筹兼顾！

我还得再说一句，请注意时间，升官晚两年可以，种地晚一天也是不行的！

四　前线健儿的苦乐种种

"冰天雪地"、"边地惨烈"，这一些描绘塞外苦寒的名句，当我在南方读到的时候，也真不禁得震齿栗肤，可是三个年头的边塞生活，把这些现象都看惯了，说到我们战壕里健儿们的困苦生活，恐怕有非"想像丰富"的诗人所能想像者。以下信手拈几个故事来，向后方同胞寄语，以见我们的苦中之乐，说不定也会引起你们乐中之苦的。

甲、沙蒸馒头，青石烙饼——这两样新鲜食品，实在是食谱上的稀有之珍，假如你要问我们这群老粗为什么有这样伟大的发明，我毫不隐讳的告诉你，就是我们蒸馍没有笼，烙饼没有锅，硬逼着在没办法之中想出来的办法的。现在我不愿意幸福独享，不妨把独得之秘，也拿来公诸大后方亲爱的同志同胞。所谓"沙蒸馒头"者，最好你找着米粒大小的干净沙子，先把它炒热了，然后把馒头像蒸笼里似的摆着，再埋上热沙子，再烧火加热，不一会儿便从沙子缝中透出一缕缕的馍香，饥火中烧的战士，总是你说"好了"，我说"怕没有熟"，等到拨开沙子，拿起来把粘在上面的沙子拍去，所谓"色"、"香"、"味"三者，实在比白居易形容的荔枝还要来得美妙！

至于青石烙饼，大后方的同志同胞，倒大可不必尝试，因为不生就焦，而且那烟熏的味儿，总有一些难吃。我们要不是炊爨器具一无所有的话，也不会有这样伟大的发明。

乙、好容易连长请洗澡，莫有等到拧手巾把儿就上来了——乌拉素海有一段的水特别流得急，冰凌已经一大块一大块的铿铿锵锵的往下冲刷了，可是某骑兵师的某连战斗三天两宿，既疲且饿的到达海岸，奉命从这儿涉过河去，某连长是久经沙场的老将，叫一班弟兄下水去试探深浅，"哦，落不着底儿……"有一个弟兄这样的喊，"奶奶的，深着啦……"好几个冻紫了嘴唇，两排白牙齿逐对儿厮打的老总们大声的说。不一会儿，一位弟兄踹着底了，他喊道"这儿浅啦，我们乘着马都可以渡过去"，某连长立刻下一个渡河命令，你看，我们的铁骑和健儿，真是龙一般的就向对岸横渡，可是那早下去探道的一班弟兄呢？自然都上岸来了啰，想不到最后泅到岸边的那个兄弟，会笑嘻嘻的说：

"好容易连长请洗一回澡，莫有等到拧手巾把儿，你们就上来了呢？"

丙、猎兔如猎敌——老总们顿顿小米、山药蛋，实再〔在〕是吃腻了，可是前线没别的东西，除了山药蛋还是山药蛋，某连长巡视前哨时看见一只兔子，忽然灵机一动，"咱们何妨来一次打围呢"？接着下命令每人预备一根棒子，"连长，拿棒子来作什么的"？"打敌人"，"嘻嘻……"！

某连长早就观察好了的地形，在他有计划而又精明的指挥之下，一百八十几条好汉，散开了布成一个不很圆的长围，这个圆围慢慢的缩小了，刹时间就看见兔走雉飞，等到傍晚归来的时候，一百八十几条好汉，就猎获着一百一十三头野兔。

"好美的晚餐，阔人们也享受不了的。"

"哈哈，我们不是猎兔，是猎寇咧。"

丁、……以上的故事多得很，要说我们苦，也真苦，要说我们乐，也真乐，尤其是〔尤其是〕苦中作乐，其乐更乐。比如硬在山沟里，山岭上爬了几个月的健儿风吹雪打，饥渴劳顿，久已视为当然，即到转移到□后方来住房子，睡热炕，就真感觉得太舒适了。又如在××地方与敌人隔河对峙，半个多月的××部住的是渠旁边挖的冰窟窿，而且你不住这冰窟也不行，因为你一露身，敌人也就要用机枪射你的。煮一锅饭至少要伪装着四五处烧火，敌人的大炮向炊烟处打来，要是打不着，就活该我们有饭吃。不过半月来没有吃过一顿好好的小米饭，不生就焦，然而没有拉过肚子，也没有发生一点毛病。回想我过去不是吃"佛士佛拉"来补脑，就是吃"燕医生补丸"来利便，还要一年四季生病不已的那种体质，而今居然也终日不倦，健步如飞，不是日本鬼子活该倒霉，还有什么别的理由可说呢？领袖说"我们是愈打愈强"，别的政治、经济我们下级人员看不透，可是拿我的身体来说，真是愈打愈强了。

在敌寇华中失败，增兵华北的当儿，我相信后方的同胞，一定时时的惦念着："今年的绥西，又该怎末样呢?"我敢再肯定的说一句：

"绥远的后套，简直就是倭寇的脑门疗，致命的打击，一定就在这儿的。"

三〇、一、五

《政论》（半月刊）

兰州政论社

1941 年 4 卷 5、6 期合刊

（朱宪　整理）

晋、豫、绥战局

严可立　撰

晋境　月初，中条山方面我军转向外线后，与敌展开全面激战，沁河沿岸地区及阳城迄同善镇与济垣大道两侧均激战甚烈。三日，敌军三千余由高平西灵首村向北窜扰，被我击溃。稷王山地区我军自三、四两日在池卧龙庄、松鹤长王等地予敌打击后，五日我军向前挺进，与敌遭遇，展开剧战。长高路西侧一带敌，九日经东峪、西柿、横水向北窜犯，十日被我军一部击溃。由绛县进犯垣曲之一路敌军于七日午由横岭关发动，至八日陷我垣曲，大量施放毒气，迫我军退却。晋南三角地带会犯芮城之敌，十二日窜经永乐、古仁、大阳等村西进，为我军阻击。迄月终，垣曲外围各山口我军异常活跃，时歼流窜敌军。

豫境　豫北敌三千余，附战军十余辆，于上月廿九日晚，进犯至武陟东北木乐店，续向西犯，与我军大战于大源村一带。汤阴西北前安南村、宝莲寺等地敌军，纠集伪军一部，于六月一日分经二郎庙、鹤壁、大湖村向我十八集团某部进犯，误与同时由孟沟向我某部进犯敌军自相攻击，我军乘机向敌反击，予以痛歼。信阳敌军于六月十日以千余之众分股进犯，一股由长台关犯杨庙，一股由游河犯鲁寨，一股由母猪河抵陈家店，于十一日向平昌关进犯，展开激战，自十一日至十三日，各股敌军均经我军击溃，残敌均溃返原地。

绥境　五月三十一日午后，由包头增到乌拉山前西山咀敌一部，炮数门，隔河向我猛轰，企图强渡，当被我军迎击，予敌重创。月初，绥西我军分路向固阳附近之敌进击，战况如下：（一）三日晨，将大双气沟之敌击破，毙敌多名，残敌向固阳西南溃退。（二）四日夜，我向乌拉山板申之敌猛击，毙敌颇众，敌不支溃退，固阳西北我俘敌兵多名。（三）四日午，我军一部在庆达水（固阳西北）与满载敌兵汽车十余辆之敌遭遇，当发生激战，击伤敌百余，残敌向固阳退去。安北浇兔儿沟之敌被击溃，我军将高台梁等重要据点完全收复。乌拉山前之敌，七日增援自西山咀、卧羊台，于午后隔河猛烈轰击，企图渡河，迄八日，敌我仍在隔河炮战中。

《时事月报》

南京时事月报社

1941 年 25 卷 1 期

（李红菊　整理）

左师长经验谈：谁守住黄河

游击支队作到杀敌报国　高军长政略战略极优良

左世允　谈

（本报特讯）驻×师师长左世允，日前因公来榆，本报记者往访。据谈称："本人就任师长后，即积极整编本军所属伊东各游击支队，现已编成劲旅，驻防蒙旗。查各支队多为绥南团队及萨、托义民，绥、包沦陷后不甘供敌利用，相率渡河，举旗抗日。五年以来，消极方面，不作敌人爪牙；积极方面，坚守黄河防线。饷糈虽极艰难，装备亦至简陋，但国仇家难激成敌忾，凭此敌忾，战胜环境，证明委座'精神力量占九分，物质力量占一分'诚属天经地义。其次，专就坚守黄河防线言，各支队过去所贡献于抗战者，亦为一般人所不深知者，则为无形中保住伊盟。"

伊盟战略价值

"盖伊盟为绥西右卫，甘、宁门户，南屏陕北，北控绥、包，此地倘落敌手，则西北大局早已不堪设想。自敌人铁骑蹈〔踏〕过黄河，伊盟军力本甚空虚。马将军从西北而南，各支队自西而东，互相配合，构成纵深配备，敌人始不能前进，进一步屡次出击，益使绥、包不能安枕。各支队固已作到杀敌报国，而其组织者之高军长在委座及邓总司令领导支持之下，其政略、战略之优良正确，当可彪炳战史。

现编制就绪，补充齐备，伊盟防务，更□问题。复次关于蒙旗，本人所亲历者计达、郡、准三旗。文化落后，组织散漫，无庸讳言，但王公、民众国家观念尚属浓厚，支应军需亦极尽力，至堪欣慰。"

奇文英十年努力

"准旗护理扎萨克奇文英，明达干练，在本人所识蒙旗领袖中为第一人。治理旗政，亦极得法。现该旗地利尽开，交通四达，教育振兴，组织健全，皆其十年来努力之结果。最可欣慰之点，为该旗文化、民情、生产均已'国家化'，入其境，与至内地任何县乡无异。就蒙旗前途言，此种'国家化'既有利于蒙旗，复有利于国家，准旗所以物阜民丰，兵精财足者，其故即在于此。本人认为蒙旗易呈郅治，但须用军事推动政治。"

蒙汉限界尚须打破

"本人亦愿乘驻防之便，援助地方当局，肃清'烟、赌、白洋'三大违法祸国之物，惟'蒙'、'汉'界限尚须努力打破，否则纵有任何办法，其办法将来纵对蒙胞如何有利，但在实施之始，必蒙'汉人压迫蒙人'之讥。至打破蒙汉界限，首重教育，果订定三年或五年计划，先行训练师资，再以此师资教育民众，逐步推进，必可成功"等语。记者认左师长所谈，语语由经验中得来，极有价值，兴辞而出，尚欣快不止。

《边疆通信报》（周刊）

榆林边疆通信报社

1942 年 110 期

（朱宪 整理）

察省陷落前后

武赓扬　撰

前言

察北于廿四年冬、廿五年春前后陷于敌手，时吾人均知之颇详，今不赘述。

察南十县于"七七事变"后，首受敌人攻击，全部陷落者于全国为最早，至今已届五年，家乡父老呻吟于水深火热中，无时不在祈祷国军之凯旋归去。

兹零碎收集关于察南陷落之材料，献于诸乡长之前。

察南之门户——张家口、南口之形势

察南十县位于蒙古高原与北平平原之间，山岭重叠，多作东北、西南之排列，为北平之天然屏障。由北平至昌平百余里，皆冲积平原，昌平以北至十三陵一带而入高山之边缘，出南口后，即在山谷边缘通车。南口形势非常险要，并为塞外交通之第一重要门户。两山夹峙，一水旁流，易守难攻，实为天险，历代皆为兵家必争之地。口内有石城，周围约二里，平原至此而尽，平绥路火车至此即由特制之重力机车在后推动，由拔海五十公尺之平原，登进拔海四五百呎之山地，而到康庄（专用机车于国军退守时自行毁坏），车入岭谷，两山耸峙，长城堡垒雄据于山上，距南口十五里居庸关巍峙当道，车行至此，曲折蜿蜒，历经隧道，山势甚险。距南口卅三里，至青龙桥，附近山石横空，铁道穿洞而过，隧道长达五，六〇〇呎，为一绝大工程（国军退守时，亦重加破坏），长城曲折回环，高踞两崖之上，自此循峡西行数里，达八达岭，距南口四十里，由此回顾居庸关，正如由高屋下视之势。过八达岭而至康庄，由此向西，即开朗平旷，南口至康庄卅公里，升高四五百呎。

张家口三面环山，一水纵流市中。由张垣北行登山，至文德镇（旧万全县县治）以北，山愈高而地愈平，极目远眺，一望无际，既不见峰峦之蔽，亦不见沟壑之隔，昔既便胡马之长驱，今亦适汽车之驰骋，此即为蒙古高原之缘，故欲守察南，必先出击察北，以先发制敌。且察北之对察南为居高临下，不先收察北，则敌可顺东洋河南下，直趋柴沟堡，东可取张家口、宣化，南下取怀安、阳原，西可沿平绥路取阳高、天镇、大同。且张垣一失，察东南之防御已化为乌用。故张垣如屯以重兵，则敌不敢窥察南，即敌人占领下之热河，亦感到威胁而不安。

前奏——敌之在察特务工作

日寇在察盟活动的成功，把整个察北于廿四年冬、廿五年春先后占领，张库公路遂告断绝。至此敌人之经济、军事、政治势力随浪人深入察南，以张垣为大本营。当时吾政府无力顾及察省，而地方当局既无拒绝敌人侵略之决心，复无严密防范之限制，其留张之浪人逐渐增加（廿五年五月二百人左右，年终五百余人，廿六年春八百余人），地方当局熟视无睹，后经廿五年绥东战争，浪人胆寒，其侵略之工作渐缓和。

日寇的特务人员，留张垣者，大部为在乡军人，其他宣化、龙关、赤城、延庆、永宁、康庄等地均有此种变相商人之踪迹。其工作为详细调查察南地方之军事、政治、经济、交通等实情，以作侵略之准备。后在张垣贩卖毒品，断丧我民族之生命，为计之毒，莫甚于此。张垣、宣化大道旁之"么大毛织厂"，其内部构造以能适合作战之兵营，而浪人多分居宣化大道及铁道两旁，万一事变，即可切断平绥路。

寇谋我察南计划深远于此可见，惜吾地方当局对敌人之企图认识不足，百分忍容，万分委曲，以苟安一时，而忌百万世之计。故预筑工事时，假借修理庙宇为名，以避免敌人之注意与嫉妒。甚有修建工事反恐引起严重局面，而召祸自身之顾忌。

敌于廿五年张垣、察北间交通断绝后，在张垣设立"大蒙公司"等数汽车行，专驶其间。当时传云在货运包裹中尽为军器、军需等。迄至"七七事变"发生，车仍照常通行，致留张之浪民悉数至张北参加侵张垣之战。

如此，察南之门户无异洞开，恭候日寇之光临。

察南战况

日寇于廿六年七月杪占领平、津后，即〈以〉其主力急攻察南，其攻击点有二——南口、张家口，其实察北陷落后，察省之孔道亦仅存此二口（独石口之重要性不及南口、张家口）。

（一）南口之役

日寇既下平、津，复占昌平，时南口驻军仅步兵两营，既无特殊之布置，又无坚固之防御工事，幸寇行较缓，否则绝无南口之光荣战役。

"七七事变"起，汤恩伯军奉令抢防南口，而地方当局不准通过柴沟堡，其一因疑汤军难免夺取察南地盘，其二恐因中央军队之入察，而不能苟安，致汤军滞留于柴沟堡以西。迄危机迫于眉睫，始允通过柴沟堡、张家口东开，又不准指挥部设立于宣化，致宣化之险，不能利用。

汤军于七月卅一日星夜赶至南口，在顽石秃山之上草筑防御工事，以车站南之龙虎台为保卫车站之第一线，南口突出之高山为左右翼，东侧之马鞍山、德胜口为重地，由德胜口有通永宁之山路，至此战线达卅余里。

八月八日，敌骑至德胜口搜索，遭我突击，狼狈逃去，为南口战事之先声。其主力于九日直扑南口之正面，虽以大炮、飞机、坦克车之威力对吾军压迫，然终未能稍突破吾阵地，而南口之正面坚守如旧，日寇之正面攻击遂告失败。

八月十五日，战况突告沉寂，同时南口右翼之锡项山前之黄老院已发现敌踪。敌以沙河镇西之西贯市为根据地，另以门头沟为第二军事活动地，向永定河北面进攻，欲利用复杂之地形，由汉奸引导，走山径小路，乘我不备，越长城，回迁取吾怀来、康庄，以包围南口（时汤部之指挥部在怀来）。我军亦由南口向西展开，对迂回之敌截击，并相机出击，以解居庸之危。时我军尽力防御，敌又西进，我以一师之兵力防一二百里之战线，幸傅作义军接南口北之地带，汤军遂能又增调主力，敌终不得逞。

廿三日晚，敌自骑边城迂回而入长城，一小时即可达怀来，守军坚守城池，候兼道北上之中央军解围，迄张垣已失，怀来方面之守军，及南口吾军，于重地以〔已〕破坏后，安全撤退。

（二）张垣之沦陷

先我预定八月十三日晚晋绥军由绥东进商都，住察之刘汝明军袭取张北，会师东进，独石口方面亦相机策应出动，冀一举收复察北，与平汉路北上之中央军合击热河。

商都于十四日为傅部攻克，德化亦为反正军石玉山部攻进，尚义南壕堑一收复，而刘对张北迟攻二日，日寇已调军抢守张北，并驱李守信等伪军攻张垣。其时刘部主力已撤至宣蔚公路道上，作撤退之准备，而遣杂色军由张垣、常峪口等地出击，日伪节节迫近，至廿一突由包围张北之形势退守汉诺坝，日寇又近迫至张垣外四十里之地，刘始仓忙调炮兵及主力应战。傅军亦由南口西上解围，惟大势已去，无法挽回。廿三日被敌突破张垣西之祁磊庄一带，迂回而占赐儿山、八角台等高地，对张垣取包围形势。廿五日晚，敌乃占领张垣。

独石口方面，先由刘部杂军尧旅等部驻赤龙，复由高桂滋师任防，赶筑工事于边墙附近，并驻兵各口隘。后怀来、张垣之弃守，此地带竟入袋中，于廿四日前后由赤沙龙公路上撤退。

撤退

张垣既失，我军分两路退守，一沿平绥路止于柴沟堡，一沿宣蔚公路止于涿鹿、蔚县。敌亦分两路进攻，公路方面涿鹿、蔚县、阳原先后失陷，铁路方面敌亦进至天镇，察省整个陷落，日人之于平、津已无后顾之忧，并得进攻晋、绥。

陷落后

陷落后，各县先后组织"维持委员会"，至九月底，由"察南自治政府"名义，召集各县"人民"代表五人开会，廿七年一月一日"维持会"改为"县公署"，"县长"由"维持会长"任。"县公署"内设总务科、财政科、民生科、公安局。

县立小学廿七年春，由经日人训练之教员主持开学。

廿八年秋，"新县制"开始实施，镇长、乡长采选举制，以表"自治"。

廿八年十月，伪蒙疆联合政府改组，改察南为"察南厅"。

近闻家乡耕田种植鸦片者逾半。

其他求学已受到限制，壮丁正在训练，货资被统制，早有报导，兹不再述。

经敌人五年经营之今日，我们可爱的家乡更不知到什么样子呢！

注：本文多取集于王维屏编著之《中国抗战地理》，特附此言。

卅一年四月于渝外溉澜溪

《察省青年》（月刊）
北平察省青年社
1942 年 2 卷 3 期
（朱宪　整理）

为察省复员工作进一言

不一　撰

"七七"变起，抗战军兴，察省首当其冲，且敌人来势凶猛，我军民寡不敌众，只得于八月廿六日退出张垣。当时男女老幼，东逃西散，流离失所，自此之后，察省的民众就受到奴隶生活的痛苦了！可是我们对胜利的信心并未稍减，而对敌人的仇恨，日深一日，同时流亡在后方的同乡们异常振奋，各个人都站在自己的岗位上，努力不懈，坚苦卓绝，力求早日获得最后胜利，察省人士在外刻苦耐劳的精神，真是令我们快〔快〕慰极了。我们时刻为光复故乡而着想，为抗战胜利而努力，在这接近胜利的前夕，同盟国已转守为攻，取得了主动地位，同时在开罗会议中更确定了我国的国际地位，所以自由幸福的新中国，将要出现在我们的面前。可是还需要我们全国上下一致的继续努力，我们是抗战强国同时并进，而强国问题，经纬万端，尤其我察省全部沦于敌手，我们尤其要加倍努力。所以借此提出几点关于复员工作的意见，以供当局及诸同乡参考，并祈指教：

（一）关于战区察省青年学生的招引与指导：察省的沦陷，甚为急促，因而当时逃来后方者为数甚少，以后虽经工作人员之招引，及因热血驱使之爱国青年而逃归后方者，亦属寥寥无几，至今我察省有一部分青年，尚呻吟于敌人欺凌压迫之中，未能回祖国的怀抱里来。其中原因甚多，然其主因则为敌人经济之□制，及青年与招引人员不易接近所致，因而热血青年处于那种情况之下，实在可以说是上天无路，入地无门，而实感到苦闷和失望，种种情形实在急应补救，我们要加强招引青年工作，使大多数察省青年逃出虎口，来与我们携手并肩而奋斗！同时尚有因特殊原因，致不能来归后方者，我们亦应与他们设法取得联络，同时还可直接的指使他们探听伪组织的动静，以便利复员工作。

（二）到〔利〕用伪组织人员探知敌人之阴谋：敌人处心积虑，在"七七"之前早已将我们的内情调查清楚，足以证明敌人阴谋之可怕了。现在敌人公开在我沦陷区抢运物资，设立交通网……等等，不一而足，这都是我们日常熟知的，此外还有许多未见未闻的惨暴行为，假如我们不及早下手，一旦抗战胜利，返回故乡，恐怕连家门都不会找到了（敌人会把你的家改成公路或工厂的）！再加敌人奴化及毒化政策之施行已久，流毒甚深，我们若不能熟知其详情，恐复员工作更加困难，所以我们的工作早应加紧了。我们须派遣能负使命而不怕牺牲的专员返省工作，进而利用伪组织来为我们工作，如探听敌人内幕、传递信息等，且将来反攻时，也许不等国军到临，省内就飘起光荣的青天白日旗了，对于复省工作可收事半功倍之效，以进而迅速推动建设工作。此点也许早在当局洞鉴中，但笔者认为对于复省工作非常重要。

（三）讨论复员工作计划：抗战胜利已经在望，只不过是时间早晚而已，设若最近打退敌人，察省复员工作将如何着手呢？这是一个极端严重的问题。也许早已有人计划了，但是迄今似乎尚寂若无闻，故在此特别提出，以唤起同乡的注意。现在我们急需讨论复省问题，大家共同研讨，集思广益，以完成一个具体而缜密的方案，一旦敌人败退，就可以运用，能在最短期内，将省内一切整理就绪，有条不紊，然后即可重建我们幸福的家乡了。

（四）人才之调查与培养：察省人在后方者，总共不过千人，分别从事各种职业，但尚不能满足实际的需要，自应及早培养建设人才。依现在察省情况来讲，我们希望大家多从事教育工作，教育是百年大计，战后察省教育急待振兴，所以教育人才之培养实为首要。其次就是政治人才的培养，察省位居边塞，久受军阀之割据与剥削，故政治较各省尤为不上轨道，而使其他一切建设皆受妨害。且地方自治之完成，是建设察省的基础，所以我们要培养政治人才，来担负察省政治建设之责，但是我们并不希望像从前那些旧政客们再来剥削的。同时我们还要发展实业，所以还须培养工程、农垦、畜牧等人才。察省物产丰富，及自然条件的优趣〔越〕，所以前途是很有希望的。综上所述，可知建设察省，须先培养人才。最近自费留学制度创立，而察省大学毕业生虽然颇多，但此次竟无前往应考者，其主因大多为经济所限，所以在此特向省政当局呼吁，请求筹拨专款，保送留学生，则对察省建设裨益甚大。

（五）成立促进察省复员的机构：前面所述，都是迫切而急待举办的复员准备工作，自非少数人所能促成，更非短期所能成就，同时必有统一的策划，严密的组织，才能有圆满的收获。笔者来自沦陷区，对于沦陷区情形甚为熟悉，故深感非有统一组织不可。例如过去返省工作人员，其中有党部派的，也有教育厅派的，以及其他机关派的，故有各不相关，互为抵触的等等情形发生，如有周密计划，分工合作，才能有更大的意外收获，同时对于整个复员计划，更须有详密的研究与准备。

以上仅是平常所想到的几件事情，借此提供出来，期有相当裨益，同时更望关心桑梓的同乡们，多加指正。

《察省青年》（月刊）

北平察省青年社

1943 年 3 卷 4 期

（朱宪　整理）

谈伊盟部队经理

赵兴瑞　撰

前　言

在未谈部队经理前，先将伊盟形势暨环境，介绍给读者诸君。伊盟，系绥远省所辖之伊克昭盟，居省南高原，东、西、北三面为黄河圈套（俗称前套），黄沙广漠，遥望无际。在未抗战前多系蒙民，内计分为七旗王府，均以游牧为生，少数汉民，多来自陕北神木、府谷等地。抗战军兴，进兵至此，汉民随之日增，以避军队往返之烦，多移住交通线数十里以外。而蒙民亦习惯不同，不愿与人接触，均迁于驻军较远的地方。伊盟河流极少，井水尤深，且每站一井，其深约二十余丈，每站相距四五十里。因居高原水深，气候尤干燥异常，地质多砂砾及黄沙。所植产者，糜籽、荞麦、麻籽为大宗。最奇异者，是从巴拉亥（临河南沿之对岸）起，直到海子湾（东胜西八十里）止，约六百华里之长径，则无一株植树。塞外的漠海里，另具有一种风味，尤以蒙民每届庙会，其男女所穿着者，与唱坐宫之公主无异。男女皆善骑、跳鬼、赛马，实为我内地所未有。

一　伊盟气候

伊盟水缺树少，每届立冬，沙风即起，至次年清明节后止。冬季极寒，因之凡驻伊盟部队：（1）应于每班或排发给皮制水绳一条（长二十丈）；（2）铜质行军锅一口；（3）铁质烧磁饭碗每人一个，以利行动，而不因此贻误戎机；（4）官兵每人应发给风镜一只，药制口罩一个，以备常用。冬季除现已贷与各种被服品外，尚须发给毡袜一双，棉鞋一双，皮毛手套一付（可免发三个月草鞋费），以御严寒，而慰边疆将士。

二　交通补给运输

（一）交通方面，以牛车、骆驼为主要工具，按规定车暨驼每日行程为六十华里，往往因受饮水之限制，多不能于预定期限到达目的地，即使到达站口，更因取水费时，减少行程。因之应于每三十华里处，修盖房屋，设置军民联络站，以解军民来往之苦。（二）补给运输：以粮秣来说，若按规定手续请领，应于前月二十日将人员驻地统计表及结算表，送达粮秣补给机关，需时约七日，而粮处经过收发登记、呈阅、批办、审核、签办、批示、缮发等等手续，最低限度需三日，再送交部队附近之仓库（兵站），又需七日；部队派员洽领，经核给发粮凭照又一日，因储粮地址多就便于各乡乡公所，若开付稍远者，再函洽运输机关起运，俟运粮返部交库亦需七日，所属部队再来部核单领运，又需一日（指附近部队），辗制成米最少需一日：合计由送人员统计表起，至能食米日止，最少需二十七日，这样算来，已逾食期十七天矣！现已由副长官部规定预借一月周转粮，稍解经理之困；惟远防部队，须于上月十五日前，即行解运下月份食粮。综上所说：（1）因交通梗塞，不能于预定期限到达；（2）因运输装具不完善，减少载量；（3）因给领需时，军粮不能衔接食用。为解除上述困难计，（1）应在可能范围内，补给胶轮大车若干辆，载车汽车若干辆；（2）将原有运输装具加以修理补充；（3）普设仓库网；（4）加强输力——兽力。

三　金钱与被服

伊盟部队驻地散漫，区域辽阔，交通不便，给领困难，已如前述。关于金钱与被服，决不能与内地同时给领：（一）部队须预借两个月周转金，俾便使用灵活；（二）在印刷物资、人材困难之下，关于计算书类，难于定期送出，此为我当局所应体念者；（三）冬夏服更应提前数月给□起运，以期应时着用，而不因路遥运难，使将士有冷不能着棉，热不能换单之憾；（四）由陕至固原段夏季多雨，运车无防雨设备，因之每次运部之服装，检收时发见不少发霉污损不堪着用者，必须由公家发给防雨设备——如油布等，以重公物，虽费小资，而获大利，此点亦不可轻视也。

四　主食与副食

伊盟主食为糜米，若炊爨得法，将所有沙粒去净，甚为可口，营养成分较糙米还大。举一例可证之，伊盟民众不但体强身健，且气色更佳于内地。副食：多马铃薯、小白菜、蔓菁三种，及牛羊肉等，其他蔬菜较少。油类多麻籽、臭楷两种，此种副食因民众少，购买不易，故多于临河、石咀山运来，远道购运，不无损失，再加运费，计算起来，所发定额副食费，决不足用，是以凡驻边疆塞外之部队，副食费应酌量增加，以慰戍边将士，而加强战斗力量。

《西北经理通讯》（月刊）

西安西北经理业务研究会

1944 年 18 期

（李红权　整理）

蒙古的铁骑

求幸福斋主　撰

陆军中有各种兵，骑兵亦其重要的一部。世界各国军制，各师团与独立旅团，恒设骑兵团与骑兵营，并有因地理上的关系，特组骑兵师团与军团者。虽近代军队已相率机械化，坦克战车的冲击力与速率，已融合骑、炮兵之长，似骑兵渐可减少，但骑兵亦另有长处，一人一骑，作战轻便，在地形上不论高地低地，以及溪涧，均可任意驰骋，加鞭飞越，亦足以相随机械化兵队而并进。尤其在联络上、通信上，及斥候搜索上，虽近代亦有脚踏车及小摩托卡代，而战马受有训练，究是一灵物，诸能顺遂骑者之意，以助其完成艰辛的任务，不比脚车发生故障时，反多添一携带之累。故骑兵在今日实不可废，兼以中国北部，在此再建军时，公路尚未普及，机械、物质、环境的诸条件亦欠完备，自更须多利用骑兵。但骑兵唯一的要素，须有最优良的马种，与严格训练的骑术。近在南京市上，所见中国马，无不可怜万状，只有盟邦军队的军马，雄壮高昂，特具英姿，是皆中国马政不修，与日本提倡爱马之故。年前，驻京的日军官，曾与中国将校共发起骑术会，以资锻炼，用意极佳。惟根本上总还当从改良马政入手。前清八旗，夙尚骑射，即在清末练新军时，军咨府也曾于张家口圈地，特设马群，改良蒙古马种，以作军马。民国初年，北政府陆军部仍继续办理，后乃以地方割据，方行废弛，至今日几再无马政可言。实则日本军马，闻亦是由蒙古马与俄国马所配成的优秀的马种，而从前帝俄时代的哥萨克骑兵队，也无非继承历史上蒙古铁骑的遗风。故谈到此点，昔中国元代的蒙古骑兵，其功勋要不可抹煞。当年铁木真与忽必烈，指挥此类铁骑，纵横欧亚，一任践踏，莫可与敌，确是兵与马均获有莫大的光荣。其至欧洲，将骑射之术与火器一并传去，自后欧人方有骑士，而火器进化到近代的枪炮与机械化，也皆是受蒙古军的影响。今日中国再建军，对于改良马政，训练骑战，自更当注重蒙古马，与参考早年蒙古铁骑的战术。

古人善于御马

本来，古中国自黄帝轩辕氏发明兵车之战，车马即已相联，而同时即重视马政。韩非子说："造父御四马，驰骤周旋而恣欲于马……者，〔擅〕辔策制之〔之制〕〈也〉。"已可知上古时人之善于御马。《说文》马字，解曰："怒也，武也。"叠韵为训，与"我武维扬"、"王赫斯怒"的军事，殆又融合为一义。刘熙《释名》："大司马：马，武也；大，总武事也。"《周官》中管兵政的大司马，直以马为武事的总代表，其重视马更可见。故《周礼》有廋人，专掌改良马种，蓄养驹子。又有校人，掌王马之政，凡颁良马而养乘之，乘马一，师四圉，四马为乘，即一圉养一马，以一师监之，或称四驾，或称五辂，或称六龙。三代制度，各有不同，而为骖乘则一。周末春秋时，更重个人骑术，《说文》以"跨马也"训骑，即两髀跨马之谓。《左传》所言"左师展将以昭公乘马而归"，与赵旃以其良马二济其兄与叔父，可证已有单骑。并研究到相马，秦穆公时，孙阳子伯乐，即以能相千里马之骥而得名。然马种与骑术，要以朔方北鄙为佳，战国时称为胡俗，于马上习骑射。赵武灵王以国境屡遭胡患，设策防边，《史记·匈奴传》乃云"王亦变俗，胡服，习骑射"，是骑射之事，自古即以北方胡人为优。西晋时五胡乱华，石勒与鲜卑慕容氏的胡骑，中国殆不可敌。其后，历契丹、辽、金而至蒙古人的元朝，其铁骑之强，竟至威慑了大半个世界，只有日本独能拒敌，铁骑不能泛海登陆，在古时海上交通不便，自为失利。

《黑鞑事略》记述铁骑古法

顷检得南宋徐霆所著《黑鞑事略》一册，所云黑鞑，即是蒙古，时方崛起，夷灭北金，南宋小朝廷，乃命徐霆为使，前往修好，并探虚实，徐归而著此书。其所言蒙古的养马方法，与铁骑兵战术，即是蒙古军强大的因素，后果渡江而南，南宋亦亡。原著为文言，杂以当时白话，颇有晦涩处，兹为参考蒙古铁骑的古法，以供近代骑兵组织之研究，于摘述原书外，并为谋行文之便，悉改今语体，辞惟达意而已，非尽为考古而作。

蒙古幼童即受训练

昔蒙古初兴，奄有北地，无城壁栋宇，所居皆穹庐毡帐，迁就水草无常，故纯为游牧生活，最重养马。孩提初生，其母便绳束以板，络于马上，随母出入。三岁，以素〔索〕维于鞍，俾手有所执〈射〉，从众驰骋。四五岁，即能挟小弓短矢。及长，更四时业田猎，凡其奔骤，皆跂〔跂〕立而不坐，故力在跗者八九，在髀者只三四〔一二〕，疾如飙至，劲如山压，左旋右析〔折〕，均便捷如飞翼，乃能左顾而射右，不特抹鞭而已。是亦如斯巴达军国民的教育，从孩提中便下这苦工夫，每见鞑婆在野地生子才毕，即用羊毛揩抹，羊皮包裹，束在小车内，长四直尺，阔一尺，母则径挟之马上而行，可谓一生均在马上生活。长大后，习骑射，间亦下马步射，八字立脚，步阔而腰蹲，力能穿札，也与步枪射击的姿势同其理。艺成，便可参加田猎。

田猎亦是中国古风，《周礼·地官》遂师及山虞，均言田猎之事。田亦作畋，《礼记·月令·季秋》"天子乃教于田猎"，即为因田猎之礼，教人民以战法。蒙人游牧，更视此为大典，其主定期打围，必大会众，挑土为坑，插木为表，维以毚索，系以毡羽，犹汉代兔罝的故智，绵亘一二百里间，风扬羽飞，百兽皆惊骇而无从奔逸，然后蹙围攒击。故沿途所乘铺马，大半剪去其鬃，讯其故，为制索，纳于窝里陀（鞑主猎帐名），为打猎用。循例，围场当自九月起，至来年二月止。凡打猎时，常食所猎的野物，便少杀羊，也是冬季节约食粮之道。

马之养育及训练

其所用马，野牧无刍粟，六月餍青草始肥，冬也必储夙草以饲，故国禁最重草，凡草生而刨地，或遗火以烧草的，均处死刑。马养大后，牡马生四齿便扇〔骟〕却，去其势，使阔壮有力，柔顺无性，能御风塞〔寒〕，久于岁月。不扇〔骟〕则反是，且易嘶骇，不可设伏。其蹄锲薄而怯石的，便包以铁叶或铁板，谓曰脚涩。驰骤时勿令饱，解鞍后必索之仰其首，俟其气调息平，四蹄冰冷，方纵其食水草。牧人名曰兀剌赤，回回居其三，汉人居其七。

自春初罢兵后，凡出战好马，并恣其水草，不令骑动，直至西风将至，方取而控之，系于帐棚左右，哝以些少水草，经月，膘落而实，骑行数百里，亦自然无汗，故可以耐远出战。寻常正行路时，并不许吃水草，盖辛苦中吃了，不成膘，反易生病，是乃养马的良法，南人多不解，所以南方马多病。牡马在蒙古，除留十分壮好者作移剌马种外，余皆扇〔骟〕却，所以无不强壮。移剌者即为公马，不曾扇〔骟〕，专以传种，专管骒马群，不入扇〔骟〕马队。凡扇〔骟〕马、骒马，各自为群队，每一群队，马多至四五百匹，只两牧人名兀剌赤者管之，手执鸡心铁挝以当鞭棰，马望而生畏。每遇早晚，兀剌赤各领其所管马，环立于主人帐棚前，待观览，少顷，各散。每饮马时，其井窟只可饮四五马，各以资次先后，于于自来，饮足便去，次者复至，若有越次的，兀剌赤远挥铁挝，便俯首驻足，无或败乱，最见整齐。其骒马群，每移剌马一匹，管骒马五六十匹，骒马出群，移剌马必咬踢使归。或他群移剌马逾越而来，此群移剌马也必尽力防卫，将外马跤〔咬〕踢使去。

马大供骑，必先排练，后为制鞍辔，亦尚轻简。鞍全副重不过七八斤，雁翅前竖后平，虽折旋不伤膊。蹬圆，足中立不偏。底阔，靴易入。湿〔缀〕蹬的皮革，手揉不加硝，灌以羊脂，不畏雨，不断烂，阔不逾一寸，长不逮四总，立马转身，亦皆顺便。今所谓洋式鞍，也比旧式轻简的。

蒙古马队之编制

联合多骑以成蒙古军，蒙民年十五以上，即皆服兵役。军中只有骑士，无步卒，人二三骑，或六七骑，可见马数之多。每五十骑为一纠〔斜〕，此纠〔斜〕字为都由切，即一队。武酉健奴，自鸠为伍，专在主将左右，谓之八都鲁军（即巴图鲁），其攻河西女真，即以此制胜。徐氏往来草地，未尝见有一人步行，其出战，军人头目人骑一马，又有五六匹或三四匹自随，以准备缓急，即极少的也恒有两匹，一骑一牵。

武器以弓矢为第一，环刀为次。甲有柳叶与罗圈二种，最佳的也铺革六重。箭有鸣镝的响箭与驼骨、批针等，剡木为括〔栝〕，落鹏为翎。刀则回回式，轻停〔便〕犀利，杷〔把〕小而褊。有旁〔防〕牌，以革与柳编成，阔三十寸，长倍于阔之半。又有团牌，前锋取以障臂，下马而射，专能破敌。又有铁团牌，以代兜鍪，入阵转旋皆便。每大酋头领，各有旗一面，次者即不许置，常卷常偃，专以指挥督战时，才舒即卷，舒必力攻。但在最初，蒙人椎朴，实只会用白木为鞍，乔挽〔桥鞯〕以羊皮，蹬亦剡木为之，箭簇则用兽骨，无从得铁。及至回回地，回人始以工匠与器械为助，即火器也于斯时萌芽，攻城即用炮，炮有棚，棚有网索，以为挽索人的障蔽。后来攻打凤翔城，竟集中四百门炮的火力，专轰城边一角。

马乳可充军粮

马在军中，还也可补充军粮。原来军粮所需，羊以外，即是涕〔沸〕马乳。手捻其乳曰涕〔沸〕，亦古文济字，酒之清者亦是，挤乳固为挤，但这涕〔沸〕字还含有滤清意。马初乳时，白天由小驹吃，夜间便收聚了来涕〔沸〕，滤清了它，名马奶子。后来，日中也可涕〔沸〕，其法系先〈令〉驹子嗫出乳路来，便赶了驹子，由人用手挤下皮桶中，再倾入皮袋内来撞。寻常人只倾〔顁〕洞数宿便饮，味微酸，若鞑主所饮色青〔清〕味甜，与寻常色白横过〔而浊〕，次队再撞再不能另〔味酸而膻者大不同〕，名黑马奶，因滑便〔清则〕似黑，须撞七八日，撞愈多，色愈清，气亦不腥。如与玻璃瓶所盛的西域葡萄酒共饮，酒色如南方柿漆，味甚甜，多饮亦醉。

行军时，尝恐遇伏，虽偏师也必先发精骑，四散而出，登高眺远，深深哨探至一二百里间，掩捕居民行人，借审左右前后的虚实。如某道可进，某城可攻，某地可战，某处可营，某方有敌，某所有粮草，皆责办于哨马回报。故徐霆沿途亦未见蒙兵屯重兵于城内，所过河北、河南诸郡县，城内并无一兵，只城外村落，有哨马星罗棋布，偶遇风尘之警，哨马响应，四向探刺，如得某〔其〕实，急报头目，以备大势军马之应战。是亦即近代骑兵担任斥候与游击战之一种，在昔蒙人善战，固有术而无学，然经验既多，用兵也多与古今兵法相合。

立营与布阵

立营之处，必择高阜，主将驻帐，恒向东南，前置逻骑，蒙语为托落赤〔者〕，分番警戒。只前面无军营，帐左右与帐后，诸部军马，各归头领，以序而营，营又贵分，务令疏旷，以便刍秣。营留二马，夜不解鞍，以防不测。营主之名，即作夜间口号，一营有警，旁营则备马，〈以〉待追袭，余营整严不动，〔以〕惟哨马之营活跃异常。主者中据，环兵四表，传木刻以代夜逻，即汉军传箭法。秣马营内，使无奔逸，未暮而营，其火即为火铺，及夜迁于人所不见之地，以防夜劫，而火铺的〔仍〕在于初营所达〔之所〕，至晓不易。亦多用狗铺，其下营直是日〔早〕，盖审度左右形势而定。

布阵时，利于野战，不见利不进。动静之间，知敌强弱，百骑环绕〔不挠〕，可裹万众；千骑分张，可盈〔监〕百里。摧坚陷阵，全仗前锋，衽革当先，例十之三。凡遇敌阵，三三五五，断不簇聚，为敌所包。大率步宜整，骑宜分，敌分亦分，敌合亦合，一经骑突，不论远近多少，聚散出没，来如天坠，去如电逝，谓为鸦兵撒星阵。每合而分时，视主将马楗所向，其分而复合，则听姑诡之声，以自为号。自近而远，俄顷千里。夜聚则望燎烟而知敌〔其〕所战〔宜〕。极寒无雪时，甚至磨石祷天。〔是〕其行军只是一个无所睹，蛮逼而已，久之，胆乃益壮，先声夺人，敌皆不堪其一冲，其尽量发挥骑兵的威力，要自可惊！

蒙古铁骑之战术

破敌之计，在登高瞭〔眺〕远，先相地势，察敌情伪，专务乘乱，每初交锋，以骑队径突敌阵，一冲即动，则不论多寡，一气长驱直入，敌虽十万，亦不能支。如敌不动，则前队而浊味酸而膻者大不同〔横过，次队再撞，再不能〕入，后队亦来。冲时乃故延时刻，为布兵左右与后之便〔计〕，及已四合，最后一声姑诡，四方八面，齐力响应，一时俱撞，效力尤大。此外，或臂团牌下马步射，一箭〔步〕中镝，两旁必溃而乱，从乱疾入。敌〔镝〕或见阻，以骑蹙步，而步后仍驻骑，又复驰来迎击。敌或坚壁，百计不效，则驱牛畜或鞭生马搅敌阵。敌或森戟外列，拒马为防御，则环骑疏哨，时发一矢，使敌劳疲，俟相持稍久，敌或食绝，或乏薪、水，不容不动，即进兵急逼，一举而破。或敌阵已见动摇，故意不遽击，待其疲甚，而后猛冲；或〈待〉其兵寡，则先撒土，后拖木，扬尘高起，亦知作疑兵。或驱降俘，听其战败，乘敌骄疏力衰，乃另出精锐来攻。或才交刃，佯败而走，诡弃辎重，故抛黄白，诱敌穷追不备，引入伏中。也有真败而仍能以巧计复胜，兵不厌诈，蒙人皆能利用。尤以骑兵慓悍，胜则尾敌急袭，不容逋逸，败则四散迸走，追莫能及，故能横行天下，鲜有挫败，蒙古铁骑的精神与战术，至今当仍足为军事学上的楷范。

原书多有述政制、风俗处，本篇只随处专摘其与马政、骑战有关者，故不得不别为行文，以事贯串，并参证以近代的战术学。看来或亦纸上谈兵的宣言，古人的老套，但马政与骑兵战术，在今日既犹居重要，则以蒙古铁骑旧日的成绩，取作观摩，当亦有其可宝贵的意义罢！

《同袍》（月刊）

南京陆海空军同袍社

1944 年 1 卷 5 期

（李红权　整理）

蒙古在我国防地理上之重要

张印堂　撰

国防之重要，尽人皆知，勿待详解，无国防敌人可随时乘虚而入，国破家亡，殆所难免。国防之凭借约分两种，一为资源的，即人力、物力与一切之富源等；一为地理的，即山川要隘及所有之天险等。蒙古高原，环境贫瘠，于人生无他部之优越，除康、藏之外，为我国最穷之地域，其经济富源于我国防上，除兽力与畜产外，无他贡献，惟在地理方面，其环境位置与形势，殊堪重要，均有国防军略之价值。军略形势之于国防，自古迄今，向为中外战争胜败之一因素，我国军事家孙子所言："审地形而立胜"（见《军事〔地形〕篇》），"非得地形而不战"（见《谋攻篇》）及"不知战地，不知战日，则左右失败，前后不接，兵虽过人，安知胜败乎"（《虚实篇》）的意义，在在都是表示地形于战争之重要性。此次欧战德军攻下登刻儿克后之不能长驱直入英国，即以一衣带水之隔，而我国之能以独自抗战数年，与我将士之英勇固属有关，但地形之为功殊非浅鲜，由沦陷之平原、丘陵与非沦陷区之崇山峻岭地形之对比，表示至为明显，以地形之有利于我，我武器虽劣，但仍能持久抗战，且有胜利把握，此无他，概由我天然之地理国防所以致之。兹就蒙古之环境、位置与形势分言其于我国防地理之险要，以飨读者。

一　蒙古环境之动静与中原社会之安危

蒙古之自然环境是丰美的草原与半旱性的荒野及不毛之沙漠参差交错所组成的，因而蒙人之生活不仅以牧畜为主，且须逐水草而迁徙，时时移动成一游牧的民族，故动便成了蒙人牧畜的常态，正如一般农业社会之需要安，耕作生产方能奏效。草原的游牧民族，生活满足，财富增加的时候，虽可使之有趋于安定之可能，但财富的增加，同时亦是加强其活动能力之因素，所以草原游牧民族或者以水草的贫瘠缺乏，奔驰远放，有时为生活所逼，到邻近的平原沃野上抢掠觅食，或则以活动能力过强，涉及附近的农业社会。综之一个固定的产业社会受其邻近草原上善动之骑士牧者的侵略蹂躏，使〔已〕成各地历史上之常事，甚而由蹂躏抢掠，进而借势称强，以至保护占领者亦数见不鲜，以是之故，蒙古草原环境、游牧民族之动静与〔于〕我中原之盛衰安危影响至巨，在历史上蒙汉关系之密切，明显昭著，从未间断，于我未来国防影响之重大，自不待言。

二　蒙古位置之国防重要

蒙古虽以干燥沙漠与半旱性之草野占其大部，但其沿边地方不乏肥美之草地，畜产甚丰，向为强邻所垂涎。此高原东西绵亘几万里，北则环抱苏联之西比利亚，南则翼护我国之华北平原与西北黄土高原诸省，东则邻接我国之大松辽盆地，形成我国边防最长之侧面。证诸历史，蒙古高原与我国防之关系，确有"得之可以制人，失之则便受制"之概，如赵武得之，则扰地云中，进略西北；秦始皇得之，则筑城置郡，威镇匈奴；汉武得之，则北徙王庭，安靖边塞；北魏得之，则称强于华北；唐得之，则降服突厥、回纥，以安西北；明得之则设三卫，以控蒙疆；满清得之，则入主中原，今日人鉴诸历史之可循，洞悉蒙古地位在中国国防之重要，所以入据我东北四省后，又首先西侵，以作占我华北之先声，故日寇之满蒙政策，实为实现其大陆政策之前奏。尤有进者，蒙古高原在日、苏间所处之地位，亦有举足轻重之势，苟蒙古为日人所有，则日人可直捣苏联远东之后方，不独使西比利亚东部诸地，陷于孤立包围，即其中亚各地亦将大受威胁。以故，日方遂以积极拉拢蒙古为能事，唆其背我而自治，以便达到其侵我袭苏之野心。且也，蒙古高原地势空旷，于新式陆空军事行动，为至便利，又为东亚与西欧陆空交通必经之自然捷径，只此一点，我国亦不能坐视其为任何外强所长期掠攘，蒙古以前之所以未被任何强邻所吞占者，乃因其向为东亚诸强族争逐之区，位置虽当要冲，然而距外强大国中心邈远，交通困难，地土又多硗薄，大都不宜于发展固定生活，故争夺者虽不断，而少有作永久占据之计划者，故能幸免于永久宰割。今则不然，交通便利，日本极易西犯，苟蒙古一旦为其所霸占，作军事行动之基地，则首当其冲者，非吾国而谁欤？况其在我国防历史上又具有"得之则强，失之则亡"之握有举国生死关键之重要乎。是以我蒙疆如为敌人所据，则西北之自然屏障即除，华北之门户洞开，所谓关中锁钥为他人所握，不但华北一隅不保，即我全国将亦不能安枕矣。

三　蒙古形势之国防价值

蒙古高原在军略形势上实具有三条并行之天然国防线，北为阿尔泰、萨彦山脉，中为戈壁大漠，西起葱岭，东及兴安岭，横贯高原之中部，南为阴山山脉，绵亘高原之南，与我华北平原与黄土高原诸省毗连，高原之东、西又有兴安岭与葱岭的险要，足资凭借。萨彦、阿尔泰山高出中亚与西比利亚平原千余公尺，扼居高临下之优越地位，且山势外向西北，变化急剧，陡崖峻坡，难于攀登，而内向东南一面，坡度缓和，上下易易，此种地形，就我国防止〔上〕言之，易守难攻，只要把几处山口设置要塞，外来敌人即不易侵入，诚为我国北疆之一天然屏障；中部戈壁东西长近万里，南北宽约四百里，荒凉无际，岩碛之南，砂丘遍野，起伏不平，高出地面数十公尺，此种沙丘多呈半面山形，西北向风之一面，倾斜缓和，东南背风之坡，反较陡峻，对我造成一带自然的砂袋掩护堤，稍加人工便成堡垒；南部阴山更是我国历代所凭借用以防御胡狄之重重堡垒，贺兰、大青、狼山都是古代的战场，英魂碧血，至今犹为国人所凭吊，"驾长车，踏破贺兰山阙"，"不教胡马渡阴山"，均为千古名句，阴山于我国防的重要，史迹昭章〔彰〕，无容详赘。

综上所述，蒙古环境之动荡既为我国安危所系，蒙古地位之得失又为举国之存亡所关，其形势之险要又为国防之重重堡垒，其重要可知，加以边胞蒙人耐渴善骑，中央应本总理之边政原则，奉行总裁对边政之启示，一变以往之愚化怀柔，力事融洽边胞情感，扶植其文化，作合理之启发，使知体戚相共，利害一体；善为抚育，化雄健之蒙人骑士，为边防之精兵劲旅，负起新的历史任务，不仅可以杜强敌之煽惑利诱，更可借以捍卫疆场奠定国防矣。

《边政公论》（季刊）

南京中国边政协会边政公论社

1944 年 3 卷 7 期

（李红权　整理）

战斗中成长的晋绥解放区

作者不详

在七年抗战的烽火中，晋绥边区三百余万人民，经过了千锤百炼，变成了一支不可战胜的力量，它们胜利的果实，就是创造了屹立在西北河防前线的晋绥抗日根据地。

这块地方，东至同浦、平绥铁路，西至包头，北面是绥远大青山和内蒙古草原，南面依托汾离公路，面积三十三万余平方华里。全境包括了山西的西北部和绥远的大部，横跨晋、绥两省，控制了太原、归绥两个省城。

晋西北抗日根据地共辖三十六县，六个专区。二专区有神池、朔县、偏关、岢岚、五寨、保德、河曲。三专区有临县、临南、离石、方山。八专区有阳曲、交城、交西、汾阳、文水、清徐、太原、祁北、榆太、静乐、离东。六专区有静宁、武宁、忻县、崞县。五专区有右玉、右南、左云、平鲁、山朔、怀仁、大同。直属区有兴县、岚县及神府代管县。大青山抗日根据地辖九个县五个蒙旗，其中有归绥、包头、武川、陶林、凉城、集宁、丰镇等。

晋绥抗日根据地是华北各抗日地区的枢纽，是前后方的交通要道，是华北五大战略要地之一。它除西面与陕甘宁边区隔河相处外，其他方面都隔着敌人的封锁线，三面受敌包围。在敌人疯狂进攻下，七年来我军经常抗击敌寇二万一千余人，抗击伪军三万七千余人，打垮敌寇七千人之上的进攻和"扫荡"，至今掌握在我们手里的县城尚有河曲、保德、偏关、岢岚、临县、兴县等六个县城。特别是这两年，我军力量日益生长，根据地日渐扩大与巩固。在这抗战进入第八年的时候，让我们回顾一下七年来晋绥军民所走的艰苦路程。

拖住了敌寇的牛尾巴

抗战爆发不到三个月，敌寇就突破了长城线，晋北守军和官吏蜂拥南退，敌骑长驱直入，情况万分紧急。八路军一二〇师在贺师长、关政委领导下，赶来晋西北坚持了阵地，拖住了敌人的牛尾巴，在神池、宁武、朔县一带阻敌，配合正面友军防守忻口。十月十八日一二〇师曾在雁门关以南伏击敌人汽车五百余辆，占领雁门关，占领崞县附近南北大常、王董堡，切断了敌人的后方交通，使得敌人用飞机运送弹药给养，敌人吃不到大米、白面，只好用豆子充饥，给防守忻口的友军以很大的帮助。太原失守后，我军坚持在太原附近展开了游击战争，这时候的一二〇师不但每天要和敌人作战，而且还帮助友军收容散兵，设法将人枪送回原部，连友军军长傅作义等也因我军的奋勇配合，而安全撤退至后方。

当时战地动员委员会及牺盟会在晋西北各地积极动员群众参加抗战，民众也因为一二〇师、新军的英勇作战，自动大批参军。一九三八年二月各军奉令反攻太原时，一二〇师担任截断同蒲路北段敌交通的任务，在十九天的激战中占领平社、高村、原平等车站，破坏铁路五六十里，桥梁十九座，使敌人一个多月不能通车。三月大同敌后宫师团以万余兵力，进占宁武、神池、五寨、岢岚、偏关、河曲、保德等七县，那时一二〇师主力正在同蒲路上作战，闻讯星夜赶回，两天强行军走了三百余里，经过二十多天的血战，把敌人打退，收复宁武等七个县城，使晋西北局势转危为安。五六月间，三十五军反攻绥远，一二○师派兵配合作战，后三十五军败退，当敌人大肆吹牛，说"中国军队不能再到绥远"，"谁到绥远就消灭谁"，而我一二○师就在九月间派遣了李支队配合动委会深入大青山地区，创造了绥中、绥西、绥南以及察哈尔的游击战争，一直坚持到现在。

民国二十七年秋，武汉失守，因为华北游击战争的开展，给敌威胁很大，敌乃回师华北实行"扫荡"。一二○师奉朱、彭总副司令命令，主力东进，连同吕正操同志领导之三纵队，保卫冀中大平原，经过一年多的时间，来回经过了十几道敌人封锁线，与晋察冀部队配合，粉碎了敌人五次大"扫荡"，进行了二百多次的战斗。其中较大的如齐会三天三夜的战斗，消灭了敌人千余，黄土岭三天两夜的战斗，打死敌阿部中将。

一二○师留在晋西北的三五八旅、警六团、雁北支队，则协同友军保卫晋西北。二十八年三月，粉碎了敌寇"扫荡"，收复岚县。其中较大战斗，有交城那家庄、岚县明家庄等战斗。

新政权的建立

（被略一段）

在这种情况下，晋西北抗日人民、军队、党派及群众团体，为了保卫晋西北，继续坚持抗日，乃共同建立新政权，公推国民党元老新军领袖续范亭为行署主任。

二十九年二月一日召开了第一次行政会议，在这个会议上，制定并颁布了晋西北六大施政纲领，并布置了以后工作，其中心为：（一）促进宪政运动，彻底改造加强各级政治机构，实施民主政治，区村长民选，给抗日人民以言论、集会、结社、出版自由，筹备参议会，建立各级行政会议。（二）扩大抗日革命武装，加强自卫军，开展群众运动。（三）确定救济灾民、难民，累进合理负担，减租减息，优待抗属，屯集公粮等办法。

敌寇为破坏晋西北新政权的建立，四〇年初实行了空前未有过的春、夏、冬三次大"扫荡"。在春季"扫荡"中，敌出动五千余，占领了方山、临县、岚县，我军经过卅八天的战斗，才把敌人打退，收复了这三个县。六月七日，敌二万余进行夏季大"扫荡"，我军经过四十五天的苦战，进行了大小二百五十一次的战斗，才将敌人"扫荡"粉碎，其中最大的战斗有廿里铺战斗、米峪镇战斗。八月间百团大战开始，晋西北的一二〇师、新军及地方武装都参加了这个战役，经过五十天，我军直打到太原、汾阳、忻州、崞县、朔县、大同附近。共进行了三百余次战斗，毙伤敌伪军六千余人，俘敌军四十七名，俘伪军三百五十名，缴获长短枪八百八十五支，炮六门，掷弹筒十四个，破坏铁路一百七十五里，公路九百四十里，桥梁七十四座，给敌伪以沉重打击。敌为报复，紧接着就发动了两万多人的冬季"扫荡"，对晋西北进行了残酷的"三光政策"，经过三十五天二百多次战斗，终又将敌人"扫荡"粉碎。这就是一九四〇年一年中一二〇师进行的四个大战役。

二十九年整年中部队都在行军作战，党、政、民众团体和全体人民也都围绕着坚持对敌作战而努力。政权工作，基本上是迎接战争，克服混乱，颁发并贯彻了《保障人民权利暂行条例》，召开各地士绅座谈会，倾听人民意见。村政权进行了初步改选，人民生活得到了初步的改善，并组织了军政民慰问团，慰问了战争当中受害的同胞。

这时期，反"扫荡"战争胜利了，根据地扩大了，根据地军民经过了严重的考验，为各级政权建设打了初步的基础。

村政权改选

二十九年九月，行署召开了第二次行政会议，议定三个工作中心，就是：健全村政权，开展生产建设，加强教育工作。三十年九月第三次行政会议，使晋西北的政权工作更进一步的正规化。会议根据当时政权工作的基础和晋西北军民的需要，确定财经建设为当时政权工作的突击方向。同时对于武装建设、对敌斗争及政权建设如贯彻村选、筹备参议会等作出了重要的决定。

中国共产党提出的三三制政策，在晋西北是彻底实行了，并受到了各阶层的热烈拥护。如民国三十年村选当中，据十一个县五十五个行政村的统计，主任代表中有百分之四十四是中农，百分之三十八是贫农、雇农和农村工人，百分之十六是地主富农；村长中百分之三十二是中农，百分之五十三是贫农，百分之十四是地主富农。晋西北行署也确定公粮征收制，划一税收，规定除烟酒牌照税、营业税、卷烟印花税、出入口及过境税四项外，将过去旧社会的苛捐杂税一概取消。

在民主设施与人民生活改善后，人民抗战的积极性更进一步的提高了，一九四一年敌寇对晋西北进行了十七次局部"扫荡"，全区军民不但粉碎了敌寇"扫荡"，并主动出击，打了一千多次仗。各地的游击小组、青抗先、民兵都纷纷发展起来了，在每次的反"扫荡"的战斗中，都能配合正规军作战，民兵的数目，一九四一年中就发展了三万人，对敌战斗六七二次。他们用的武器有步枪、手枪、手榴弹、火枪，而旧式武器如地雷枪、榆木炮、独角牛等也发挥了不小的威力。每次"扫荡"时，行署规定各级政府在战争中，必须领导人民打击敌人，保护人民生命财产，各级政府不得离开所管辖的地区，实行县不离县，区不离区，村不离村的原则。

敌寇疯狂的"蚕食政策"

一九四二年是敌人"扫荡"、"蚕食"晋西北最残酷的时期。一九四二年二月敌又以一万兵力，进行春季"扫荡"，采取所谓"铁壁合围"、"梳篦队形"等战术。我一二〇师、新军、地方游击队以灵活的战术，经过八十四天大小二百余次的战斗，把敌人"扫荡"粉碎了。四二年五月十四日敌十六旅团五十九大队村川大队，窜入兴县县城，我军从大蛇头打起，一直打到白蒙场、田家会。敌村川大佐、横尾中队长被我击毙，多田中队长受伤。敌军一千四百余人，除三四十人得以逃脱外，其余全部被我歼灭。

敌寇对晋西北的四次大"扫荡"及无数次小"扫荡"被我军粉碎了，便积极采取蚕食政策，大体上分为三个阶段。第一个阶段是汉奸活动，第二个阶段是建立据点，第三个阶段是据点建立后，加强压迫，加强掠夺，以残酷的"三光政策"与阴谋欺骗，实行所谓"强化治安"。

敌人用这一套缓慢的、零星的、隐蔽的，由秘密到公开，由点到线，由线到面，由敌占领区而游击区而内地区逐步蚕食的办法，曾收到了一些效果。四二年敌人打通了岚临公路、静宁公路，按〔安〕设了蒲阁寨、芝关、岔口等数十据点，分割与缩小我根据地，并以岚县东村、普明、寨子等据点为中心，向我内地区"蚕食"推进。

同时敌人也进行第四次、第五次的"治安强化运动"，设立"和平团"、"新民工作先锋队"等，进行特务活动。四二年十一月敌更将五次"治安强化活动"改为"新国民运动"。加上由于过去我们对敌力量与阴谋估计不足，对敌占区、游击区人民的负担，以及群众性的游击战争开展还不够好等等原因，使我在敌占区、游击区的工作及反"蚕食"工作上遭到一些损失。

"把敌人挤出去！"

为了加紧反对敌人的进攻与"蚕食"，执行毛主席"把敌人挤出去"的方针，在四二年底晋西北行署规定了以对敌斗争、经济建设、精兵简政、整顿三风为一九四三年的四大工作，并实行领导一元化，使主力精干、民兵发展的方针。四二年五月，反蚕食斗争即开始了，并已有了初步成绩，特别是六分区、三分区我军给敌人"蚕食政策"打击很大。除八专区未统计在内外，半年来共摧毁伪村政权维持会三六八所，仅四专区经过争取自首或停止维持的即有二百多人，在游击区敌占区的游击活动也大加开展。

我们对敌斗争的方法，一个是加强武装工作队，把过去双重的对敌伪军工作及敌占区工作，统一起来，使我军的对敌政治、军事、经济、文化斗争，成为一个统一体，深入敌占区活动。对敌寇"蚕食"则进行了细密的调查研究工作，从发展中了解敌人"蚕食"的各种手段和方法，具体分析了敌伪"维持会"的产生及参加"维持"的人物、动机及其过去和现在的态度，决定予以打击或争取。使用这种种办法的结果，我党将敌"蚕食政策"打退了。四三年春季，我军区部队展开反"蚕食"、反维持斗争，共进行了大小战斗三百八十七次，收复了八百多个村庄，解放人口八万一千二百五十三名，毙伤敌伪一千三百余人，俘敌伪二百四十五人，缴获重机枪一挺，轻机枪六挺，长短枪二百七十八支，子弹一万〇五百余发。

人民的伟大创造力

在抗日民主政权抚育下，晋西北人民不仅积极参加了反"蚕食"、反"扫荡"斗争，而且创造了许多办法，产生了许多民兵英雄，坚持并建设了根据地。

宁武出色的劳动英雄与民兵英雄张初元，他适应着敌后根据地游击地区的环境与需要，在民兵和群众运动的基础上，创造了劳动与武力结合的方式，这样不仅节省了人工、牛工，也粉碎了敌人抢掠扰乱的企图。一九四二年敌人抢去了他们村中五十八石粮，四三年他们组织起来后，只被抢走了两石粮。四三年全村喂了三十五头猪，全部自己吃了，没有让敌人抢去一个。

是怎样组织起来的呢？四二年秋天，敌人在他们村子附近安下了据点，经常来骚扰。四三年正月，为了保卫春耕，张初元（那时他是农会秘书兼民兵分队长）就把原来的民兵组织整顿和恢复起来，最初是×个民兵，以后发展到××个。旧历二月初，敌人刚摸到村边就被民兵打回去了，从此，民兵的威信遂建立了。但，民兵经常出去活动，谁给他送粪呢？后来就在民兵中想法互助，以后在锄草、秋收到来时，就贯行全面互助，把民兵和庄户编成了一个组。民兵提出不让敌人抢去一条牛的口号，变工组则专以不荒一块地的行动。早晨天一明，民兵和变工组都吃饭，饭后，民兵爬山警戒，变工组便下地闹庄户去了。

五寨民兵更建立联防哨制度，一遇敌情，各村民兵即相互支援。如去年十二月三十日，小河头敌伪二十余名，企图到某村抢劫，刚走到村东土山上，被我联防民兵察觉，当即发出信号，路玉小民兵小组在副队长指挥下，分成三组，一面迎击敌人，一面掩护群众转移。敌见势不佳，正想掉头逃窜，我模范民兵中队长杨二湾已率领民兵赶到，各路民兵会合夹击，把敌人一直追下小河头据点附近。

去年，交西民兵神枪手崔三娃，在保卫秋收和反"扫荡"战斗中，他那个民兵中队毙伤敌伪十六名。他在写［信］给各村民兵的战斗号召信上说："乡亲们，民兵英雄们，现在是保卫咱们庄稼的时候了，为了食粮不被敌人糟蹋抢走，明年春季不饿肚子，啃苦菜，咱们来一个'一枪打死一个鬼子'的运动吧！"

过去，民兵们对旧武器不太重视的，自从交城、离石城民兵用旧武器作战，发挥了可观的威力后，一般民兵除了向敌人夺取新式武器武装自己外，每人都豫备了长矛、榆木炮、火枪、独角牛等武器。老乡们捐出了废铁、土枪。经过了他们的创造和发明，交城民兵英雄徐力强已能制造掷弹筒，许多地方的民兵自己搜集破铜烂铁，自己制造起手榴弹来了。

甄家庄歼灭战

我军民反蚕食斗争的不断胜利，使敌伪的统治区日益缩小，我根据地日益扩大。从去年最初三个月中，各地民兵活动不完全统计，则达二二二次之多，在反维持斗争中，共摧毁敌伪村政权八八一个，建立我村政权五五五个，使敌据点活动范围，由三四十里缩小到五里以内。

去年九月十五日，敌第三、第五十九两个旅团集敌三千多人，对我兴县保德地区反覆"扫荡"，经过了二十余天奋战，在甄家庄一带七天七夜战斗中，我军消灭敌人八百多，把敌人八十五大队主力全部歼灭，创造模范的运动战。后来我军更积极主动的围困与攻击敌据点，特别是今年春，我军民对同蒲铁路，神（池）五（寨）、五（寨）三（岔）、岚（县）离（石）、汾（阳）离

（石）、汾（阳）太（谷）忻（州）静（县）、岚（县）静（乐）、武（宁武）化（宁化堡）八条公路，展开数次全面破袭，共收割电线四万〇九百十四斤。

迄至四、五、六三个月内，六、八分区对敌斗争成效特著。我军共收复了六分区的石家庄、咀子上、细腰、蒲阁寨、湾子里、黄牛、王董堡，八分区的上双井、土地堂、静湾、孝子渠、庄花、义安、宁固埠等，三分区的津良庄，二分区的倪家庄等三十余据点。连以前收复的芝关、岔口等，已把敌人插在我根据内的大据点，拔除得差不多了。

生产建设运动

从抗战爆发到一九四〇年，是晋西北遭受敌人大破坏的时期。在农业方面，那时人的劳动力比战前减少三分之一，牛减少十分之六，驴骡减少十分之八九，羊减少十分之六。土地荒芜，耕地面积仅为战前百分之八十四，山地产量降低三分之一以上，棉花总产量只有战前百分之三。在工业方面，民间纺织业，临县原有改良机二百多台，土机两千多台，完全停顿。

新政权创立之初，即注意了根据地的建设工作。在奖励农业生产中，政府调剂了土地，使耕者有其田，所有耕地不荒芜，实行了减租减息、交租交息，减轻了农村中的高额的封建剥削，刺激了生产者的热情。政府减轻了公粮负担，奖励生产、创造和发明，帮助贷粮贷款。这一切都促成了根据地的生产运动的发展。四二年和四三年召开了生产展览会及空前未有的劳动英雄大会，在会上研究了组织起来变工互助及劳力与武力结合等办法。

据统计，一九四一年二十五个县开荒三十五万五千亩，一九四二年十三个县开荒二十五万亩，三年来全边区已开荒六十万亩，兴修水地六万九千余亩。特别是今年的生产运动更是热烈，仅春耕中，各地群众已开春荒四十二万亩，机关部队开荒十八万亩。加上劳动力的大批组织起来（神府、兴县劳动力组织了百分之五十以上），深耕细作，今年可增收细粮十二石以上。

农业生产中产生了张初元、温象拴、刘文锦、刘补焕等劳动英雄。他们不仅自己生产得好，还领导了各村生产，推动了全区、全乡。他们不仅劳动得好，而且还是各地民兵领袖。张初元在开完了劳动英雄大会以后，即积极在各村附近组织生产与加强民兵工作，细腰、石家庄等据点被我收复后，他曾亲往慰问。温象拴回家后，即积极布置、动员全自然村组织生产，不顾大雪纷飞、道路泥泞，连续数日内走遍十三个自然村，会同干部开会研究全行政村今年生产的初步计划。他们对穷苦农民都特别关心照顾，无论平时或锄草中，只要穷人没办法，他有的话都能帮助。温象拴说："咱是从穷人里来的，咱知道穷人的苦，咱现在好了，就得帮助穷人，也和咱现在一样。"

工业生产也有很大的发展。民间纺织业经过几年来政府的帮助，如奖励私人投资，负担不计母金，妇女纺织不徵税，私人小型纺织工厂免支抗战勤务等办法，因此纺织业也飞快发展起来。目前，全边区已有了纺车五万架，纺妇六万人，土机九千多台，快机一千三百多台，工人四万二千七百人，每年可产布五十万六千余匹，加上出产的毛布，能达到全晋西北军民的衣服自给。

其他工业。造纸业一九四一年的产量，达到了战前十分之九，四二年已超过了战前的产量。其他手工业作坊、矿业、油房、粉房等亦有大发展。公营工业占工业中的重要部分，一九四〇年以来，建立了修械、制铁、纺织、化学、火柴、造纸、工具、被服、印刷、制药等工厂，这些工厂产品的质和量都在不断的提高当中。

四三年五月展开的张秋凤运动，更发扬了工人生产的热忱。军区炸弹厂的炸弹每天平均产量增加百分之二十，一般学徒亦能增加百分之十七。张秋凤领导的小组，发明了试制炮弹新法。西北化学厂，四月份生产量比过去提高百分之二十五，五月份又比四月份增加生产百分之十三。

工人的创造性也大大的发挥了，如油墨、颜料、木绽床、铁轮织布机、手摇纺纱机、油墨滚子等都一一试制成功。

部队生产方面。一九四一年军区部队开荒六万亩。三分区某旅自己开油房、豆腐房、粉房，进行造纸、织布、挖炭等生产。前年该旅已作到每八人喂猪一口，每一伙食单位喂羊二十只，菜蔬作到全部自给。据统计，四二年一二〇师部队生产总数达二千万元。

素称贫瘠的晋绥边区，人民逐渐走向丰衣足食的境地。

民主政治

自从新政权建立以来，即遵照实行民主政治的方针，积极筹备村选。第一次行政会议上确定了村区长民选的原则。第二次行政会议上通过了《村选暂行条例》与《村政权组织暂行条例》。经过一九四一年、四二年的努力，大部分地区村选都收到很大的成绩。四二年又试办区选。后来在这种基础上筹备了晋西北临参会的选举。

经过了一年的筹备，一九四二年十月晋西北临参会召开了。大会参议员一百四十五人，其中有共产党员、国民党员、各党各派、无党无派以及抗日军人、工、农、商、学、文化界等人士。也有满、回、国际友人、朝鲜民族的代表。一四五位参议员中共产党员只有四十七人，未及三分之一。

在临参会召开的时候，敌人曾发动了对边缘区的"扫荡"，企图破坏大会的开幕及阻止各地参议员赴会，可是各地参议员仍冒着一切的危险赶来。如朔县参议员红帮领袖蔡原老先生已经是七十高龄，还日夜跋涉，走了七百里路冲出平鲁、朔县敌两重包围，到会出席。岢岚六十一岁女参议员张□女虽已老态龙钟，还骑毛驴，爬山越岭，走了七八天路程赶到。

经过十八天的讨论，大会通过了《巩固和建设晋西北施政纲领》，《保障人权条例》，《减租交租条例》，《减息交息条例》，《扩大民兵，加强地方武装以增强对敌斗争》等一百一十二件。选举了续范亭、武新宇为行署正副主任，贺龙、刘佑卿、张文昂、白如冰、杜心源、王达成、张韶芳、张隽轩、刘菊初、樊泿如、刘饱德、孙良臣、王缮、常耀五、武进卿、王法文、汤平、郭顺道、梁选众等十九人为政府委员，林枫、刘少白为正副议长。大会选举后，士绅参议员樊泿如说："我们的参议会很隆重，富有民主精神，大会的选举，非常郑重，没有任何包办的地方。选举的结果，共产党员也没有超过三分之一。"大同参议员张登荣说："开了这次大会，听了林枫先生的报告，我相信共产党是真诚坦白的，我对中国共产党的怀疑没有了。"

敌占区的民众听说临参会开幕，更欣喜若狂。某县代表林子茂在来会的途中被敌人发觉了，敌人几次追踪包围了他，可是还是冲出了敌人几次包围，绕道前来，沿途转折了半月。敌占区参议员赵贵庵登台说："我来自敌占区，目睹敌人烧杀劫掠，今日看到民主选出的政府，人民亲献鲜花，心中悲喜交集，不禁泪落。"阳曲沦陷区民众在给临参议会的布帏上写着："我们身在敌伪压迫下，我们心向着临参会！"

《群众》（周刊）

重庆群众周刊社

1944 年 9 卷 19 期

（李红权　整理）

包头、归绥激战中

——记善于防守的傅作义将军

左军　撰

自抗战胜利以来，中共在全国十余行省发动的军事攻势，当以绥远境内为最烈，他们出动十万以上的兵力，在贺龙指挥之下，分攻归绥与包头，这两个要城是西北共军进入热、察、绥和东九省的咽喉途径。

但不幸得很，共军从晋、陕出兵，攻击此两大重镇时，偏又遇着那位以坚守涿州孤城月余而饮誉国际间的硬汉傅作义将军，他凭着二十年前的守城经验，来从容布置城垣防务，俾得应付长期的困斗，结果共军以全副的力量，牺牲了无数敢死的兵卒，进攻数十次，围城数十日，最后还是一筹莫展，报间且发表总指挥贺龙在攻城战中阵亡的消息，足见共军在这方面损失之巨，真是惨烈之至的。

有人以为倘归绥、包头的守将，换了其他军人，怕早已为共军所攻下，而得完成其打通东西北企图，但偏遇守城主将是傅将军，这实是中共的命运不济，注定要损兵折将，受一场惨败。

傅作义将军守涿州城的英勇故事，还是发生于民国十六年，北京军阀政府崩溃之前，那时吴佩孚已在武胜关惨败，退据洛阳，北政府政权，入于奉系之手，革命军攻下武汉后，因急于砥定江南，无暇北伐，遂利用政治手腕，暗结山西的晋军，和冯玉祥的国民军，在京畿倒戈，这在冯玉祥，已是第二次的杰作重演，他负责侧击吴佩孚的残军，而晋、奉军的战事则在涿州、保定、石家庄一带展开。那时奉、鲁军的声势，相当浩大，内有杨雨霆军师，运筹帷幄，外有张作相、张宗昌、褚玉璞、吴俊陞诸将布防，小张亦拥有郭松龄、毕庶澄等少壮系军人，而白俄军的战力，更勇猛可畏。晋军虽取攻势，不久即告不支，向正定、石家庄一带退保山西，独留傅将军的一师部队，却坚守涿州孤城，与大本营失去联络，于是他通电全国，愿与城垣共存亡，誓不撤退，一面则构筑守城工事，勖励部下，协力同心，完成军人天职。

在奉、鲁军四面合围之下，对这个涿州孤城，足足环攻了二十多天，未能得手，奉军曾用白俄敢死冲锋队，悬梯攻城，卒难破其一角，而后面的重炮队，终日怒吼，向城内猛轰，后来且曾开掘地道，向地底偷袭，却被守军发觉，用水淹堵，那时北洋军阀，且已购有飞机，加入作战，曾连续向涿州城投过几次炸弹，但傅将军在城内，却指挥若定，在沿城偏〔遍〕掘地洞，分全师为三班，一班守城，一班巡逻，一班休息，轮流防守，遂无懈可击，徒使奉军望城兴叹。

这次傅作义将军的英勇表演，不特震〈惊〉中外人士，且感动了奉系的将领，虽说大家兵戎相见，而内心却起了无上敬意。适巧到围城的一个月止，政局起了变化，革命军与奉军，谈判合作，涿州之围，不解而自解，奉军将领，不仅不加追击，且备了盛筵，为傅将军庆功，以表敬意，并保证其全师安全撤至石家庄。

以共军的骁勇，碰着了这位铁头将军，就毫无生路了。

《七日谈》（周刊）

上海七日谈社

1945 年 2 期

（朱宪　整理）

傅作义吃"山药"守"绥远"

国柱　撰

在上期本刊里写了一篇《英雄我爱傅将军》，乃是记述傅作义将军守涿州城的史实。现在他奉令固守绥远，却和共产军的贺龙将军对垒。于弹尽粮竭的环境里，仍能坚守不屈，直到马歇尔将军政治协商会议成功，军事三人小组委员会人员飞达北平，执行停战命令，傅氏遂与贺将军先后同莅北平，举杯言欢，傅氏的守城本领越发使世人钦仰了。

但傅氏在绥远孤城里，既无粮糈，如何坚守呢？这绥远城却没有守涿州似的大量酒糟存在，其维持士兵生命的食物究竟是什么，想读者必欲所知。不过笔者于其说出食物名称之前，却要先声述傅氏主绥远省政府的源流。当已故汪逆精卫在北平扩大会议成立，阎锡山氏被诱惑，率领晋军六师，沿津浦路南下，与中央军相持于泰安、曲阜之间，以援应陇海路的冯玉祥氏的军队。

在阎、冯两军叛离中央的一役中，确乎使中央政府发生遗憾，旋以韩渠〔榘〕的背盟，率军自胶济路西上，直拊晋军之背，傅氏率军仓猝渡河，退守德州，欲图再战，不意张学良（少帅）又率奉军入关，到了那时，傅氏只得放弃天津，率部沿平绥路北退至绥远而止，阎氏也负了政治上失败的责任，出国游历，乃以晋政交徐永昌，绥政交傅作义，傅氏主政绥省，其渊源就始基于此。

绥远原为贫瘠之区，自傅莅省后，开渠灌溉，辟拓荒地达万亩之多，一面改良路政，提倡畜牧，办理平民教育，推广农村自治，还创办《绥远日报》，以利宣传工作，所以他治绥未数年，成效大著，要没有敌寇的扰乱衅战，绥远的建设早已走入美好之途了。自从七七事变，晋、绥相继失陷，傅氏仍率所部进行其抗战工作，至于夜袭百灵庙，血战怀源〔五原〕县，都是傅氏对敌作战的精彩表演。

胜利以来，傅氏仍然奉令主绥，一方收降在绥的敌军，为了地盘关系，共军由贺龙将军亲自率领作争夺之战，炮火攻打，日夜不辍，粮食燃料，严禁入城，傅氏率领军民，严事抵御，善予固守，可是粮食、燃料，所存无多，初犹罗掘以应，终则仰屋兴叹，结果发现一种食料，这个食料，既富于滋养，而易于果腹，其物就是山药，这山药是绥远地方产量最多的一种植物，傅氏有了这种食粮，因此他的守城勇气，添增了百倍。

《沪光》（周刊）

上海出版者不详

1946 年 5 期

（朱宪　整理）

察哈尔省军政警卫近况[①]

王家德 撰

一、十月一日，奉省府令随第十一战区第十六军前进作联络工作，行至距察省怀来县十五里之榆林堡，因前方战况甚烈，敌我两方伤亡甚多，真有尸骨堆山、血流成河之现象。"奸匪"在察省所退出之地方，将男女青年一齐驱走，并将房舍焚烧，各村水井用土添满，街巷中均埋地雷。生与前进军所到之处，不但步步小心地雷，连井水亦不能入口，晚只能露营，而进军士杀敌正气，莫不旺盛。

二、十月十四，生又随察省府主席冯钦哉乘车一同抵青龙桥，翌日抵怀来。因怀来县于十三日被我第三十四集团军攻下，车抵怀来县城，主席冯因接到北平行营主任李电报，令返平就第十二战区副长官，至于主席，由第十二战区司令长官傅作义兼代主席，于是冯主席与随员等当日返平，只留生等前进工作队卅人，再向前方。工作队长用民政厅长白宝瑾担任，将队员卅人分五小组向外工作。

三、生派在第五组，经下花园至宣化，于廿三日抵张家口，沿路视察与安抚民众。沿途铁轨均被"奸匪"破坏，枕木被焚，桥梁尤烈，即电线电杆亦被焚毁割断。行至下花园，该地日寇在时，建筑很伟大之发电厂，足供平绥路线三分之二之电力，但"奸匪"

---

① 作者的反共立场十分明显，为保持资料原貌，照录原文，请读者明鉴。——整理者注

退走时，被其用炸药炸毁，如果修理，非得相当时期与若干巨款不可。行至宣化，视察龙烟铁矿，其规模之宏大，机器之众多，建筑之雄壮，诚为北方之重工业场。但内部之机器，除"奸匪"之运至边区一带外，所存之机关及房舍均被破坏无余，以致未走之工人数万人，均告失业矣。该地除龙烟铁矿外，所有之炼铁工厂、造纸工厂与化学工厂，共计工厂十二处，无一处没有被其破坏，损失至巨。

四、张家口于十月十一日下午二时，为第十二战区傅作义将军所部占领，"奸匪"纷纷退至涿鹿一带。生等于廿三日抵达。全市治安由傅军维持，人民各安居乐业，商业日渐恢复，民商等门口均贴欢迎国军标语，民众均欣欣然有喜色，相聚于街头巷尾谈论赞扬。

五、蒋主席之英明领导，陈参谋长之指挥有方，傅长官之英勇奋斗，均痛恨"朱毛之邪说"风行，破坏旧道德斗争，清算无辜，戮杀人民及智识分子，真是箪食壶浆，以迎王师。可见人民盼望国军收复之心真如大旱之望云霓也。生抵张家口，复又奉白厅长谕，径到省政府，担任修理省府房舍，并兼会计等职。兹因责任重大，事务繁忙，由十月廿五日起，至今日，已将一月，而工程尚未修竣。

六、察省主席虽由傅长官兼任，但现因仍系军事"剿匪"时期，一切行政均由本省建设厅长张砺生代推代行，而省府各厅处之职员，在这一二日内均由北平抵省府，正在整理文卷，开始办公。省府接交事宜，由前主席冯，派秘书长宋秀峰赶办中。

七、现在察省情况，所属各县共计十九县，除龙关、赤城二县尚有"奸匪"盘据外，其余十七县所在之"奸匪"，均被第十一战区英勇将士驱逐出境，向太行山、五台山根据地逃亡矣。而赤城国军因奉命调至平汉路（第十三军）一带，地方团队武力单薄，又被"奸匪"占入，所以从前欢迎国军民众，据闻在十岁以上之幼童，亦被惨杀无余，赤城县难民又逃亡张家口一带者甚众云。在本月十五日前后，龙关县所属赵川堡，被"奸匪"侵入，［将］新旧县长及随员廿人均被俘虏，旧县长田某于前日逃出。

八、国军收复之各县、各区、各村，所有"奸匪"之区村干部，都用宽大政策释放。此种干部，固然有改悔者，但其中恐有为"奸匪"工作者，所以各县区之民众，都觉得中央过于宽大，恐这坏干部再死灰复燃，均主张中央分别重处之。

九、傅军抵张垣后，军队除继续扫荡"奸匪"外，并派一部政治人员在张垣本市与各县成立临时政务委员会，内分为总务、司法、保安、接收、保管五组，处理本市及各县行政事务，并成立区公所，组织保甲，调查户口事项。

十、于十一月一日成立省会公安局，并发表靳书科为局长，靳氏系日本士官学校炮兵科卒业，一切尚有计划，现该局正筹划组织中。生亦与靳局长坐谈，并向其建议有关察省警政意见，伊亦一一接受预备实施。惟在西安时，察省发表之局长张精一于十一月一日抵张，预备接局长，因本日第十二战区已发表靳局长，张氏准备辞去返平，嗣经傅长官慰留，并言一定给他一相当位置，故张局长及随员等现仍留张家口候差云。至于各县警察局长，大约均候各县取消临时政务委员会，正式成立县政府时，然后始发表县局长。本省省府组织就绪后，临政会即将取消云。

谨呈

教育长　李

警高学生　王家德

《校友通讯》

南京中央警官学校第二分校毕业指导组

1946 年 7 期

（訾茹　整理）

论漠南的国防①

黎世芳　撰

自蒙古以公民投票方式决定其独立以后，我们西北的国防线乃向南缩回来七百余公里，从此漠南地方遂一跃而居于国防前哨。

在自然地理上，漠南这一块面积约一百零三万余方公里的土地，就是过去被叫做内蒙古的地方，这里包括了热河、察哈尔、绥远、宁夏四省，此外则还有甘肃西北一部分也位于大漠之南，我们为了叙述方便也列入漠南之内，就是在自然地理上叫做河西走廊之地。这一个地区，除了南部河套区及各大城市中为汉人所居住外，北部几全是蒙人的游牧地。那儿还是依着蒙人的政制，从辽宁省北部起，分划为哲里木盟、卓索图盟、昭乌达盟、锡林廓勒盟、伊兰察布盟，及阿拉善、额齐拉善两旗。这些地方自从民国元年蒙古有独立之举后，与我中枢的联系就形同若接若离的现象，这中间的原因完□是满清一代对蒙古族之羁縻主义，及其对汉蒙、汉满种族间之分离政策种下了恶根，而我们政府对此亦从未树□确定之边疆政策以谋根本解决，遂予当时的帝俄及日本以煽惑离间之机会。"九一八"以后，日人除武装攻占热河并入伪满版图，使哲里木盟、卓索图盟及昭乌达三盟沦入其魔掌外，复煽动内蒙自治运动，编练伪蒙军队，大举进攻察、绥，致锡林廓

勒、伊兰察布二盟亦告叛离，仅存者只有绥远之伊克昭盟，与宁夏之阿拉善、额齐拉善两旗而已。"七七"事变发生后，日寇又席卷塞外，旋即树立所谓"蒙古军政府"，继则设立"察南自治政府"、"晋北自治政府"及"蒙古联盟自治政府"三伪政权，后又改为"蒙疆联合自治政府"而由傀儡德王粉墨登台。直到"八一五"日寇无条件投降后，这一个傀儡政权始告瓦解。而外蒙军及苏军又接踵而至，他们大肆宣传说是为解放而来，为蒙古人生存内蒙应迅即独立，致使内蒙人士有"北倾"的思想发生，只是苏军及外蒙军的军纪却做了他们的反宣传，所以除了少部分人士受其煽惑外，当时内蒙人士的"内倾"仍然是占优势的。他们曾经推派代表马尼巴达拉向中央请愿，而德王也亲自飞重庆晋谒当局，这都表示了他们对中央的企望；可惜的是当时政府没有把握时机，而中共又在苏军掩护下"侵占"了张家口，于是倾向延安的人就代"北倾"及"内倾"之人而起，在"解立"的烟幕下，"内蒙自治运动委员会"乃告成立，起先所组成的"锡察西盟民族解放委员会"，及"东蒙自治政府"都被并入，内蒙大部地区乃完全为中共所控制，而漠南地方除宁夏、□西南，及河西走廊三地区外，仍然走向了支解之路。

目前张家口虽然为国军进驻了，但漠南问题并未因此而解决，相反地这一个问题倒从此而更加重要，因为一年来中共在这地区已播下了不少"北倾"的种子。为了不使漠南再随外蒙而走，我们亟应予以最大的努力，日寇当年之图染指于漠南地区者，不外巩固其在东北地位，一面以防俄人东侵，一面则从此逐渐支解我领土，因为漠南在地理上恰居蒙古高原之斜面，既可联络东北与西北以制蒙古，复可以居高临下之势以控制华北，在国防形势上，确占有优势地位。

我们试由新疆塔城起，循此而经迪化、哈密、居延、五原、百灵庙、多伦、索伦而止于海拉尔作一根弧线，则很明显地可以看出这就是我由西北以至东北的国防线，我们之所以不限漠南在一些"傀儡组织"下支解以走，并不是为了漠南的存在，而是为了保持整个领土的完整，为了整个国防线的巩固，因此，我们对漠南问题应针对过去所以被支解之由，力求改正过去民族政策之错误，以确保我边防。下面就是在漠南国防上几个迫切需要解决的问题。

一　民族问题

漠南今日之情形如此，我们首先应该觉悟，这是民族政策的错误所致。因为我们对边疆民族从未树立积极永久政策，使内地人民与蒙古人民间的隔阂无法撤去，所以我们今后国防政策第一要务就是合理解决边疆民族问题，因为不如此则移民垦殖和发展边疆等，都无从着手。

要合理地解决边疆民族问题，首先就得纠正我们过去一些错误的观念，革除华夏蛮夷的自国民间的隔阂与偏见，尊重各边疆民族间固有的社会、文化、宗教、信仰及风俗习尚；因为这是各民族历史与地理的环境所产，绝非在短时间的政治与社会力量所可动摇，亦毫无加以改变的必要。最主要的是还得尊重各民族现行的政治与社会组织，以保留这些适合各该民族生活方式的机构。目前内蒙人士所引为最不满的，就是他们被旗盟组织与县政组织的双重辖管，虽然这关系于整个国家的政制，但在因地因人制宜之下，也不得不予以注意。

其次则应该推行社会文化事业，以教育的力量启发其民族意识，加强其国家观念。但这却需要从事此工作者，以最大的努力容忍一切由误会所招致的困难，因为各边疆民族由传统的偏见，与过去边疆政策的错误所留下的宿怨，往往会给予边疆教育工作者以种种不易克服的困难。最近内蒙人士所以高呼消灭"大汉族主义"，正是一个最大的误会，今日，在中华民族之下是再没有什么汉、满、蒙、回、藏之分的。

还有一个重要的问题，是要解除边疆民族的痛苦。过去边疆统治者所施予的虐政苛税，以及一切不合法的土地政策都应废止，一方面则应积极地改善边疆民族生活，配合其生活方式；开发边疆富源，树立国民经济建设基础，以安定其生活。然后再依据国父民族主义中"对内各民族一律平等"之指示，扶助各边疆民族自治，成立各级民意机构，力去以汉人治蒙之硬性规定，逐渐树立边疆民族民主机构，并加强其自卫组织，以巩固我边防。

二 移民屯垦问题

关于移民屯垦问题，虽然为内蒙人士所坚决反对，但我们移民屯垦的目的并不在漠南的游牧地区，在不与内蒙人士游牧生活相抵触之地区，还有许多荒芜的土地，以现有边疆的人口是不足以尽开发之功，所以我们实行移民屯垦计划，应该在地尽其利、人尽其才的原则下，化荒原为绿野。

漠南地方的南部，正是黄河河套地区，那儿保有许多广大的土地正待我们去利用。仅绥远境内灌溉区即可分为三区：（一）后套灌溉区，可耕之地约一千六百万亩，可灌溉之地约一千万亩；（二）三湖河灌溉区，可灌溉之地约七十万亩；（三）萨托区（即民生渠范围），可灌溉之地约二百万亩。目前绥远可灌溉之地约三百万亩，如将后套及三湖河区尽量整理扩充，并将民生渠加以改进，修完支渠，使黄河之水能充分利用，即可灌溉之地，可增至一千二百七十万亩。以绥远现有人口（连北部游牧区在内）之二百零八万来平均，每人可得七十万亩，像这一个偌大的数目，除非全用机器，否则是不足以完成其开发工作的。

至于宁夏阿拉善区，虽然干燥而无水源，但据专家研究，可从黄河由甘肃景泰出长城后之五佛寺附近引水，利用附近峡谷筑坝抬高水位，兼利航行及发电，且可以导水入阿拉善区，无论是畜牧以及屯垦都可以增加一个一千万亩的垦区。还有河西走廊一带，更是沟渠纵横，沃野千里，据估计这地区的耕地面积在四千余方公里以上，约五百余万亩，以上三地区可耕地共三千万亩，如此广大地区，人口无多，正是今日移民屯垦之地，在国防上言，这正是西北国防上一大粮食仓库。

此外如察、热两省北部，却又是一片广大牧场，以察哈尔的名马，在国防上更属大批需要，其余的皮毛也是军需工业重要资源之一，所以在国防上这儿不但是一个大牧区，而且是一个毛织工业地。不过这里却有一个重要的问题，是移民漠南首先得将移入垦民予以特殊训练，使他们能牺牲自己的生活习惯，革绝歧视边疆民族心里〔理〕，而能以真正的友谊与休戚相关的真挚的民族情感加入他们的伙伴。过去边疆民族之所以能与其他异族相处，且为其诱惑而对内地民族发生隔阂，这中间的缘由我们断不能忽视。

三　交通建设问题

以上所谈到的移民垦殖以固国防，则交通发展实属一先决条件，因为广大的移民，及土产的外运，以及其他国防建设等，都赖交通以尽其功。漠南地方的交通在濒河套区则以水运为最轻易之举，盖水运运量既大，运价又廉，在西北下行运输又多为农林牧土产，故航运尤适需要。至于黄河上流的航运，自甘肃靖远以下即有木船，铜峡以下至包头间木船最多。包头、宁夏间清末以来曾三试航汽船，往事虽未成功，但如整理水运与特别设计相辅而行则必可成功无疑。这一段航运在铁道网尚未完成以前实占很重要位置，因为自从日人将由锦县经漠南各地的锦承、叶峰、张多峰、承平诸线完成而与平绥线接轨于张家口后，漠南的铁道网可谓完成了一半，由我国的西北到东北间，只要将黄河河套区的航运与平绥路联运即可沟通一气。如今陇海路已延长到天水了，我们的希望是能很快地把它修到迪化去，则平绥路亦可由包头延展到贺兰以至兰州与之接轨，这一来漠南的铁道网就可以完成他连络东北、西北，以拱卫我华北的任务了。

此外以漠南的地形，以现形国家经济力量来看，大规模修筑铁道既一时无法实现，则不如先就原有公路予以改善，使合乎国防需要，及加强其运输力。漠南地方现有公路，其主要干线有：包头贺兰兰州线、兰州迪化塔城线，以及以百灵庙为中心的百灵庙归绥线、百灵庙漥江线、百灵庙居延迪化线及百灵庙赛尔乌苏线，这些公路如今都延伸在国防第一线上，我们亟应将其路面加阔，使成为国防上重要的军事运输线。

自张家口为国军进驻后，漠南问题更不容我们拖延下去，因为这里有一大块土地是刚刚脱自于日人统制之下，又沦入中共"解放"之中，它正徘徊"北倾"与"内倾"之间而是最易变动的时候。去年内蒙留在北平的人士向张镇、鹿钟麟两特使条陈意见，要求中枢作明快决定。以及最近旗盟致敬团之来京，都表示出这一问题的迫切。我们谨希望政府能把握时机，慎重地执行这些两经蹂躏而新为国军收复地区的绥靖政策。先建立友好的民族情感，使边疆民族能怀以欣慰的心情，接受一切谋国家边防的大计。环顾二次大战后的世界，各国都在一片复兴声中图强自卫，我们再不能坐失时机！

《国防月刊》

南京国防部新闻局

1946 年 1 卷 2 期

（李红权　整理）

特务官匪祸伊盟

霍流　撰

到处横行着特务！

（伊盟通讯）没有到过伊盟的人，总对伊盟怀着美丽的想法的，那里的草原，那里的牛羊，还有天真烂漫的少女的歌唱……在在引起人们神往。可是，在今天，假如你跨过黄河，巡视这片辽阔的草原，你所见到的，听到的，你几疑人间地狱了。

在伊盟，到处横行着特务，它们强奸女人、拉牲口、贩烟土、路劫客商，一切人间恶行，都被他们做尽了。在郡王旗的虎食梁，一位特工人物——挥着一张国民党党员的党证，坐在老百姓坑上，对在座的人说："这叫党证，我是特务，从陕坝中美训练班派出来的，专为对付'达子'来的。我们光在这个区域就有好几十人，谁敢不听我们的！"那付无耻的嘴脸，叫人一见就要作呕。他用小罐子盛着一两大烟，向一个姓王的老乡换一条牛。老乡说："不行！这是我的命！"

"不行吗？——我是特务，不行也得行。我们用美国的原子弹，连日本都打败了，你们还有什么不行的。"……结果，牛被牵走了，烟也收回去了。

当地得老百姓称这些人为"霍拉盖"（地痞恶棍），他们秉承着陕坝特务机关的意志，用××办事处、××训练小组、××粮秣库等名目出现。有个姓张的特务，在达拉旗杨家圪崂，坐在杨先生家的坑上，一面抽着大烟，一面对人说："我们这一带所设立的训练小组，实际即象汉人的自卫队。办事处就是和城内的乡区政府一样。这是为了欺骗这伙'达子'的。"

欺骗、掠夺和各种卑劣的手段，原是这些人惯常的行为。而最令人愤恨的，他们则在有意制造蒙汉民族间的仇恨，在不儿台庙（郡王属）门口有家纸烟铺，一个姓张的特务对群边客说："撵走这些'达子'，把他们赶到天边去。"一位蒙古老乡很沉痛的说："朋友，我对他们汉人并不错呀，他们来时老婆、孩子一大群，他们在蒙古地上发了财，养大了他们的娃娃。现在他们有得吃了，有得穿了，也有了地种了，为什么倒要撵走我们呢！世界上能有这种道理吗？"

世界上并没有这种道理的，因为有了大汉族主义，才有这样的无理的"道理"！

在特务的统治下，伊盟真是魑魅鬼域〔蜮〕的世界，老百姓连晚上都在恐怖中。郡王旗庙西十五里乔家洼自卫队的乔队长，连他两个弟兄都得赶早把铺盖卷好，躲到别的地方去住。问其所以，则云："不躲，遇上就倒霉，抓兵的，都是老蒋的跟前人，不管什么人都要抓。"

在这里，普通一个老百姓要想暂时免去被抓的危险，就只好卖掉土地、牛、马、羊，去买一支步枪，充当本地的自卫队，以备随时征调。名为"保护地方，防止土匪"，实际只是要驱迫人民，去进行罪恶的内战。

队伍简直像狼一样

那里有横行无道的特务，那里也有奸淫掳掠的官土匪，凡是到过伊盟的人，只要一提起中央二十六师何文鼎这个名字，老百姓没有不恨之入骨的。二十六师早在日本投降前，即进驻伊盟、后套一带，和日寇、汉奸勾结，奸淫蒙汉妇女。私贩金子、皮毛，换取鸦片，向大后方运销。二十六师七一六、七一七、七一八各团，只要是尉官以上的，没有不贩卖鸦片的。他们掠取人民的粮食，把它保存起来，号称八大仓库，在〈东〉胜县境内，便有这样一个掠夺来的大赃库。

此外还有各色各样的队伍，什么骑四师，二十六师（武四儿的师），兵站库，绥西驻军，保商团……简直像狼一样，老乡说："老百姓养兵，是养儿子，不是养狼。"然而，没有一个是儿子，狼到遍地成群了。他们穿老百姓的，吃老百姓的，商人过境的白面、布匹、麻、大烟……都要"保护税"（！），不然，你便别想过去。

去年冬天，一群宁夏回回商人，带了五十多个骆驼，走到乌审边子，遇到二十六师一个老总："站住，你的骆驼，驮的是啥，有没有犯私的。"开头的一个商人很老实的说："老总，我们驮的是麻和毛，现在日本投降了，这些东西不犯法了，你们还挡什么呢"？这位老总不问清〔青〕红皂白，劈头便是两个耳光，打得那个商人半边脸通红，很想和这个混蛋较量一下，幸好旁面一个商人出面调停（因为他是尝过这种滋味的！），给他一个金箍子，嫌少；又付足一万法币，一场险遇，才算幸免。事后据那位调停的商人说："今天这个小子，还算不错。要是遇到另一个坏蛋，你今天就别想走了，你的骆驼，你的货，看看是谁的？"

在乱水泉子，二十六师两个上等兵，向一个商人买布，当面议决三百四十元法币一尺，买了两匹白洋布，答允"一会儿送钱来"，可是黄鹤一去不复返，连个鬼影子也不见了。那个商人气愤愤的说："我就是把钱扔到水里，也该有个响声呀！"

骑四师一个胡副官，背着一支驳壳枪，托着三两大烟，在塔儿召拦住一个客商，硬要买布。商人说："胡副官，你不认得我了吗？我们不是'外人'，你要多少，说罢！"胡副官"怒气冲冲"："我要你的钱——我是随便乱要钱的人吗？"——他是不要钱的，可是两匹黑市布，作为"贽礼"，被他要走了。

到伊盟去的商人，当局既不让他们通行无阻，也不完全不让商人通过，这也是他们想出的妙法。他们使了你的钱，让你通过了，但他可以另外指使一个老总再去挡住你。肃州商人张保忠，从宁夏驮了十三驼毛，身边仅带现款法币七千元，路过达赖旗大井上，碰见该旗五团一个排，却要向张索取保送费十三万元，不然，出了危险不管。张保忠只好以一匹马一匹驴作抵。但走不多远，又出现了一群老总，也要保送费，张保忠又有什么能力敢于违拒不交这笔款子呢？结果，辗转"保送"，张保忠便这样"保送"完了。恨得张保忠说："哪个王八蛋再去做骆驼商人。"

但也有例外的，那便是去孝敬日寇的败类，回奸姜惠若，蒙奸森盖兔，他们可以武装押运鸦片，专门主持鸦片买卖。回奸姜惠若还是西北保商督办，昭君坟、大树湾驻有他们的部队，这两个渡口似乎专为他们作为运输鸦片而设的。

由于特务和官土匪统治伊盟的结果，迫得许多商人只好另找出路。从宁夏到包头，以前有两条路可走，一是黄河，一是回回大路。旧时这条回回大路上，铃声终日不绝，经常有三二万头骆驼的商队来来往往，而今回回商人，为了避免路上的危险，不得不抛弃他们祖先艰难缔造的大路，夜去"踩荒"（注）。走一程，问一程，有好几站，还要请蒙古朋友带路。即使这样，也还是很不安全。商人无奈，为了自卫，只好带着枪枝，有的还带有自动步枪。以前日本浪人在中国走私，是带着武器的，想不到日寇投降后的今天，中国商人在自己的国度内经商，也要学着日本浪人的办法了。

如果你稍微留心一下，你就会觉得伊盟今天是人间鬼域〔蜮〕了。在那里，除有各色各样的"正规"军、杂牌军，更有"不浪队"、独立队……像魔鬼一样到处缠着老百姓。而地痞流氓也随着这些特务乱发"洋财"。可是，人民不会这样长久沉默下去的，冤有头，债有主，他们说："总有算账的一天的！"仅就去年十二月到今年一月，即有武胜、郡王、杭盖等旗，为了反抗特务和官土匪的暴政，而引起的武装冲突，前后便有好几起！

注："踩荒"，不走大路，专找没有驻军的荒野里走。

《内蒙古周报》

张家口内蒙古周报社

1946 年 2 卷 1 期

（朱宪　整理）

北票自卫战中蒙汉军民并肩作战

作者不详

据《冀热辽日报》报导：领导蒙民支队参加五月中旬北票自卫战争的蒙古女英雄乌兰对记者称：此次胜利，是一件大事情，不仅是武装的蒙古人民首次在独裁者的面前显示了自己的巨大力量，最重要的是蒙军与八路军，蒙汉军队与蒙汉人民融洽团结得像一个人一样，向反动派表现了要求和平与民主的决心！她说："当蒋军来进攻我们的时候，英勇的八路军打先锋，我们的骑兵队在当中，后面是大队蒙汉联合一起的民兵，运输给养的毛驴队和抬担架的救护队，都争先恐后，冲锋迎击。八路军真是英勇，要不是我们的蒙古好马，恐怕跟不上他们的跑步。我们的蒙民支队也非常勇敢，本来规定不上火线的民兵，都背了一箱一箱手榴弹只管往前送，有一个蒙民把子弹刚送到新阵地，被蒋军扫了一排机枪，他的手被打伤了，接子弹的那个八路军腿上也中了三颗子弹，倒下去了。民兵把子弹交给了另外一个战士，只抹了一下自己手上的血，他咬着牙忍痛把那截花的弟兄背在自己的身上，一口气背了十五里路，到安全的后方，他自己也昏倒了。"

（又讯）这些蒙民支队都是最近发展起来的，是由内蒙古旧日的贵族、喇嘛、大学生和劳工、贫农所组成。他们听说要自治，都卖了东西买了枪，骑上自己的马来参加，好根捏勒有一个名叫白英格俐地的老汉向新那勒队长请求："我也要自治运动啊！我家里虽然没有多少钱，但是谁都知道我是个大家庭，请把我们全家六十口人编成一个支队吧！"第十二支队原来在敖汉旗，大队长墨勒根（又名李华亭）是一个谁都知道他的老英雄，这个富农捐出了三十多石粮食作为支队的经费，三王爷达尔玛希第也捐出了许多土地，把许多租子也交给支队。在这一次自卫战中，十一支队和十二支队在营古管子会师了，这些内蒙人民自卫队有些兴奋得落泪。他们说："从前当王子自卫队的谁也不许过别旗的界限，现在为了平等自治，我们随时都等着云泽主席的调动！"

《内蒙古周报》
张家口内蒙古周报社
1946 年 2 卷 2 期
（李红权　整理）

河套国防史略

胡肇封　撰

（一）

　　黄河自宁夏北来，流经绥远省境，蜿蜒至陕、晋间，曲折回环，成一套形，古称"河套"。就现有的地理常识而言，"套"有前后之分，"前套"指现在黄河在绥远省境绕成的套形，即伊克昭盟鄂尔多斯草原，"后套"指今日以五加河为脊领，黄河为胸膛，八大干渠，百数十道小渠为脉络所形成者。谚称"黄河百害，惟富一套"的"套"，现即指此而言。按《通典》称："河水自灵武郡西南，便北流，几千余里，过九原郡，乃东流，自灵武以北，汉人谓之西河。自九原以东，谓之北河。"又据《榆林志》："自宁夏横城堡西折而北，径三受降城，南至废东胜州，西折而南，入府谷县皇甫川九里，其中谓之'河套'，周回数千里。""九原"之名，始见于《史记·赵世家》，谓"武灵王攘地，西至云中、九原"。九原在今日究属何地，初无定论，顾祖禹氏《方舆纪要》，谓在"今榆林西北古丰州"。《地理志》谓："五原郡治九原县。"《水经注》曰："河水东径河阴县故城北，又东径五原县故城南，秦始皇置九原郡，治此。汉武帝更名五原。"据此则九原与五原，实为一个名称，《一统志》："五原故城，在汉朔方之东北，云中之西，今套北黄河东流之处也。"其北即阴山，又北为光禄塞，秦汉时号为绝塞"云云。根据以上的说法，则古代的"九原"（五原），与今日的五原，虽不能同在一个"点"上，但相去当不甚远，地图可资证明也。又唐李益诗："回乐峰前沙似雪，受降城外月如霜。不知何处吹芦管？一夜征人尽望乡！"戍卒心情，动人遥念。受降城为唐名将张仁愿所筑，共有三，东受降城在今绥远之托克托西北县境，西受降城在今鄂尔多斯右翼后旗（杭棉旗）境，中受降城在今五原县境之五加河北岸。（近有在临河县境之永清渠——旧称缠金渠——发现古城遗迹，地权为王六泉君所有，议发掘，以抗战兴未果。）年久湮没，遗迹都不可考。

根据以上的考证，则五原在今日的后套境内，受降城一在套外边缘，一在今日前套，一在今日后套，似此，则古之所谓"河夷"，当系包括今日的前后套而言。又据册籍所载，今日的五加河，即旧黄河故道，则上述当更可以置信。本文所称河套，即系指此而言。

（二）

秦汉以前，中国尚为分裂时代，汉族活动，以黄河流域为中心，此一片辽阔草原，当系游牧民族驰骋之乡。春秋而后，迄于战国，各邦竞以开疆拓地为功，赵武灵王之能"攘地至云中、九原"，全得力于"胡服骑射"，以教民战之力。然此仅为一开端的工作耳。

秦始皇灭六国，略平南越，三十二年，自巡北边，命蒙恬率大军三十万北伐，为一大规模的对外战争。次年，大败匈奴，收河南地（即河套鄂尔多斯草原地）改为四十四县，因战国时代秦、赵、燕所筑长城之旧址而增益之，西起临洮，东至辽东，蜿蜒万里，规模之宏大，气象之开阔，真是曼绝千古，此为以河套作国防线之首次纪录。《史记》称："秦地……北据河为塞，旁阴山……初，秦孝公据殽函之固，拥雍州之地，以窥周室"，其地理优越的条件，是闭关却敌，以高屋建瓴的姿态，雄视诸邦。远交近攻，是秦人外交的妙用，而当时地利亦有所限制，关于此，苏秦曾经有一段说明，颇为透彻，他说："……秦之攻燕也，逾云中、九原，过代、上谷，弥地踵道数千里，虽得燕城，秦计固不能守也……"其结论是："……秦之攻燕也，战于千里之外……"其后张仪胁燕，则曰："王不是〔事〕秦，秦下甲云中、九原，驱赵而攻燕，则易水、长城，非王有也。"这两位先生，虽因立场不同，而得到相反的结论，但因此而愈见九原地势的重要，秦始皇混一天下，必以此土置于宇内者，盖得形势之要。

汉高祖得天下，规模亦甚宏大，然天不假英雄以岁月，白登一围，霸图遂销，而娄敬和亲政策得行，野心甚大的吕后，不能不忍受匈奴王荡词之侮辱，直至汉武帝出，始得扬眉吐气。孝武以不世出之雄才，十一次伐匈奴，有四次取道河套，卫青、霍去病扬兵绝域，击走匈奴，收河南、河西（见前）地，横绝大漠，而漠南无王庭，迄今石象耸立关中，马踏阙〔阏〕氏之头，为国史增辉。溯秦室乱后，匈奴略取河南（见前）地，统一大漠南北，与中国政治冒险的失败者相勾接（韩王信，代相国陈豨，燕王卢绾，济北王兴居，赵王遂等作乱，皆与匈奴有关），屡为边患，孝武既收复大漠以南之地，复下朝鲜，定鸭绿江，通西域，平南北天山，对匈奴三面包围，终成内属之功。阴山为国家的边墙，亦为匈奴的根据地，不控制河套，无由平阴山，不平阴山，亦无由息边患，其势至易明了。《汉书·匈奴传》，侯应曰："北边塞外……有阴山，东西千余里，草木茂盛，多禽兽，本冒顿单于依阻其中，治作弓矢，来出为寇，是其苑囿也。至孝武，出师征伐，斥夺其地，攘之于幕北，建塞檄，起亭隧，筑外城，设屯成以守之，匈奴来寇，少所隐蔽，从塞以南，径深山谷，往来差难，边长老言：'匈奴失阴山之后，过之未尝不哭也！'"此一段话，极富有文学兴趣，而阴山与河套之重要，亦阐发无遗。李益《拂云堆》诗："汉将新从虏地来，族旗半上拂云堆，单于每向〔近〕沙场猎，南望阴山哭始回。"拂云堆在中受降城地，孝武伟迹，千百年来盖为诗人讴歌之对象！

汉宣帝时，匈奴呼韩邪单于入觐，北境安静六十余年。迄王莽篡汉，匈奴又叛，虽光武中兴，亦不能平，直至建武二十二年（公元后四六年），南匈奴以五原内属，移居今绥远地，受汉室保护，而明帝以后，窦固、班超、窦宪之伦，扬兵西土，击溃北匈奴，亦是以此为右翼，而收到夹击之功。南北匈奴平定之后，汉置度辽将军于五原，百余年间之相安无事，此亦中心安定的力量，诚有足多者。

（三）

东汉以后，中原多事，北部游牧民族，以骑射为生涯，行踪本至飘忽，中朝力强，则从至塞外，力弱，则复内侵。如光武时，纳呼韩邪数万众，徙入河西，后亦转至五原，连延七郡。迄魏、晋之交，匈奴遗族，更杂居于山、陕北境，其强魁如刘渊、石勒之伦，乃以其强力入主中原，号为雄主。此二百余年，盖北方游牧民族势力向南延伸时期。河套居北地，已经越过斗争之场，故未扮演重要角色。直至五胡十六国之乱的后期（五世纪的初叶）赫连勃勃以河套为根据，问鼎中原，巍然成一大国。勃勃本匈奴刘卫辰少子，后秦王兴，拜安北将军，封五原公，晋安帝义熙九年（公元四一三年）建都于统万，在朔方黑水之南。统万地址，

近代蒙古文献大系·军事卷

有谓即今陕西之横山县，有谓在今宁夏境者，初无定论，据逊清道光二十五年，榆林知府徐松实地调查，则谓在今鄂尔多斯草原淖泥河之□，即今河套之内。勃勃之发展，系用朔方之众，一面出军攻后秦陕西之延安一带，一面以兵攻后秦平凉一带，然后向东以窥长安。虽传国不久，即告覆亡，然其境土，南迄秦岭，东戍蒲津，西收秦、陇，北抵黄河，在当时要一雄邦也。五胡十六国，至〔自〕前赵刘渊建国，至北凉之覆灭，始于三零四年，终于四三九年，前后百余年间，能利用河套者，仅匈奴族之刘虎（铁弗国）与赫连勃勃（夏）二人而已。拓跋珪（后魏）之兴，起于牛川（晋北右玉县），徙都盛乐（绥远归绥县），他得国的关键，在于与河西王卫辰之一战，晋太元十六年（三九一年），卫辰部众八九万，为拓跋珪所部六千击溃，乘胜进至五原，复度河直拔卫辰都城之悦跋城（在鄂尔多斯左翼旗），获战马三十余万匹，河南之地悉定，因此畜牧之区，奠定国基，后而灭大夏、北燕、北凉诸国，尽取黄河流域，建立鲜卑民族大帝国，与南朝成对峙之局，迄下河南，定山东，取淮北，定汉中，窥淮南及扬子江上流，其气势较南朝为宏远。迄后〔后〕后魏之亡，亦肇于河套之乱。盖后魏起自溯〔朔〕漠，后南下问鼎中原，以其根据地分置六郡：武川（今绥远武川）、抚冥（武川之东）、怀朔（今绥远五原地）、怀荒、柔玄、御夷（上三郡在晋边），征发中原强宗子弟以实之，后边任益轻，将士皆怀怨望，鄂尔多斯右翼沃野镇民破六韩拔陵揭竿一呼，乱者四起，河套东西，全部沦陷，秦、陇以西，冀、并以北，并为盗区，厥后尔朱荣起，而魏室遂告颠覆。

（四）

自汉末三国之乱，迄于两晋，以至南朝，经五胡十六国之乱，扰攘百年，至隋文帝，乃成一统之局。炀帝嗣位，好大喜功，虽出塞外，巡长城，次五原，赋诗纪盛，但其举措，全为满足其夸大荒诞的欲念，不旋踵而身死国亡，对国家边防，固未发生何种重大影响。

唐代武功炫赫，耀威绝域，对北边军锋所及，远达外蒙，四方名王，系绁马前，河套之地，盖置于域内，然其经营亦费尽心力。

前曾言及三受降城，考三受降城之筑，为唐景龙二年，唐置朔方军，以节制塞外诸部。朔方军北与突厥因河为界，突厥每次入寇，都在河北岸拂云堆祠举行祭祀，然后牧马料兵，渡河滋扰。张仁愿为朔方军总管时，因突厥西侵之际，乘虚渡河取漠南地，于河北筑三受降城，南以拂云堆为中城，与东西两城，相去各四百里许，首尾相应，列置烽堠千八百所，自后突厥不得渡河放牧，漠方不复寇掠。又唐于今河套内之鄂尔多斯右翼前旗（乌审旗），置新旧宥州，居曾经叛乱的边民，并驻经略军，以资镇摄。后以中原多事，因循遂废，而回鹘常渡沙迹〔碛〕兴事，往往震动中枢，元和八年，中书侍郎平章事李吉甫建议，自夏州（鄂尔多斯旗右翼中旗）至天德军（在今五原县境）置馆十一所，以通急驿，中置宥州，以收首尾互相照应之效。自是以后，驿路大通，寇患稍平。

汉唐武功，并称极盛，而唐室声威，实超越两汉，其对外经营，亦较彻底，盖汉代多取羁縻政策，对外族内政，不多加干涉，尤对西北边地，仅设都护、校尉之属以领之，未当〔尝〕设置都〔郡〕县，唐则列为州府，同于内地，其在河套所置州，有夏、胜、丰及宥州，以州统郡。夏州朔方郡，在今鄂尔多斯右翻〔翼〕中旗及右翼前旗，属县有三，曰朔方，曰德静，曰宁朔。丰州九原郡，在今五原、临河地，属九原、永丰二县。胜州榆林郡，在今东胜一带。宥州丰〔宁〕朔郡，在今鄂尔多斯右翼中旗及右翼后旗一带，辖延恩、长泽三〔二〕县。以上诸郡县，皆所统率汉民者，迄平定突厥之后，另置羁縻州，以辖外族。其在鄂尔多斯草原境内者，为阿德、执失、苏农、援〔拔〕延等，统隶夏州郡督府。吾人试按地图以窥先贤经营之迹，则知此草原中星布罗列之州郡，其形势之扼要，计划之周详，皆足以显示一大时代之开国宏图。而当时文人精力，亦至充溢，岑参、李益诸人，以书生从军塞外，奔驰瀚海，发为诗歌，风沙满纸，试读参军"海满阵""狼山猎火"之咏，君虞"暖川"、"盐川"、"破纳〔讷〕沙"、"受降城"诸作，皆写此土风光者，苍莽勃郁，如见汉家旌旗，飞扬绝塞，文事武功之相互辉映，信一代之时会使然！

（六）

五季之乱，群雄角逐中原，河套远处北陲，久分属于辽夏。迄于有宋，祖艺〔艺祖〕虽形成一统之局，而规模不逮汉唐甚远。北方用兵，屡告溃败，曹彬、潘美，时称良将，而一再为契丹所乘，乃退保鄜、延、还〔环〕、庆、原、渭一线。至太平兴国七年，李继棒〔捧〕以银、夏、绥、宥四州来献，然后河套、宁夏之地，奉宋正朔，惟不久旋复叛去。赵元昊继立，潜〔僭〕号夏，以此为根据地，四面侵扰，取河西，陷丰州，东至黄河（河套边界），西迄玉门，南临萧关，北控大漠，广袤万余里，关中岁被侵略，官军屡败，一筹莫展，人请和，不得不允，人入寇，则仓皇应付，每每丧师辱国，盖始终为一被动局势。后王安石当国，喜言边功，而经营不当，继起无人，虽小有所获，而四境边患大起，历史家诋之为启边衅之罪魁。神宗初年，清涧（今陕北清涧县）师〔帅〕种谔袭夏，取绥州，而强敌当前，无实力以继其后，终召外祸，以抵于亡。终北宋之世，皆以陕北〈为〉根据，对河套

（夏地）取防守形势。《水浒传》第一回，即见王进充军到延安府，盖当时以延安为边防要地，设强帅，更以天下犯罪之强卒悍夫以实之。其后女真将粘没喝自云中陷朔、代，围太原，当头一击，北宋遂告结束。南宋北不过淮汉，更无论矣。北宋君臣无远略，更于毁夏州城一事可见之。夏州在鄂尔多斯（见前），太宗时，以其地远在沙漠，为奸雄窃据之地，欲堕其城，迁其民，当时吕蒙正为相，亦力赞此议，以为"若遂毁弃，万世之利"，有建议于此设戍增兵为破贼根据者，不听，后卒毁之。有形势之地不知利用，而毁城迁民，弃地资敌，不知城可复修，民可再移，北宋北方局势之坏，非一朝一夕之故。

（七）

铁木真崛起东北之斡难河边（今黑龙江上游），武功之盛，震古铄今，他扫平附近的部落后，目光所注，为中原（是时中原为金人所据），而用兵则开始于西夏。他是一个天才的军事家，知道侧面的强敌不除，是个特大的威胁，于嘉定二年攻夏，夏主请降。后乃引兵由东胜渡河，由葭州（今葭县）南下，趋长安。铁木真死后，窝阔台继之兴兵南下，与宋合兵灭金。终元之世，盖属于岭北省。

明太祖得国，规模不逮汉唐，洪武初，李文忠入河套，城东胜，并立屯戍，永乐初弃东胜不守，天顺六年，毛里孩、阿罗出、孛罗忽三部始入河套，其后，火筛又入据之。成化中，复筑榆林边墙千余里，河套且成弃地。正德年间，御使杨一清上言："套地居三面之险，当千里之蔽，国初舍受三除〔三受降〕城，而卫东胜，已失三〔一〕面之险。又辍东〈胜〉而就延绥，则一面之地遮千里之冲，遂使六七千里沃壤，为寇瓯脱，宜因时设策，一鼓而廓清之，收复东胜，因河为固，东接大同，西连宁夏，耕收放牧千万里，以壮军官，以固边防……"其言至痛切，而刘瑾用事，寻得罪去。嘉靖二十五年，总督曾铣请复河套，规划甚伟，以严嵩被杀，而边事遂不可收治〔拾〕矣。顾祖禹谓："……封；东胜城矣，而不知三受降城〈为驭〉边远略，岂功倦于垂成与？抑当时谋国者，无深识远猷之士也。呜乎！创造之初，一或不审，日蹙百里之虞，遂伏于此焉。君子观于履霜之占，童牛之象，未尝不反复而三叹也。"终明之世，东胜始［于〕终未复，可无论三受降城矣。

（八）

逊清混一宇内，分旗设治，直至今日，轮廓仍旧，近事历历，可资覆按，无待详述。语谓"前事不忘，后事之师"，又曰"述往事而思来者"，是则历史陈迹，或亦可供今日之参考乎？

《文化先锋》（周刊）
中央文化运动委员会文化先锋社
1946 年 6 卷 14 期
（李红权　整理）

论外蒙军再犯北塔山

——外蒙再度侵新，不啻外力之试探，政府宜立加有效措施，勿使演为九一八第二

牧东　撰

　　动人听闻的北塔山事件，是由于六月五日外蒙进军新疆北塔山开始。外蒙借词为边境纠纷，而不循国际惯例或《联合国宪章》，谋求和平解决，乃以四十八小时为限之最后通谍〔牒〕，送交当地中国驻军，继以重兵向北塔山我守军阵地猛攻，并有苏机助战，显系蔑视国际约法及中国主权之举动，本应立即动用武力将之驱逐境外，而后再行提出抗议。唯我政府本诸国际约法及《联合国宪章》，不愿事件之扩大，期谋求和平解决后，令外蒙自行撤〔撤〕兵，既不失亲仁善邻之本旨，更为尊重国际信义伟大精神之表现。是以一再本诸实际现象，及调查结果，为伸明大义，并言及北塔山乃中国领土，外蒙宜从速撤兵，乃分向外蒙及苏联提出严重抗议，促其警觉。不意外蒙及苏联之覆文中，故意捏造黑白，作抵赖不实之答覆，以混淆国际视听，至使短期间内不能获得合理之解决。故政府只得一面令守军坚守阵地，一面再度向苏蒙双方提出严重抗议，以期于最短期间合理解决该事件。不料外蒙军竟于七月八日前后，再度发轫企图阴险之武力侵新，向北塔山中国守军再度猛攻，已经我政府官方证实，故外交部十日、十一日二度向外蒙提出严重抗议。并经傅驻苏大使经苏外部向蒙驻苏使

馆，要求外蒙立即撤兵。政府之要求如是，外蒙撤兵系视其是否抱有诚意解决该事件与否而定，然亦诚不可预期。

但依事实之观点，此次外蒙侵新，不啻外力之试探，抗议之有效与否，须视我政府之外交方式若何，军事力量如何而决定。设政府在外交上采取强硬态度，军事上采取有力行动，或可迅速解决，否则若取形式上之种种办法，恐事件之演变，或将成为九一八第二！西北恐将沦陷。故新省事件之扩展与否，有关我国之国际信誉、国家主权至大。希政府当局宜从速采取有效措施，抗议若不生效，或外蒙一再推延，则宜立即重振抗战精神，动用全民武力，兴正义之师，大刀阔斧铲除建国上的障碍，毫不迟疑的驱逐胡虏于国境线外，保卫国家之领土与主权。既可达成安内攘外之目的，又可重振国威于世界，使胡虏不敢再度轻视华夏，则中国幸甚！人民幸甚！希政府当局明察决断，是为四亿同胞之至盼！

《长江月刊》

北平长江杂志社

1947 年 2 期

（朱宪　整理）

马占山将军统率下的屯垦军抗日小史

笑鹏　撰

"按屯垦军原以炮兵基干编成的，即系邹作华督办兴安屯垦之旧部，所称九一八事变近因的中村大尉事件，屯垦军曾被诬为杀害的凶手，事变既发，因响应抗日，乃承马占山将军改编为陆军暂编第一旅，幸得参加对日抗战，尤因该军干部优秀，军队团结巩固，故能忠烈爱国，一再对日抗战，屡建伟功。"

民族英雄马占山将军，现已光荣的回到东北，连日备受官民热烈的欢迎，情绪之激昂，仅次于蒋主席来东北之时，如此可见马将军已往的丰功伟绩，自足感动东北人心，并非偶然勉强事也。

马将军到沈以来，屡次发表谈话，非常谦逊，处处抱歉，毫无自我矜功的凯旋意味，并对东北同胞十四年之苦痛，很能了解，深予同情，从未说过奴化伪民的怨词，一方更是念念不忘东北抗战旧部，而从各种环境中，代为旧部表白隐衷，似此忧先乐后的伟大人格，使我东北同胞无不感激流泪，就中尤以沦落东北的抗战旧部，感激的几至五体投地。

回忆马将军当年抗日战史，真是可歌可泣，血汗滴滴，精诚片片的写照，其中部曲夤缘的事绩亦复不少，因我也是马将军于东北抗日时旧部之一，追怀往事，感慨无量，而今马将军胜利凯旋，劳苦功高，风尘仆仆，昭示人寰，忝居旧部，自当雀跃欣欢，引为余荣矣，但愧竟被地理环境与人事关系所控制，未能追随马将军参加全面抗战，至今形成汉家不肖子弟，竟为国人所轻视，不禁抱恨终天，腼颜无地，虽百身莫能赎其咎，噫乎！谁为之，孰令致之，回首前尘，至堪悲痛。

伏思当九一八事变伊始，于政府暂不抵抗方针下，沈阳、长春、吉林相继被日寇占领了，于是辽宁倡言自治，吉林宣布独立，举国慌恐，一筹莫展，此时幸有马占山将军，于龙江一隅誓死抗日，惟因主兵不足，初阵即现苦战，迨及屯垦军苑旅奉命加入战线，于嫩江桥一带，血战将月，卒与日寇甚大打击，不敢向我军进攻，因此世界震惊，马占山将军一跃成名，被称为中外皆知之中国民族英雄。马将军即此孤军一战，不仅表示中国有必战决心，而使当时中国在国联外交上得到了初步成功，同时唤起了中华民族之自觉与自信，而奠定了其后全面抗战的胜利基础。

又当丁超、李杜于哈尔滨抗战时，马将军即命屯垦军苑旅主力，出动于绥化、望奎、呼兰一带，策应丁、李两军夹攻日寇，不料丁超、李杜诸军不支东退，日寇深入松江北岸，大势于我不利，马将军复命屯垦军苑旅主力仍归原防，加强抵抗阵线，此后数日马将军对日寇假和，屯垦军遂之不免变成伪军了，最初官兵不明大势真相，非常痛心失望，几致叛出反正，后经长官暗示当局宿志，官兵始各稍安。惟苑旅长不悉何故，竟抛离部下个人先入关内了，临行嘱言，要团结到底，保持实力，服从马主席，三五年内时局必有转机，届时当然回来领导，诸君好自奋勉等语，此时部下心中酸痛，如丧考妣，相视流泪，好在继任旅长朴炳栅〔珊〕，乃炮兵先辈人事关系良好，是为官兵所安心者。

此后不久马将军乘率二十余辆大卡车，并有随员数十人及骑兵一团，忽由龙江来到拜泉，虽声言巡阅，却仅集合全体官长训话，大意说，中日问题在国联交涉，已与我国有利，但我们东北当有抗战表示，主席将到黑河主持大局，诸官须赶快准备一切，听命而动等语。此时屯垦军官长，洞悉马将军继续抗日决心，都甚高兴称志，如是为防龙江日寇进击，屯垦军临时奉马将军之命令，将兵力进明水、克山、克东等县布防，以保护马将军安全脱险，迨马将军到黑河组织省政府，发电声明继续抗日，日寇非常慌恐，遂以平松、平贺两师团兵力，威胁进入克山、克东、拜泉、明水、海伦各县之屯垦军朴旅及炮兵第二十团、骑兵第五十五团的防区，日寇到处故意挑战，惹起正面冲突，日寇并用飞机各处轰炸，致使我军死伤五百余名，日寇亦死伤甚重，因而屯垦军教导营学生队，竟义愤反正，流入抗日军者十余名，此外并损失枪炮、弹药、被服等甚多。此时马将军亲率骑兵数千，由黑河出击，迂回日寇东边各地，到处被日寇飞机轰炸及追击，苦战经年，屡遭艰险，若非马将军之意志坚决，誓死不屈，抗日军的行列早已瓦解。本来屯垦军应当仍随马将军继续抗日的，因屯垦军系步兵及野炮兵，缺乏机动性，马将军密令屯垦军暂与日寇好自周旋，确保实力，以期秋初全面发动抗日战，马将军仅牵〔率〕轻骑数千，常在屯垦军防区附近对日寇作游击战。有一次马将军潜至克东县东十里某村落，密召当时驻克东县城的屯垦军步兵第三团团长赵振武及炮兵第二十团团长金奎璧二人，指示机要，一方又派政治委员李明新常驻拜泉县，与屯垦军旅长朴炳珊每日研究反正抗日战略，凡此种种计议，当时屯垦军官兵多已知晓，故无不秣马厉兵，功期再战，以灭日寇。

　　果于民国二十一年九月间，屯垦军旅长朴炳珊，忽受马将军全力对日决战的密令，并使与驻在哈〔海〕拉尔的苏炳文、张殿九诸军东西互相策应，以夹攻日寇，于是屯垦军于拜泉祭旗誓师，出动步、骑、炮二万余众，人马浩荡，杀气冲天，首先取下克山，继又攻克泰安镇，迫至宁年，西部苏、张诸军进至富拉尔基，驻江的霍刚及谭自新两骑兵支队，先后反正，加入抗日阵线，抗日军长邓文牵〔率〕部警备后防，以屯垦军为主力先锋，于克山、泰宏、宁年、讷河、德都、龙镇、克东、海伦、拜泉、明水、青冈、望奎等地，先后血战五个月之久，竟震骇日本关东军大本营，遂动员全满日军兵力，八路进攻屯垦军最后根据地拜泉县城，竟在五倍以上日寇包围中，并以飞机、大炮及多数重火器威压之下，我军官兵死伤枕籍，加之弹尽援绝，主将脱避，兵心不免动摇，彼时处境之艰苦，迄犹不敢回忆。

窃查此次抗日战役，屯垦军最为出力，战果极大，不次于嫩江桥之战役，计如在拜泉俘掠日寇军使下枝少佐，及在泰安镇西兴屯将日寇骑兵山崎中佐以下二百余名，全部歼灭，一人未留，此外日寇被我军各地攻杀，死伤不下千余名，因此我军官兵死伤亦颇惨重，为数较敌过之，惟惜当时屯垦军朴旅无有直报电台，一切战斗要报，均由苏炳文军部代为转报，听说该军部在转报战报时，竟称所属东部战线，将战果完全收归该军部自有的功劳了，屯垦军扑〔朴〕旅只可徒为国家出力，作有功无名的战友矣。

号称抗日民军总司令朴炳珊（即屯垦军旅长），于败战之余，幸以身免，密嘱团长李允声对日寇周旋，朴公自恐日寇追捕，私携巨款，仓皇逃入关内，去当正牌中国人或抗日英雄了。

因为屯垦军是九一八事变近因之一杀害中村大尉事件的凶手，其后又有几次反正抗日，兵力韧强，日寇受创甚巨，故使驻龙江日军第十四师团长畑俊六中将非常恐惧，不得不急派专使向我军说和，并以被我军俘掳之日寇军使下枝少佐不杀害为条件，优待我军自行改编，此时下级干部，均欲别途发展，誓死不屈，但继任旅长李允声，仍愿保持实力，暂时求全，以图遇机再起报国，旅长李声允遂亲往龙江与日寇言和，因此曾经三度抗日的屯垦军又成第二次伪军了。此后不久，日寇畑俊六中将，十分怀恨屯垦军高级将领，遂逐个调至省垣日本军司令部严密审询〔讯〕，适因抗日健将张竞渡等被日寇处死刑，后而屯垦军凡抗日有功之旅长李允声、团长纪耀东均立脚不稳，为避免不测计，相继逃入关内，竟使日寇更为疑惧，遂将我屯垦军原有建制分割，合编于其他伪军中，比较有能力军官，转调于伪满高级军衙〔事〕学校及其他部队，同时除将抗日有功的中级军官数人处死外，其他干部均列入危险人物名单中，行动时被调查，其恐怖生活直至国土光复为止。一方凡属屯垦军部分营连，放逐国境僻地，从事治安工作，即使中国人自相残杀，因而激愤，大部反正，流入抗日军中，至此屯垦军的团体已被瓦解，仅成为历史名词了。其余屯垦军的原干部，散在伪满各社会层中，仅有个人抗日救国活动，或策助国民党地下工作，或加入王家善之真勇社组织；一方马将军之东北地下工作员，也曾接触连络，虽因环境困难，无何重大表现，但爱国意志，迄未消灭，此由过去的屯垦军抗日战绩，自可证明之。其后全面抗战军兴，东北敌概〔忾〕奋发，伪军中不断反正抗日，党务工作极为活跃。此时据传原屯垦军苑旅长，曾由关内绕道苏联，亲至北满国境活动，企图潜入伪满，召集旧部，再起抗日，因当时苏联深怕日本，拒绝通过国境之援助，至使苑旅长徒劳往返，未能达到任务。

迨至政府由南京撤退后，于民国二十八年秋间，军委会又派原屯垦军参谋宋星乔，由关内冀东潜入伪满，于沈阳、长春、哈尔滨各地，企图策动伪军反正抗日，惟因国军节节后退，日寇监视甚严，时机不成熟，恐于大局无补，竟使宋星乔徒涉艰险，未成果而返。但此后数年中，消息若断若续，仍不失其连络，更于八一五胜利前一年春间，宋星乔又潜入华北，并拟再回伪满活动，不幸于山西省内被日寇宪兵捕获，酷刑毒打，胁〔肋〕骨数断，晕迷几死，幸脱虎口之险，宋君出狱后，仍拟潜入伪满，以图策反伪军中之屯垦军，工作基点均已草定，不料日本忽告降服，一切计画悉成泡影了。

深维屯垦军于马将军统牵〔率〕下，曾已数次对日抗战，以致官兵牺牲颇多，如今阵亡将士之遗族，流离失所，孤儿寡妇，无人闻问，而所谓忠贞不屈的爱国义士，或因环境所迫的失志战友，亦少有人同情慰藉，凯旋荣归的屯垦军故宪，每见旧部却很冷淡，好像以八年抗战对比，东北抗日不啻九牛一毛，何足道哉，但依抗日单位的时间与空间论，其价值几何，岂可等闲视之。

殊不知屯垦军乃首当其冲的抗日劲旅，其辉煌的战史可与马将军同垂千古，今闻马将军之谈话，不仅清偿血债，而同情生者，相形之下，真使屯垦军旧部，各有春秋不同之感。更有进者，屯垦军虽有光辉的抗日战史，但惜每次败战之后，主将竟有不顾部下，相继逃入关内，无异以部下为资本，完成其个人的名利双收，吾等部下屡承上官之重托，忍辱负重，保持实力，误信将来必有报国之机，故未相率入关，以求个人之出路，况在彼时虽有入关者，亦无安置办法，甚或立嘱返回伪满待机，言犹在耳，忠岂忘心，只恨未能了解时代，把握现实，而今沧桑已变，理想全非，可谓梁惠王之为国尽心而已，夫复何言。

总之，屯垦军之抗日光辉战史，除马将军深知外，世间少有传闻，而且屯垦军旧部，悉数沦落东北，或成义士，或竟失志，不纯环境不仅支配个人命运，甚而国家民族的基石，竟被动摇。甚矣，东北不幸，沦陷最久，民族正气，消沉殆尽，而今虽已光复，天地又将变色，已往东北忠奸问题，尚未清算完了，今后东北青年的出路，又须谁来领导，以中正之纯，效忠于国家耶。

马将军既不忘东北同胞，又常念及抗战旧部，其忠国爱乡，鞠躬尽瘁的精神，固然值得敬佩的，但因客观条件的复杂，马将军的绥靖方案，究能实现多少，颇使东北同胞杞忧。虽然，仍希马将军不避艰巨，焕发当年的抗日决心，大刀阔斧的猛干一番，以肃清"奸匪"，根绝贪污，而使东北同胞，早日出诸水火，诚为东北幸甚，中国幸甚。

《凯旋》（月刊）

沈阳凯旋杂志社

1947 年 20 期

（李红权　整理）

阿拉善、额济纳两旗与宁夏、甘肃边防之关系

作者不详

以往多年，吾人因生长中原，对于蒙古、新疆，总怀有渺渺北天，茫茫沙海，无边无际的憧憬。对于左文襄公"保新疆所以保蒙古，保蒙古所以卫京师"的烛照数计之言，赞佩是赞佩，但是总觉得八千里，六千里，五千里外的外围，无穷山，无穷沙，距离吾人远而又远。况且蒙、回二民族，素性强悍，风俗尚武，斯拉夫之铁掌，谈何容易排我户闼！

此种幼稚而含糊了事的思想，恰等于某说部所载，"元人攻海州，某州守不敢坐官厅，既而入于柜中，以匙授家人，曰敌即入城，不得此匙，彼奈我何"之笑话。时代变矣，今是何时？新疆事大伤脑筋，外蒙古俨然敌国。吾人向北一看，外蒙南界，即是阿、济两旗。阿、济两旗，以贺兰山脉与合黎山脉为宁夏与河西三州之界。吾人将以两旗北界为柜口乎？抑陵夷再陵夷，以贺兰、合黎二山脉为柜口乎？夫此二旗地瘠民稀，文化、武力，皆不足言，吾宁、甘二省北界所恃之唯一长城、唯一边卫今日乃正在此贫弱不自振之两旗。而平漠一片，昔之利于骑兵者，今正利于汽车。外蒙既已为虎伥矣，对于唐努乌梁海，对于科布多已如彼，对于内蒙，则极力拉拢，进行未已正如此。一旦库伦铁骑，冲居延而踏玉海，此两旗抵抗之力量如何？至于受人利诱，为外蒙之续，证之抗日往事，必不其然，虽然，只恃两旗内向之丹忱，尚

不够也。

想至此，任何一宁夏与甘肃人，凡不欲入柜自锁者，谅无不有履霜坚冰至，唇亡齿寒之惧。然徒惧无益也。除国防大计，政府必有具体计划外，所望于两省官吏者，勿持省见，谊切同舟，甘、宁本属一省，有何彼此，第一步先为自我团结，一旦有事，则如左右手，如亲兄弟，二人同心，其利断金，一切方便，不可胜言也。对于两旗之人，改昔日视同化外，蔑视佻笑之习，提携之，教育之，辅卫之，上遵中央之定策，下配两省之力量，于斯拉夫尚无暇假手外蒙，南下牧马之可宝机会内，尽速为坚固两旗，作我外围之工作，目下两省大事，殆无重逾于此者。总之，保阿、济即所以保甘、宁，亦即所以保青海，盖河西走廊，一蜂腰形耳，他日者万一两旗不保，走廊腰断，一线祁连，足为西宁之铁障乎？进而言之，保甘、青、宁即所以保川、陕，亦即所以保全中国也。

再所望于甘、宁土著，对于阿、济两旗，有职务者，本分之工作，与无职务者良心之工作，其努力当较政治当局为尤重也。盖军政工作，多属硬性，即潜移默化，刚柔互剂〔济〕，其形式多为上施下受，比之同为人民，并肩携手，相黏相吸者，其用力不同，其效果亦异也。吾甘、宁人民固早已醒矣，但视蒙古为远边化外，痛痒不相关者，至今固尚居多数也。深望第一改变此过时代的心理，第二凡属于阿、济两旗有关系来往之人，为官者抱文翁治蜀、椒山治临洮之心，为兵者痛改欺侮边民之习，为商者本公平交易，秤平斗满之义，教学者秉不厌不倦、开发蒙蔽之精神，仁心义气，精神贯注，感化一人，即加一分内向之力，救济一人，即增一分御侮之效，教两旗即自教，救两旗即自救，功无枉费，善无错行，阿、济两旗之强盛，即吾两省之北方铁围也。嗟我邦人，保庐墓、长子孙之心，人孰无之，慎勿谓上有中央政府，中有地方官吏，天塌众挡，与我何干，一旦有急，以自锁柜中为得计也。呜乎！

黑河滚滚，贺兰苍苍，雄关大漠，气象万千，亡羊补牢，尚可及也。倘至火烧眉头、箭掠耳稍之时而始为之计，则时代无情，丢我不顾矣，安得广长喉舌，雷霆音吐，向吾甘、宁每一同胞贯其耳，而醒其梦耶？

《舆论周报》

宁夏舆论周报社

1947 年 22 期

（李红权　整理）

外蒙军队进犯新疆

作者不详

外蒙古自宣布独立，成立共和国，与我国关系断绝已十数年，中苏条约签定，我国始正式承认外蒙独立，近且双方准备交换公使，我国在联合国机构中亦将支持外蒙入会，中蒙固已由臣属关系演变成两独立友好邻邦。

在中国与外蒙关系日趋协调之际，新疆与外蒙边境突有军事冲突发生，外蒙军队以飞机为掩护，侵入新疆二百哩，与我防军激烈对战中，已构成中蒙间的新事件。

据联合社电称，外蒙军队于六月五日越界侵入新疆，入侵借口是我军在日前边境冲突中俘获蒙兵八名，蒙方要求释放未有结果。据迪化我方当局宣称，已训令边境守军放释蒙兵，惟命令到达驻军前，蒙军已发动攻击。

蒙军现已深入新疆二百哩，进攻北大山，我方军民均有死伤。中央社电传，蒙军飞机涂有苏联国徽。北大山在奇台东北一百一十七哩。

新疆驻军与入侵蒙军在交战中。

《中美周报》

纽约中美出版社

1947 年 241 期

（丁冉　整理）

突破大兴安岭

随军记者安东诺夫 作

满洲的战事结束已经二年了，但在我的眼前一切景象犹如昨天苏联作战的第一天，我在外贝加尔战线指挥——马林诺夫斯基元帅的司令部。他麾下的部队在开战第一小时后，就收到了确定的和前途无量的成果，这在司令部里军官的精神振奋的脸上就可以看出来，周围的空气是异常紧张。被翻来覆去带着多少不安的声音说着"水"和"兴安岭"几个字，这时听众就更奇异了。

有人在电话里问参谋长扎哈罗夫将军，飞机和运输机的汽油怎样了。

"好极了。"将军回答说："我们的汽油比水多。"

开战的头几天，外贝加尔战线的军队曾在无水的荒地推进。有不多一些井和水池也被日本人破坏或下毒了。在尚未完全枯干的小河沟旁，在排着队喝水。由主要干路到这种地方，有特别的指路标。在水源的附近有值日的，取水时须保持严格的秩序。但主要的水的准备是由红军用汽车运着，用大桶，用麻布片包裹的小桶，用罐子、大罐子和瓶子盛着。水的配给是有严格规定的。很难说什么时候才能通过这无水的地带。

为了使红军的前进困难，日本人到处放火把干草烧掉了。烟和火更增加了渴的感觉。但苏军在松软的沙漠中，在炎热的太阳下继续前进。在开战的第一天，前线的各快速兵团就深入到了满洲这样远，以致行军期间所用的火与燃料不得不用运输机输送，那些时日在天空中翱翔着成百的这样的飞机。

日本人多年以来在满洲边境上修筑了坚固的要塞。为了要使大兴安岭更加难攻不破，他们便把仅有的一些通路封塞了。这一雄伟的山脉北起黑龙江岸，南至黄海边，以其天然的岩壁封塞了通到嫩江与松花江间的肥沃的盆地，通到满洲的工业地带的道路。

苏军指挥部十分明白，日本人利用天险及高山峻岭企图在山岳地带长久顽抗。红军指挥的高度技术与士兵的勇敢，却打破了敌人的企图。外贝加尔战线的坦克及炮兵部队突进得异常迅速，在开战的第一天就驰抵了大兴安岭的山麓。苏军向前急进，大胆的把被包围住的但尚未投降的日军丢在后面。阿尔山要塞地区的守备队抵抗最激烈，这一支队伍是配备在大兴安岭的起点，正面长四十公里，纵深三至四公里，并到处都有很深的防坦克陷阱。

日本人企图在这一要塞地带之前阻止红军的攻击。这一要塞地带屏障着索伦城。索伦是在山岭间的通向较易接近的较多的通路的山脊的大路上的。苏军用技巧的机动绕过了要塞区，突袭大兴安岭。在山间开始了鏖战，红军战胜了，苏军坦克及机械化部队的闪电般的前进，使日本人的计划受到了挫折。

苏军的坦克驱逐了败退的日军。日军一部被俘虏一部逃往荒原，隐匿在砂丘里。敌人有组织的逃往山岭地带，占领在大兴安岭山脊上预先筑好了的阵地的打算就这样的被破坏了。这也就预防了日本指挥部由后方，由配备在大兴安岭东的守备部中将后备军调到山岳地带的意图。他们诚然已向前进了，但遭遇到了苏联空军的猛袭。日本人一切阻止苏军前进及将苏军阻于山中的企图，及多次的反攻，都未得逞。

海拉尔的命运是很有兴趣的。这是满洲防卫上最强大的枢纽之一，有足充数年之用的粮食与武器藏在秘密的仓库里，并有地下城市。海拉尔要塞是必须阻住苏军由西、北两方进攻的道路。海拉尔位于东北最重要的铁路干线——中东铁路上。

海拉尔守备队激烈地抵抗过，但对于日军并无帮助。苏军绕过了海拉尔要塞，躲过了大兴安岭，在齐齐哈尔与哈尔滨出现了。海拉尔的守卫者失败了。守备部队的指挥部终于明白了这一点，并停止了无意义的抵抗。

到达兴安岭之前红军战士忍受了干渴和炎热。到了山岭及过了山，以后便是连绵的雨，寒冷的酷似秋季的夜晚和不能通行的泥泞。在到处泛滥洪水，河水高涨，淹没了道路。满洲仅少的还能以使用的干线，也都损坏了。日本人认为红军及其庞大的机械化部队当不能再前进了，但这一估计也错了。红军继续前进。利用了铁路高出的路基新建了迂回的道路，架设了木头道路，在满洲的泥泞中，重坦克、大炮、汽车及载重马车不断前进着，有些地方甚至连无轨车也不能使用，但是也并未阻止了苏联人。他们顽强前进。

一九四五年八月九日晨苏军向关东军坚固阵地开炮

在那样罕有的炎热的一天，我乘轻便飞机由西往东飞越了大兴安岭。我们沿铁路线及盆地飞行，沿着盆地也敷设了碎石路。盆地旁边是小山、岗丘和山岭。在绿色的沙丘上，我看到丘岭之字形的裂隙迂回曲折，把一个山峰接连成一起。这便是堑壕沟垒。每一山峰形成一个堡垒。在兴安岭山间，只沿着中东铁路我就看到了三个最新的飞机场，机场上的道路上很宽广的，用混凝土筑成的。在每一小村庄里，我都看见日本人的军用区，很多的仓库，战壕及铁丝网。日本人缜密地和长时间地准备了战争，但红军打垮了他们，跨过了大兴安岭，把日本逐出了满洲。

红海军登录之行列

《友谊半月刊》
旅大中苏友好协会
1947 年 1 卷 4 期
（李红权　整理）

正蓝旗保安大队长嘎什收复正蓝旗

旺庆　撰

自"共匪"割据察北以来，正蓝旗因地理关系，即为其南北窜扰枢纽，去岁省垣光复后，"奸〔奸〕匪"溃退，出没无常，扰乱尤甚，民众饱受蹂躏，痛苦莫铭〔名〕，嘎什队长鉴于"匪势猖獗"，民不堪命，激于义愤，毅然崛起，号召本旗青年组织保安队，发动旗民献枪献马，初仅队员八人，枪八支，马八匹，遂在嘎什队长率领之下肩负保卫地方重责，并不时出击与"共匪"激战，不下数十次，斩获无数，三月二十日收复正蓝旗政府，救出前任总管瓦其尔，肃清"残匪"，旗民响应者乃日众，遂扩大至百数十人之多，益为"共匪"劲敌，屡次配合国军作战，功绩卓著，正蓝旗治安赖以安定。省府为表彰功勋起见，特于十月一日颁发给奖章一座，奖金二百万元，以资奖励。

《蒙声半月刊》

张家口察哈尔省盟旗文化福利委员会

1947 年 1 卷 11 期

（丁冉　整理）

鄂尔多斯草原的警报

——特约包头通讯

漠南　撰

妙龄女王和髫龄王子的被杀

塞外鄂尔多斯草原，绥远境内乌兰察布盟西公旗（旧称乌拉特前旗）的女王奇俊峰与幼王奇法武在赴绥途中，被旗下东协理额宝斋和护路大队长郝游龙率领仕官、群众，在距离王府四十里的苏保盖庙包围请愿，当场击毙，弹由女王左鬓经右额穿出，幼王弹中前鼻梁穿脑而过，尸首掩埋于王府所在地公庙子。女王奇俊峰年仅三十三岁，是西公旗已故石王的三妾，民二十一年和石王结婚，时女王年方十八。她是清末宁夏阿拉善旗王公之女，幼年随太夫人旅居北平，曾攻读翊教女中，能通蒙汉文字，且可操一口流利的北平官话，极为石王宠爱。结婚甫及两载，红颜薄命，石王竟于民廿三年患痢疾薨于包头园子巷该旗办事处。时女王有孕，生子名阿拉腾额济尔，奇法武是他的官名，今年十三岁。抗战爆发，敌伪挟东协理额宝斋参加德王卵翼下的"蒙疆政府"，女王遂率幼王及参谋主任李隽卿与护路大队长郝游龙出走到达五原，举起抗战义旗。民二十九年曾由李隽卿陪同赴重庆觐见蒋主席，奇俊峰当被封为护理扎萨克并防守司令，绥境蒙政会委员及绥蒙旗党务特派员，幼王奇法武正式任命记名扎萨克，成年后，幼王继承王位，在未成年时，女王垂帘问政。

桃色事件呢还是政变？

提到李隽卿，直到现在还是议论纷纷，莫衷一是。一部分人把这次的政变穿插到李隽卿的桃色事件上面，据当地报纸记载："李隽卿是河北人，南开经济系毕业，青年有为，一直与参谋长黄楚山（现在陆大参谋班受训）为女王的左右臂，胜利后随女王返旗接收大政，嗣因思想嫌疑，去年十月被省政府派员扣押解省，女王经半年来之奔走说情，终于今春将李保出。七月十六日李隽卿由包头潜赴北平，行前留书女王，略谓：渠已赴平，促女王将贵重财物迅速转移北平，图转宁夏，白首偕老，至平后可登报寻找李西言。不幸信到王府，女王已启程赴包转绥述职，故信落于旗下仕官手，遂以此为借口，酿成血案。"平、津、京、沪各报也多知其然而不知其所以然，特别渲染这一桃色成分，有意或无意地想把这一政变，有声有色地归咎到桃色事件上面去。实则，我们只要看一看女王之母奇月明闻到噩耗后，赶到包头，八月十六日在《包头日报》刊载的一段紧要启事，就可知道内幕了。

紧要启事（原文）

近被西公旗戕杀女儿奇俊峰暨外孙奇法武死于非命之噩耗传来，已延二十余日，我年经七旬，从小到今只有其女，当其夫石王逝世，额宝斋早与伪敌已订卖身文契，其事可作，何所不为……。嗣本年七月十六日在该旗召开整军会议，分列拥护总动员令之通电，十七日随外孙法武赴包，转道绥垣，报告编组部队，路经郝游龙之住扎地乌兰计，以奉上命，速行编制，向该部讲话，本〔未〕想被其主唆额宝斋、贺守忠等同场劫逼，返回苏宝盖庙，二十日谋杀。要知公职方面，在开会时应该如何调整，不能以毒杀死无对象之妙技，一意孤行，事前形态如常，一旦召开整军会议，拍发拥护中央总动员令之通电，由此动机被遭狐魅灭亡，斫株断根，谤死已无对证，辱生岂容污我门庭，老妪只身孀妇，据此要点，希列位纠正事实，我虽瞑目，亦无憾矣！奇月朋〔明〕启。

从此可以肯定，血案的演成是一个政变，而不是一般桃色事件所能掩尽天下人耳目的。

旗内蒙民的向背

额宝斋与郝游龙是政变的主角，所以额宝斋与郝游龙就成为草原上众目睽睽的人物了。然而绥远有关当局经董其武主席与省临参会正副议长张钦、阎肃以及蒙旗有关人士经天禄、赵城璧等商讨解决原则，在安定第一的前提下，决定：（一）催促西公旗三代表急速返旗，暂时成立旗务委员会，维持旗内一切政务。（二）在旗务委员会未成立前，旗内政治、军事仍由额宝斋、郝游龙分别主持。（三）西公旗将来旗政组织体制及扎萨克继承问题，静候中央处理。（四）推选在绥蒙藏委员会委员胡凤山、经天禄及绥远党部主任特派员赵城璧，同赴西公旗慰问民众，安定人心。

从这一决定可以看的非常明显，血案的主角额宝斋、郝游龙事实上不但没有治罪，相反地，还分别地主持旗内政治与军事。由此足见这一行动是全旗蒙民所支持，至少可以从额宝斋和郝游龙还能继续主持大政，而旗下蒙民竟无人反对，这是有原因的。

政变的两个主角及其民族意识

额宝斋今年已经六十八岁，当民十九年西公旗老王死后，王位继承，曾经发生过一度很大的争执，老王遗命由石王继承，然而掌盟旗神权的大喇嘛伊喜达格就不同意，因为石王是一个喇嘛，照理是不能继承王位的，大喇嘛想保佐族中另一正系幼王继承，因而酿成拥石与反石两派。拥石派是由西协理色令报领导，反石派由大喇嘛勾结额宝斋酿成政变，后经山西驻军王靖国协同石王敉平，大喇嘛死于战阵中，额宝斋幸免一死，逃至百灵庙德王府。此后石王〈正〉式承继王位，额宝斋遂流浪放逐异地。及至绥、包沦陷后，额宝斋随"蒙疆政府"的势力伸展，拥阿木勒扎那为扎萨克（意即王爷），重返西公旗主持东协理。胜利后，女王返旗接收，额宝斋仍为东协理，此次刺杀女王者即其主使。

郝游龙是协理色令报之子，敌伪时期，此一精忠保王的领袖被额宝斋陷害，以通国军之罪嗾使日人将色令报扣押绥远下狱，卒死于狱中。郝游龙今年廿五岁，他能出任护路大队长，可以说是女王为了报恩一手提拔起来的。但是这次政变，直接率众下手的就是他，在中国人的伦理观念上好像是以怨报德，说不过去。实则，据熟悉蒙旗情形者说，郝游龙可算是蒙旗中的少壮派，他对于省县编保甲，要把西公旗的蒙民也编在一起，无异破坏盟旗自治的制度，而且他是去年国民大会召开前，蒙旗代表在南京呼吁"民族自决"的忠诚支持者。郝曾经说过："如编保甲，逼上梁山。"据说，女王为了保释李隽卿时，曾与省县政府有交换条件，可以编成保甲，隶属安北县，这件事的允诺，非但引起西公旗蒙民的不满，而且招致了草原上蒙古包里逐水草而居的人民普遍责备。兼以女王与李隽卿过从甚密，在那样一个原始封建的社会里，更难令人容忍。

总之，这次政变，并不是偶然的，主要原因在于额宝斋与郝游龙两人，或则受了德王高度独立自治的薰染，或则为一民族自决的虔诚信仰者，加之女王的一切措施，遂致演成政变，那是有其民族的和历史的重大意义的。鄂尔多斯草原的号角响了，过去大汉族主义的民族政策如果还一味因循下去，将来的祸患不知伊于胡底！

八月廿日寄自绥远包头

《时与文》（周刊）
上海时与文周刊编辑部
1947 年 2 卷 1 期
（李红权　整理）

复员中的察蒙

郑守恪　撰

　　察哈尔省境的蒙旗，在行政单位上，有廿旗、处。除了此次对日抗战前有一个锡林果勒盟（ᠱᠢᠯᠢ ᠶᠢᠨ ᠭᠣᠣᠯ ᠤᠨ ᠴᠢᠭᠤᠯᠭᠠᠨ）盟政府，统辖着察北的乌珠穆沁（ᠦᠵᠦᠮᠦᠴᠢᠨ）、浩齐特（ᠬᠠᠭᠤᠴᠢᠳ）、阿巴噶（ᠠᠪᠠᠭᠠ）、阿巴哈那尔（ᠠᠪᠠᠬᠠᠨᠠᠷ）及苏尼特（ᠰᠥᠨᠢᠳ）等五部十旗外，其余察哈尔右翼四旗自划入绥境后，左翼四旗及新由察哈尔省政府就原有四牧群改置而成的太仆寺左旗、太仆寺右旗、商都旗及明安旗，迄今尚不曾有一个盟政府来统辖。虽然在民国廿三年公布的《蒙古自治原则》八项内，就有了"察哈尔部改称为盟，以昭一律，其系统组织照旧"的规定，经蒙藏委员会一再催询察哈尔省政府对于这个问题的意见时，终以"察省地方人士对此咸表疑惧，请俟蒙旗地方自治方案公布后再予决定"，仍旧拖延了下来。这说明着蒙旗事务的处理，是怎样的不容易。至于多伦喇嘛印务处，虽于沦陷期间被敌伪改为多伦诺尔旗，复员后仍经察哈尔省政府决定撤销，废旗存处。但是事实上仍存在着由旗长鲍廷臣所领导的多伦旗。再加上远由西伯利亚贝加尔湖迁来的布里亚特旗（ᠪᠤᠷᠢᠶᠠᠳ），所以就凑成了二十个旗处。这是察哈尔省境蒙旗行政单位分辖的情形。

现在让我们来了解察蒙的现况。

察蒙是自外蒙独立后，分布在我国从东北以迄西北的十一个省区之内蒙古民族的一部。在个别问题的处理时，在观念上，应该有蒙族整体性的认识，那就是说，尽管在省境内有着极重的地方适应性必要的存在，可是这部分人民，究竟是这个少数民族的一部，在政治上，不应该用孤立单纯的个别处理或对付的方法，有意无意的无视他们的政治愿望，纵令是少数人的意志。因为政治的进步改革，往往是少数进步分子或阶层所领导的。

其次，察蒙经过多年的沦陷，抗战胜利后，又受到苏蒙军的劫掠，就是现在也还有着共军的"骚害"，这重重不幸的遭遇，带给了蒙古同胞生活上极大的痛苦。从最近情形看来，短期内很难脱离这个苦难。内地同胞受到灾害，因为过的农耕生活，与土地有着不可分割的关系，所以很容易复苏过来。但是住在沙漠草原过着牧畜生活的同胞，要是全部牲畜被掠，居室被毁，这就失掉生存的凭借。由于从未建立起良好的政治和社会经济基础的仍旧薄弱，使蒙胞的生活，从未有过些许的改善。察蒙人民现在差不多全过着悲惨可怜的生活，这个穷困，就是目前察蒙的特点。

察蒙的地位，在国防上，更具重要价值。察哈尔北与外蒙接壤，自外蒙独立后，察北的达里冈崖牧场（ᠳᠠᠷᠢᠭᠠᠩᠭᠠ ᠨᠤᠲᠤᠭ），早已成为外蒙的一个行政区（ᠠᠶᠢᠮᠠᠭ），这一事实，至今仍未引起国人的注意。再说外蒙的工作人员，在我察、绥一带的活动，那更是公开的事实。所以察蒙在北部国防上，占着重要的地位。加以外蒙"统一内外蒙古共同奋斗"的阴谋，将来的危险性，是极可虑的。

察哈尔在国军收复省政复员以后，设立了一个盟旗文化福利委员会（ᠴᠠᠬᠠᠷ ᠤᠨ ᠠᠶᠢᠮᠠᠭ ᠬᠤᠰᠢᠭᠤ ᠶᠢᠨ ᠰᠤᠶᠤᠯ ᠪᠤᠶᠠᠨ ᠤ ᠬᠣᠷᠢᠶᠠ），负责推进各旗的复员。当然，最初设立的动机，在增进蒙胞的福利，促进蒙旗的文化，从字面上看，确不失为一个促成蒙旗社会进步的方法，蒙古人士也参与工作。另外还成立了一个盟旗产物运销合作社，从事蒙地经济活动，可惜受了时局影响的限制，未能计划地开展工作。现在由主任委员张季春先生负责主持。不管怎样，在这边事棼繁，这一个办法，应该值得称道。

　　说到复员，现在除了太仆寺左旗、太仆寺右旗、商都旗、镶黄旗及正蓝旗等五旗，早由省府派令了总管，刊发了印信，组织了旗政府，算是复员外，其余察哈尔部的明安旗、正白旗、镶白旗和锡林果勒盟的十旗，仍为共军所据有，还谈不到复员。现任太仆寺左旗总管为萨穆丕勒诺尔布（ᠰᠠᠮᠫᠢᠯᠨᠤᠷᠪᠤ），太仆寺右旗总管为诺尔布扎那（ᠨᠤᠷᠪᠤᠵᠠᠨᠠ），商都旗总管为额勒恒格（ᠡᠯᠬᠡᠩᠭᠡ），镶黄旗总管为穆克登宝（ᠮᠥᠺᠳᠡᠨᠪᠤᠤ），正蓝旗总管为索那穆隆都普（ᠰᠤᠨᠤᠮᠯᠤᠩᠳᠤᠪ）。为了配合国军，"剿除"共军，已将这几旗的保安部队组织了起来，在察哈尔省保安司令部下，设置了一个察哈尔盟旗第一区保安司令部，由镶黄旗总管穆克登宝任司令，各旗总管为各该旗保安总队长，现在人马枪弹虽不多，但在军事上总算有了一个安顿，各旗旗政不难在国军及保安部队的保障下，慢慢的恢复起来。穆克登宝现已被中央派为察哈尔八旗的选举监督，办理这八旗国大代表、立法委员的选举。所以今后只要在旗政上多加充实，这几个旗，暂时是算安定了。

　　锡林果勒盟的情形就不同了，全盟仍为共军所盘据，在他们的导演下，以云泽为首的乌勒济鄂齐尔、李秀山、海福龙等人各率领着一支人马以贝子庙（ᠪᠡᠶᠢᠰᠢᠢᠨ ᠰᠥᠮᠡ）为中心，而奔驰在锡林果勒盟草原，给那里的人民，平添了许多灾害。虽然松津旺楚克

（ ᠊᠊᠊᠊᠊᠊᠊᠊᠊ ）、补达巴那（ ᠊᠊᠊᠊ ）正副两盟长，仍在盟境，各旗扎萨克，除了阿巴噶右旗扎萨克雄诺敦都布（ ᠊᠊᠊᠊᠊ ）已来张家口（ ᠊᠊᠊᠊᠊ ）外，差不多都还在旗中，负着保护人民的责任，可是究竟在共军的势力下，也不能把自己的人民周到的加以保护。相反的，近来在又一个"伪组织"——内蒙联合政府之下，反迫使着他们向亲爱的人民压榨劫掠。所以锡林果勒盟各旗的人民与喇嘛，都相率成群结队的投向政府而来，现在散居在张家口、康保、多伦、新明、商都、宝昌等地的蒙胞，为数已在数千以上。尽管这里的盟旗文化福利委员会凭恃着少量的救济和款项，作着施舍似的救济，那究竟不是最好的办法，所以有的就干脆自己组织了起来，请政府发给枪弹，配合着国军，要"打回老家去"。就是新近来张的各旗代表，唯一的希望，也只是希望政府别忘记了这部分长期受着苦难的人民和土地，早日收复锡林果勒盟！当然这不是简单的事，还得有赖于军事的推进。

提到锡林果勒盟，最近有一件极可欣喜的事，就是阿巴噶右旗扎萨克雄诺敦都布的复土运动。这位扎萨克，在伪蒙疆政府时代，被迫担任过保安部长，在本盟中有着相当的威望。抗战胜利后，他带领了一班人马，到了张家口，自然受到政府优渥的待遇。可是一个有作为的人，往往是不甘于长期现实的寂寞。锡林果勒盟广大土地需要规复，极度痛苦的人民亟待拯救，这位英年有为的扎萨克，本着昔日的地位与威望，不得不思发展他伟大的抱负，来自动肩起这个艰巨的责任，这的确是多么令人喜爱，不可多得的蒙旗领袖人物，只要政府好好地给予他的〔以〕机会和协助，是很可能有良好的表现。所以他去北平后，一般留平的蒙古人士，也把这个复土救民的殷望，付托给这位扎萨克。他明知道这个使命的艰巨，但仍不顾一切，□然地肩负了起来。现在已先行代理盟长，恢复盟政府，编组武力，积极地布署一切。如何组织逃难的人民，配合国军，规复久已失陷的土地，政府当能本扶植爱护的精神，来帮助他。中央特别器重他，近已选派雄诺敦都布为锡林果勒盟的选举监督，畀与他办理全盟选举的重任。

最后，不能不再提到最近察蒙的又一件令人关心的事，那就是仁勒多果〔尔〕济（ᠵᠢᠷᠭᠠᠯᠲᠤ）扎萨克所领导的布里雅特旗军民的遭遇。我们知道在民国十三年外蒙独立时，外蒙共有王爷八人，除三人被强迫绑走外，其余乌昭（ᠤᠵᠠᠭᠠᠳ）、策仁（ᠼᠡᠷᠡᠩ）、阿图伊斯（ᠠᠲᠤᠢᠰ）、仁德贡（ᠷᠢᠨᠳᠦᠭᠦᠩ），和这位仁勤〔勒〕多尔济等五人潜逃至内蒙，当时苏尼特左〔右〕旗扎萨克、锡林果勒盟副盟长的德穆楚克栋鲁普（ᠳᠡᠮᠴᠤᠭᠳᠦᠩᠷᠦᠪ）曾拨给土地，养牧牲畜过活，每位辖三百余营子，受到中国政府的护慰。二十四年十二月李守信进张北，彼等完全受苏尼特左〔右〕旗（ᠰᠥᠨᠢᠳ ᠪᠠᠷᠠᠭᠤᠨ ᠬᠣᠰᠢᠭᠤ）统辖，一切捐税极少，该旗特别优待他们。卅四年八月，敌人投降后，苏军大肆劫掠，仁勒多尔济始率民众三百七十余户逃到贝子庙，其余四位，均被胁走，牲畜、财物受到极重的损失。本年三月廿九日，又被哈尔沁部（ᠬᠠᠷᠠᠴᠢᠨ）某杨姓团长率部围攻，后逃至多伦北十余里之山登（ᠱᠠᠩᠳᠤᠨ）地方。本年八月又被哈尔沁部攻击，现又逃至张北，啼饥号寒，境遇极惨。这就是布里亚特旗的遭遇。说到这位旗长，无人不对他佩服，他的这一支部族，原是游牧在西伯利亚贝加尔湖一带，因为受不了苏联的虐待，运用着他的智慧，和过人的胆识，率领着他的子民，由苏联而外蒙，由外蒙又来到内蒙，长期流亡辛苦，终于投到了祖国怀抱，他额上阴沉的皱纹，正记录着他多年奋斗的历程，也看出他对祖国的忠贞和向望。可是现在呢，所有军民，仍流散在多伦、张北一带，忍受着生活的痛苦，翘望着政府的救济。而仁勒多尔济旗长自己呢，满腔辛酸，何由倾诉！不久前，此间《奋斗日报》刊载了他对记者的谈话，提出他对蒙古自治运动的意见，竟招致了一些蒙古人士的反感，精神上受到极大的刺激，甚至有人嚷叫着要他"滚出去"！是的，他这一支部族，从未有固定的住地，游牧飘泊，在国家说，为什么不划给一块土地供其游牧生活，而听任他继续流亡？

好，这篇通讯，暂此结束，从上面平凡的报导里，相信包有了几个亟待解决的问题，倘能引起边政主管机关的注意而获得解决，那才是写这篇简短通讯的收获了。

（九月十四日寄自张家口）

《边疆通讯》（月刊）

南京蒙藏委员会政教制度研究会

1947 年 4 卷 10、11 期

（李红权　整理）

外蒙侵越新疆国境

作者不详

外蒙原为我国漠北地方，苏联革命后，外蒙受潮流影响，曾自立为"蒙古国共和政府"。民国三十四年八月十四日中苏签立《中苏友好同盟条约》，我与苏联交换照会，规定俟日本战败后，外蒙得举行公民投票，证明其独立愿望。民国三十五年一月十五日我府政〔政府〕正式承认外蒙独立，惟迄今仍未建立外交关系。

六月五日中午，有外蒙骑兵一营，附轻重武器，在有苏联标帜之飞机五架掩护下，突入新疆国境，向北塔山（距新疆奇台东北三百五十余华里）守军进攻，当遭我军抵抗。作战共八日。此事传达至首都后，我政府即于十一日向外蒙及苏联政府提出严重抗议，并定派国防部长白崇禧赴新就地处理，嗣因前新省主席张治中来电，称可就地解决，临时中止。六月二十六日又传续有冲突。

关于我国所提之抗议，十三日苏联官方通讯社塔斯社有间接之答覆，否认苏联飞机曾参加新省战事。十六日莫斯科电台广播蒙古人民共和国外交部之声明，诿称六月五日边境冲突事件，实由我军越境，声明称：

> 中国军队一分遣队，违犯蒙古人民共和国疆界，在梅尔丁戈尔河（译音）一带边境，布置十六公里长之阵地，掘设壕沟，并在袭击蒙古边疆哨兵站时调军增援，蒙古边防军司令曾派员往会华军司令，要求其退出蒙古，但遭拒绝，使者并被其

扣押，因此蒙古边防军遂被迫采取击退侵犯者之措施。边防军分遣一队乃在蒙古空军飞机数架掩护之下，迫使进犯者退出蒙古人民共和国之境。蒙古边防军在采取此军事行动时，并未越入中国境内。华军撤退后，乃在六月九日在华军营地内发现蒙古军使者及边防军士兵四人之尸体，身上皆有严刑拷打之伤痕。蒙古人民共和国遂向中国政府提出强硬抗议，并保留要求中国政府严惩罪犯及赔偿蒙古所受损失之权利。

十七日苏联《真理报》更指控美国驻新疆之外交代表伯克斯顿与六月五日事件之准备与组织有关。

对于苏联之间接答覆，新闻局长董显光于十八日代表政府声明如下：

北塔山地区之在新疆省界内，为中国领土，实无丝毫疑问。无论在一九四五年《中苏条约》签订之前或以后，北塔山向由新疆省设防，该地向有新疆省府所设之警察局及驻防之军队。

对于莫斯科广播中所称中国军队曾越过新疆边界，进入外蒙一点，本人必须严正否认。莫斯科所广播之外蒙外长声明，实属绝对无稽之谈。

在外蒙及苏联政府正式答覆以前，本人不欲多言，只欲再度声明，北塔山事件并非寻常边境事件或疆界争执，而系与广泛意义之政治问题有关。

同日美大使馆亦否认《真理报》称事件由美方指使之说。苏联大使彼特洛夫（Appolon Petrov）于十九日乘苏联专机飞赴迪化转返莫斯科。苏联与外蒙之正式覆文，于二十一日始由苏联使馆转送我外交部，内容与塔斯社之声明相同。据传外蒙覆文中曾声称北塔山为其领土，我外交部现正缜密研究，并考虑次一步骤中。外交部长王世杰于二十四日在行政院政务会议中，宣称中苏外交关系进入第二阶段，外传王外长不日将作严正声明。

《东方杂志》（月刊）

上海商务印书馆东方杂志社

1947 年 43 卷 13 期

（朱宪　整理）

逼近眉睫的塞上争粮战

蕴谛　撰

（张垣通讯）九月，塞上的沙漠摇曳着富有诱惑性的金黄色的麦浪，是秋收的时候了。熬过青黄不接艰苦时光的农民，希望总算结了实，但是沉痛的经验是难以忘却的，面对现实，他们不敢有过高过美的要求。譬如离张垣几十里的崇礼县，便有三分之二的土地变了颜色，今年整个夏天，就在新旧统治交替的混乱状态下挣扎，农民——涅克拉绍夫笔下的悲剧人物，他们吃树叶，啃粗糠，不勒紧裤带，就得用裤带吊起自己。又如到现在还没有收复的龙关县，据说今年是个好年景，尤其赵川堡一带，为数十年来所未见的丰收，但是这土地的主人们却成千成万的流落到宣化郊野，已有四五个月，饥饿、瘟疫、狼患，每天都有悲惨的死亡，"田园寥落干戈后，骨肉流离道路旁"，瑟缩的秋风触发他们更多的哀愁。这说明着什么呢？当崇礼的农户吃着粗糙的莜麦面时，他们的脸色并不比让太阳晒裂了的泥土强，他们说："今年的粮就是难关……"

是的，去年和今夏所给予农民的伤口还没有弥缝，而现在，又将有新的暴力来撕裂它——察省要在十月一日开始征粮了。

征粮是大事，所以当局在九月一日召开了粮政会。且莫小看傅作义总司令以省主席身份颁来的训词，那短短的千把字支配着多少人的命运。训词开言就说：

"本年为戡乱严重关头，军粮是否充足，为戡乱军事是否胜利首要关键，因此我对于本年田粮工作，有几点要求于大家的。"他提出三点："第一，本年所分配征实、征借及军粮马料、省县公粮，是经省府再四考虑，斟酌需要与人民实际情形决定的，能向中央要求的均已要求过，能以减少的，均已核减过，希望大家不要再存讨价还价等待减免的心理，耽误了分配征收的时间。第二，"共匪"最近的战略以求食求兵为主要目的，也就是以打破我们的粮食政策，劫夺人民的粮食作为他们"叛乱"的资本，所以不断的在种粮、收粮、征粮的时候大举窜扰，希望大家在秋禾登场后，注意护粮工作，一面要发动老百姓应交的赶快交，不用的赶紧向大据点抢运集中。第三，要研究和平有效的催征办法：1. 分配要公平；2. 秤具要检定；3. 验收要迅速；4. 人民监察机构要健全；5. 发价要快；6. 征粮办法，尤其折合标准与粮价数目，要普遍宣传，使人人了解。"

煞尾颇有春秋笔法之妙，他说："察省今年秋收甚好，为多年所未有，只要你们能认清责任，坚决努力，一定可以完成，也必须如数完成。"这最后两句话，假如要找解释，那该是特别流行在察、绥的"只许成功不许失败"的口号。粮官们闷在"剿总"联谊社张垣分社礼堂里高嚷了五天，听各位首长"沉痛激昂"的训话，战战兢兢拜了大命，围绕着征粮这个问题，困难不谓不多，大概粮政人员都要抱着"荣誉的桂冠是用荆棘编成的"这句名言回到县里去。

今年察省的控制区域已缩小了，但征粮数额却相反的增多。多伦、沽源、阳原、蔚昆〔县〕、赤城、龙关六县的重担，完全推给其他十四个县市。田赋征实、征借原配额是廿四万石，经省参会舌疲唇焦的呼吁，总算减少了十万石。军粮三十万石、马料十八万石，省公粮十七万石（包括自卫粮四万七千石），县公粮概数在廿七万石左右，重则重矣，更厉害的却是由去年的征三借一，到今年变作征一借一，借用财政厅长白宝瑾的词汇来形容，那就是："较去年总额略有不同。"

跟随着征粮而来的是护粮，是"不让共匪抢去一颗粮"的年年必闻的口号的提出，必然也是如火如荼的争粮战。各县时时刻刻都在准备着，实现"游剿控制面"新战略的各县"游剿团"已经成立。这一切所给予人民的只是更多的磨难。一些不稳定的边远县份成了真空或半真空状态，早晚廿四小时划成两个世界，拿一次粮打发不走两只手。"交了粮，自在王"，这话恐怕只适用于升平年代。据说省军事当局，将有派军护粮之举，阳原、龙关、多伦等县流亡县府也组织了"戡乱工作队"，准备打回老家去，不过力量薄弱，推动工作时恐易陷入泥沼。上月廿九日，阳原县长李荫溪率部进了县城，但是没等站住脚就又"转退"到怀安县境韩家村"休息"。很明显的，双方现在都费尽斟酌布局摆阵，像一个有野心的赌客，准备以小的赌本赢得大钱。国军和共军今天在农村的斗争，当然是以粮和丁为焦点，最受罪的却是出粮出丁的无罪贫苦农户①。

察省的所谓"据点仓库"，已决定设张垣、张北、商都、宝昌等六地，一遇风惊草动，准备以高速度将粮集运到省垣，同时各县要普遍组织护粮委员会。田粮会的召开，显然万事俱备了。人民的粮，拿总是要拿的，剩下的问题只是怎样拿法。田粮会决定了一项纸面办法：无力负担的贫户以不配征为原则，将来执行上有无折扣，那就不得而知了。富户总是有办法的，处处有办法，地方上不安靖，他们可以寻找安全的"避风港"，粮额太重，他们会千方百计的转嫁到贫户身上。于是田粮会另外又拟订了一项纸

---

　①　原文如此。——整理者注

面办法：今年决定推行"三一"分租政策，以资配合，那就是遵照《绥靖区土地整理方案》的规定，地主收租最高不得超过每亩正产物的三分之一，佃户可得三分之二，征实、征借，依照《战时征收田赋条例》，应由地主完全负担，省县公粮则由地主、佃户平均之。傅总司令"限制上层，发展中层，扶植下层"的土地政策，这次将受到不可逃避的考验。

塞上秋短，一入十月又该是北风冽凛的季节了。征粮十月开始，十月底要完成百分之三十，十一月底完成百分之七十，年底交清。那些牢记着傅总司令"办粮政要说服，更要哭跪"的干部，我不知道他们有些什么心理准备。省参会议长杜济美说："办粮政的要爱人民。"试想：这个"爱"字用到"粮"上，是多么不相称啊！

《时与文》（周刊）
上海时与文周刊编辑部
1948 年 3 卷 22 期
（朱宪　整理）

傅作义准备打回绥远去

本刊记者　撰

"傅作义将军屹立华北，以一身系半壁安危，威名四震，红得发紫，但自从东北易帜，华北大战近在眉睫，他面临着极大的困难，不过以他的骁勇善战，或许可能以旋转乾坤的魄力，予打击者以打击。"

上面这几句话，是去年十月间，华北的民众对"华北剿总"司令傅作义所寄以莫大的希望。的确，自徐州大会战告一段落，林彪部共军，自关外撩起烟火，直扑平、津，傅对华北的治安，抱着极大的信心。他除去以百万精锐之师，预备与林彪一决雌雄，尤其是他在关外烽火紧张时，努力稳定平、津的秩序。他的政治手腕是以政治、军事各半，溶和为主旨，并加强"剿总"的组织。在去年十一月中旬，华北战事尚未序幕，他特地的〈从〉北平飞到南京，向蒋总统要求赋与华北的军政大权，并给予种种便利，加配十万国军的美式配备，复请求今后的美式配备，以半数直接拨付华北。当他在南京完成任务飞回故都后，虽然对人民说："准备以十万人的牺牲，打垮林彪"，他有绝对胜利的把握，同时他坦白的向记者说："我老早就向中枢请求，补充配备××师的美式式器，但中央没有准，现在是核准了，总算还不迟。"可见当时傅对华北的战局，抱何等乐观的情绪，何况那时还打了一个小胜仗！

当傅作义飞台"以十万雄师打垮林彪"的时候，他的信心是不外知已知彼百战百胜，林彪是他的老对手，又是他从前手下的败将，林彪的"挖心战术"，彼〔被〕傅作义的"穿心战术"打得落花流水。他发觉林彪乘席卷关外的余威，直扑平、津，为了集中兵力，连续放弃了包头、秦皇岛的若干据点，同时，他从南京回去，使他最感觉满意者，即蒋总统把东北撤出的军队，统归傅氏指挥，并将原来用以维持的沈长空运部队及空军作战部队，皆划归"华北剿总"指挥，所以傅作义才大声的兴高采烈的在去年十二月九日，向民众摊牌，他说："向华北人民保证，不久华北战场将有一个大会战，这场会战结果，有握取绝对胜利的把握！"

我们对于这位傅将军，知道得太多了，他是一个实事求事、不尚虚荣的将领，最近一个时期，外面对他的谣言很多，实际他在十数年以前，就是一位反共最激烈者，这一点，蒋总统可能了解他，不然的话，他在华北的独断独行，中央也决不会对他信任。在十二月初，中原战火弥漫，平、津还未受到威胁，使人意想不到的，华北人士，纷纷南逃，傅作义不但未加以阻止，反而笑着对人说："这些稳不住分的〔的分〕子，走了也好。"他认为走的人都是华北的渣滓，留下来的全都是华北的精华，那时傅作义安居故都，他□□□语，他在华北，他占了天时、地利、人和这三种重要因素，中共想要踏入平、津的寸土，等于是做梦？□□现在呢？天津在今年一月十四日失守了，故都被包围已近一月，傅作义所谓以十万雄师，打垮林彪，真是等于做梦，于是谣言也接踵而起，况〔说〕傅作义可能单独向中共讲和。在新年里，合众社记者季浪，冒险进入解放区，他在那里发现若干贴在墙上的标语，全是"打倒傅作义"，"傅作义是我们的死对头，非打倒他，不能言和平"，从上面的谣言和解放区的标语看来，显然属于矛盾，中央为要知道事实真相，第二次又去了一个电报，叫他赴京表明心迹，谁知他以战事紧张为辞，谢绝了中央的电召，从此华北的形势，更一天天的严重起来，谣言也一天天的特别多。中共方面，在天津陷落前夕，曾致傅将军通牒，限他在一月二十日投降。这时的傅作义真是陷于最苦闷之中，要打吧，拿什么本钱去打，要支撑吧，如何撑法，而且北平的食粮缺乏到了极点。曾经有一位外国记者，去访北平市长刘瑶章，刘向记者说："北平的食粮，只有三星期。"外国记者现在〔出〕非常惊讶的语气道："三个星期吃完了什么办？"刘笑着道："三个星期，在我们预期起来，也许政治协商解决差不多了。"上面刘瑶章和外国记者的一问一答，我们对傅作义这时的处境，立刻可以一目了然！

这时关心文化古城的有识人士，如何思源、张东孙、梁秋水等，纷纷向傅进言，与其这样的拘〔打〕下去，不如与中共谋局部的和平，双方暂时停战，等待国共和谈展开的结果，来定华北将来的命运。傅作义起初还是非常顽强，后来一看北平的民意，几乎全是主张和平，民意已去，夫复何言，方答应了人民的要求，并默认了华北人民促进会人民代表团的主张，出城至中共区直接谈判故都方面的局部和平。他还授意"剿统〔总〕"的机关报《平明日报》发表一篇"严斥主战论文"，故都的命运，因此注定，本文刊出时，或许华北的和平局势，已到了急转直下之境，那也说不定呢。

变！一切在变，华北的变，是最近几天很快的事（下附傅作义过去简历）。

傅作义，字宜生，山西省荣和县安昌村人，今年六十六岁。少年时即投身年〔军〕旅，隶阎锡山部下。常怀大志，〔时革〕辛亥革命发轫被〔时〕，于山西学生军任排长，参加太原起义。卒业后，即入保定陆军军官学校深造，由一见习排长，递升至陆军一级上将。这中间的过程，无不知经过多少炮火磨炼。

《时局人物》（不定期）

上海影艺公司

1949 年 1 期

（丁冉　整理）

绥远南部的隐忧：
伊盟图王准备扩充地方武力①

（归绥通讯）五月里，热带的暖流冲入了塞外，与这西伯利亚的寒流，推〔进〕行着急剧的搏斗。砂土尘扬，严〔俨〕如一个大难将临的前夕，敏感的人在忧虑着这又是一个战争的季节。

入春以来，延安撤守，洛阳陷落，临汾被占……这一连串使人皱眉的战报，谁亦不敢肯定的说察、绥今后所处的地位，能像去年一样的安定下去。

归绥背后的伊克昭盟，在一般人的心目中，似乎都会认为那是一块多事的地方，荒旱、灾害、械斗、政治暗杀，随时都威胁着这儿纯朴善良的人民！

伊克昭盟，幅员是这么的广大，而人口却是那么稀少，这样便使人在防卫方面，深深的感到了心余力绌的苦恼。同时，更因为它紧紧的毗连着陕北、晋北，于是便成了共军地下工作者的大本营。

然而，对于伊克昭盟的军事价值，我们却没有亦不敢忽视，因为它是北部中国的大门，西北国际路线的跳板，更是绥南的屏障。

---

① 作者的反共立场十分明显，为保持资料原貌，照录原文，请读者明鉴。——整理者注

记得远在二十六年以前，国军到了陕北之后，伊盟便发现了动摇的趋势，因为就地理言，伊盟在政府这方面是鞭长莫及，而在共党那方面，却是近水楼台，于是，王公们开始左向。本年春季，共军为要积极支持整个伊盟，据说曾在陕北的神木召开了一次高干会议，对伊盟问题，作了几项决议：（一）对伊盟各旗积极采取行动：一军事占领，二笼络地方政府，三由王公组织"地方自治政府"。（二）夺取后套粮库，切断察、绥后援，孤立绥、包，进攻张垣，打通华北与东北走廊。（三）对傅作义的部队软打硬缠，避重就轻。

现在伊克昭盟的乌、鄂两旗已组织所谓"地方自治政府"，与旗政府分庭抗礼。又在本年三月二十一日，共军为配合冀中、平绥的战事，虚张声势的由河曲、神木、府谷调集彭四部四千余人，与陕北土共，更加上蒙旗的一部叛兵，总数约五千余人，以进攻归绥为战略行动，牵制政府军力，转而占领准噶尔旗的纳林、沙圪堵等地，后又至各旗，扰动人心。而在四月十四日，更以四面包围的攻势，侵占了准旗的军政中心——神山，该旗的首脑奇涌泉（旗务委会主委）及参谋长陈又明（伊盟警备司令陈玉甲长子）被俘，乃引起了人们对伊盟战争的密切的关注。准旗便首先爆发了战争，而烽火更以飓风的进度，很快的烧遍了整个的伊盟。负责指挥伊盟军政首脑的所在地——东胜，更陷入了风声鹤唳的境地。

记得年前伊盟警备司令陈玉甲将军返省述职的时候，曾对记者表示："我虽然是伊盟七旗的警备司令，可是，除了在东胜总司令部里，有那末几个办公人员及卫兵之外，可以说，我是一个光杆司令。"我问他："各旗的保安部队，你不是都可以指挥吗？""唉"，他深深的叹了一口气，说："蒙旗的各保安部队是不大好指挥的。"言下不胜感慨，这里面显然有蹊跷。陈司令在这次东胜的事战〔战事〕中，他的儿子陈又明被俘，当共军于四月十八日以三千余兵力，攻至距东胜三十余里的脑包梁、榆树壕一带的时候，他顺利的调集了郡王旗、札萨成〔克〕旗、达拉得旗的地方武力，加上东胜的自卫部队来防守。

但不幸的是，在四月二十日，共军乘郡旗空虚之际，掉转头便窜扰离旗王府五十里的东营盘，掳走了该旗的东协理台吉奇兆录和他的眷属二十余人，这对于老百姓，自然是一种很大的刺激。

共军这次进攻的目的，是要捉拿盟长图王。然而，当郡旗告紧，图王出走距郡都王府三十里外的厂盖台的时候，绥省政府即以电令陈玉甲司令派了一部人马，保护着图王来到归绥了。

自然，共军对图王的行止是极其注意的，所以当图王接获董主席的促驾来绥的电报，而决意动身的时候，对外便宣称将由东胜而〈至〉达拉特旗，然后在〔再〕赴包头，乘平绥车至归绥，但实际上，却悄悄的经杭锦旗、三圣旗，渡陕河而由陕坝来到这安全的省会——归绥。

据说这次图王赴省〈目的在〉扩充地方武力以及补给等，为面谒董主席商讨办法，准备厉兵秣马再度图强。

《群言》（周刊）

上海群言杂志社

1948 新 10 期

（丁冉　整理）